그리스도교 교의의 역사적 형성 연구

—고대 교회의 삼위일체론과 그리스도론의 성립

박종구

서울대학교 전자공학과를 졸업하고 통신기술연구소(전자통신연구원[ETRI]의 전신, 대덕)에서 3년 동안 근무했으며 1982년 2월에 예수회에 입회했다. 서강대학교에서 철학을, 파리 예수회 대학과 로마 그레고리안 대학교에서 철학과 신학을 공부했으며, K. Barth를 주제로 교의신학 학위를 취득했다. 현재 서강대학교 종교학과 교수로 재직하고 있으며, 기초교육원 원장으로 일하고 있다. 저서로는 『자비의 하느님 인간의 수수께끼』(이냐시오영성연구소, 2010), 『열정과 회심』(이냐시오영성연구소, 2008), 『사람아 너 어디 있느냐: 창세기 1～11장 인간의 미래』(서강대학교 출판부, 2007), 『어찌하여 나를: 마르코 복음서 수난기 묵상』(성서와함께, 2002) 등이 있으며, 역서로는 『삼위일체 하느님의 신비』(존 J. 오도넬, 가톨릭출판사, 2008), 『산다는 것은 무엇인가』(에마뉘엘 수녀, 샘터, 2005), 『영적 지도자에게 꼭 필요한 리더쉽』(토마스 그린, 성바오로, 2004), 『성서시대 사람들』(앙드레 슈라키, 부키, 1999) 등이 있다.

서강학술총서
044

그리스도교 교의의 역사적 형성 연구

고대 교회의 삼위일체론과 그리스도론의 성립

박종구 지음

서강대학교 출판부

서강학술총서 044

그리스도교 교의의 역사적 형성 연구

—고대 교회의 삼위일체론과 그리스도론의 성립

초판발행 | 2012년 11월 23일
지 은 이 | 박종구
발 행 인 | 이종욱
편 집 인 | 우찬제
발 행 처 | 서강대학교 출판부
등록번호 | 1978년 9월 28일 제313-2002-170호

주 소 | 서울특별시 마포구 백범로 35번지
전 화 | (02) 705-8212
팩 스 | (02) 705-8612

ISBN 978-89-7273-213-6 93230
ISBN 978-89-7273-139-9(세트)

값 22,000원

* 잘못된 책은 구입하신 곳에서 바꿔드립니다.

* '서강학술총서'는 SK SUPEX 기금의 후원으로 제작됩니다.

머리말

그리스도교의 핵심적인 교의—삼위일체론과 그리스도론—는 역사를 동반한 그리스도교의 변화를 말해준다. 고대 교회가 직면했던 공동체 신앙의 위기는 필연적으로 교의 형성이라는 역사적 수레바퀴를 굴리지 않을 수 없었다. 그래서 그리스도교 공동체는 유대교라는 모태에서 나와 헬레니즘 문화의 다양성을 만나면서 자신의 신앙을 새로운 역사적 환경에서 정리해야 할 신학적 필요성을 깊이 확인하고 자각하였다.

이런 필요성은 현대의 그리스도교뿐만 아니라, 고대의 교회도 공통으로 가졌던 의무감이기도 했다. 그러나 실상 문화와 언어가 다른 이 땅에서 고대 교회의 교부 문헌에 기초한 신학을 하기는 그렇게 쉽지 않은 작업이다. 고대 교회로 거슬러 올라갈수록 기록된 문헌의 이해가 걸림돌이 되기 쉽기 때문이다. 더구나 교부들의 생각은 예수 사건을 헬레니즘 안에서 성찰한 기록이었기에 이질적으로 보일 수밖에 없다. 그래서 걸림돌을 넘어서고 고대 교회의 생각에 도달할 수 있다면, 그리스도교의 모습을 밝혀주는 일은 신앙을 심화하는 근본적인 일이며 중요한 작업이 되지 않을 수 없다. 더구나 고대 교회의 교의 형성은 당연했던 그리스도 신앙이 의문에 직면할 때마다 발생했던 신학의 전개로, 교회 공동체가 자기를 바라보기 위해 필요한 성찰의 길이기도 했다.

저자는 이런 생각을 바탕으로 교의의 형성 과정에 대한 역사적인 맥락을 제공하되 지나치게 신학적이거나 교의적인 관점은 피하고자 노력했다. 이 책은 교부학적 연구를 담되 많은 이들이 공통으로 인정하고 무리 없이 수용하는 차원에서 신학적 의미를 요약적으로 담아내고자 했다. 그리스도교는 이미 신약성경의 편집 과정에서 신학이 시작되었고, 삼위일체론과 그리스도론과 같은 핵심 교의의 성립 과정에선 신학적 의미의 중요성이 더욱 필요했다. 그래서 믿을 교리의 신학적 정식화 과정에서 교의는 당대의 문화—헬라스어와 헬레니즘—와 깊은 역사적 관계를 맺고 있다는 사실이 자연스럽게 드러났던 것이다. 이런 이유로 교의 형성에 대한 신학적 이해와 역사적 배경에 대한 균형 있는 시각을 유지하는 것이 저술 과정에서 아주 중요했다.

이 책은 교부학 저술이 아니라, 교부학의 연구에 기초한 고대 교회의 작업을 드러내기 위한 신학적 저술이며, 구체적으로 이러한 생각을 실현하기 위해 다음과 같은 저술 원칙을 세웠다.

1. 단순 서술의 원칙: 고대 그리스도교의 상황이 한국 독자에게 익숙하지 않다는 사정을 감안하여 되도록 이해의 가능성을 높이기 위해 내용을 해치지 않는 한, 단순 서술을 원칙으로 삼았다. 역사적 상황이나 교부들의 논의 과정이 때로 단순하게 느껴질 수도 있는 이유는 이런 원칙을 고려한 서술이기 때문이다.
2. 역사적 상황의 묘사: 역사적 서술을 구체화하기 위해, 이해에 필요한

만큼 로마제국의 역사를 황제의 종교정책을 중심으로 기술했다. 로마제국이 그리스도교를 인정한 4세기 초반부터 국가종교로 정착하는 5세기 중반까지 핵심 교의가 형성되는 과정의 역사적 진행을 첨부했다.

3. 사전적 정보의 원칙: 고대 교회가 직면했던 사상적 오류의 신학적 의미가 전해질 수 있도록 사전적 의미를 제공했다. 그리스도교의 교의는 유대교에 모태를 두고 헬레니즘과 만나는 과정에서 정립되었기 때문에 용어나 어휘가 복잡한 문제가 될 수 있었다. 신학자에게 익숙한 용어일지라도 일반 독자에게는 익숙하지 않을 수 있기 때문에 더욱 조심하였다.
4. 신학과 역사의 균형 원칙: 본 저술은 그리스도교의 핵심 교의의 형성 과정을 기술하는 것이 목표이므로 역사적 배경과 신학적 의미가 한쪽으로 편향되지 않도록 애썼다. 4~5세기에 본격적으로 시작된 교부시대는 엄청난 분량의 문헌이 남아 있어서 역사적 상황을 중심으로 기술할 수도 있고, 신학적 의미만 추구할 수도 있다. 이런 문제는 교부학의 영역에 남겨두고, 여기서는 교의 형성 과정에 대한 역사적 배경 이해와 신학적 해석의 가능성을 염두에 두고 기술하였다.

위와 같은 원칙과 관점은 교의 형성 과정에 대한 신학과 역사의 균형을 잡으려는 의도를 반영한다.

마지막으로, 저술을 허락해준 서강대학교 출판부와 책임자이신 우찬제 교수님에게 감사를 전하고 싶다. 또한 그동안 함께 세미나에 참석했던 학생들, 그리고 고대 교회의 모습을 상상할 수 있도록 몇 장의 이콘을 구해준 헬레나 수녀에게도 고마움을 전한다.

2012년 가을, 정하상관 연구실에서

박종구

차례

일러두기

1. 약자 표기

DCT: *Dictionnaire critique de Théologie, sous la direction de Jean-Yves Lacoste, PUF, 2007(3me édition).*

DEC: *Decrees of the Ecumenical Councils, 2 vols. ed. by Norman P. Tanner*(헬라스어, 라틴어, 영문)

DECA: *Dictionnaire Encyclopédique du Christianisme Ancien, Cerf, 2vols.*

DS: *Denzinger-Schönmetzer, Enchiridion Symbolorum Definitionum et Decklarationum de rebos fidei et morum (editio 16e), Herder, 1965.*

DTC: *Dictionnaire de Théologie Catholique*

EnC: *Encyclopedia of Catholicism, HarperCollins, 1995.*

HD: *Handbuch der Dogmatik*, 2 Bände, Patmos, 1992.

ODCC: *The Oxford Dictionary of the Christian Church, Oxford University Press, 1997.*

SC: *Sources Chrétiennes*

TDNT: *Theological Dictionary of The New Testament, 12 vols., Edited by G. Kittel & G. Friedrich, Eerdmans, 1971.*

2. 발음 표기

* 발음 표기는 기본적으로 교부학 인명 · 지명 용례집, 한국교부학연구회 하성수 엮음, 분도출판사, 2008에 준한다. 고대 언어의 표기 혼란을 피하고

통일성을 유지하기 위해서 다음과 같이 요약한 규칙으로 인명이나 지명을 나타냈다.

* "+": 십자 표시에 이어 아라비아숫자가 따르면 인물의 서거 연도를 가리킨다.
* "c"는 circa(대략)을 나타낸다. [예] c345 → 345년경

1) 라틴어의 C음은 모든 모음 앞에서 'ㅋ'으로 표기한다. (고전 라틴어)
   [예] Decius → 데키우스; Constantinus → 콘스탄티누스; Marcellus → 마르켈루스; Cyrillus → 키릴루스

2) 인명에서 보이는 'Th－' 발음은 't'와 동일하게 'ㅌ'로 표기한다.
   [예] Theodosius → 테오도시우스; Theodoretus → 테오도레투스

3) 모든 인명은 호격(vocative)이 아닌 주격(nominative)으로 읽는다.
   [예] Fabianus → 파비아누스; Lucianus → 루키아누스; Augustinus → 아우구스티누스

4) 인명이나 지명에서 경음으로 읽힐 수 있는 'T/t'를 'ㅌ'으로 표기한다.
   [예] Augustinus → 아우구스티누스; Caesarea → 카이사레아

5) 주류 이념이나 사고를 표현하기 위해 특정 인물과 관련이 되어 있는 경우, ~이즘(~ism, 영어식; ~isme, 프랑스어식; ~ismus, 독일어식)을, 추종자들이나 추종 세력을 표시하기 위해서는 ~이스트(~ist)를 함께 사용하기도 한다.
   [예] 아리우스(Arius) → 아리우스주의자(Arianist) → 아리아니즘(Arianism): 아리우스주의
   아폴리나리우스(Apollinarius) → 아폴리나리아니스트(Apollinarianist) → 아폴리나리아니즘(Apollinarianism): 아폴리나리우스주의

네스토리우스(Nestorius) → 네스토리아니스트(Nestorianist) → 네스토리아니즘(Nestorianism): 네스토리우스주의 등

6) 고대 교회의 인명은 헬라스어나 라틴어로 표기하지만, 라틴어식 표기를 중심으로 사용한다. 익숙한 인명이나 지명은 그대로 사용한다.
[예] Areios(아레이오스/아리오스, 헬라스어) → Arius(아리우스)
Alexandreia(알렉산드레이아, 헬라스어) → Alexansdria(알렉산드리아)
Athanasios(아타나시오스, 헬라스어) → Athanasius(아타나시우스)
Gregorios(그레고리오스, 헬라스어) → Gregorius(그레고리우스)
Basilios(바실리오스, 헬라스어) → Basilius(바실리우스)
Sebasteia(세바스테이아, 헬라스어) → Sebaste(세바스테) 등

7) 인용 자료의 출처 표기 방식
단행본: 저자(와 옮긴이), 서명, 출판사, 연도, 쪽수.
학술지: 저자(와 옮긴이), 서명/편명, in 『학술지명/서명』, (출판사), 연도, 쪽수.

3. 집필 원칙과 한계

1) 교의의 역사적 형성 과정의 논의 범주는 삼위일체론과 그리스도론에 한정한다. 신학적 관점을 통시적으로 이해하기 위해 역사적 배경을 제시한다.
2) 역사적 배경은 교의 발생의 의미를 이해하기 위한 서술이므로 우리에게 익숙하지 않은 인명과 지명은 최소한의 경우로 제한한다.
3) 독서의 편의를 위해 고대 교회에 등장하는 교부들과 인물들에 대한 사전적 묘사를 간단하게 제공한다.

서론

이 책은 그리스도교가 첫 네 번의 보편공의회(*Concilium Oecumenicum*)를 개최하면서 어떻게 믿을 교리를 정립해나갔는지 역사신학적으로 고찰해 본다. 보편공의회라 함은, 역사적 상황이 허락하는 한, 모든 지역 단위의 교회가 동등한 자격으로 참여했던 회의를 의미한다. 보편공의회는 지역 교회에서 발생한 문제, 혹은 지역 교회들 사이에서 제기된 신앙의 문제가 교회 전체 구성원들에게 심대한 영향을 미칠 때 소집되었다.[1]

현대의 시점에서 돌아볼 때, 교부[2]들이 모두 이런 회의에 참석한 것을

1 신앙·윤리·규범 등 교회의 문제를 다루기 위한 주교들의 회합을 공의회라고 부른다. 시노드(*synodos, synodus*)도 함께 사용되는 단어이다. 일반적으로 고대 교회에서 숱하게 열렸던 회의를 일반 공의회(*concilium generale*)라고 부르는데, 오늘날 가톨릭교회는 일반적으로 지역공의회(*concilium provinciale*), 전국공의회(*concilium plenarum*), 세계공의회(*concilium oecumenicum*) 등 세 형태로 구분한다. 그리고 세계공의회를 조건 짓는 요소들은 원칙적으로 1) 모든 주교의 참석, 2) 보편교회를 대변하는 의식, 3) 최종 결정에서 교황의 비준권 수용 등이다. 한국가톨릭대사전, 제1권, 481~486쪽 참조. 이 책에서 세계공의회를 보편공의회(*Concilium Oecumenicum*)라고 부를 것이다.

2 교회는 '교부'(*patres*)를 정의하기 위해 1) 고대성, 2) 신앙의 정통성, 3) 거룩한 생활, 4) 교회의 인정 등을 기준으로 삼는다. 특히 2세기에 활동했던 교부들을 사도들의 영향을

두고 스스로 보편공의회에 참석했다고 생각했는지 확인할 수 없다. 그러나 역사적 기술과 그리스도교의 전통은 신앙고백의 내용을 문자화하고, 교리화하는 과정을 거치면서 교회는 외적 성공과 더불어 교리 내용을 내면화하는 성장을 이뤄나갈 수 있었다. 역사적으로 보면, 비록 사라져간 일부 지역 교회들도 있지만, 전체 교회의 일치를 가능하게 한 숱한 회의들을 통해 교회는 일찍이 보편공의회를 경험하면서 일치된 보편교회 공동체로 성장한 것은 틀림없는 사실이다.

고대 교회가 처음으로 자신이 믿는 신앙의 내용에 거슬러 발생하는 교회 내부의 이단들을 논쟁적으로 다룰 수 있게 된 것은 교회의 의식적 행동이었다. 신앙의 내용이 목격 증인인 사도들의 직접적 증언이 불가능해진 이후에, 교회는 전승에 의거하여 신학적 성찰의 형태로 자기를 돌아보기 시작했다. 신약성경은 예수 사건을 이야기하면서 신앙을 증언하고 있으며, 사도들이 사라지면서 신앙은 전승의 형식으로 바뀌어 후대의 공동체를 형성해나갔던 것이다. 초기의 공동체 형식의 교회가 성장하면서 구성원들의 문화적 단일성은 다양성으로 변했으며, 구성원들의 다양성은 공동체에 풍성한 경험을 제공하는 기회이기도 했다. 그리스도교의 유대적 요소들이 헬레니즘적 요소들로 대체되어가면서 핵심 교리의 잘못된 해석이 발생할 위험이 커졌던 것이다. 이런 사실을 뒷받침해주듯

받은 사도교부들(*patres apostolici:* 로마의 클레멘스, 안티오키아의 이그나티우스, 스미르나의 폴리카르포, 히에라폴리스의 파피아스 등), 호교론적 저술 활동을 했던 호교교부들(*patres apologetici*, 순교자 유스티누스, 안티오키아의 테오필루스, 히에라폴리스의 아폴리나리우스, 사르데스의 멜리토 등)이라고 호칭한다. 언어나 지역에 따라 구분하고자 할 때에는 희랍교부, 라틴 교부, 혹은 동방 교부, 서방교부라고 분류하기도 한다. 한국가톨릭대사전, 제1권, 605~611쪽; H. R. 드롭너, 하성수 옮김, 교부학, 분도, 2001(1994), 63~67쪽 참조.

이 신약성경의 사도행전은 그리스도교 발생 첫 세기가 지나기도 전에 벌써 고대 교회 구성원들의 다양한 문화적 뿌리를 확인해주고 있다.

1. 교회 구성원들의 문화적 다양성

최초의 그리스도 신앙공동체(사도 1장)가 '교회'(*Ekklesia*, 사도 5,11; 8,1)라는 이름으로 역사에 등장한 이후 가장 먼저 발생한 갈등은 다양한 문화적 뿌리에 기인한 긴장이었다(사도 6장 참조). 성경의 증언은 비록 호교적(*apologetic*) 이유가 가장 커다란 동기라고 말할 수 있을지라도, 우리는 그리스도교 초창기에 문제된 사태들의 배경에 다양한 문화적 긴장이 있었다는 사실을 간과할 수 없다. 서로 다른 문화와 역사를 살아온 사람들 사이에 생길 수 있는 갈등과 긴장은 그리스도교 공동체에서 가장 첨예하게 나타날 수 있었기 때문이다.

신약성경이 증언하는 예수 사건의 주인공들은 유대인이며, 사건 자체가 유대 사회와 문화의 범위 안에서 벌어진 이야기들이었다. 즉, 예수를 둘러싼 사건들은 내용과 관계없이 유대 문화라는 배경의 문화적 단일성이 지배한 사회에서 벌어졌다.

예수의 사건 이후, 그리스도 신앙공동체가 발생하면서 구성원들의 문화적 단일성은 점차 배경으로 물러갔다. 다양한 구성원이 그리스도 신앙공동체 안으로 편입되기 시작했고, 그리스도 신앙은 문화적 다양성을 복음 선포의 이름으로 허용하기 시작했다. 한 문장으로 묘사할 수 없을 정도로 강렬했던 긴장이 공동체 내지는 사도들 사이에서 발생한 사실은 사도 바울로의 서간에서 확인할 수 있다.[3] 간접적으로 드러나는 경우이지만, 문화와 문화의 차이에서 비롯된 이해와 인식의 차이는 교회 공동체가 복음을 선포하는 과정에서 구성원들의 문화적 경계를 넓혀갈수록 심화될 것이었다.

구약성경이 오직 하나의 문화권을 중심으로 하느님의 구원사적 섭리(*Economia*)를 전개하고 있다면, 비록 신약성경은 사건의 발단이 유대교 문화를 전제하고 있다손 치더라도, 사도 바울로는 사건의 메시지를 전달하는 활동 영역을 로마제국에서 찾았다. 로마제국은 하나의 단일한 문화권을 정복민에게 강요하지 않았고, 정복지의 다양한 문화를 수용한 복합 문화적 정치체제였다. 특별하게 로마제국의 문화를 통칭해야 한다면, 헬레니즘이 주류를 이루는 거대사회라고 불러야 할 것이다. 동방문화적인 요소가 존재했을 뿐만 아니라, 라틴 문화와 헬레니즘 문화, 그리고 사건의 배경인 유대교적인 요소들이 상호 영향을 주고받았고, 각각 독립적인 형태를 유지하고 있었다. 로마제국의 종교정책이기도 했지만, 황제의 정치에 반대하지 않는 한 모든 피정복민족의 종교는 허용되었고, 상호 존중을 받았다. 그런 의미에서 유대 땅에서 유대교가 신정 정치적 자율권을 어느 정도 허용 받고 있었던 사실을 기억해야 할 필요가 있다.

로마제국 안에서 각 민족들이 제한적으로나마 누렸던 종교문화의 다양성은 유대교뿐만 아니라 헬레니즘의 다양한 철학들과 영지주의 등 모두를 가리킨다.[4] 말하자면, 고대 교회가 만났던 모든 종교와 문화

---

3 예를 들면, 갈라 2,11 이하. 사도 10장 등. 유대교 신자가 이방인을 만난다는 것에 대한 신약성경의 이해라든가, 베드로가 취한 행동을 나무라는 바울로의 말에서 증언을 청취할 수 있다.

4 J. N. D. Kelly, *Early Christian Doctrines*, A&C Black, (5th Ed.), 1968(고대기독교교리사,

조류는 그리스도교가 영향을 받지 않을 수 없던 대상이었을 뿐만 아니라, 그리스도를 이해시키기 위해 필요한 설명과 해석을 필요로 했다. 오해를 불식시키기 위한 새로운 설명과 이해에 필요한 해석이 요구되었던 사실은 역사가 증언하고 있다.

2. 호교론의 시대

2세기까지 로마제국의 대중언어가 '코이네' 헬라스어(*koinē dialektos*)[5]였기 때문에 대부분의 그리스도교 저술가들은 모두 이 언어를 사용했다.[6] 유대인 그리스도인들과 헬라스계 그리스도인들로 구성된 교회 공동체는 당연히 코이네 헬라스어를 사용했다. 교회의 성경으로 받아들인 구약성경도 마찬가지로 헬라스어 번역본인 칠십인역(*LXX*)[7]을 정경으로 인정해

크리스챤다이제스트, 2004) 1장(17~44쪽)에서 잘 묘사하고 있다.

5 헬라스(*Hellas*): 일반적으로 '그리스'(영)라고 표기하는 것을 기원전 5세기 헤로도토스가 자신의『역사』(1,92)에서 모든 도시(폴리스)를 아우르는 표현으로 사용한 국가 표시이며, 오늘도 헬라스 사람들은 자신들을 헬라스인으로 부른다. 이런 이유로 영어식 표현인 그리스 대신에 헬라스를 사용하며, 그리스어 대신에 헬라스어, 그리스인 대신에 헬라스인으로 표기한다. 박종현, 헬라스 사상의 심층, 서광사, 2001, 5쪽 이하 참조.

6 지역에 따라 시리아어를 사용하고 라틴어를 사용하기도 했으나, 앞으로 전개될 대다수의 교부들은 극소수의 예외를 제외한다면, 헬레니즘에 익숙했던 저술가들이었다. 이런 상황은 보편공의회가 네 차례나 진행되는 동안 공의회 참석자들이 대부분 헬라스어를 사용하는 교부들이었다는 사실을 상기시켜준다. 따라서 동방교부들이 저술한 문헌들과 여기서 비롯된 보편공의회 문헌들은 모두 헬라스어 문헌들이다.

7 '*Septuaginta*'(LXX)라고도 불리는 이 성경 번역본은 서기 전 2세기 알렉산드리아의 유대인들이 주도했던 토라의 헬라스어 번역본으로, 히브리어를 모르는 헬라스어 사용 유대인들을 위한 토라였다. 고대 교회는 이 번역본을 정경으로 삼아 사용했다. N. Turner, *Handbook for Biblical Studies*, Basil Blackwell, 1982, 123쪽.

사용했다. 새로 태어난 그리스도교는 유대교의 토라에 기반을 둔 표현들은 수용했지만, 이교적인 표현들은 사용하지 않았다. 따라서 유대교적 표상들이 자연스럽게 그리스도교 안으로 들어오게 되었고, 복음이 전파되는 새로운 문화에서는 알아들을 수 있도록 해석되어야 할 필요가 생겼다.

고대 교회가 제국 안에서 널리 퍼져나감에 따라 많은 순교자들이 생겨났고, 교회가 그리스도의 복음 메시지를 전파하는 곳에서는 설명할 필요도 생겼다. 처음으로 그리스도교의 가르침을 펼치기 위해 논리적 설명과 설득 의지를 강력하게 보여주었던 이들이 호교 교부들(*Apologists*, 혹은 변증가들. 2~3세기 초반에 활동)이다. 그리스도교는 동시대의 유대인들뿐만 아니라, 로마제국 안의 많은 종교들과 논쟁하지 않으면 안 되었던 것이다. 그리스도교 호교론은 일차적으로 그리스도교에 대한 부정적 비판이 논리적 근거가 없다는 설득적 주장을 펼쳤다. 그리고 그리스도교에 대한 그릇된 이해를 교정하고 해명하고자 하였으며, 그리스도교 신앙을 합리적으로 논증하고 정당화하는 철학적 대화의 노력에 힘을 기울였다.[8] 이들 중에 헬라스계 출신의 유스티누스(*Iustinus*, c.100~c.165년), 시리아 사람 타티아누스(*Tatianus*, 2세기), 아테네의 아테나고라스(*Athenagoras*, 2세기), 안티오키아의 테오필루스(*Theophilus*, 2세기), 사르데스의 멜리토(*Melito*, 2세기) 등의 이름을 들 수 있다.

두 번째 세대의 호교 교부들은 특별히 그리스도교에 많은 영향력을 행사했던 영지주의 계열의 사조와 격렬한 논쟁을 벌였다. 이들 중에

8 H. R. 드롭너, 하성수 옮김, 교부학, 분도, 2001, 146쪽. 특별히 이들(대략 120~220년)은 타문화권의 지식인들 중에서 개종자들을 이끌었고, 제국의 억압과 대결해야만 했다. 이들이 극복해야 했던 사조 중에서 1) 유대교의 비판과, 2) 이방인의 철학이 가장 어려운 상대였다. 구약성경을 바탕으로 논증을 시도했고, 유일신론에 근거한 그리스도의 신성을 증명해야 했다. 그러나 이들은 신학하기 이전 단계의 철학적 대화를 시도했다고 말할 수 있다.

리옹의 이레네우스(*Irenaeus*, c.130~c.200년), 북아프리카의 테르툴리아누스(*Quintus Septimius Florens Tertullianus*, c.160~c.225년). 로마에서 활동했던 히폴리투스(Hippolytus, c.170~c.236년), 알렉산드리아의 클레멘스(*Clemens*, c.150~c.215년) 등이 유명하다.

특별히 영지주의는 2~3세기 그리스도교에 가장 위협적인 운동이었으며, 매우 세련된 사유체계를 가진 복잡한 학설이기도 했다.[9] 한마디로 정의하기는 어렵지만, 영지주의는 세상의 악과 인간의 구원 가능성에 대한 해석학적 관심을 가지고 있었다고 말할 수 있다. 이런 관점에서 그리스도교는 최대의 경쟁 상대를 만났을 뿐만 아니라, 교회의 존립이 걸린 문제로 인식하고 있었던 것이 아니었을까 판단할 수 있다.[10] 영지주의자들의 주장은 교부들의 논쟁 속에 인용되어 있는 파편적 내용 이상으로 남아 있는 자료가 거의 없다. 영지주의는 그리스도교가 전교회적으로 논쟁의 상대로 극복해야 했던 강력한 경쟁자였으나, 고대 교회가 한

9 마들렌 스코펠로, 이수민 편역, 영지주의자들, 분도, 2005; Kurt Rudolph, *Gnosis*, T&T Clark, 1983. 대단히 매혹적이며 동시에 복잡한 영지주의는 하나의 운동이 아니라, 현상으로 이해해야 한다. 매 시대에 등장하는 현상으로 볼 수 있으며, 현대의 뉴에이지 운동이 그런 모습이다(마들렌 스코펠로, 15쪽). 영지주의의 복잡한 현상을 요약적으로 제시하면 다음과 같다. 1) 철저한 이원론이어서 정신과 물질계의 간극은 무한하다. 물질의 세계는 본질적으로 악하다. 2) 물질의 기원은 최고 존재의 신에게 돌리지 않고, 데미우르고스라는 중간 창조신(구약성경의 창조의 하느님과 동일시)을 설정한다. 3) 인간에게 영적인 요소가 있어서 궁극적으로 구원은 세상에서 해방되는 것이다. 따라서 4) 이 세계에 갇힌 영적인 요소들이 최고신에게 올라갈 수 있도록 여러 단계의 에온들이 이 땅에 내려온다고 묘사하였다. J. N. D. Kelly, *Early Christian Doctrines*(고대기독교교리사, 42쪽) 참조.

10 영지주의의 다양한 사조들의 기원이나 주장들이 매우 세분화한 운동으로 전체를 일괄적으로 파악하기는 어렵다. 영지주의자들 중에서 바실리데스(*Basilides*), 마르키온(Marcion), 발렌티누스(*Valentinus*), 몬타누스(*Montanus*) 등의 이름이 널리 알려져 있으나, 이들에 대한 기록은 거의 남아 있는 게 없다. H. R. 드롭너, 187~188쪽; J. N. D. Kelly, 고대기독교교리사, 38~44쪽 참조.

시대의 승리로 영지주의의 그늘을 말끔히 씻어버린 것은 아니었다.[11]

3. 신앙에서 신학으로

그리스도교가 처해 있던 상황에서 주변 사조와 논쟁해야 했던 현실은 신앙 차원에 머물던 그리스도교를 사유를 통한 그리스도교 신학으로 옮겨가지 않을 수 없게 만들었다. 일차적으로 영지주의와 논쟁을 벌여야 했던 경험은 다음 세대에서 그리스도교의 핵심 교리들에 대한 정교한 논쟁으로 진행되었다. 3~4세기 그리스도교는 논쟁을 통하여 자신의 신앙을 학문적으로, 철학적으로 이해하기 시작했으며, 철학과 신학과 성경에 박식한 오리게네스(*Origenes*, c.185~c.254년)[12]와 같은 걸출한 신학자를 탄생시켰다. 이리하여 그리스도교 신앙교리는 더 이상 단순한 신앙조항에 머물지 않고, 신앙의 내용이 '신학하기'의 토대임이 드러났다. 그렇다면, 정리된 신앙 내용은 어디서 찾았던 것일까?

3세기의 인물 오리게네스에게서 볼 수 있는 그리스도교 신학은 그리스도교 신앙의 내용을, 즉 복음의 내용을 '어떻게' 이해해야 하는가? 라는

11 1945년 이후 나그 함마디(*Nag Hammadi*)에서 발견된 영지주의 문헌은 3~5세기 기록으로 추정된다. 널리 알려진 문헌으로 '진리의 복음서'와 '토마스 복음서'가 있다. 영지주의는 교회 안에서 영향력을 잃은 후에 교회 밖에서 생명력을 유지해갔던 것으로 보인다. DECA, 1699~1701쪽 참조.

12 오리게네스의 생애에 대한 첫 번째 기록은 카이사레아의 에우세비우스가 저술한 '교회사' VI권에서 읽어볼 수 있다. Eusebius Phamphilius, *The Ecclesiastical History*, BakerBookHouse, 1994, Book VI, 217~270쪽(임성옥 역, 유세비우스의 교회사, 은성, 1990); H. Küng, *Great Christian Thinkers*, *Continuum*, 1994(한글판, 위대한 그리스도교 사상가들, 크리스천헤랄드, 2006) 참조.

질문에서 출발했다. '어떻게'는 복음을 이미 수용한 그리스도 신앙인들뿐만 아니라, 그리스도교의 신앙 내용을 다른 이들에게 선포해야 할 때 발생하는 질문이기도 했다. 신앙 내용을 이해하고 선포하기 위해 교부들은 신앙의 발생 시점에서 멀어질수록 설명과 해석이 필요해졌던 것이다. 오리게네스는 태어나 공부하고 활동했던 알렉산드리아에서 '교리학교'의 책임자로 있었고, 알렉산드리아를 떠나 카이사레아에 망명해 있을 때도 '교리학교'를 세워 책임지고 운영했다. 오리게네스는 그리스도교 신앙을 해설하고 해석하기 위해 성경뿐만 아니라, 당대 주류 학문이었던 헬레니즘 철학도 섭렵했다. 오리게네스는 공부와 삶을 하나로 살았던 그리스도적 열정의 전형이었으며, 복음 메시지를 철저히 살아내려고 애썼던 인물이었다.

고대 교회에서 오리게네스와 같은 위대한 신학자가 태어났지만, 그의 주장은 충분히 소화될 수 없었다. 그리스도교의 신관과 그리스도론이 신앙의 핵심이라면, 오리게네스는 동시대의 교부들에게서 충분히 이해받지 못한 인물이기도 했다.[13] 열정의 측면에서 오리게네스는 엄격한 금욕적 삶—단식과 기도와 자발적 가난 등—을 통해 복음적 생애를 살았던 그리스도인이라면, 교회 안에서는 오히려 학문적 오해와 갈등 때문에 고통을 받고, 그의 방대한 저술은 비판자들의 인용구 속에서 파편으로 살아남았을 뿐이다. 오리게네스의 저술은, 비록 불행하게도 거의 모두 사라졌지만, 당시 지식인들과 교양인들을 대상으로 전개된 교리를 넘어 신학으로 발전한 대표적인 예였다.

---

13 많은 책에서 오리게네스를 다루고 있으니 일일이 열거할 필요는 없으나, 간단히 일독한다면 A. Grillmeier, *Christ in Christian Tradition. From de Apostolic Age to Chacedon*(451), John Knox, 1975(2nd ed.), 138~148쪽 참조. H. Küng, 앞의 책도 참조.

4. 교회와 보편공의회

교회의 신학은 상호 비판과 논쟁을 통하여 인식의 지평을 넓히고 성장하기 마련이지만, 보편교회가 하나의 공통된 신앙을 고백하기 위한 비판적 수단이 되기도 했다. 3세기까지 그리스도교 안에서 일어난 교부들의 신학적 소견은 개인적 차원에 머물렀거나, 영향력이 아주 작은 범위에 제한되었다. 그러나 오리게네스의 경우[14]처럼 한 사람의 신학이 교회 전체에 영향력을 행사할 수 있는 시기가 오면서 교회는 정통 신앙을 정립하고 보호해야 할 의식을 갖지 않을 수 없게 되었다.

4세기의 교회를 뒤흔든 사건은 북아프리카 지중해 연안에 위치한 알렉산드리아의 바우칼리스(*Baucalis*)에서 발생했다. 아리우스(c.260~336년)[15]는 항구에 연한 이 성당의 사목자로서 재임하면서 훌륭한 설교가로 명성을 날렸다. 그가 이해하던 성부와 성자의 관계는 어떤 의미에서 오리게네스, 혹은 알렉산드리아 신학의 범주 안에서 논의되었던 것이다.

---

14 예를 들면, 오리게네스의 삼위일체론에서 두 번째 위격 성자에 대한 언급을 두고 많은 교부들은 그의 '종속론'(*Subordinationism*)적 경향을 비판했다. B. Sesboüé, *Le Dieu du Salut*, coll. Histoire des Dogmes, vol. I, Desclée, 1994, 226~233쪽 참조.

15 DECA, 238~244쪽 참조. 아리우스(*Arius*)는 고대 교회의 역사적 삶에 전기를 제공한 인물로 기록되었다. 알렉산드리아 교회에서 추방을 받았지만, 황제의 권력이 개입하여 자신의 면목을 다시 세울 수 있었다. 335년 예루살렘 회의에서 니코메디아의 에우세비우스와 카이사레아의 에우세비우스의 주도로 아리우스를 교회에 다시 받아들이는 결정이 취해졌으나, 336년 이 결정이 실행되기 직전에 사망하였다. 그의 생각을 알려주는 자료로 향연(*Thaleia*), 니코메디아의 에우세비우스에게 보낸 편지, 알렉산드리아의 알렉산드로스에게 보낸 편지, 콘스탄티누스 황제에게 보낸 신조 등이 부분적으로 남아 있다.

오리게네스는 삼위에 각각의 휘포스타시스(*hypostasis*, 위격)를 인정했지만, 사벨리아니즘을 거부하기 위해 성부 · 성자 · 성령을 구별하려고 성자와 성령을 성부께 종속시켰다. 이 점이 고대 교회에서 오리게네스가 종속론자로 비판받게 된 큰 이유였다. 한편, 아리우스가 궁극적으로 성자의 피조성을 주장하게 된 이면에는 당대의 사조였던 중플라토니즘(*middle platonism*)이나 네오플라토니즘(*neoplatonism*)의 영향이 컸을 것이다. 플라토니즘은 궁극적 실재, 혹은 존재는 '하나'로 귀착된다는 것을 철학적 모토로 삼는다.

아리우스의 '향연'(*Thaleia*)은 이런 사유를 바탕으로 그리스도교의 하느님 관념을 표상했던 것이다.[16] 성부만이 모든 것의 근원이며 시작도 없고(*anarchos*), 태어나지 않았으며(*agennetos*), 영원한 불변의(*aidios, atreptos*) 존재이다. 아직 휘포스타시스(*hypostasis*)와 우시아(*ousia*)의 개념적 차이가 분명하지 않았던 시기에, 아리우스의 주된 관심은 유일신론(*Monotheism*)을 유지하는 것이었으며, 한분 하느님의 신성을 강조하는 것이었다. 달리 말하면, 종속론적인 표현에도 불구하고 오리게네스가 후대에 정의된 정통 신앙의 삼위일체론에 근접한 발언을 했다면,[17] 아리우스는 플라토니즘—중플라티니즘과 네오플라토니즘—과 유일신론에 천착하였던 까닭에 오리게네스의 신학적 의도를 올바르게 이해할 수 없었다. 아리우스 나름의 삼위일체론적 신관이 플라토니즘의 사고 틀에 의존할 때, 성부

---

16 H. R. 드롭너, 교부학, 338~334쪽.

17 오리게네스의 종속론은 성자가 성부께 종속한다, 혹은 성부는 성자의 기원을 가리킨다. 성부와 성자의 관계는 '존재론적'인 의미이지, '시간적인' 의미는 아니었다. 아리우스의 오해는 플라토니즘에 근거한 생각에서 비롯되며, 그러기에 아리우스는 오리게네스의 의미를 곡해할 수밖에 없었다. G. C. Stead, *The Platonism of Arius*, in JTS NS 15, 1964, 16~31쪽; ODCC, 1193~1194쪽 참조.

이외에 모든 존재는 피조물이 될 수밖에 없다.[18] 그렇기 때문에, 아리우스는 삼위일체를 말할 수는 있었어도 성부에게서 탄생한 성자를 피조물이라고 주장할 수밖에 없었던 것이다.

아리우스의 주장이 빠르고 널리 이집트 전역에 대중적 인기를 얻으면서 알렉산드리아 교회를 위협하게 되었다. 결국 아리우스를 간단히 제어할 수 없게 된 알렉산드리아 총관구는 북 아프리카 시노드를 소집하였고, 이 시노드를 통해 즉각적으로 그를 파문하였다. 추방된 아리우스는 그를 지지하고 보호해줄 인물들을 동방에서 찾았고, 루키아누스 밑에서 동문수학한 니코메디아의 에우세비우스를 중심으로 동료들의 지지를 구할 수 있었다. 아리우스 논쟁은 이제 알렉산드리아를 벗어나 전체 교회가 관련된 사건으로 비화되고 말았다. 콘스탄티누스 황제는 처음 아리우스 논쟁이 제국의 안녕과 일치에 필요한 교회의 평화를 어지럽히는 교회 내의 작은 소요로 생각했다. 그러나 논쟁이 지속되자, 황제는 324년 9월에 코르도바의 오시우스(*Ossius of Cordoba*, c.260~357년 이후)를 중재자로 삼아 알렉산드리아에 파견하였다. 황제는 자신의 권력으로 아리우스 사건을 강제로 매듭지으려고 했으나 성과를 거두질 못했다. 더구나 이 과정에서 논쟁의 사안이 대단히 중대한 신앙 문제인 것을 알자, 마침내 황제는 후대 교회가 보편공의회라고 부르는 첫 번째 니케아 공의회(325년)를 소집하게 되었다.

18 아리우스가 제기했던 문제는 성자의 신성에 관한 것이지만, 성령의 신성을 부인했던 성령배척론자들이 등장할 수 있는 이론적 준비이기도 했다. 직접적으로는 성자의 신성이었지만, 성부 이외의 모든 존재는 피조물이라는 아리우스의 주장은 성령의 신적 존재마저 피조물로 격하시킬 수밖에 없었기 때문이다.

5. 공의회 신학의 발생

우리가 앞으로 다룰 네 개의 공의회[19]는 교회 안에 발생했던 여러 신학적 사조 가운데서 신앙의 본질을 훼손하는 부류와 대결하면서 개최되었다. 보편공의회가 소집되기 전에 헤아릴 수 없는 회의가 지역 교회들 안에서 개최되었고, 신앙과 관련된 문제들을 해결해나갔다. 그러다가 교회 전체의 운명이 걸린 신앙의 본질을 뒤흔드는 문제가 발생하면서, 전체 교회의 지도자들이 참여하는 회의로 확대되었다. 이렇게 해서 보편공의회는 전체 교회의 이름으로 신앙의 내용을 확인하고 정의하는 작업을 시작하였다. 신앙생활과 신앙선포가 자연발생적이었다면, 이제부터 공의회가 결정한 사항들은 의무와 책임이 따르는 행위가 될 것이었다. 더구나 공의회의 결정들은 전교회에 타협할 수 없는 신앙교리를 부과하는 강제성을 가지기 때문에, 네 개의 공의회는 이런 의미에서 특별히 중요한 역사적 사건이 되었다.

첫 번째 공의회부터 지상에서 교회의 수호자로 자임한 제국의 황제 콘스탄티누스가 소집의 주체가 되었다. 제국의 여행을 안전하게 보장할 수 있었던 실질적인 정치적 군주였기 때문에 가능하기도 했지만, 교회의 문제를 정치적 문제로 인식하지 않을 수 없던 황제가 취하지 않을 수 없던 조치이기도 했다. 아리우스에게서 촉발된 교회의 분열 조짐은 이제 막 시작된 통일 제국의 질서에 불안을 야기할 수 있는 혼란이기도 했던 것이다. 콘스탄티누스 황제는 교회 정책의 자문역을 맡았던 코르도바의

19 네 개의 보편공의회는 니케아(325년), 콘스탄티노플(381년), 에페소(431년), 칼케돈(451년)에서 개최되었고, 개최지의 이름을 따서 부르게 되었다.

오시우스를 알렉산드리아에 파견하여 아리우스 문제를 수습하고자 했으나 실패했다. 아리우스는 알렉산드리아에서 추방당한 뒤 그를 보호해줄 니코메디아의 에우세비우스를 찾았으며, 이로써 황제가 교회의 문제에 직접 개입할 기회가 제공되었던 것이다. 역사적으로 보면, 아리우스가 제기한 신앙의 문제, 곧 성부와 성자의 본질적 차이에 대한 해석학적 오류가 보편교회의 이름으로 해소된 이후에도 아리우스 문제는 한 번의 승리로 마무리되지 않았다.

아리우스가 제기한 교의의 해석, 곧 신앙의 해석은 본격적으로 보편공의회의 소집과 첨예한 논쟁에서 결정되었다. 의미론적으로 보면, 공의회의 소집은 그리스도교의 정통 신앙을 정립한 결정으로 절정에 이르렀으며, 교회는 정통 신앙을 수립할 수 있기 위해 공의회 신학이 발전적으로 제시됨을 보았다. 니케아 공의회(325년)는 교회 안에 존속할 수 있는 다양한 신학의 가능성을 실현시킬 수 있는 논의의 장(場)이 되었고, 논의 결과는 신학적으로 정리한 신앙의 내용으로 수렴되었다. 공의회는 신앙을 바탕으로 신학을 발생시킨 공적인 자리가 되었기 때문에, 이후 발생된 모든 신앙의 문제는 전통에 따라 공의회의 형식을 거치지 않을 수 없게 되었다.

6. 정통 신앙의 확립

과연 교회의 보편공의회는 모든 신앙의 문제를 신학적으로 해소시킬 수 있었는가? 니케아 공의회의 뒤를 이어 소집된 공의회들은 고대 교회가 겪어야 했던 신앙의 위기를 겪으면서 참으로 놀라운 성취를 가져왔다.

지역 교회들은 공의회에 참여하면서 지역 교회가 보편교회의 지체이며, 보편교회의 문제가 지역 교회의 문제임을 체감할 수 있었다. 모든 지역 교회는 자신들의 문제가 전체의 문제이며, 전체 교회의 문제가 지역교회의 문제임을 알았다. 이러저러한 이유에서 발생된 신앙의 문제가 단순히 문제를 해결하는 차원에서 끝난 것은 아니었다. 성장과 확장을 통해 제국의 전 지역으로 퍼져나간 교회의 모든 지역이 하나의 교회를 이룬다는 체험은 사실 말로 다 표현할 수 없는 감동적인 사건이기도 했다.

부정적으로 말한다면, 지역 교회 간 갈등은 지역 교회의 경계를 넘어 도움과 지지를 얻거나, 혹은 비판과 반목을 빚어내기도 했다. 하지만, 이 모든 역사적 사태는 교회가 하나이면서 부분이 조화를 이루어 전체를 이루는 유기체적 조직이란 걸 보여주었다. 교회는 이제 하나의 유기체적 조직이면서 한 부분의 고통은 전체의 고통이란 것도 알게 되었다.

그렇다면, 교회의 신앙은 바로 구성원들의 고통과 어려움을 토대로 성장하고 있었는가? 지역 교회가 신앙의 갈등을 빚고, 구성원 간의 긴장을 불러일으켰다는 사실은 공의회마다 겪었던 고통의 깊이를 나타내 준다. 아리우스는 니케아 공의회의 발단이 되었고, 성령의 신성을 부인했던 '성령배척론자들'(*Pneumatochoi*)은 콘스탄티노플 공의회(381년)를 소집해야 할 원인을 제공했다. 두 공의회는 고대 교회를 뒤흔들던 삼위일체론의 신학 문제들을 해결함과 동시에, 역설적으로 신앙의 불안을 잠재울 수 있는 동력을 제공했다. 공의회 참석 교부들의 논쟁은 마침내 고대 교회가 고백신앙의 내용을 신학적 성찰을 통하여 성취한 삼위일체론의 하느님 상을 정리할 수 있었다.

그러면, 니케아 공의회가 아리우스 논쟁을 거치면서 아리우스의 질문에 정확한 대답을 하였던가? 혹시나 논의의 핵심을 벗어나 그 대답에 오해의 소지를 남긴 채 얼버무리지는 않았는가? 구체적으로 말해서,

교부들은 신앙의 고백을 신학적으로 정확한 의미를 담은 표현으로 정의할 수 있었는가?

공의회의 참석 교부들은 아리우스 논쟁의 핵심을 알아듣긴 했지만, 불행하게도 완벽하게 마무리할 수 있는 개념적 정확성을 획득하진 못했던 것으로 보인다. 더욱이나 놀랍게도 공의회가 찾아낸 표현은 이미 이단(*Sabellius*)으로 거부된 표현(*homoousios*)이었으며, 성경이 모르는 말이었다. 이처럼 교회의 역사를 보면, 니케아 공의회 이후에도 아리아니즘은 여전히 교회의 신앙에 위협적인 요소였으며, 성령배척론과 더불어 콘스탄티노플 공의회를 소집하게 만든 주된 요인이기도 했다.

신학적으로 보면, 니케아 공의회나 콘스탄티노플 공의회가 정리한 신앙은 신경으로 수렴되었기 때문에, 두 공의회가 이단에 대해 취한 태도는 본질적으로 동일했다고 할지라도, 해결 방식은 달랐다. 니케아 공의회는 아리우스 문제를 해결하기 위해 '호모우시오스'(*homoousios*)이라는 성경 외적인 용어를 선택했다면, 콘스탄티노플 공의회는 성령의 신성을 강조하기 위해 성경에서 필요한 용어를 찾았다. 교회는 니케아 공의회의 해결 방법에서 숱한 갈등을 경험했기 때문에 콘스탄티노플 공의회는 명확하게 성경의 말씀에서 해법을 찾을 필요가 있었다. 니케아 공의회가 성자와 성부의 본질적 동일성을 철학적으로 표현하고자 했다면, 콘스탄티노플 공의회는 신앙의 문제를 신앙의 원천인 성경에서 찾았다. 성령과 성부의 동일본질성을 나타내기 위해 성령은 성부에게서 '나온다'(*ekporeuetai*, 요한 15,26; *ekporeuomenon*, 니케아-콘스탄티노플 신경)[20]는 아주 간단한 표현을 사용한 것이다. 이로써 불안하지만, 성부와

20 '호모우시오스'가 성부와 성자의 본질적 동일성을 나타낸다면, 성부와 성령의 본질적 동일성은 성경이 제공하는 어휘 '*ekporeuomai*'(요한 15,26)에서 표현된다. 말하자면, 이

성자와 성령의 삼위일체적 동일성은 두 공의회를 통해서 확정적으로 정의되었다.

그렇다면 그리스도교의 신관이 정립되었다고 해서 아리우스에게서 야기된 문제의 그리스도적 신관은 완결되었던가? 428년 네스토리우스(*Nestorius*)가 콘스탄티노플의 총대주교로 황제의 선택을 받으면서 새로운 형태의 문제가 발생했다. 콘스탄티노플 교구 소속의 아나스타시우스(*Anastasius*)의 설교에서 전통적으로 동정 마리아의 호칭이었던 '하느님의 어머니'(*Theotokos*)를 부인한 사건이 발생했던 것이다. 네스토리우스는 아나스타시우스를 지지하면서, 신학적으로 이 표현은 '그리스도의 어머니'(*Christotokos*)로 대체되어야 한다고 주장했다. 일반 신자들의 소란이 들끓었고, 사태가 진행되면서 논쟁은 점차 확대되고 말았다. 네스토리우스 논쟁은 에페소 공의회(431년)의 결단으로 마무리되었지만, 신학적 시비는 현대에 이르기까지 심심치 않게 제기되곤 했다. 고대 교회의 논쟁에서 패배자의 언로는 끊어지고, 그의 주장은 흔적을 남기지 않도록 처리되었다.

네스토리우스 논쟁의 단서는 신앙의 문제가 너무도 쉽게 신학의 그물에 걸려든 측면도 있다. 대다수의 교회와 교부들에게 문제없이 수용된 신앙의 표현이 네스토리우스와 같은 박식한 신학자의 논리에 논쟁의 주제가 되었던 것이다. 그리스도의 양성 본질에 관한 고도의 신학언어는 허약한 인간의 언어에 매인 극단적인 반대를 불러일으켰다. 그런 반면에, 에우티케스(*Eutyches*) 논쟁은 사실 신학적인 측면에서 보면, 그리스도론의 극우적 태도에서 발생한 미미한 사건이었지만, 그리스도의 인성과 신성의 관계

동사가 콘스탄티노플 공의회의 해석이고, 후대 교회가 지속적으로 선택한 해석이다. '*come out*'(NRSV), '*procéder de*'(TOB), '*ausgehen*'(Die Bibel)으로 번역해 사용한다.

를 형이상학적으로 새롭게 정의해야 할 필요를 발생시켰다.

콘스탄티노플 공의회 이후 새로운 방식으로 발생한 그리스도론 문제는 두 개의 보편공의회를 불러왔던 것이다. 바로 에페소 공의회(431년)와 칼케돈 공의회(451년)는 앞선 두 개의 공의회에서 정의한 삼위일체론에 근거한 그리스도론을 정립했던 공의회들이었다. 물론 이후에도 여러 차례 이와 관련된 공의회가 개최되었지만, 네 개의 보편공의회는 그리스도교의 핵심적 신앙조항을 처음으로 정립한 계기였다. 고대 교회는 이로써 그리스도교의 양대 핵심 교의—삼위일체 신론과 그리스도론—에 대한 논쟁을 통해 신학적으로 승화된 해법을 성취할 수 있었다.

7. 마무리, 새로운 신학의 시작

그러나 신앙이 교리적으로 정리되고, 교리가 교의의 해석학적 차원으로 초점이 옮겨지고 난 뒤, 교회는 끊임없이 신앙의 원천을 되돌아보아야 했다. 왜 그래야만 했을까, 또 왜 그래야만 할까? 신앙의 진리가 형이상학적 차원이라면, 성문화될 수밖에 없던 교리나 교의는 역사적 인식의 지평에서 다루어져야 했기 때문이다. 그러한 까닭에 앞에서 간단히 언급되었던 네 차례의 보편공의회는 신학적 질문에 대한 결정적 대답을 제시한 것이 아니라, 역사적 상황에서 가장 적합한 해법을 제시했다는 사실이다.

신앙의 내용은 언제나 불변할 것이나, 신앙의 진리에 대한 해석은 언어의 고착성을 고려할 때 '해석학적 순환'(*M. Heidegger*)의 필요성을 무시할 수 없기 때문이다. 신앙이 진리에 대한 믿음을 의미한다면, 진리는 한순간 고정된 불변의 언어로 포착해서 가두어둘 수 있는 것이 아니다. 신앙은 현대의 세계인에게 의미가 있는 이야기가 되어야 하며, 의미가 있는 이야기가 되기 위해 적어도 세 차원에서 고려되어야 한다.[21] 니케아 공의회와 그 이후의 공의회에서 보았던 것처럼, 신앙과 교리에서 교의로 진전된 신학은 성경의 차원, 역사의 차원, 교회 일치의 차원을 고려해 한다. 과거의 언어가 현대인에게 의미가 있기 위해서 현대의 언어로 해석되어야 함은 불문가지인 것이다. 그리스도교의 핵심적 교리도 알고 보면, 신약성경의 기록에 의존하는 것이지만, 신약성경은 구약성경의 문화에 익숙한 저자들의 기록에 의존한다. 말하자면, 교회의 신앙도 긴 인류의 역사에서 발생했던 사유들의 편린에 근거를 두고 있음이다. 과거는 현재와 대화하고, 현재는 과거와 대화하면서 자신의 의미를 찾아 가는 것이다.

역사는 우리에게 역사적으로 성립된 모든 것을 상대화시킬 것을 요구할 뿐만 아니라, 과거에서 미래를 길어 올릴 것을 요청한다. 미래는 단순히 우리의 과거가 상대화되는 역사를 강조하는 데서 획득되는 것이 아니다. 미래는 자기에게 사로잡혀 자기 안에 갇히는 것을 거부하도록 초대하는 의미를 제공한다. 따라서 우리가 그리스도교 공동체에 속하는 한, 혹시나 자기 안에 매몰될 위험한 개별적 사고에서 열린 공동체적 사고로 초대받고 있는 것이다. 하나의 공동체가 무수히 갈라져나가 성장을 이루었다면, 갈라진 공동체들은 서로에게 유익해야 한다. 그 이유는 진리를 신앙하는 이들의 공동체가 서로 유해한 공동체가 된다면, 진리는 훼손당하고 있는 것이기 때문이다. 이런 의미에서 보편적 차원에서 그리스도교가 고통을 당하고 있는 현실이 현대인들에게는 이해할 수 없는 일이다.

---

21 서공석, 신앙언어, 서강대학교 출판부, 2011, 81~83쪽.

더 나아가 그리스도교 신앙은 위에서 언급한 세 차원에만 머물 수는 없다. 고백의 차원에서 신앙의 진리가 제한적이고 상대적인 역사적 대상을 가진다면, 신앙의 진리가 지향하는 목표는 보편성을 지향한다. 신앙의 진리가 그리스도교적이라면, 그리스도교는 진리의 속성에서 볼 때 자기 초월적 지향의 태도를 내포하지 않을 수 없다. 그리스도교의 옷은 신앙의 진리를 입을 수 있지만, 신앙의 진리는 한계를 둘 수 없는 것이다. 신앙의 진리가 비록 시공간적으로 제한된 영역에 머물지라도, 전 인류와 창조계 전체를 포함하는 것이 진리의 속성이기 때문이다. 그러므로 그리스도교 신앙은 역사적 측면에서 제한적이지만, 진리의 차원에서는 인류 전체를, 창조계 전체를 아우르지 않을 수 없다.

이렇게 이해할 때, 그리스도교의 신앙을 표시한 교의들은 지난날 공의회들을 통해서 사용된 교의언어들로 완벽하게 정의된 것이 아니란 점은 확실하다. 칼케돈 공의회(451년)의 1500주년을 언급하면서, 라너(*K. Rahner*, 1904~1984)는 칼케돈 공의회가 끝이 아니라, 시작이라고 마무리했다.[22] 그것은 그리스도교의 미래를 위할 뿐만 아니라, 미래를 향한 길에 새로운 시선을 제공하기 위한 노력이 필요하다는 의미일 것이다.

고대 교회가 경험한 네 번의 보편공의회는 그리스도교 초기 역사에서 교회가 도전을 받고 응답한 사례에 해당한다. 우리가 살고 있는 21세기에 새로운 의미를 찾는 것은 어려운 일일 것이나, 새로운 문화에서 교회 신앙의 역사를 새롭게 이해하고 해석해야 할 필요는 있다. 도전과 응전의 역사적 현상을 경시할 수 없다면, 필요성에 응답하는 것은 이 땅의 그리스

---

22 K. Rahner, *Chalkedon—Ende oder Anfang?*, in A. Grillmeier, *Christ in Christian Tradition*, 556쪽에서 재인용.

도인이라면 누구나 시도해야 할 일이라고 믿기 때문이다.

8. 신학과 역사적 서술

이런 작업을 구체적으로 실천하기 위해 이 책은 고대 교회의 역사적 경험을 이해하려고 한다. 그리스도 신앙을 발생시킨 사건에서 교리가 생겨났으며, 처음 일정 기간 교리는 신앙고백만으로 가능했다. 그렇지만, 외부 세계와 만날 수밖에 없는 그리스도교 공동체는 일방적인 전교가 아니라, 대화와 선포의 방식으로 신앙을 표현해야만 했다. 자연스럽게 교리의 설명이 필요한 시대, 곧 교의를 정립시켜야 할 시간이 도래한 것이다.

교리가 고백을 통한 신앙의 실천이라면, 교의는 교리의 고백을 자기 자신과 타인에게 설명할 수 있는 논리적 설명의 가능성이다. 교의가 서서히 정립되면서 교회는 공동체로써 신학을 하기 시작했기 때문이다. 고대 교회는 교의를 정립해가는 과정을 통해, 시간이 흐를수록 다양해지는 상황에서 자기변론뿐만 아니라, 논쟁을 통해 상대방을 설득해야만 했다. 이렇게 해서 발전하게 된 그리스도교 신학은 일방적인 자기 선언이 아니라, 자기 점검과 상대방을 경청하는 태도를 배우는 길이다.

역사적 상황에 귀를 기울이고, 고대나 현대나 그리스도교뿐만 아니라, 모든 종교가 직면하는 다종교 상황을 염두에 둔다. 역사적 상황을 전제하지 않은 종교나 신앙은 생명이 없는 현상일 뿐이며, 타자 존재를 염두에 두지 않은 종교나 신앙은 일방적이며 타자에 대한 지배적 배타적 태도를 버리기 어렵기 때문이다. 따라서 신학은 두 가지 조건을 염두에 두고 전개할 성찰의 길을 따라간다. 이 책이 그리스도교의 핵심 교리의 성립 과정을 살펴보기 위해 굳이 염두에 두는 근본적인 두 가지 요소는 다음과 같다.

첫째는 고대 교회 전체를 아우르는 역사를 기술할 수는 없지만, 325년부터 451년 사이의 짧은 교회의 역사를 한국 교회의 신앙과 신학의 사정에 맞추어 기술한다. 전체 역사는 교회사가에게 맡겨놓아야 할 일이며, 우리는 교의의 생성 과정을 이해하고 역사적 상황을 짚어본다는 차원에 한정한다. 교의 자체가 이미 역사적 정황과 맞물려 진행된 교회의 공헌이기 때문에, 역사적 상황을 고려한 신앙의 교의화 과정을 점검해야 한다.

둘째, 현대에 그리스도교가 전통종교와 대화할 수 있는 가능성을 염두에 둘 때, 가장 필요한 것이 진리 표현의 다양성을 어떻게 다루어야 할 것인지 생각해보는 것이다. 고대 교회는 로마제국의 전역으로 전파되어나가는 과정에서 제국의 주류 문명을 이루는 헬레니즘과 대화하면서 자신을 표현하기 시작했다. 교회는 그리스도 신앙의 본질을 잃지 않으면서 헬레니즘 문명과 대화하고, 주류 언어(헬라스어)를 사용한 신앙고백을 살아야 했던 것이다. 현대가 다종교 상황을 허용한 세계라면, 고대 세계에서 그리스도교도 다양한 종교들을 만났고, 대화가 필요한 상황을 경험했다.

교회는 역사적으로 나타난 제도 교회를 가리키기도 하지만, 무엇보다도 성령 안에서 계시신앙을 전수받고 전수하는 하느님의 백성이다. 하느님 백성은 '공동체적으로' 신앙을 고백하도록 초대를 받았기 때문에 '공동체적으로 신학하기'에 참여해야 한다. 신앙에서 신학으로 나아갔던 고대 교회의 경험은 오늘도 우리에게 말하고 있으므로, 역사에서 하느님의 섭리를 배우고 다종교 상황에서 역사적 겸손을 익혀야 할 것이다. 이렇게 이해한다면, 그리스도교의 역사는 승리한 그리스도교를 묘사하는 것이 아니라, 끊임없이 마주해야 할 다종교 상황의 세상을 어떻게 살아내야 할지 길을 보여주는 것이다.

제1부

정통 신학의 발생: 니케아 공의회(*Concilium Nicaenum*, 325년)

1부는 고대 교회가 신앙에서 신학으로 나아간 역사적 현상을 기술하면서 신앙의 원천으로 정의된 신경의 역사와 신학적 의미를 다룬다. 4세기 로마제국이 지중해 연안을 통일하면서 전개된 그리스도교의 위상 변화가 이런 역사적 진행에 한몫을 했다.

통일된 제국에 존재하는 숱한 민족 종교들은 고유한 문화와 사회의식을 바탕으로 역사를 지녀온 특성을 가지고 있었다. 그러므로 로마가 주변 지역을 통일해나갈 때 관용 정책 중의 하나가 종교의 자유였다. 다종교 상황은 자연스러운 현상이었으며 모든 종교는 각자의 신을 섬기는 것이 허용되었다. 그러나 유대교에서 출발한 그리스도교는 예수 그리스도를 선포하면서 다른 민족 종교들을 우상으로 여겼고 오직 한 분 하느님을 주장했다.

그리스도 신앙을 제외한 다른 민족들의 종교는 무시되었고, 로마제국의 신들도 이 범주에서 벗어나지 못했다. 박해는 정치적으로 이해할 수도 있었지만, 다른 종교와 로마제국의 종교를 무시한 무신론자 집단으로 여겨진 그리스도교는 박해 대상이 되지 않을 수 없었다. 박해는 콘스탄티누스가 통일 제국의 황제가 된 후 비로소 마침표를 찍었고, 그리스도교가 국가 종교가 된 이후로 비로소 종교의 자유를 만끽할 수 있게 되었다.

그러나 외적 박해가 내적 동력을 끊임없이 제공했다면, 이제부터 내적 동력은 교회 내부에서 발생하는 다양한 경험에서 출발했다. 외적인 평화는 내부에 숨어 있던 오류들의 출현을 가능하게 했고, 고대 교회 공동체를 뒤흔드는 사건들로 비화하곤 했다. 325년의 니케아 공의회는 교회의 분란이 통일 제국의 질서마저 무너트릴 수 있다는 황제의 판단에서 소집되었다.

1부는 니케아 공의회 직전의 사회적 현상과 교회의 상황을 배경으로 진행된 니케아 공의회의 역사적 진행 과정을 다룬다. 니케아 공의회와 관련해서 언급된 아리우스는 북아프리카의 알렉산드리아 사제였으며, 공의회와 더불어 앞자리에 등장하는 이름이다. 다음에서 우리는 그의 오류를 바로잡으려는 고대 교회 교부들의 신학적 성찰을 읽어가며 갈등을 해소하려는 교부들의 노력을 보게 될 것이다.

제1장
신학 이전의 신학

니케아 공의회가 개최되기 전, 로마제국 안에서 박해를 이기고 자리를 잡아가던 그리스도교는 유디이즘의 영향에서 벗어나서 독자적인 길을 가고 있었다. 긴 세월 종교적 핍박 속에서 사이사이 평온의 시기를 경험하던 교회는 콘스탄티누스(제국의 서부 통치, *Constantinus*, +337년)와 리키니우스(제국의 동부 통치, *Licinius*, 311~324년)의 그리스도교 관용 정책으로 밀라노 칙령(313년)을 통해 기존의 종교들이 누리던 종교의 자유를 함께 향유하게 되었다.[1] 그러나 십년을 겨우 넘긴 324년, 콘스탄티누스와 알력 관계에 있던 동로마제국의 황제 리키니우스는 불행하게도 반그리스도교 정책을 선언하였다. 그러자 콘스탄티누스 황제는 그해 크리소폴리스(*Chrysopolis*) 전투에서 리키니우스를 물리치고 통일된 로마제국의 유일한 통치자로 군림하게 되었다.

콘스탄티누스의 승리는 그리스도교에 완전한 신앙의 자유를 보증하는

1 간략한 역사적 배경은 김성태, 세계교회사, 바울로딸, 1995(1984), 219~226쪽; A. 프란쯘, 최석우 옮김, 교회사, 분도, 1996(1982), 81~85쪽; 카를 수소 프랑크, 하성수 옮김, 고대 교회사 개론, 가톨릭문화총서 026, 가톨릭출판사, 2008(2002) 참조.

계기가 되었고, 그리스도교는 스스로 예상하지 못한 제국의 종교로 발돋움하게 되었다. 로마제국이 그리스도교를 제국의 종교로 수용하면서 정치와 종교는 본격적으로 서로 영향력을 주고받는 관계로 진행하였다. 제국의 정치적 · 군사적 통일이 교회의 일치를 요구하게 되었고, 교회의 정치적 영향력만큼이나 황제의 종교적 영향력은 교회의 신앙생활에 결정적인 요소처럼 작용하게 되었다. 게다가 교회의 보호사로 자임한 황제는 자신을 대사제로 여겼으며, 교회의 주요 직책을 맡을 인물들을 선임할 권리를 행사하게 되었다.

고대 교회와 제국 정치의 관계를 되돌아볼 때, 외적 박해와 시련은 오히려 교회의 내적 동력을 강화시켜왔다. 그러나 통일된 제국에서 정치적 후원으로 교회가 얻은 신앙의 자유는 이후 교회가 감당해야 할 내적 시련의 원천이 되었다. 교회에 주어진 신앙의 자유는 공의회가 개최될 때마다 황제의 정치적 개입을 극복하지 않으면 안 될 고된 투쟁의 대가가 되었던 것이다.

역사적으로 보면, 보편교회의 차원에서 첫 번째 교의 논쟁이자, 교회 신앙에 내적 시련의 원인을 제공한 인물은 아리우스(*Arius*, 250~336년)였다. 그렇지만 그의 출현으로 빚어진 신앙과 교의의 문제는 정치적 요소들과 복합적으로 얽혀서 파괴적 영향력은 더욱 깊고 길게 확산되고 말았다. 아리우스는 교회사에서 처음으로 고대 교회가 '신학적 해석'의 문제를 해결하고자 했던 니케아 공의회(*Concilium Nicaenum*, 325년)를 소집하게 된 원인을 제공했던 것이다.[2]

---

2 니케아 공의회와 콘스탄티노플 공의회에 관한 개략적인 이해와 역사적 진행 과정에 대해서 다음을 참고할 수 있다. 맥스웰-스튜어트, P. G., 박기영 옮김, 교황의 역사, 갑인공방, 2005(1997), 14~38쪽; 크리스 스카레, 윤미경 옮김, 로마황제, 갑인공방, 2004(1995); H. R. 드롭너, 하성수 옮김, 교부학, 분도출판사, 2001(1994), 283~573쪽; J. N. D., Kelly,

보편교회 차원의 공의회 소집은 공의회 참석자들의 이동의 편의와 안전을 제공한 황제의 정치적 권력에 의존하지 않을 수 없었다. 그 대가는 교회가 정치적 영향력의 그늘에서 벗어나기 어려웠던 과거 역사의 편린을 보여준다. 고대 교회의 이 사건은 근대에 이르기까지 전통적으로 교회가 늘 맞닥뜨려야 했던 종교와 정치권력 사이의 관계 정립의 문제가 되었고, 그리스도교의 존립을 뒤흔드는 위험한 순간이기도 하였다.

박희석 역, 고대기독교교리사, 크리스챤다이제스트, 2004(Early Christian Doctrines, A&C Black, 1977(5th edition), 241~299쪽; 샤프, 필립, 이길상 옮김, 니케아 시대와 이후의 기독교, 크리스천다이제스트, 2006, 25~75쪽, 536~608쪽; 후베르트 예딘, 세계공의회사, 분도출판사, 2005(1978), 22~28쪽; 카를 수소 프랑크, 하성수 옮김, 고대 교회사 개론, 가톨릭문화총서 026, 가톨릭출판사, 2008(2002), 429~456, 500~562쪽; 클라우스 샤츠, 보편공의회사, 분도출판사, 2005, 33~54쪽; 해롤드 브라운(Harold Brown), 라은성 역, 이단과 정통, 그리심, 2001(1993), 173~226, 245~294쪽; Aloys Grillmeier, *Christ in Christian Tradition*, vol. I, John Knox Press, 1975(1st edition, 1965), 153~439쪽; Ayres, Lewis, *Nicaea and its Legacy: an Approach to fourth-century Trinitarian Theology*, Oxford Univ. Press, 2004; J. Pelikan, *The Emergence of the Catholic Tradition (100~600)*, The Christian Tradition, vol. I, University of Chicago Press, 1971; Young, Frances M., *From Nicaea To Chalcedon: A Guide to the Literature and its Background*, Fortress, 1983; Lafont, Ghislain, *Histoire théologique de l'Église catholique*. coll. Cogitatio Fidei, #179, Cerf, 1994, 54~97쪽; Sésboué, Bernard et Wolinski, Joseph, *Le Dieu du Salut*, coll. Histoire du Dogmes, vol. I, Desclée, 1994, 231~280쪽; Quasten, Johannes, *Patrology*, vol. III, Christian Classics, 1949; Paul Tillich, *A History of Christian Thought*, Touchstone, 1968, 79~89쪽; Ortiz de Urbina, I., *Nicée et Constantinople*, *Histoire des Conciles Oecuméniques*, vol. I, L'Édition de l'Orante, Paris, 1963; Williams, Rowan, *Arius: heresy and Tradition*, Eerdmans, 2002(1987). 특별히 앞의 목록 중에서 Ayres, Lewis, *Nicaea and its Legacy: an Approach to fourth-century Trinitarian Theology*의 참고문헌(436~464쪽)에서 풍부한 자료를 찾아볼 수 있다. 우리의 자료목록은 국내에서 상대적으로 쉽게 참고할 수 있는 자료에 한정되어 있다.

1. 교회와 시노드(*Synodos*)

사도들의 시대부터 교회는 신앙의 유산을 지키고 교회 공동체의 분열을 해결하기 위해 많은 회의를 소집했다. 교회가 핍박받던 시기에 로마제국은 그리스도인들의 집단적 모임을 금지하고 있었기 때문에, 박해가 잠시 멈춘 평화의 시기에야 교회는 신앙 문제를 논의하곤 했다. 고대 교회의 생활상을 알려주는 교회에 대한 첫 번째 기록인 카이사레아의 에우세비우스(*Eusebius*, c.260~c.340)의 『교회사』[3]가 이를 증명하고 있다. 에우세비우스는 2세기 후반에 소아시아의 지역 교회들이 당시 교회의 신앙에 도전적이었던 몬타니즘[4]을 다루기 위해 수많은 회의를 소집했다는 기록을 남기고 있다.

몬타니즘의 급속한 전파는 성령이신 파라클레토스(요한 14,16.17)의 존재를 강조하면서 복음서를 아류로 선포하고, 교계제도[5]를 부인했다.

---

3 Eusebius Pamphilus, 임성옥 역, 유세비우스의 교회사, 은성, 1990(영어본, *The Ecclesiastical History*, Baker Book House, 1994). 신학적으로 에우세비우스는 사벨리아니즘을 반대하고, 친 아리우스적인 견해를 가지고 있었다.

4 몬타니즘(*Montanism*): 서기 2세기 중후반 고대 그리스도교 안에 발생했던 묵시적 카리스마 운동으로 성경과 전통적인 교회의 교계제도를 무시했다. 몬타누스는 155~160년경 프리기아 지방에 등장한 인물로 성령강림의 종말론적 징조를 강조하고, 그리스도교의 금욕적 엄격주의를 주창하여 많은 신자들을 이끌었다. 라틴 교부 중의 한 사람인 떼르뚤리아누스도 한때 그의 추종자였을 만큼 영향력이 컸다. EnC, 890쪽.

5 교계제도(*Hierachy*)를 가시적으로 보여주는 교구와 주교(*Bishop*, 헬라스어 *Episcopos*)라는 명칭은 지역 교회를 나타내는 용어이다. 교계제도의 교회는 로마제국의 행정조직의 구성에 따라 조직되었다. 디오클레티아누스(*Diocletianus*) 황제는 293년에 제국을 재편성하면서 12개의 *dioecesis*(나중엔 15개로 개편)와 직할지 로마 *dioecesis*로 분할하였다. 그 후에 콘스탄티누스 황제는 다시 네 개의 행정단위(*prefectura*)로 통합하고 재정비하였다. *dioecesis*가 오늘날 가톨릭교회의 '교구'라는 의미에서 법적으로 규정된 것은 13세기 이후의 일이다. 한국가톨릭대사전, 1권, 569쪽 참조.

그리고 영(*Pneuma*)의 예언사상을 강조하면서 역사적 진행의 산물로 교계 제도가 형성 중이던 교회 공동체를 통째로 흔들어놓았다. 이 와중에 190년경 지역 주교들은 로마 주교 빅토리우스(*Victorius*, 189~199년, 헬라스어 표기는 빅토르[*Victor*])의 요청에 따라 부활절의 날짜를 정하기 위해 동시다발적으로 시노드[6]를 소집하기도 했다. 이 시기에 지중해 연안을 따라 널리 산재한 교회 공동체들은 이러저러한 문제로 갈등과 긴장을 느끼고 있었다. 긴장과 갈등은 교회 분열의 원인이 될 수 있었기 때문에 보편 신앙의 일치를 위해 반드시 해결해야 할 문제들이었다. 이런 상황은 후대에 논란으로 제기될 교회 신앙의 보편성(*Universalita*)에 대한 논의의 첫걸음이 될 터였다.

3세기가 되면서 지역 교회들의 시노드는 점증하고, 회의가 소집될 때마다 문제의 심각성과 중요성은 상대적으로 더욱 커져갔다. 특별히 이집트와 북아프리카 지역에서 시노드는 산발적으로든 정례적으로든 자주 소집되었다. 그러나 서방 교회에 속하게 될 갈리아 지방엔 아직 지역 교회의 수가 적었기 때문에 자주 회의를 소집할 필요성이 없었다.[7]

---

6 시노드(*synodos*): 의미는 헬라스어로 '함께 가는 길'(*syn +hodos*). 교회가 현안을 다루기 위해 소집하는 지역 교회의 회의를 의미한다. 나중에 보겠지만, 교의적 결정은 오직 보편공의회(*Concilium Ecumenicum*, 전체 지역교회가 참여하는 교회 회의체)에 유보된 권한이었다. '보편공의회'란 표현은 콘스탄티노플 공의회(381년)가 니케아 공의회(325년)를 일컬었던 표현이었다. 이 책은 고대 교회의 4개 공의회는 보편공의회, 혹은 에큐메니칼 공의회라고 부른다.

7 시노드가 대체로 동방 교회 영역에서 소집되고 서방 교회의 참여가 소극적이었던 이유는 아마도 파상적으로 발생하던 박해가 주된 원인이었을 것이다. 2~3세기에 소집된 동방 교회의 시노드 혹은 공의회에 이름을 올린 서방 교회, 즉 갈리아 · 이탈리아 · 스페인 지역 교회를 대표하는 이름은 찾아볼 수 없다. Ortiz de Urbina, I, *Nicée et Constantinople*, 18~19쪽 참조. 고대 교회가 개최한 니케아 보편공의회(325년)와 콘스탄티노플 공의회(381년)의 역사적 흐름과 조망은 많은 부분 이 책을 참조한다.

이 시기 박해 상황에서 제기된 어려움 중의 하나는 배교자 문제였으며, 지역 교회들은 공동체 전체에 걸친 예민한 문제였기 때문에 이를 심각하게 다루지 않을 수 없었다. 배교자 문제와 관련해서 로마 교회 역시 노바시아누스(*Novatianus*, +257/258년)[8] 문제로 공동체적 갈등 속에서 소요를 겪고 있었다. 이 문제는 정신사적으로 보면, 북아프리카에서 문제되었던 도나티즘(*Donatism*)으로 진행되었으며, 마침내 로마 교회는 노바시아누스를 파문하면서 문제를 해소했다.

사태 해결의 관점에서 눈여겨볼 사실은, 하나의 문제를 해결하면 지역 교회들은 그 안에서 발생했던 문제들의 해소 결과를 각 지역 교회의 책임자들에게 서신으로 알렸다는 점이다. 신앙 차원에서 보면, 한 지역 교회에서 발생했던 갈등은 전 지역 교회가 짊어지고 가야 할 문제로 인식하고 있었기 때문이다. 보편교회는 공통의 신앙을 유지하기 위해서 지역 교회에 대한 책임의식을 가져야 했던 것이다. 로마 · 카르타고 · 알렉산드리아 · 안티오키아 등의 지역 교회 주교들은 신앙의 문제에 대한 공동의 책임의식을 가지고 교회일치를 위해 행동했다.

그러나 제기되었던 문제의 해결 방식에 불일치가 발생했던 경우도 있었음은 부인할 수 없다. 정통 신앙에서 벗어난 이들이 베푼 세례의 정당성 논의나 이단 신앙자들을 교회 안에 편입시키기 위한 재세례에 대한 논의는 아프리카 지역 교회들과 로마 교회 사이에 심각한 갈등을

8 노바시아니즘(*Novatioanism*)은 데키우스(*Decius*) 황제의 박해(249~251년) 때에 배교했던 신자들을 교회에 다시 받아들이려는 교회에 반대했던 엄격주의 운동이었다. 노바시아누스는 당시 로마 주교이며 교황이었던 코르넬리우스에 반대하여 박해로 배교했던 이들과 친교를 거부했다. 노바시아누스 자신은 발레리아누스 황제 때 순교했다. 교리상으로는 정통이었으나 이 일로 그들은 교회 밖으로 파문 받았다. 그러나 이후 니케아 공의회(325년)는 이들을 교회 안으로 수용했다. EnC, 922쪽; 에우세비우스, 교회사, 7권 8장 참조.

불러일으키기도 했다. 많은 수의 아프리카 교회들과 이코니움 교회를 포함하는 소아시아의 여러 교회는 이단 신앙자들의 세례를 부당하다고 보았다. 특히 북아프리카 교회는 이단자들의 세례를 부당하게 보고, 나머지 교회와 분리된 독립 공동체 운동을 벌여나갔다. 이에 대한 기록은 255~256년 동안 카르타고에서 여러 차례 소집되었던 시노드에서 확인할 수 있다. 이러한 엄률주의적 운동에 반대해서, 로마의 주교 스테파누스(*Stephanus I*, 254~257년)는 북아프리카 교회의 결정을 거부했다. 이와 같은 갈등은 지역 교회 사이의 긴장을 부추기면서 325년 니케아 공의회가 소집되기까지 지속적으로 제기되곤 했던 현상이다.

이 중에서 신학적 관점에서 경시할 수 없던 사태로 안티오키아의 주교였던 사모사타의 바울로(*Paulus de Samosatu*, 260~268년)[9]의 경우는 아주 심각했다. 중대한 그리스도론 문제와 관련되기 때문에 나중에 더 다루어질 것이지만, 안티오키아 주교의 주장은 당대에 이단으로 비판을 받았고, 지역교회 주교직에서 쫓겨났다. 타르수스의 헬레누스(*Helenus*) 주교는 264년, 268년 두 차례의 시노드를 소집하여 안티오키아 주교가 주장했던 그리스도론을 이단으로 다루었던 것이다. 그러나 이러한 지역 교회의 결정이 늘 긍정적 결과를 가져온 것은 아니며, 때로는 황제의 권력에 의존하여 물리적 해결이 앞서곤 하였다.[10]

---

9 3세기 사모사타의 주교가 사용한 '호모우시오스'(*homo-ousios*, 동일본질의)는 이단으로 단죄된다. 교회 역사상 교리를 이해하기 처음으로 적용한 철학적 해석이 잘못으로 판단된 경우이다. 역설적으로 아리우스를 반박하고 성부와 성자의 신성의 동일성을 보장하기 위해 니케아 공의회는 이 용어를 선택한다.

10 DECA, 1949~1950쪽 참조. 사모사타의 주교가 주장했던 군주론, 혹은 유주론(*Monarchianism*)은 오리게네스(*Origenes*)의 로고스 신학과 상반된 것으로 보지만, 문헌적 근거에 의거해서 살펴보기엔 충분치 않은 것도 사실이다. *Johannes Quasten*, *Patrology*, 140~141쪽 참조.

특별히 사모사타 출신의 안티오키아 주교의 이단성을 논한 시노드는 지역 교회의 범위를 넘어 킬리키아 · 아라비아 · 페니키아 · 폰투스 · 카파도키아 지역의 주교 80여 명이 대거 참석했던 회의였다. 이 회의에 알렉산드리아의 주교도 초대를 받았지만, 주교는 병으로 불참할 수밖에 없어서 자신의 견해를 편지로 대신했다. 이 시노드는 사안의 중요성에 있어 훨씬 더 큰 사도좌의 교구인 안티오키아 교회의 주교를 상대로 소집한 작은 지역 교구의 회의였다는 점이 특이하다. 그렇다면, 작은 지역 교구의 주교 요청에 의해 이루어진 시노드였는데도 한 지역을 넘어 수많은 주교들이 참석하였다면, 그 이유는 무엇이었을까? 기록에 의한 설명은 없지만, 당시 이 사안의 중요성이 신앙의 근본 문제와 관련되어 교회의 일치를 훼손하고 보편신앙에 심각한 문제를 제기한 것이 원인이었을 것이다.

이처럼 심각한 신앙 상의 오류가 발생하면, 이단 신앙자들은 공동체에서 파문11을 받고 추방당했으며, 다른 지역 교회도 파문당한 자들과 친교를 끊어야 했다. 해당 지역 교회의 주교는 파문 결정을 편지로 다른 지역 교회에 알렸던 것이다. 게다가 이 시노드는 사모사타의 바울로를 주교좌에서 추방할 것을 결정했을 뿐만 아니라, 한 걸음 더 나아가 안티오키아 주교로 돔누스(*Domnus*)를 선임했다. 마침내 모든 지역 교회는 새 선임자에게 친교의 편지를 보내고 교회의 목자로 받아들이는 절차를 밟았다. 이 과정은 공개적인 회의에서 다루어지고 공적인 결정과 실천에서 절정에 이른다. 달리 말하면, 이런 결정은 단순히 한 지역 교회에만 유효했던 것이 아니라, 고대 교회의 기둥으로 여겨졌던 로마 교회와

11 '파문한다'(*anathematizō*)는 니케아 공의회가 공의회의 결정을 거부하는 자들(아리아니즘을 겨냥한 표현)을 향해서 선언한 표현이다. DS, 126쪽.

알렉산드리아 교회를 포함하는 모든 지역 교회의 경계를 넘어 보편교회 전체의 인정으로 효력을 발생시켰던 것이다.

비록 콘스탄티누스 황제가 정치적 결단으로 니케아 공의회를 소집하기는 했지만, 역사적인 사건이 되었다. 왜냐하면, 이전에는 보편교회 전체가 공식적으로 인정할 수 있는 보편공의회가 존재하지 않았기 때문이다. 보편공의회가 개최되기 어려웠던 상황을 설명해줄 수 있는 실제적 이유 중에서 제국의 박해가 첫 번째 사유가 되지만, 제국 안에 널리 산재하는 교회들 사이의 지리적 어려움도 직접적인 상호 소통에 커다란 문제였다. 육상이나 해상으로 수백, 수천 킬로미터의 거리를 이동한다는 것이 당시의 교통 사정이나 경제적 여건에서 안전이 허락되지 않았기 때문이다.[12]

제국의 정치적 필요성에 따라 황제가 공의회를 소집하자 이 모든 문제들이 동시에 해소되었다는 사실에 유의해야 한다. 그리스도교가 정식으로 국가 종교로 승격되면서 교회의 주교들은 상향된 정치적 위상과 더불어 제국의 교통수단을 공식적으로 이용할 수 있게 되었던 것이다. 그러나 이때에도 동방과 서방의 전체 교회를 아우르기보다는 동방 교회 중심으로 공의회가 개최되어 아주 적은 수의 서방 교회 주교와 로마 대표단만 동방에서 개최된 공의회에 참석할 수 있었다. 어쨌든, 공의회의 소집을 계기로 종교와 정치는 어떤 의미에서 필요성을 주고받는 상황에 이르게 되었다.

12 회의를 소집하고 개최하기까지 참석자들이 회의 장소에 도달하는데 걸리는 시간은 보통 몇 개월이 되었다. 황제의 도움이 없이는 소집조차 거의 불가능해 보이는 공의회 개최는 니케아 공의회뿐만 아니라, 그 이후 개최된 공의회에서도 되풀이되었다.

2. 콘스탄티누스 황제: *Summus Pontifex*(대사제)

콘스탄티누스 황제는 로마로 진입하는 입구 티베르 강의 밀비우스(*Milvius*) 전투에서 갈레리우스(*Galerius*, 305~311년 재위) 황제의 조카 막시미누스 다이아(*Maximinus Daia*, 305~313년 재위)를 격파했다. 이 전투에서 승리해서 로마의 새로운 주인이 된 콘스탄티누스 황제는 그리스도교에 호의를 가지고 등장했다. 황제는 자신의 정치군사력으로 성취한 제국의 통일 이후에는 교회의 갈등을 해소시키기 위해 주도적으로 니케아 공의회를 소집할 정도가 되었다. 이 과정은 황제의 정치적인 이유가 선행한 것이 분명했지만, 교회는 정치적 도움으로 교회의 내적 문제를 해결할 수 있는 기회를 얻었다.

콘스탄티누스 황제

콘스탄티누스 황제는 동로마의 리키니우스(*Licinius*)와 함께 313년에 밀라노 칙령을 통해 그리스도교의 종교적 자유를 허락했다. 나중에 그리스도교에 대해 적대적 태도를 취했던 리키니우스는 당연히 콘스탄티누스 황제의 경쟁자로 관계는 악화되고 말았다. 그러므로 콘스탄티누스 황제가 리키니우스를 상대로 전투를 벌였을 때, 이미 정치적 긴장을 넘어 종교적 갈등을 내포하고 있었다는 사실에 유의해야 한다. 324년 9월에 이르러 콘스탄티누스 황제가 하드리아노폴리스(*Hadrianopolis*)에서 리키니우스를 결정적으로 격파하고 승리를 거두었을 때, 그리스도교는 제국 안에서 완전한 종교의 자유를 누리게 되었던 것이다.

황제는 이제 전 로마제국의 군주가 되었고, 정치적 의미에서 세상을 다스리는 하느님의 대리자로 탄생했다. 그리스도교의 의지와 상관없이 제국의 통일을 바탕으로 황제가 교회의 수장 노릇을 하는 새로운 종교정치의 토대가 마련되었다. 제국의 통일 이전까지 제국이 그리스도교에 적대적이었다면, 이제부터 그리스도교는 적이 아니라 황제의 친구요, 보호 대상이 되었다. 교회의 보호자로서 행동하게 된 황제는 자칭 교회의 수장으로 행동하였으며, 교회는 황제가 제공하는 모든 편리를 제공받았다. 이 결과 그리스도교의 영향력은 교회뿐만 아니라, 제국의 시민정치에도 심대하게 미치게 되었다. 역으로 황제의 정치적 영향력이 그리스도교 내부에 미치게 되었으니, 그리스도교의 종교적 영향력과 황제의 정치적 권력은 서로 뗄 수 없는 관계로 변했다. 제국은 그리스도교를 공식 종교로 보유하게 되었고, 황제는 최고 통치자로 교회의 보호자로 군림하게 된 것이다.

밀라노칙령(313년)

4세기 초반, 한때 페르시아 종교의 영향력이 안티오키아까지 확대되어 태양신을 섬기는 종교가 유행하던 적이 있었다. 이런 사조에 따라 콘스탄티누스 황제를 포함하는 모든 황제들은 신의 호칭을 누렸고 '무적의 태양'(*Sol invictus*) 신으로 자임했다. 이런 상황에서 황제는 교회를 보호한다는 명목으로 스스로 교회의 최고통치자로 자임하였을 뿐만 아니라, 세상을 위해 자칭 하느님이 세운 최고의 대사제(*Summus Pontifex*)[13]로 행동했다. 하늘과 땅을 잇는 콘스탄티누스 황제는 니케아 공의회를 종결하며 스스로 하느님의 대리자로 선언했던 것이다.

당시의 공식 문서는 황제 자신이 선택된 하느님의 도구임을 확신하는 증언을 담고 있다.[14] 이 증언에서 하느님의 법을 준수케 하고 제국 전체에 그리스도교 신앙을 전파하는 황제의 임무를 거짓 없이 드러내고 있다. 황제는 하느님께서 밀비우스 전투에서 승리를 이끌었고, 이제는 하느님의 가르침과 교회의 신앙을 지키도록 돕고 계신다고 알아들었다. 황제는 그리스도교에 반대되는 형벌을 제거하고, 교회의 정신에 따라 제국의 사회법과 행정법을 제정했다. 따라서 오랜 박해의 고통을 겪은 뒤, 324년 말부터 서방은 물론 동방의 그리스도교 교회는 완전한 신앙의 자유를 구가하게 되었다.

그러나 제국의 종교정책으로 교회는 많은 도움을 받았지만, 동시에 황제의 권한이 지나치게 깊숙이 교회 문제에 개입하는 결과를 낳았다. 무엇보다도 교회의 교의 문제가 발생할 때마다 권력자의 정치적 개입은

13 *Pontifex Maximus*라고도 하며, 본래 로마 (이교) 사제단의 머리로 하늘과 땅을 잇는다(다리[*pons*]+만들다[*facere*])는 의미로 황제에게 유보된 표현이었다. 그러다가 4세기 후반부터 교황에게 이 호칭이 주어졌다. EnC, 1010쪽.

14 고대 교회의 역사를 기록한 에우세비우스(*Eusebius Pamphilus*)의 교회사에서 보인다. 보통 카이사레아의 에우세비우스로 불리지만, 그의 스승 팜필루스(*Pamphilus*)를 존경하는 마음에서 자신의 이름을 *Eusebios tou Pamphilou*로 삼았다. 콘스탄티누스 황제의 생애를 기술한 카이사레아의 에우세비우스는 지나친 과장으로 역사가들의 비판을 받기도 하지만, 그가 남긴 기록은 콘스탄티누스 황제의 생애를 문서로 남긴 유일한 문헌이 되었다. 또 니케아 공의회와 관련된 주요 역사문헌으로도 가치가 있다.

교회의 상황을 비정상적인 길로 몰아가는 위험을 낳았다. 권력은 신앙 차원의 교리적 갈등을 해소하는 계기로 작용하기도 했지만, 강압적 결정은 후일 더 큰 갈등과 긴장의 원인이 되어 되돌아오곤 했던 것이다. 예를 들면, 311년 이후 그리스도교는 제국의 종교 관용 정책으로 제법 종교의 자유를 누리고 있었지만, 북아프리카의 누미디아(*Numidia*)에서 도나티즘(*Donatism*)[15]이 문제가 되어 공동체의 갈등이 불거졌다. 정치적 수단으로 교회 내의 문제를 논의도 없이 해결하고자 하였을 때 지역교회는 분열의 위기에 몰렸던 것이다.

도나티즘은 한 세기 이상 북아프리카 교회를 휩쓸었던 신앙의 문제로, 순교와 박해의 교회사에서 발생한 극단적 형태의 순결주의[16]를 고집했던 이들을 중심으로 발생했다. 교회는 디오클레티아누스 황제(*Diocletianus*, 284~305년)의 박해시기에 많은 배교자와 순교자를 양산했던 역사를 알고 있다. 이 시절 제국의 박해가 끝나자, 교회는 배교자 문제를 어떻게

---

15 간단한 역사적 배경에 대해 김성태, 세계교회사, 280~282쪽; 한국가톨릭대사전, 3권, 1752~1753쪽; Justo L. Gonzalez, *The Story of Christianity*, vol. I, HarperSanfrancisco, 1984, 151~157쪽 참조. 도덕적 엄격성을 강조하던 도나티즘은 4~5세기에 북아프리카를 중심으로 유행했다. 디오클레티아누스 황제 시절의 박해를 견디지 못하고 배교했던 인물이 311년에 카르타고의 주교로 선임된 데서 문제가 발생했다. 도나티즘이 반제국적 정서로 사회적 불안을 야기하자 정치적 박해가 잇따랐다. 이들은 7세기에 이슬람 세력이 북아프리카를 점령하고 지배할 때까지 번성했다. 도나티즘을 추종하던 이들은 배교자가 집전한 성사(*Sacramentum*)는 유효하지 않다는 주장으로 초대교회에 성사논쟁을 불러일으켰다. 성사의 유효성에 대한 인효성(人效性: *ex opere operantis*)과 사효성(事效性: *ex opere operato*)의 주장이 대립된 경우이다. 도나투스는 아마도 키프리아누스(*Cyprianus*, 200~258년)의 엄격한 윤리성을 요구하는 성사관에 의거하여 성사효과의 인효성을 주장했던 것 같다. 에우세비우스, 교회사, 7권 제3장, 373쪽 참조. 그래서 이들은 콘스탄티누스 황제의 압력에도 불구하고 그들만의 독립된 교회를 세웠고, 개종자들은 다시 세례를 받았다.

16 신앙의 순결주의는 앞서 로마에서 발생했던 노바시아누스 사태에서도 보인다. 노바시아누스의 경우는 정통 신앙임에도 불구하고, 그의 과도한 엄격주의적 비판이 교회 공동체에 분열을 가져왔다는 당대의 거부가 사태의 더 큰 원인이 되었다.

다루어야 할지 심각하고도 시급한 공동체적 현안에 부닥뜨렸던 것이다. 311년에 카르타고 교회는 카이킬리아누스(*Caecilianus*, +345년)를 새로운 주교로 선임했으나, 공동체의 일부가 이 결정에 반대했다. 새로 선임된 주교가 박해 중에 일시 배교했다가 교회에 돌아온 압툰가(*Aptunga*)의 주교 펠릭스(*Felix*)에게서 축성 받았다는 사실을 기억하고 있었던 것이다. 게다가 누미디아의 주교들이 이에 동조하여 대립 주교로 마요리누스(*Majorinus*)를 서임하였고, 도나투스(*Donatus*, +355년)는 마요리누스를 계승한 주교가 되었다. 도나투스 문제를 해결하기 위해, 밀티아데스 교황(*Miltiades*. 멜키아데스[*Melchiades*]라고도 불렸다. 310~314년 재위)은 로마에서 시노드를 개최하여, 도나투스파의 주장을 단죄하고 신임 주교 카이킬리아누스를 인정했다.

도나투스가 제기한 문제에 콘스탄티누스 황제가 개입했던 과정은 황제가 하느님의 이름으로 교회를 자신이 보호해야 할 대상으로 여겼던 정황을 여실히 보여준다. 황제는 로마에 재판정을 설치했고, 로마의 주교를 포함하는 일부 주교들과, 북아프리카 지역의 주교단 20명을 출석하도록 명령했다. 말하자면, 보편교회의 이름을 내걸기 위해 도나티즘과 관련된 지역의 주교들과 로마 주교를 포함한 로마 법정을 열어, 황제는 정치적 차원에서 일거에 도나티즘을 해결하려고 했던 것이다.

314년에 프랑스 남부의 아를르(*Arles*)에서 도나티즘에 반대하는 시노드가 열렸을 때, 콘스탄티누스 황제는 같은 방식으로 다시 이 문제에 개입했다. 황제의 개입으로 겉으로는 문제가 해소된 듯싶었으나, 도나투스는 북아프리카로 돌아가 강압적 결정에 거스르는 반교회적 행위에 돌입했다. 이에 대한 격한 반응으로 황제는 세 번째로 동일 문제에 개입하면서, 316년 11월 10일에 밀라노에서 도나티즘에 대한 결정적 선언과 함께 도나투스 추종세력(*Donatists*)을 교회에서 추방했다.

황제는 이 문제를 근본적으로 해결했다고 생각했지만, 신앙의 문제가 정치적으로 완전히 해소될 수 있었던가? 니케아 공의회로 시작된 교회의 공의회사에서 정치권력이 관여한 신학적 문제는 해결보다 부정적 파급효과를 널리 뿌리내리게 하는 심각한 결과를 낳았다. 그렇다고 황제의 권력에 대응할 만큼 교회의 힘이 성장하지도 않았고, 또 이 시기엔 교회의 수위권을 주장할 자리에 있던 로마 주교는 황제의 권력에 복종하지 않을 수 없었다.

3. 아리우스와 교회의 갈등

324년에 콘스탄티누스 황제가 전투에서 리키니우스를 패배시키고 승리자로서 동로마제국의 수도였던 니코메디아에 입성했다. 바로 이런 시기에 교회는 알렉산드리아 대교구의 바우칼리스(*Baukalis*) 본당 사제였던 아리우스 문제로 공동체적 갈등의 위기를 겪고 있었다. 정치와 군사력으로 제국을 통일한 황제는 자칭 자신을 수장으로 여기고 있던 제국의 종교가 분열의 위기로 치닫는 것을 참을 수 없었다.

제국의 공식적인 정보에 의하면, 아리아니즘(*Arianism*)은 이미 알렉산드리아를 포함하여 북아프리카 지역 전체로 전파되고 있었다. 처음 콘스탄티누스 황제는 이 사태가 별로 중요하지 않은 일에서 발생한 소소한 사건으로 여겼다. 코르도바의 오시우스(*Osius de Cordoba*)와 같은 훌륭한 인물이 황궁의 종교 고문 역할을 했지만, 제국의 지배자인 황제는 정치가이지 신학자가 아니었다.

황제의 일차적 관심은, 신앙에 관한 한 문제가 어떠하든 정치적 관심의 차원에서 문제의 경중을 이해할 수 있을 뿐이었다. 말하자면, 황제의 의지는 정치적 의미에서 제국의 일치와 안녕을 염두에 둔 교회의 평화에 있었다. 황제는 교회의 일치를 유지할 수 있다면, 그 결과가 어떠하든 다수의 결정을 효과적으로 수행할 수 있는 정치적 방법을 추구했다. 공의회의 역사를 일별하면, 황제의 권력 앞에서 소수의 의견은 무시되고 반대자들은 추방당했으며, 교회 안에서 목소리를 낮추어야 했다. 예를 들면, 콘스탄티누스 황제의 통치 기간 중에 있었던 정통 신앙 논쟁에서, 승리한 니케아 공의회파가 아리우스와 그의 지지자들보다 늘 우월적 지위에 있었던 것은 아니었다. 신경에 대한 비판의 목소리가 일시적으로 또 지역 교회들 안에서 거센 반향을 일으킬 때도 있었으나, 평화와 일치를 강조하는 황제 앞에서 논쟁은 잦아들 수밖에 없었을 뿐이다. 황제는 신경의 신학적 함의의 심각성을 이해하지 못했기 때문에, 그 논의의 중요성을 최소화하거나 억누를 수 있다고 생각했는지 모른다. 어쨌든 콘스탄티누스는 후대의 황제들도 모방했던 외교적 방법을 동원하여 공식적으로 도달한 일치를 거스르는 반대편의 소리를 잠재웠다.[17]

황제는 알렉산드리아의 주교 알렉산드로스(*Alexandros*, 312~328년 주교 재위)와 아리우스 사이에 발생한 신학적 교리적 갈등을 해소하기 위해 편지를 보냈다.[18] 황제의 일차적인 관심은 신앙 문제 자체가 아니었지만, 일치를 보장하는 방법이라면 어떤 경우가 되더라도 교회의 일치를 지원하려고 했다.[19] 말하자면, 황제는 제국의 정치적 안녕을 위해 관련 주교들과

17 4~5세기 개최된 공의회는 비록 신학적 논쟁이 우선했으나, 정치적 위세를 무시할 수 없었고, 때로는 긍정적, 때로는 부정적 결과를 낳았다. 그 일례로, 이 자리에서는 논의의 범주에 들지 않지만, 5세기에 문제되었던 단성론(*Monophysism*)의 주장을 해결하는 데서도 동일한 정치적 수법이 사용되었다.

18 Eusebius Phamphilus, 교회사(*Ecclesiastical History*), 부록 35~39쪽.

사제들의 화해와 일치를 원했다. 사소한 문제로 제국과 그 안의 백성들이 분열한다는 것은 하느님을 믿는 교회의 신앙을 위태롭게 한다고 생각했던 것이다. 이런 관심이 황제의 신학적 견해라고 단정할 수 없으나, 분명한 것은 제국의 분열 가능성에 대한 정치적 우려가 더 컸을 것이라는 점이다.

황제의 고문인 오시우스는 아리우스 문제에 관한 황제의 편지를 가지고 알렉산드리아의 총대주교에게 직접 전했다. 그러나 아리우스에 관한 교회의 논의는 결론을 내지 못했을 뿐만 아니라, 문제는 더욱 심각해졌다. 교회의 일치를 도모했던 황제에겐 충격이었으나, 정치인일 수밖에 없는 그는 결코 뒤로 물러서지 않았다. 황제는 이 문제를 다룰 공의회를 제국의 수도 근처에 있는 황궁에서 개최하도록 명령했다. 게다가 부활절을 다르게 지내는 지역 교회들의 관습으로 제국 내의 소란은 더욱 커져가고 있었다. 소란한 문제들은 각 지역 교회의 관습의 차이로 인해 발생했지만, 관련된 당사자들이 소요를 일으킬 경우 교회는 전체 교회의 이름으로 결정할 필요가 있었다.[20]

니케아 공희의 소집

콘스탄티누스 황제는 아리우스 문제로 촉발된 교회의 분열 위기를 해소하기 위해 공의회(*Concilium*) 소집을 명령했다. 교회사적으로 보면, 황제는 공의회를 소집하기 위해 교회 관계자들과 논의했겠지만, 적어도 로마의 주교와 논의했다는 기록은 찾아볼 수 없다. 아직 로마의 주교가

---

19 에우세비우스, 교회사, 제10권, 제5장, 550~556쪽 참조. 5장은 황제가 보낸 여러 칙령을 소개한다. 칙령에서 황제가 표현한 해결 의지와 방식을 보면, 황제는 정치가이지 신학자가 아님이 드러난다.

20 DEC, 6~16쪽. 20개의 카논(Canon)이 니케아 신경의 고백에 이어 추가되어 있다. 이 카논들은 지역 교회들이 당면한 현실적인 관행 문제들이었다.

지닌 권위는 황제의 정치적 관심을 움직일 수 있을 만큼 영향력이 없었던 것이 사실이다. 교회는 지리적으로 서로 멀리 떨어진 동방과 서방의 교회로 나뉘어져 있었고, 황제가 있는 동방 교회가 중심적 역할을 하고 있었다. 자연스럽게 황제는 그리스도교의 분열상을 자신의 책임 아래에 두고 해결책을 찾고자 애쓰고 있었다. 앞에서 보았다시피, 도나티즘 문제를 다루기 위해 황제가 취한 명령의 실행이 그 한 가지 예로, 에우세비우스의 역사적 증언은 이런 정황을 알려준다.

결론적으로 말하면, 공의회는 황제가 행사할 수 있는 권위와 제국이 제공할 수 있는 교통과 편의 수단을 참석할 주교단이 사용할 수 있었기 때문에 가능했다. 황제가 공의회 개최 도시로 선정한 니케아는 지리적으로 비티니아(*Bithynia*, 소아시아 서북쪽)에 소재한 도시로, 황제의 개입이 용이한 제국의 수도 니코메디아에서 그리 멀지 않은 곳에 있었다. 이런 정치적 · 지리적 정황은 고대 교회의 공의회 소집에서 황제의 주도적 권한을 무시할 수 없었음을 이해해야 한다. 비록 정치가 종교의 영역을 넘나드는 것으로 교회에 불행한 단서를 남겼지만, 역사적 진행의 후유증이라고 판단하는 게 옳을 듯싶다.

교회의 보편공의회를 황제가 칙령으로 소집했다는 것은 황제가 행사한 정치권력의 남용일 수도 있었지만,[21] 이런 판단은 상황이 정상적인 경우를 전제할 때에만 가능하다. 이 시기에 정치권력의 도움 없이 지중해의 길이만큼이나 먼 제국 내에 산재한 지역교회의 주교단이 안전한 여행을 할 수 있었을까? 지리적으로 험난하고 교통이 지극히 제한적인 고대 세계에서 안전을 담보로 각 지역교회의 인물들이 어느 한 장소에 모일

21 I. Ortiz de Urbina, 29쪽.

수 있었을 것인가? 역사적으로 로마의 주교를 포함하여 어느 누구도 콘스탄티누스 황제의 공의회 소집에 이의를 제기하지 않았다는 사실은 기억해야 한다. 그리고 콘스탄티누스 황제는 이백여 년에 걸친 그리스도교 박해 시대를 종언시켰던 인물이었던 것이다.

그러므로 공의회의 소집에 주도권을 행사한 인물은 교회가 아니라 황제란 사실은 현실적인 의미에서 강조되어야 한다. 물론 교회 전통이나 신약성경 어디에도 공의회가 하느님의 명령에 의해 소집되어야 한다는 증언은 없다. 다만 역사의 어느 시점에서 공의회와 같은 교회의 회의체가 문제를 논의하고 해결하는 도구가 되었고, 교회는 이런 조직이 필요했다는 사실을 받아들여야 한다. 고대 세계에서 공의회를 개최한다는 것은 전체 교회의 지도자들이 지리적 상황의 현실적 어려움이 있음에도 불구하고 함께 모일 수 있었던 유일한 기회였다. 전체 교회의 주교단은 이런 회의에서 자신들이 부여받은 사도적 전승의 권위를 확인할 수 있었으며, 공동체적 교회의 보편적 특성을 경험할 수 있었다.

제2장
아리우스와 아리아니즘

아리우스(*Arius*)와 아리아니즘(*Arianism*)은 고대 교회가 처음으로 교회의 통일성을 위협받고 분열의 위기를 경험한 이름이자 사조였다. 아리우스 이전에도 여러 종류의 이단 시비가 발생했고 해결을 위해 시노드가 열렸지만, 전체 교회가 보편교회의 이름으로 공의회를 소집한 것은 니케아 공의회가 처음이었다. 비록 황제의 명령으로 교회가 한 장소에 모여 하나의 회의체(*Concilium*)를 조직한 것이지만, 니케아 공의회는 신앙과 교리의 문제를 본격적으로 다루게 된 최초의 시도였던 것이다. 아리우스 문제는 북아프리카의 알렉산드리아라는 지역 교회에서 발생했지만, 지역 교회의 경계를 넘어 그리스도교의 신앙고백 자체를 갈등으로 몰아갔다. 말하자면, 신앙의 차원에서 이 문제는 보편교회가 처음으로 신앙고백의 분열이 교회의 일치를 깨뜨리고 근본을 와해시킬 수도 있다는 의식을 하게 된 역사적 사건이었다.

아리우스가 주장한 내용은 일견 아주 단순하지만, 교회와 제국에 준 충격은 종교적 의미에서건 정치적 의미에서건 엄청나게 심각했다. 정치적으로는 제국의 분열을 조장할 수도 있었던 문제였고(황제에게), 신앙의 차원에서는 전 교회가 분열될 위기이기도 했다. 교회는 위기를 맞으면서 긴장과 갈등을 극복하고 고백신앙을 신학적으로 정리할 필요를 의식하게 되었다.

아리우스가 제기한 문제는 당대의 문화와 철학에서 비롯된 그리스도 신앙의 해석과 관련이 있었다. 아리우스가 주장한 내용은 교회가 속해 있던 문화와 철학이 형성해낸 사유체계에서 벗어나기 어려운 위험에 노출되어 있었다는 것을 가리킨다. 그렇다면 아리우스의 주장은 그리스도교 신앙에 어떤 도전을 한 것일까?

도전에 직면한 교회는 첫 번째 보편공의회에서 아리우스의 주장을 신학적으로, 논리적으로 반박했던 교회의 공식적 노력을 보여주었다. 아리우스가 제기한 신학적 소요[1]는 황제 콘스탄티누스가 정치적으로 생각하듯이 사소한 신앙 문제가 아니었다. 아리우스는 삼위일체 신앙을 유지하면서, 신학적 관점에서 말씀(로고스)의 신성을 부인하였고 성부의 본성과 일치하는 성자의 동일본질성을 부인했다. 아리우스는 삼위의 동등성을 부정하는 삼위일체적 신관을 주장하면서, 본질적으로 말씀의 그리스도론을 무너뜨리는 효과를 보고자 했다. 이 문제를 제대로 성찰하려면 3세기로 거슬러 올라가, 성자의 본질에 대한 신학적 사유를 살펴보는 것으로 시작할 필요가 있다. 아리우스의 생각은 성자의 본질에 대한 3세기 신학의 불완전성을 드러내는 결정적 단계라고 말할 수 있기 때문이다.

---

1 특별히 Rowan Williams, *Arius: heresy and Tradition*, Eerdmans, 2002(1987), 95~116쪽; 해롤드 브라운, 이단과 정통, 173~226쪽; A. Grillmeier, *Christ in Christian Tradition*, 219~248쪽; Bernard Sésboüé, *Le Dieu du Salut*, 235~261쪽; L. Ayeres, Nicaea and its Legacy. An Approach to Fourth-Century Trinitarian Theology, Oxford Univ. Press, 2004 참조.

1. 아리우스와 로고스 신학

3세기 중엽 알렉산드리아 신학은 2세기 인물인 영지주의자 발렌티누스(*Valentinus*)의 영향을 받고 있었다.[2] 영지주의는 일반적으로 최고 존재인 신은 영원한 고독 속에서 자신을 관조하는 존재라고 가르쳤다. 신은 눈에 보이는 물질세계가 존재하기 전, 물질계의 창조신 데미우르고스(*demiurgos*)를 창조했고, 데미우르고스는 처음에 성부와 내재적 일치를 이루고 있었다. 교회의 가르침에 따르면, 성부가 세상의 창조를 시작하기 전에 먼저 말씀을 낳았고, 그 다음으로 사물들을 창조했다. 그런데 그리스도교의 가르침과 달리, 영지주의는 성부 홀로 세상의 기원이라고 주장한다. 먼저 성부의 이성이, 다음으로 의지가 창조에 참여하기 시작하였고, 여기서 말씀 혹은 데미우르고스가 나왔다고 설명했다.

발렌티누스의 영지주의 사유체계는 아리우스의 사유에 깊은 영향을 미쳤던 것으로 보인다. 이 사유의 특징은 최고 존재인 하느님을 인정하고, 그리스도교와 달리 2류 신으로 열등한 우주의 창조신을 긍정한다. 이 영지주의는 철학자 플로티노스(*Plotinus*, 205~270년)와 그의 제자인 포르피리우스(*Porphyrius*, 232~303년)의 네오플라토니즘(*neo-Platonism*)과 거리가 그리 멀지 않은 것이 사실이다. 플로티노스는 오리게네스(*Origenes*, 185~254년)와 함께 알렉산드리아의 암모니우스 사카스(*Ammonius Saccas*, 175~242년)[3]의 제자였던 것으로 알려져 있다.

---

2 발렌티누스 영지주의에 대해서 Kurt Rudolph, *Gnosis*, T&T Clark, 1983, 318~322쪽; Jacques, Lacarrière, *Les Gnostiques*, Métailié, 1991 참조.

3 플로티노스와 오리게네스의 스승으로 여겨지는 암모니우스 사카스는 네오플라토니즘의

네오플라토니즘의 철학자 플로티노스에 의하면,[4] 모든 존재는 범주 혹은 영역으로 나눌 수 있는 세 실체가 있다. 첫 번째 실체는 부동의 '원리'(*Principes*) 혹은 '유일자'이며, 우리의 지성이 도달할 수 없다. 두 번째는 '이성'(*Logos*)으로 고대 아리스토텔레스(*Aristoteles*) 철학에서 말하는 형상을 주는 존재, 혹은 '말씀'이다. 이는 스토아 철학이 말하는 우주혼, 혹은 세계 혼과 같다. 세 번째가 '영혼'(*Animus*)이다. 이성이 '원리'에서 기인하는 것은 빛이 태양에서 흘러나오는 것과 같고, 강물이 샘에서 비롯되는 것과 같다. 이성은 신적 본성을 가지고 있어 물질세계의 창조자이다. 오직 원리만 이성보다 우위에 있고 '낳음을 받지 않은 존재'(*Agennetos*)[5]로 모든 존재의 범주를 초월한다.

사실 3세기의 교부들에게서 성자의 존재에 대한 분명하고 확실한 신학을 발견하기란 쉽지 않다. 그렇다고 신약성경이 말하고 있는 것처럼 성자의 신성에 대한 명확한 선언이 없었던 것도 아니다. 이제 겨우 헬라스 철학에 기대면서 개념화 과정을 시작한 신학은 명확한 용어들을 가지고 있지 않아서 충분히 그 의미를 드러낼 수 없었을 뿐이다. 특별히 플라톤

창시자로 알려져 있다. 그가 남긴 저술은 없으나, 에우세비우스의 교회사에 그의 이름을 철학자로 소개하고 오리게네스가 그의 제자임을 밝히고 있다. 에우세비우스, 교회사, 6권 19장, 331쪽.

4 플로티노스철학에 대한 간단한 설명은 한국가톨릭대사전, vol. 8, 5482~5485쪽; 세계철학대사전, 고려출판사, 1992, 1186쪽; ODCC, 1301쪽 참조; 플로티노스에 대한 철학적 연구는 조규홍, 플로티노스: 그리스 철학을 기독교에 전달한 사상가, 살림, 2006 참조.

5 이 용어는 고대 교회에서 그리스도교 신관의 성부를 정의할 때 사용된 어휘이다. 이 단어는 하느님의 속성을 가리키는 표현으로 특별히 창조계의 피조물과 구별하는 기술적인 용어이다. 피조물의 기원이 하느님에게 있다면, 하느님은 기원이 없는 존재이기 때문이다. 궁극적으로 이 용어의 의도는, 하느님은 자신이 기원인 존재임을 가리킨다. 이 용어는 유스티누스(*Justinus*, c.100~c.165) 이래 그리스도교의 하느님 아버지를 지칭하기 위해 여러 교부들이 헬라스철학에서 차용한 기술적인 단어였다. J. N. D. Kelly, *Early Christian Doctrines*, 92쪽.

철학과 스토아 철학은 고대의 그리스도교 신학이 지중해 문명권에서 쉽게 접할 수 있었던 사유체계였다. 유대교의 유일신론적 사유체계 안에서 성부 하느님의 신성은 누구도 부인할 수 없는 분명한 실재로 고백할 수 있었다. 그러나 유일신론의 범주를 벗어나는 것처럼 보이는 그리스도교 신앙에서 성자의 신성은 성부의 신성을 확신했던 것처럼 용인하기가 쉽지 않았다. 고대 세계에서 신학자로서 가장 뛰어난 오리게네스도 이 점에 있어서 적지 않은 의심을 받았고, 종속론자(*subordinationism*)라는 오명의 비판을 받았다. 성부와 성자의 본질적 동등성에 대한 해석의 어려움은 고대 교부들에게서 쉽게 찾아볼 수 있는 낯설지 않은 현상이었던 것이다.

주변 세계의 철학에 기댄 신학이 발전 과정에서 신의 존재를 설명하기 위해 등장하는 용어들이 '본질'(*ousia*), '본성'(*physis*), '위격'(*persona/hypostasis*) 등이었다. 이 용어들이 가지고 있는 신학적 의미 내지 의도들은 어의의 혼동과 오해를 통해 긴장과 갈등을 유발시켰고, 교회는 길고 힘든 논쟁의 역사를 지나게 되었다. 특별히 철학 용어의 도입과 개념의 불완전성은 성경의 언어로 고백되던 신앙을 전혀 다른 차원으로 옮겨갔다. 철학 용어들의 등장은 역사의 진행 과정에서 어쩔 수 없는 불가피한 현상이었지만, 이제부터 신앙은 단순 고백신앙에서 현자들의 신앙 논쟁으로 모습을 바꾸게 되었다. 논쟁은 해석의 차이에서 비롯되기 마련이었지만, 정통 신앙의 이름으로 차이와 다양성을 긍정할 수 없는 반목과 분쟁의 형상을 띠게 되었던 것이다. 후에 진행된 공의회들은 긍정적으로는 문제를 해소하는 역할을 했지만, 동시에 부정적으로는 다양성이 수용되기 어려운 경직된 정통 신학을 낳고 말았다.[6]

---

6 정통 신앙은 정통 신학에 의해 정의될 것이지만, 신학은 이미 해석학적 행동을 전제한

그러한 예가 첫 번째로 소집된 니케아 공의회였으며, 공의회가 성자와 성부의 관계를 정의하기 위해 신경에 도입한 철학 용어가 논쟁의 단초가 되었다. 성부와 성자의 동일 본질성(*homoousios*=*homo* +*ousia;* 라틴어 *consubstantialis*)을 가리키는 이 용어는 처음 2세기 발렌티누스 영지주의 문헌에서 사용되었다. 그 후 그리스도교에 도전이었던 영지주의의 용어가 오히려 알렉산드리아의 디오니시우스에게서도 나타나 비난받은 역사적 기억이 있었다. 말하자면, 당대 신학 중심지의 한 축을 이루고 있던 알렉산드리아 학파의 교부들도 이 용어를 성부와 성자의 신적 본질의 동일성을 이해하기 위해서 사용하기 시작했던 것이다. 이렇게 해서 3세기 중엽에 이르면, 갈등을 빚어내던 이 용어는 알렉산드리아 학파의 신학에 아주 중요한 용어로 자리 잡았다.

게다가 고대 교회의 또 다른 한 축이었던 안티오키아에선, 앞에서 언급한 바와 같이, 268년경 한 시노드에서 사모사타의 바울로가 이 어휘 때문에 반대자들의 격렬한 비난을 받았던 사건도 있었다.[7] 이런 사실은 이미 3세기에 그리스도교가 받아들이기 어려운 이단으로 배척했던 기억의 단어 '호모우시오스'(*homoousios*) 때문에 교회가 혼란을 겪고 있었다는 사실을 반증하고 있다.

달리 말하면, 신학적 이해의 혼란은 용어들이 성경 밖에서 유래한다는 사실과 더욱이 그리스도교에 도전이었으며 기피의 대상이었던 영지주의

표현이기 때문에 논쟁은 끊임없이 전제될 것을 함축한다. 이런 어려움은, 예를 들면, 20세기의 K. Rahner와 K. Barth와 같은 걸출한 현대 신학자들도 삼위일체 하느님을 정의하기 위해 시도했던 표현들—*Seinsweise Gottes*, *distinctive Subsistenz*—이 있지만, 용어가 주는 의혹 때문에 관념론적 양식론자(*modalism*)라는 비판을 받았다. Catherine Mowry Lacugna, *God for Us: the Trinity and Christian Life*, HarperCollins, 1991, 252쪽; J. Moltmann, *Trinität und Reich Gottes*, Chr. Kaiser Verlag, München, 1980 참조.

7 DECA, 1190~1191쪽.

문헌에서 발견되었다는 점이다.[8] 용어 사용의 문맥이 달라지면 자연스럽게 용어의 개념적 오해와 혼동은 상존하는 위험이었다. '성부와 성자는 이름만 다르고 양상만 다를 뿐, 한 분 하느님이시다'라는 주장을 어찌 고백할 수 있을 것인가? 이런 주장 앞에서 성부와 성자의 구별을 강조하다 보면, 유일신론적 정신세계에서는 성부가 성자를 창조했다는 식으로 나가기 마련이었다. 아리우스가 신의 유일성에 집착한 결과는 성자의 피조성을 주장하지 않을 수 없는 길이며 피할 수 없는 막다른 논리적 결과이기도 했던 것이다. 아직 성부와 성자의 실체적 동일성에 대해 완벽한 개념적 이해를 성취하지 못했고, 하느님의 아들 됨이 무엇인지 분명하게 정의할 수 없었기 때문이다. 따라서 하느님의 삼위일체성과 신적 유일성의 관계를 이해하고 개념화하는 어려움을 극복하는 길은 아직 멀고 험난해 보였다.

하느님의 유일성은 신성의 유일성을 가리키는 말이지만, 그리스도교 신앙 안에서 그 의미는 아직 분명하지 않았다. 후대 신학이 정리한 바이지만, 모나르키아니즘(*Mon-archianism*, 군주론 혹은 유주론)의 주된 관심은 다신론(多神論, *Polytheism*)을 거부하고 신의 유일성을 강력히 보존하는 데 있었다. 동일 선상에서, 2세기에 한때 유행했던 마르키온(*Marcion*)의 주장과 같은 영육이원론, 곧 정신과 물질을 대립되는 두 개의 원리로 이해하는 세계관을 극복하는 것도 커다란 문제였다.

그리스도교가 성부와 성자와 성령을 하느님 체험으로 언급할 때에도, 모나르키아니즘은 하느님을 '유일한 원리'(*monè*+*archè*)로 파악하고자 한다. 그래서 이 주장에 따르면, 성부와 성자는 동일 본성의 동일 위격이신 한 분 하느님이 두 양식으로 존재하는 것을 의미할 뿐이다. 달리 말하자면,

---

8 I. Ortiz de Urbina, 32~33쪽, 82~87쪽 참조.

성자와 성부의 하느님을 동일 위격으로 이해할 수밖에 없는 아들-아버지(*hyio-patēr*)로 보지 않을 수 없다. 이렇게 이해하기 시작하면, 성자는 구원의 역사에서 하느님 아버지가 되고, 같은 논리로 성부가 십자가 위에서 수난을 받으셨다는 성부수난설(*patripassionism*)로 쉽게 빠져들 위험이 생긴다. 사벨리아니즘(*Sabellianism*)[9]이라고도 불리는 이 주장은 하느님의 유일성은 확실하게 보존하지만, 삼위일체의 위격성은 완전하게 무시된다. 여기서 언급된 사벨리아니즘이 알렉산드리아를 포함하는 북아프리카에 널리 퍼졌을 때, 고대 교회를 뒤흔든 아리아니즘이 탄생했던 것이다. 그렇다고 사벨리아니즘이 아리우스에게 직접적으로 어떤 영향력을 행사했는지 둘 사이의 연관성을 말해주는 문헌적 증언은 찾기 어렵다. 오히려 이론적으로 살펴보면, 우리는 사벨리아니즘과 대척적 위치에서 있는 아리아니즘을 발견하게 된다.

성부수난설의 모나르키아니즘은 아마도 스미르나의 노에투스(*Noetus*)[10]와 함께 등장한 것으로 보인다. 그의 주장은 먼저 로마에 전파되었고, 점차 아프리카 교회에 도달하였으며, 그리스도교의 하느님관을 확립하는 과정에서 등장한 프락세아스(*Praxeas*)[11]와 사벨리우스는 교회를 혼란에

---

9 사벨리아니즘(*Sabellianism*): 모나르키아니즘의 양식론(*Modalism*)적 형태라고도 이해한다. 사벨리아니즘은 3세기 인물인 *Sabellius*에게서 유래하지만, 북아프리카 리비아 태생으로 알려진 사실 이외에는 그에 관해 알려진 것이 거의 없다. 삼위일체 안의 구별되는 세 위격을 주장하는 오리게네스가 발전시킨 로고스 신학에 반대하는 입장을 견지했다. 그래서 2세기 후반에서 3세기 초반 로고스 신학이 극복해야 할 아주 커다란 신학 조류였다. DECA, 2205~2206쪽 참조.

10 노에투스는 히폴리투스(*Hippolytus*)의 저술인 '반노에투스'(*Contra Noetum*)에 알려져 있으며 반삼위일체적 주장, 곧 모나르키아니즘(*Monarchianism*)을 나타내는 성부수난설로 200년경 스미르나 시노드에서 단죄 받았다. ODCC, 1158쪽.

11 프락세아스는 테르툴리아누스(*Tertullianus*, c.160~c.225년)의 작품 '*Adversus Praxeas*'에서만 볼 수 있으며, 성부수난설(*Patripassionism*)을 주장했던 유주론자/군주론자(*Monarchian*)

빠뜨리는 심각한 위기를 몰고 왔다. 이 와중에 모나르키아니즘(*Monarchianism*)은 안티오키아의 주교 사모사타의 바울로(*Paulus de Samosata*, 3세기)에게서 그리스도교의 경험을 거스르는 전형적인 이단의 내용을 표현해준다. 사모사타의 바울로의 주장에 의하면, 성자는 성부의 능력으로 자기 고유의 정체성을 보여줄 별도의 위격이 없다. 마리아의 아들 예수는 보통 인간으로 태어났고, 다만 성부의 덕과 지혜가 그에게 특별한 방식으로 나타나게 되었다는 주장이다.

사모사타의 바울로 이후, 안티오키아 교회에 아리우스의 스승으로 유명한 안티오키아의 루키아누스(*Lucianus*, +312년)가 등장했다.[12] 루키아누스는 세 주교에 의해 연속적으로 파문을 받았지만 312년에 순교자가 되어 고대 교회에서 성인 반열에 들었던 인물이다. 그를 중심으로 제자 그룹이 형성되었고, 이들을 기원으로 처음으로 아리아니즘이 생겨났던 것이다. 역사적으로 루키아누스의 작품은 대부분 소실되었기 때문에, 아리우스가 자신의 스승으로 기억하는 그의 신학을 복원하는 것은 현실적으로 거의 불가능하다.

이와 같이 아리우스가 등장할 당시에는 알렉산드리아 학파의 로고스 신학이 아직 성숙한 단계에 이르지 못하였다. 아마도 그리스도교 신관의 두 극단 사이에서 위험한 경계지대에 놓여 있었다고 말해야 하리라. 플라톤의 영향을 받아 생겨난 영지주의와 하느님의 유일성을 보존하기 위해 삼위일체성을 훼손하는 모나르키아니즘이 정통 신앙을 위협하고

로 묘사되었다. Tertullianus, *Against Praxeas*, in *The Christologica Controversy*, ed. by Richard A. Norris, Fortress, 1980, 61~72쪽 참조.

12 DECA, 1495~1496쪽; H. R. 드롭너, 302쪽; ODCC, 1001~1002쪽.

있었다고 말이다.

2. 아리우스 논쟁의 출발

아리우스(*Arius*, +336년)의 인물됨을 말해주는 글들은 어느 정도 남아 있지만, 지나치게 따라갈 필요는 없을 듯하다.[13] 왜냐하면, 고대 세계에서 반교회적 인물로 낙인찍힌 아리우스는 그의 인격마저 과도하게 부정적인 인물로 묘사되고 있기 때문이다. 언변이 좋았던 아리우스 주변에 많은 사람들이 들끓었다는 기록은 부정적이든 긍정적이든 그가 알렉산드리아 교회에서 일정한 영향력을 행사하고 있었음을 보여준다. 그는 256년경(혹은 260년경) 북아프리카의 리비아에서 태어났으며, 280년경 안티오키아로 가서 루키아누스의 학생으로 신학을 공부했던 것으로 보인다. 이곳에서 성경 연구의 중요성을 터득했고, 4세기 초반에 알렉산드리아로 돌아왔다.

---

13 아리우스의 생애는 카이사레아의 에우세비우스 이후 등장한 교회사가 소조메누스(*Salmaninius Hermias Sozomenus*, 5세기 초반)의 교회사에 나타난다. 이 기록에 따르면, 알렉산드리아의 주교 베드로(311년 서거)가 그를 부제로 서품했다. 그는 멜리티우스 분열 때 리코폴리스의 멜리티우스를 옹호했다가 쫓겨났으나, 베드로의 후임 주교 아킬라스(*Achillas*, 311/312년)가 그를 받아들여 사제로 서품을 주었다. 후임 주교인 알렉산드로스 주교(312/313~328년) 밑에서 알렉산드리아 항구 연안의 주요 성당 중의 하나인 바우칼리스(*Baucalis*)의 책임을 맡고 활동하면서 금욕주의적 생활과 설교가로서 명성을 날렸다. 아마도 318/319년경부터 그리스도의 위격과 관련하여 종속론을 주장했던 것이 문제가 되었던 것으로 보인다. 니케아 공의회(325년)에서 그의 주장은 단죄를 받았고, 이후 여러 차례 면직과 복권의 반복된 부침을 겪었다. 아리우스는 335년 예루살렘 회의에서 카이사레아의 에우세비우스와 니코메디아의 에우세비우스의 주도로 다시 교회에 받아들여졌으나, 이 결정이 그에게 실행되기 전인 336년에 갑자기 사망하였다. ODCC, 104쪽; H. R. 드롭너, 교부학, 338~341쪽; DECA, 238~244쪽 참조.

아리우스는 알렉산드리아 항구에 인접한 바우칼리스(*Baucalis*) 성당의 주임사제로 재직하면서 '향연'(*Thaleia*)이라는 간단한 글을 통해 자신의 주장을 가르쳤다.[14] 이 주장이 나중에 교회 책임자인 알렉산드로스와 갈등관계를 빚는 요인이 되었다.[15]

아리우스를 단죄했던 알렉산드리아의 주교 알렉산드로스(Alexandros/Alexander, +328년)는 312/313년 이후 교구장으로 재임했다. 그는 클레멘스, 오리게네스, 디오니시오스 등이 가르쳤던 알렉산드리아의 교리학교에서 신학 전통을 이어받았다. 그가 아리우스의 잘못을 지적하고 문제 삼았을 때, 즉 321년에 알렉산드리아의 한 시노드에서 총대주교로서 아리우스를 파문했을 때, 그는 이미 노년에 들고 있었다. 다행히도 주교는 자신의 협조자로 니케아 공의회에서 크게 활약할 젊은 부제 아타나시우스(*Athanasius*, 296~373년)를 옆에 두고 있었다.

아리우스의 주장이 처음 교회의 문제로 공식화된 시점은 아마도 318년, 혹은 319년 아리우스와 주교가 공개된 장소에서 논쟁을 벌였던 때인 것으로 보인다. 아리우스가 제기한 문제를 매듭짓기 위해 주교는 알렉산드리아 지역교회 사제단 회의를 소집하였고, 성자의 신성에 대한 아리우스의 주장을 두고 공개토론을 진행했다. 아리우스는 말씀의 육화에 대한 주교 알렉산드로스의 이해가 잘못되었다고 논박했고, 알렉산드로스는 삼위일체의 하느님은 단일성을 유지한다고 주장했다. 앞서 간단히 언급했듯이, 모나르키아니즘에 근거해서 아리우스는 알렉산드로스의 주장이

14 당시 아리우스의 생각을 보여주는 자료로 '향연' 외에 그의 친구들—니코메디아의 에우세비우스와 카이사레아의 에우세비우스 등—에게 보낸 편지가 있다. DECA, 239쪽.

15 I. Ortiz de Unrbina, 36~37쪽.

사벨리우스의 생각을 따르는 것이며 양식론(*Modalism*)의 아류라고 반박했다.[16]

아리우스의 생각을 추적할 수 있는 주요 정보의 근거는 사실 유실되고 없고, 아타나시우스의 논쟁적인 작품들과 아리우스에 대한 비판자들이 쏟아낸 일부 작품들에 부분적으로 보존되어 있을 뿐이다.[17] 결론적인 이야기이지만 정통 신학의 관점에서 보면, 그는 니케아 공의회를 개최해야 할 정도로 고대 교회에 분열의 위험을 발생시킨 인물이었다. 그러나 남아 있는 문헌적 자료에 근거해서 볼 때, 그의 논리적 주장은 예상외로 아주 단순하다. "성부께서 성자를 낳았다면, 성자는 시작이 있는 것이 아닌가? 결과적으로 성자는 존재하지 않았던 때가 있는 것이다."[18]라는, 아리우스가 제기한 명제는 일견 분명해 보이지만, 핵심적 내용에 대한 논의는 여전히 불투명했다.

이 첫 번째 논쟁을 벌인 시노드에서 아리우스의 비판적 주장은 참석자

---

16 아우구스트 프란쯘, 교회사, 96쪽; H. R. 드롭너, 교부학, 338쪽; J. N. D. Kelly, 고대기독교교리사, 242쪽.

17 니코메디아의 주교 에우세비우스에게 보낸 편지, 알렉산드리아의 주교 알렉산드로스에게 보낸 편지, 콘스탄티누스 황제에게 보낸 편지 등이 남아 있고, 아리우스 자신이 민중에게 쉽게 다가갈 수 있는 '탈레이아'(*Thaleia*, 향연)라는 글도 남아 있다. 그리고 아리우스에 대한 비판적인 글을 남긴 아타나시우스의 저서('아리우스파 반박')에 부분적으로 왜곡된 형태로 남아 있다. 카를 수소 프랑크, 고대 교회사 개론, 505~506쪽 참조. 아리우스와 아리아니즘에 관한 폭넓은 개진과 참고 자료는 J. Quasten, Patrology, vol. III, 6~13쪽; A. Grillmeier, *Christ in Christian Tradition*, 219~248쪽; ODCC, 99~100쪽; Athanasius, *Oration Against The Arians*, in *The Christological Controversy*, 83~101쪽 참조.

18 DS, #126. 니케아 신경(DS, #125)을 기록하면서 아리우스의 이름을 드러내지 않지만, 공의회가 단죄한 내용은 아리우스의 주장이다. DEC, 5쪽. 또 Rowan Williams, *Arius: Heresy and Tradition*, 100~103쪽에 아리우스의 생각을 알려주는 단편들의 요약 본문을 제한적이지만, 개괄적으로 일별할 수 있다. 아타나시우스의 '*Contra Arianos*'와 '*De Synodis*'에서 아리우스의 '*Thaleia*'에서 인용한 단편적인 글들을 독자에게 제공하고 있다.

들에게 이해가 불분명했으며, 교구장 알렉산드로스는 아직 아리우스에 대한 파문 조취를 취하지 않았다. 그러나 아리우스의 저항적 태도가 계속되자, 알렉산드로스는 이집트와 리비아의 주교단을 포함하는 알렉산드리아 관구 확대 시노드를 소집했다. 아리우스 사건으로 교회 내에 신앙의 분열적 갈등이 빚어지자 그리스도교인들은 유대인과 이교도들에게 조롱거리가 되기도 했다. 아마도 320년 전후로 개최되었을 이 시노드에 100여 명의 주교단이 참석했고, 공식적인 논의를 위해 아리우스도 초대받았다. 아리우스는 이 회의에서 자신의 의견을 한 치도 바꿀 수 없다는 뜻을 분명히 했다. 시노드는 성부와 성자의 동등성을 부정하는 아리우스의 주장을 거부하고, 성자는 성부와 동일본질이며 영원하신 분임을 거듭 확인했다. 공식적인 논쟁으로 두 편의 주장들이 분명해진 후, 비로소 아리우스와 그를 따르던 분파는 모두 알렉산드리아에서 쫓겨났다.

이 사건으로 아리우스는 자신을 받아줄 팔레스티나의 카이사레아로 피신해 갔고, 에우세비우스가 그를 맞았다.[19] 나중에 아리우스는 학창 시절에 안티오키아의 루키아누스 밑에서 동문수학했던 니코메디아의 대주교가 되어 있던 또 다른 에우세비우스의 초대로 친구의 환대를 받으며 니코메디아로 옮겨갔다. 이 와중에 알렉산드리아 교구 권한 밖에 있던 예루살렘과 트리폴리와 안티오키아 지역교회들도 알렉산드리아의 결정에 동참하며 아리우스의 주장에 반대했다.

아리우스와 그의 추종자들을 파문한 후에 알렉산드리아의 주교는 이 사건의 내용과 시노드의 결정사항을 기록한 편지를 보내어 교회의

19 여기서 길게 소개할 수는 없으나, 카이사레아의 에우세비우스 신학은 아리우스의 생각을 전적으로 수용하지 않았으며, 알렉산드리아의 알렉산드로스의 신학도 전적으로 수용하지 않았다. 간단히 말하면, 에우세비우스의 신학은 극단적으로 대립한 두 신학 사이의 경계에 있었다고 말할 수 있다. A. Grillmeier, *Christ in Christian Tradition*, 169~190쪽 참조.

모든 주교들에게 알렸다. 이 알림은 단순히 설명에 그치는 것이 아니라, 모든 지역 교회의 실천적 행동을 요구했다. 아리우스와 그의 추종자들과 친교를 맺지 말 것과, 시노드의 결정에 동참하도록 초대했던 것이다.

아리우스와 그의 추종자들도 마찬가지로 자신들의 신학적 주장과 입지를 설명하는 편지를 각지로 보냈다. 아리우스 논쟁에서 비롯된 교회의 분열적 상황은 더욱 심각해졌고, 시노드의 결정사항에 대해 알렉산드로스와 아리우스의 서신 논쟁이 활발하게 전개되었다.[20] 사실 아리우스는 추방 중에도 정치적 성향이 강한 니코메디아의 주교 에우세비우스의 보호로 수년을 어려움 없이 지내며 활동했다. 그의 '탈레이아'(*Thaleia*)는 니케아 공의회에서 만난 아타나시우스의 반박문에 많이 인용되고 있으며, 우리가 알게 된 아리우스의 생각의 대부분이 탈레이아에 원천을 두고 있다.

한편, 니코메디아에 머물면서 아리우스는 젊은 시절 안티오키아에서 함께 배웠고 이제는 각 지역 교회의 책임자가 된 옛 친구들을 우정의 이름으로 결집시키면서 두 번째 아리아니즘에 파고를 준비를 했다. 아리우스 파동의 지속은 물론 아리우스의 후원자 역할을 자임한 니코메디아의 에우세비우스(+341/342)[21]와 카이사레아의 에우세비우스의 도움 없이는 불가능한 일이었다. 아리아니즘을 지지하는 많은 이들의 이름을 거명할

20 4세기말 알렉산드리아의 알렉산드로스가 보낸 편지는 70여 통쯤 되었으나, 현재 남아 있는 것은 단 두 편이다. I. Ortiz de Urbina, 42쪽.

21 니코메디아의 에우세비우스는 처음 베리토스(현재의 베이루트) 주교였다가 니코메디아의 주교로 옮겨갔기 때문에 알렉산드리아의 알렉산드로스의 심한 비판에 직면했다. 그는 안티오키아의 루키아누스 밑에서 아리우스와 카이사레아의 에우세비우스 등과 함께 공부했다(루키아누스 밑에서 동문수학한 이들을 일컬어 *Collucianists*, 혹은 *sullucianists*라고 분류한다). 그는 아리우스의 신학을 지지하며 알렉산드로스의 후계자 아타나시우스를 여러 차례 추방과 곤경에 빠뜨린 정치적 비판자로 활동했다.

필요는 없지만, 니케아 공의회에서 이들이 행사했던 영향력은 공의회 이후에도 막강한 힘으로 작용할 터였다. 아리우스에 동조하지만, 일부 주장엔 다른 생각을 가진 이들은 (카이사레아의) 에우세비우스파 혹은 온건파 아리우스 추종자들(*semi-arianists*)이라고 불렸고, 이들이 오히려 교회에 대한 황제의 위상을 어렵게 만들었다. 결정적으로 이들은 니케아 공의회의 결정을 무효화시키며, 아리우스를 복권시키려고 했기 때문이다.

아리우스로 인한 종교와 정치의 혼돈은 황제의 칙명에서도 나타난다. 비록 황제는 에우세비우스의 신학적 견해를 수용했지만, 이 혼란을 수습하기 위해 니케아 공의회가 아리우스를 거부한 사실을 수용하지 않을 수 없었다. 정치와 종교를 선택해야 할 경우에 황제는 정치가이지 종교가는 아니었던 것이다. 황제는 교회의 공식적 의견을 무시할 수 없었기 때문에 공의회의 종료 후에 카이사레아의 에우세비우스를 추방하도록 명령했다. 황제는 아리우스가 공의회의 결정에 반대했다는 사실과, 리키니우스와 공모했다는 죄명을 씌워 에우세비우스를 아리우스와 함께 추방했던 것이다.

앞에서 언급했듯이, 324년에 콘스탄티누스가 리키니우스와 벌인 전투에서 승리하기 전, 리키니우스는 콘스탄티누스와 공유했던 밀라노 칙령을 거슬러 320년경 그리스도교에 대한 종교적 박해의 고삐를 다시 틀어쥐었던 것이다. 따라서 아리우스 논쟁은 교회 밖의 정치적 박해로 크게 드러나지 않았더라도, 아리우스 때문에 교회가 내적으로 분열의 위기로 향하고 있었던 것은 사실이었다. 이 과정에서 324년에 두 황제의 갈등이 빚어졌고, 콘스탄티누스와 리키니우스는 완전히 갈라섰고, 결국 두 인물의 갈등은 전쟁으로 치달았던 것이다.

이와 같은 상황에서 동서로마 간의 전투에서 승리한 콘스탄티누스 황제는 고문 코르도바의 오시우스의 자문에 따라 아리우스 문제를 해결하기 위한 니케아 공의회의 소집을 명령했다. 황제는 아리우스 문제뿐만 아니라 부활절 날짜 등 때문에 발생한 교회 내의 격렬한 논쟁의 위기에서 제국의 정치에 심각한 영향력을 행사하게 될 분열의 조짐을 보았던 것이다.

3. 아리우스와 알렉산드리아의 알렉산드로스

니케아 공의회가 결정한 신앙의 내용은 이후 결정적 정통 신앙으로 자리 잡게 되었기 때문에, 아리우스의 주장은 니케아 신앙을 배경으로 되짚어볼 수 있는 좋은 예로 기록될 수 있다. 알렉산드로스의 주장이 아리우스의 논지를 충분히 반박하기 위해서는 니케아 공의회를 기다려야 하지만, 대략적인 노력이 무엇을 가리키는지 기록할 필요는 있다.

아리우스의 주장을 반박하기 위해 알렉산드리아의 알렉산드로스는 아리우스와 달리 말씀의 존재를 말하기 위해서 요한 1장에서 출발한다. 요한복음서는 말씀이 처음부터 존재했고 성부와 함께 영원한 존재임을 선언한다. 만약 성부와 말씀 사이에 간극이 있다면, 아리우스의 주장대로 성부는 지혜(*Sophia*)가 없는 하느님, 말씀(*Logos*)이 없는 하느님이다. 아리우스의 해설처럼 성부가 성자를 낳는 성경의 사건과 인간의 탄생을 비교하는 것은 무의미하다. 왜냐하면 인간의 탄생은 생물로서 질적 변화를 겪지만, 신의 탄생은 그렇지 않기 때문이다. 본성 상 성자로서 말씀은 성부와 동등하지만, 오직 차이가 있다면 성부는 '태어나지 않은' 존재라는 사실일 뿐이다. 이런 의미에서 성부는 성자보다 더 위대한 존재이지만,

성부와 성자 사이에 본성적으로 다른 차이는 없다.

아리우스의 기본적인 주장과 알렉산드리아의 주교 알렉산드로스의 답변을 비교하면 다음과 같이 요약할 수 있다.[22]

구분	아리우스의 주장	알렉산드로스의 대답
1	말씀은 성부와 마찬가지로 영원한 존재가 아니다.	말씀은 처음부터 성부와 더불어 존재했다.
2	말씀은 무에서 창조되었다.	말씀은 창조되지 않았고, 말씀이 모든 만물을 창조했다.
3	말씀은 엄밀한 의미에서 성부의 본성을 지닌 성자가 아니다.	말씀은 입양으로 성자가 아니고, 본성 상 성자이다.
4	성자의 본성은 성부의 본성에서 유래하지 않는다.	성자는 성부의 본성과 동등한 본성을 소유한다.
5	말씀은 성부의 의지로 존재하기 시작했다.	성자는 성부의 본성을 이어받은 존재이다.
6	말씀은 본성 상, 육체적으로, 윤리적으로 변화를 겪는다.	말씀은 신의 본성으로 변화나 고통을 받지 않는다.

여기서 비록 알렉산드로스와 아리우스의 주장이 드러내는 차이는 분명하지만, 신학적 섬세함이 충분한 것은 아니다.[23] 아리우스가 제기한 그리스도 혹은 말씀의 존재에 대한 답변이 아직 신학적으로 성숙한 응답이 되지 못하고 있기 때문이다. 아리우스의 주장이 단순명쾌한 만큼, 그를 단죄하는 답변이 정확하고도 논리적으로 분명해야 함은 더욱 필요한 사실이었다.

22 I. Ortiz des Urbina, s. j., 48쪽; Rowan Williams, *Arius: Heresy and Tradition*, 100~103쪽 참조.

23 J. N. D. Kelly, 고대기독교교리사, 245~249쪽.

후에 니케아 공의회는 성자와 성부의 동일성을 구체적으로 제시하기 위해 아리우스의 주장을 일거에 무너뜨릴 수 있는 답변을 제시하고자 했고, 동시에 아리우스의 주장에 들어 있는 결점을 찾아내야 했다. 니케아 공의회가 찾은 해법은 전 세기에 배척 받았던 용어인 '호모우시오스'(*homoousios*)였다. 이것으로 아리우스의 주장을 넘어서기는 했으나, 신학적 해결은 미완으로 끝났다. 논리적으로 서로 설득할 수 없었던 두 주장은 교회 공동체를 두 파로 분열시키는 듯싶었고, 이러저러한 연유로 갈등은 완전히 봉합되지 않았다. 공의회가 선택한 어휘 '호모우시오스' 자체가 성경 외적인 용어였으며, 안티오키아 교회에서 거부된 경험이 있었던 단어였기 때문이었다.

4. 아리우스의 신학적 사유

그렇다면 아리우스의 주장을 통해서 우리에게 알려진 그의 구체적인 신학적 사유는 무엇을 표명하고 있었던 것일까? 아리우스의 생각을 비판했던 니케아 공의회는 교부들이 어떻게 아리우스를 이해하고 있었는지 요약적으로 보여준다. 단죄한 내용은 신앙고백에 이어 간단하게 네 가지 명제로 요약하고 있다.[24] 니케아 신경(*Sybolum Nicaenum, 19. Iun. 325*)은

24 DS, #126; DEC, 5쪽. 원문 헬라스어 텍스트와 라틴어 번역문 사이에 약간의 시각 차이가 나타난다. 라틴어 텍스트는 헬라스어 *hypostasis*와 *ousia*를 라틴어 *substantia*와 *essentia*로 번역하고 있다. 이 번역으로 라틴 교부들은 *hypostasis*를 *substantia*로 이해하기 시작한 것으로 보인다. 이에 근거한 라틴교부들의 이해에 따르면 동방 교부들은 삼신론자(*Tritheist*)라는 의혹과 비판을 받지 않을 수 없었다. 그래서 이 용어는 나중에 동서방 교회의 타협으로

아리우스의 이름을 구체적으로 거명하지 않지만, 공의회의 도화선이 되었던 반대편의 주장을 요약함으로써 참석자들의 견해를 드러내었다. 공의회는 니케아 신조를 작성한 뒤에, 곧 이어서 아리우스에게서 비롯된 성자 예수 그리스도의 신원에 대한 잘못된 주장을 다음과 같이 정리한다. 그리스도가,

1) 존재하지 않았던 때가 있었다(*erat, quando non erat*)고 하거나,
2) 태어나기 전에는 존재하지 않았다(*antequam nasceretur, non erat*)고 하거나,
3) 존재하지 않는 것에서 창조되었다(*quod de non exstantibus factus est*)고 하거나,
4) 하느님은 (성자와) 다른 실체 혹은 본성이라고 말하고 (성자는) 변화 혹은 변질을 겪는다(*vel ex alia substantia aut essentia dicentes [esse] aut [factum aut] convertibilem aut demutabilem Deum[Filium Dei]*)라고 주장하는 자는 교회의 파문을 받을 것이다.

니케아 신경의 의미를 논하면서 다시 언급할 것이지만, 아리우스의 주장이 나오게 된 배경과 의미를 돌아보기 위한 관점에서 간단히 언급하기로 한다.

아리우스의 주의를 사로잡은 표현은 성자의 발생을 가리키는 단어 '낳다'(*nasceretur*[라], *gennaō*[헬])였다. 아리우스는 이 표현을 '만들다/창조하다'(*factus*[라], *poiein*[헬])를 나타내는 순전히 비유적인 의미로 이해했다. 그래서 성자를 성부에게서 유출한 존재 혹은 성부의 본질을 일부 지닌

---

persona(=*prosopon*)로 대체될 것이다.

존재로 보았고, 물리적 범주로 환원시키는 차원에서 이해했다.

비록 아리우스가 성자를 완벽한 존재로 이해하고 다른 피조물과 비교할 수 없는 존재라고 주장한다고 해도 그의 기본 주장은 바뀌지 않는다. 중 플라토니즘의 틀에서 '태어나지 않은/발생되지 않은'(*agennētos*)의 모호한 의미를 아리우스는 잘 이용했고, 성자가 '태어나지 않은/발생되지 않은'(*agennētos*) 존재가 아님을 강조하였다. 그래서 아리우스는 성부 하느님이 아닌 성자는 어떻게 설명하더라도 피조물의 질서에 속한다고 주장한 것이다.[25]

두 번째, 아리우스의 주장에 따르면, 성부는 시간 이전에 존재했지만 하느님께서 영원부터 성부였던 것은 아니다. 말하자면, 존재의 차원에서 성자의 존재는 시작이 있고 성부의 존재는 시작이 없다. 그래서 성자가 '존재하지 않았던 때가 있었다.'는 니케아 신경의 파문 조항은 여기서 유래한다. 성부와 성자의 영원성을 긍정한다는 것은 아리우스에게 유일신 신앙을 파괴하는 두 개의 원리(*duo archas*)를 인정하는 것처럼 여겨졌다.

세 번째, 성자는 성부와 직접적인 친교를 가질 수 없고, 성부에 대한 온전한 지식도 가질 수 없다. 그 이유는 성자의 지혜와 성부의 지혜는 본질적으로 다르고, 동등한 차원에 속하지 않기 때문이다. 아리우스의 주장은 성자의 피조물성이 성부의 창조주 원리와 동등할 수 없다고 보기 때문이다. 성부의 본질과 절대적으로 다른 성자는 유한한 존재로 성부와 전혀 다른 질서에 속한다.

네 번째, 결국 위의 주장에서 성자의 피조물성은 성자가 보통의 피조물과 같이 변화하거나 타락할 수밖에 없다는 주장에 다다른다. 아리우스는

---

25 G. C. Stead, *The Platonism of Arius*, in JTS NS 15, 1964, 16~31쪽; T. E. Pollard, *The Origins of Arianism*, in JTS NS 9, 1958, 103~111쪽 참조.

자신의 주장을 에둘러 표현하고자 했지만, 성자의 피조성을 강조하기 위한 완곡어법일 뿐이다. 성자됨에 대해서 도덕적 차원에서 성자의 본성은 타락할 수 있지만, 성자는 성부의 특별한 은총을 받아서 죄를 범하지 않았다고 주장했던 것이다. 따라서 그의 완곡어법의 궁극적 목적은 그리스도의 피조성을 유지하면서 신성을 용납하지 않으려는 것이었다.

위와 같이 니케아 공의회의 지적을 바탕으로 생각할 때, 아리우스의 생각은 두 가지 잘못된 원칙에서 출발하는 것으로 보인다. 첫째, 성부는 유일하신 분이며 '태어나지 않은'(*agennētos*) 존재이기 때문에 말씀 이전에 선재한다. 만약 말씀도 '태어남이 없는 존재'라면, 즉 시간 이전의 존재라고 말한다면, 하느님 안에 '두 개의 원리'(*duo archas*)가 있나는 수장과 동일하다는 암시를 하는 것과 마찬가지다. 그렇다면, 아리우스가 유지하고자 하는 하느님의 속성을 규정하는 신적 유일성은 자연스럽게 보존될 수 없게 된다. 두 번째로, 비유적 의미로 알아들어야 할 사실을 무시하고, 아리우스는 말씀이 태어나기 전에 존재하지 않았던 때가 있다고 주장한다. 말씀의 탄생은 엄격한 의미에서 본성에 속하는 실재를 나누어주는 것이므로, 아리우스에게는 성부가 무한한 신의 본성을 나누지 않고서는 이해될 수 없다.[26] 그러므로 말씀의 탄생은 자연적인 사건이 될 수 없고, 성부께서 성자를 양자(養子)로 삼음으로써 가능한 사건이라고 생각하게

---

26 이 점은 아리우스의 생각이 당대의 철학적 사조를 반영하는 것으로 보인다. 신 존재의 유일성은 발생의 과정을 거치면서 발생된 존재들이 신의 실재를 나누어 받는다고 생각하는 네오플라토니즘(*Neo*-*platonism*)의 영향이 아리우스의 주장에서 엿보인다. 아리우스는 네오플라토니즘을 반대하여 그리스도교의 신성을 이해하는 유일신론을 견지했기 때문이다. 초기 그리스도교와 네오플라토니즘의 관계에 대한 이해를 위해 DECA, 1718~1739쪽 참조.

된 것이다. 따라서 아리우스의 주장은 유대교적 유일신론을 유지하기 위해 그리스도 양자론(*Adoptionism*)[27]이라는 주장이 되어 니케아 신앙의 비판을 받았고 정통 신앙에서 벗어날 수밖에 없었다.

아리우스의 주장에선 결국 그리스도는 특별한 은총을 입어 하느님의 아들로 불리지만, 무에서 창조된 피조물일 뿐이다. 성자는 성부와 동등한 영원한 존재가 아니라, 다른 모든 창조물들을 창조하기 위한 도구로써 성부가 창조한 존재이다. 본질상 창조계에 속하는 성자는 성부의 피조물로써 하느님의 신적 본질에서 유래하지 않기 때문이다. 성자는 성부의 본질을 나누어 받지 않았을 뿐만 아니라, 성부의 의지로 무에서 창조된 피조물로 이해되었던 것이다. 따라서 성자는 신의 실체와 전혀 다른 피조물이기 때문에, 하느님의 아들(성자)은 존재론적으로, 그리고 육체적으로나 윤리적으로 변화를 받거나 훼손을 당할 수밖에 없고 고통을 받을 수 있다는 것이 아리우스의 주장이다.

아리우스는, 말씀의 영광을 제한하는 논리를 완화하기 위해, 성자가 다른 존재들과 같은 피조물이 아니라, 성부께서 창조한 최상의 존재로 예외적인 특권을 받은 존재라고 덧붙였다. 성자는 어떤 피조물도 초월할 수 없는 윤리적 완전성을 보였으며, 사멸할 인생에서 성부의 뜻을 실현한 존재가 되었다는 것이다. 성부의 은총과 성자의 완벽한 협조로 말씀은 일말의 결함도 죄도 없이 완벽한 성자가 되었다. 그러기에 보통 인간과 달리 자신과 우리를 위하여 영광을 받을만한 분으로 주장할 수 있다. 모세는 이보다 훨씬 모자란 보통 인간이었는데도 이스라엘의 구원자라고

27 그리스도 입양론 혹은 양자론이라고 번역할 수 있다. 신학적 용어로는 아주 뒤늦게(8세기, 스페인) 차용된 어휘이지만, 이미 이런 주장은 2세기 말에 교회 안에 널리 유포된 생각이기도 했다. 입양론자들은 자신들의 생각을 논증하기 위해 성경의 여러 문구들을 인용했다. 요한 8,40; 마태 12,31; 신명 18,15; 히브 5,6 등. DECA, 36~37; ODCC, 19~20쪽 참조.

불렸다면, 이렇게 특별한 존재가 우리 인류의 구원자라는 사실이 불합리할 수가 없다는 것이 아리우스의 생각이었던 것이다.

아리우스는 이런 자신의 주장을 논증하기 위해 철학적 사변을 펼치지 않았고, 바로 성경에서 근거를 찾고자 했다. 반대로 니케아 공의회가 성경에 기반을 둔 아리우스의 해석을 부인하기 위해 철학적 사변을 시도했다는 것은 역설적이다. 공의회 교부들은 아리우스의 오류를 지적하고 정통신앙을 드러내기 위해 성경 밖에서 용어를 채택하였기 때문에 오히려 훗날 더 심각한 논란을 야기했다. 아리우스는 콜로 1,15; 히브 3,2; 1베드 3,15; 사도 2,36 등을 인용하며 그리스도의 존재를 오직 인성에 국한시키는 의미에서 해석하고자 했다.[28] 특별히 아리우스는 잠언 8,22[29] —**주님께서는 그 옛날 일을 하시기 전에 당신의 첫 작품으로 나를 지으셨다**—를 말씀의 피조성을 강조하는 문구로 인용했다. 교부들에게 이 구절은 아리우스를 반박하기 어렵게 만들었던 아킬레스건처럼 작용했다.

이러한 아리우스의 주장은 성자가 하느님이라고 불린다고 한들, 그것은 명예의 호칭일 뿐으로 오직 명목상 하느님의 아들이요, 하느님일 뿐이다. 오리게네스의 용어를 사용하여 하느님의 삼위(*treīs hypostseōs*)를 말했지만, 정통 신앙에서 고백하는 신앙과 달리, 서로 다른 존재로 동일한 본성 내지 본질의 공유를 의미하지 않았다.

28 이들 외에도 아리우스주의자들이 즐겨 인용했던 구절들은 다음과 같다. 1코린 8,6; 요한 1,12; 신명 14,1; 이사 1,2(모든 이가 하느님의 아들이다); 요한 14,28; 17,3; 마르 10,18(성자는 성부보다 열등하다); 마르 13,32; 요한 11,33.39(그리스도는 무지할 수도 있고, 고통을 받을 수도 있다).

29 아리우스가 성자의 존재를 규명하는 가장 강력한 근거로 택한 잠언 8장은 지혜(*sophia*)의 장이라고 할 수 있다. 아리우스는 70인역 헬라스어본을 사용했다.

아리우스의 잘못은 사실상 말씀의 육화 이전을 고려하지 않음으로써 발생하는 하느님의 삼위일체에 관한 오류로 정리된다. 아리우스는 그리스도의 모든 행위 중에서 인간적 겸손한 행위만을 말씀에 적용했다. 아리우스는 말씀의 신성을 부인하며 성자를 성경의 용법에 따라 호칭했다. 피조물 중에서 최고의 존재로 불리고, 영지주의의 데미우르고스 혹은 네오플라토니즘의 '이성'으로 여겨진 말씀은 열등한 신 존재처럼 보인 것이다. 따라서 아리우스는 성부와 성자의 관계를 나타내는 동일본질(*homoousios*)이라는 표현을 부정하지 않을 수 없었다. 말씀의 신성을 부인하는 까닭은 아리우스 자신이 성자가 성부의 아들됨에 대한 개념이 충분치 못했기 때문이다. 앞에서 언급했던 바와 같이, 플라토니즘의 틀에서 벗어나지 못했던 아리우스의 문제의식은 헬레니즘적 사조의 영향으로 니케아 공의회의 결정이 선포된 이후에도 지속적으로 그리고 반복적으로 나타났다.[30]

30 달리 말하면, 아리우스는 그리스도 신앙의 교의를 무의식적으로 헬레니즘화하려는 경향을 보였다. 이 갈등에서 현대의 독자가 알 수 있는 것은 두 개의 문화, 두 개의 언어 사이에서 그리스도교의 신론과 그리스도론이 명문화되었다는 점이다. B. Sésboüé, *Jesus-Christ dans la Tradition de l'Eglise*, Desclee, 100~102쪽 참조.

제3장
신앙의 전통: 니케아 공의회

4세기는 그리스도교 역사에서 가장 극적인 사건들이 사방에서 전개되었던 시기이다.[1] 대박해가 제국의 곳곳에서 빌어졌지만, 더 이상 정치적 박해가 제국 내 그리스도교의 확산을 멈출 수는 없었다. 박해를 이기고 난 그리스도교는 일단 종교의 자유를 얻게 되자 제국 내에서 어느 누구도 제어할 수 없는 거대한 모습을 드러내었다. 외부의 박해가 끝나고 제국의 종교로 위상이 높아지자, 교회는 자신 안에서 벌어지는 문제에 직면하지 않을 수 없었다. 교회에 외적 박해가 끝나고 평안이 찾아오자 4세기의 그리스도교는 내적 소란으로 진통을 겪기 시작했다. 교회는 내부적 교리 논쟁에 휩싸이게 되었고, 지역교회들 사이에 벌어진 신앙의 다양한 이해와 표현방식이 문제가 되었다. 문제는 논쟁을, 논쟁은 위기를, 신앙의 위기는 제국의 안녕을 위협하는 불안을 낳았다. 신앙의 문제가 정치적 불안을 야기하게 되자 최초로 공식적인 교의 논쟁을 진행하기 위하여 니케아 공의회(325년)를 개최하게 된 것이다.

1 John Bowden, *A Chronology of World Christianity*, Continuum, 2007, 33쪽.

니케아 공의회(325년)

그러나 놀랍게도 고대 교회에 중요한 사건이었던 니케아 공의회의 공식적 기록은 후대의 교회에 넘겨줄 수 있는 내용이 지극히 제한적이며, 전해진 문헌 자체도 파편적으로만 남아 있다. 연구에 의하면 비공식적으로 콥트어나 에티오피아어 문헌은 남아 있으나 신뢰할 만한 수준은 아니다. 한 가지 확실한 것은, 앞에서 언급했다시피, 로마제국을 막 통일한 콘스탄티누스 황제가 공의회를 소집했고, 황제가 주도적으로 회의를 진행시켰다는 사실이다. 공의회와 관련된 공식적인 기록문서로 후대에 남은 것은 니케아 신경과 결정사항들, 참석 주교들의 이름과 편지 한 통이 전부이다.[2]

여러 언어로 기록된 문헌에 따르면, 참석 교부들은 250명에서 300여 명으로 추산된다.[3] 황제가 소집한 니케아 공의회에 로마 주교는 직접 참가하지 않았고, 황제의 고문으로 활약 중인 오시우스(*Osius of Cordoba*)를 대표로 하는 두 명의 사제(*Vitus*와 *Vincentius*)를 교황의 이름으로 파견했을 뿐이다. 아리우스를 반대하는 인물로 알렉산드리아의 알렉산드로스와 부제 아나타시우스(*Athanasius*, *c*.296~373년. 328년 4월에 알렉산드로스가 서거하자 곧 승계한다), 그리고 안티오키아의 주교 에우스타티우스(*Eustathius*)가 있었으나,[4] 특별히 안티오키아 주교의 글은 남아 있는 기록이 없다. 그는 나중에 아리우스주의자들의 집중 공격으로 불행히도 주교직에서 추방당했다(c.329년 전후).

교회사가인 카이사레아의 에우세비우스는 앞에서 언급한 대로 황제의 호의를 업고 활동했다. 그는 니케아 신경에 동의하지 않으면서 뒤늦게 어쩔 수 없이 문서에 서명했으나, 나중에 온건파 아리우스주의자들

2 개략적인 역사적 서술과 신학적 해석은 Mark Edwards, *The First Council of Nicaea*, *in The Cambridge History of Christianity: Origins to Constantine*, Cambridge Univ. Press, 2006, 552~567쪽; Aloys Grillmeier, *Christ in Christian Tradition*, 249~273쪽; J. N. D. Kelly, 고대기독교교리사, 241~271쪽 참조.

3 에우세비우스는 250명, 아타나시우스는 318명을 주장한다. 숫자 318은 창세 14,14를 상기시키며 아브라함의 종들의 숫자이다.

4 이 책의 부록 4 참조.

(*semi-arianists*, 유사본질파)을 지원하는 실수를 저질렀다. 그는 처음 아리우스 편에 섰으나, 근본적으로 아리우스의 극단적인 생각에 동의하지 않았다. 그는 니케아 공의회가 채택한 '호모우시오스'를 거부했으면서도 황제의 호의를 무시할 수 없어 자신의 견해를 거슬러 니케아 신경에 자신의 이름을 올렸던 것이다. 이런 연유로 공의회 후에 에우세비우스는 니케아 공의회를 지지하기보다 아리우스와 그의 추종자들을 지지했다. 그리고 아리우스의 보호자 역할을 자임했던 니코메디아의 에우세비우스와 협력하여 니케아 신경을 주도했던 안티오키아의 에우스타티우스, 아타나시우스, 그리고 안키라의 마르켈루스 등에 대적하였다.

소아시아 갈라티아 지방의 수도 안키라의 주교 마르켈루스(*Marcellus of Ancyra*, c.374년 서거)[5]는 신학적으로 아리아니즘의 정반대편에서 아리우스를 비판하였다. 즉, 니케아 공의회에서 마르켈루스는 *homo-ousios*를 강력히 지지하였기 때문에 그의 신학적 주장을 판단하는 데에 약간의 혼란이 생길 수 있다. 사후에 그의 극단적인 주장은 사벨리아니즘(*Sabellianism*)으로 낙인 찍혀 1차 콘스탄티노플 공의회(381년)에서 단죄를 받았다.[6] 이와 같은 사건은 당시 상황에서 비일비재하여 정통신앙이라고 여겨졌던 인물들이 나중에 이단으로 추방되는 결과들을 낳곤 했다. 그

5 일시적으로 아리아니즘이 황제의 옹호 아래 대세를 이루던 시절에 루키아누스의 제자이며 아리우스주의자였던 아스테리우스(*Asterius*)를 비판했다가 336년에 주교직에서 추방당했다. 콘스탄티누스 황제가 337년에 서거하자 복권되었다가, 339년에 다시 추방당했고, 귀양지에서 죽었다. ODCC, 1033쪽; DECA, 1536~1537쪽 참조.

6 이런 의미에서 로고스의 신성을 부정하는 아리우스는 좌파적 생각의 극단에 있었다면, 아폴리나리우스는 로고스의 신성을 고집한 우파적 생각의 극단에 있었다고 분류할 수 있다. 그리스도의 양성론이 교회의 정통 신앙으로 정립되고 나서야 판단할 수 있는 생각이지만, 아리우스와 아폴리나리우스의 대조적 사유는 양성론을 중심으로 양단을 대표한다고 보면 크게 틀리지 않을 것이다.

위에 니케아 공의회(325년) 이후에도 많은 교부들이 정치적 박해 현장에서 순교를 당하거나 추방되는 고초를 겪었고, 잔인한 형벌의 희생자로 죽어갔던 사실은 역사가 증언하고 있다.

당시 교회의 정신 사조에서 공의회에 참석한 교부들은 특별히 철학적 사변이나 변증법에 관심을 두지 않았고, 오직 성경과 교회 전통에 근거해서 논의를 진행시켰다는 사실은 강조해야 할 것 같다. 시간이 지나면서 교부들은 철학적 사유와 논리가 신학 논쟁에서 중요하다는 사실을 깨닫게 되었고, 이런 사실은 신앙이 새로운 문화의 다양성을 경험하면서 신학의 논증으로 보호를 받지 않을 수 없게 된 역사적 진행을 설명해준다. 신학 논쟁은 정통신앙을 수립해 가는 과정에서 승리자뿐만 아니라, 패배자를 낳았다. 그렇다고 신학적 사유의 대결이 늘 논리적 진정성을 확보한 것만도 아니었다. 아리우스 논쟁을 통해 공의회는 정통 신앙을 낳는 실천적 행동을 취할 수 있었지만, 정치성을 완전히 배제하지 못한 아리우스 논쟁은 단번에 해소될 수 없었다. 오히려 아리아니즘은 첫 세대, 두 번째 세대를 거칠 정도로 시간이 필요했으며, 논쟁의 논리적 결말에 이르면서 서서히 교회 안에서 세력을 잃어갔다.

정치적 해법이 효율적인 방법을 통해 시급히 문제를 해결하려고 했다면, 신학적 논쟁은 시간이 걸리는 만큼 지지부진하게 여겨지곤 했다. 문제 해결이 필요한 시간만큼 소진되었을 때엔 그만큼 교회에 안정과 평화를 가져왔다면, 강제적 방법이 곁들인 정치적 해결은 이긴 쪽이나 진 쪽 모두에게 늘 치유하기 어려운 후유증을 남겼다.

이 과정에서 니케아 공의회를 통해 유명해진 인물로 후에 다시 언급될 교부는 알렉산드리아의 주교 알렉산드로스의 비서였던 부제 아타나시우스였다. 그는 공의회 이후에 알렉산드리아의 총대주교로 활동하면서 아리아니즘을 반대하는 선봉에 섰다. 아리우스 논쟁의 시발점이 알렉산드리아 신학이었다면, 이 신학의 맹점은 후에 안티오키아 신학으로 보정되어야 할 운명을 지녔다. 아리우스 신학이 드러낸 알렉산드리아 신학의 잠재적 위험성은 아직 충분히 드러나지 않았으나, 그 해법은 다른 문제를 제기하는 과정이 되고 말았다.

1. 신경 이전의 신경들

325년 5월 중순, 곧 진행될 첫 공의회의 도시 니케아는 오늘날 아주 작은 마을에 불과하지만, 당시엔 황제의 별장이 있었고 지역 주교가 담당하는 교회공동체가 있었다. 그리고 니케아는 비티니아 지방에서 동로마제국의 수도 니코메디아에 버금가는 도시였다. 물론 콘스탄티노플이 곧 제국의 수도로 니코메디아의 뒤를 이을 참이었다.

공의회의 개최를 준비하던 기간 중에 아리우스를 찬성하는 측과 반대하는 세력은 서로 공의회에 참석할 주교들 · 사제들 · 부제들이 어느 쪽에 서는지 자파의 논리와 세력을 점검했다. 아직은 아리우스와 그의 지지자들이 루키아누스(*Lucianus*) 밑에서 동문수학한 이들을 중심으로 형성되었기 때문에 루키아누스 추종자들(*Collucinists: col +lucianus*)이라고 부를 수 있었다. 니케아 공의회 이후에야 비로소 자신들의 주장과 세력을 분명하게 드러냈기 때문에, 아리우스의 추종 세력, 즉 아리우스주의자라고 불렸다. 이들은 루키아누스 아래에서 자연스럽게 형성된 동문의 세력을 중심으로 공의회에 참석했기 때문에 아리우스를 지지했던 것이다. 한편, 아리우스의 논리를 비판하고 반박하는 측에선 사건이 발생된 알렉산드리아의 총대주

교인 알렉산드로스의 부제 아타나시우스가 대변인 역할을 했다.[7]

회의 개최에 앞서 콘스탄티누스 황제는 공의회에 참석한 주교단 앞에서 교회의 일치를 기원하는 자신의 염원을 드러냈지만, 공의회가 다룰 사안의 본질을 지적하지는 않았다. 황제는 양측의 논리 중 어느 하나도 선택하지 않았으며, 모든 결정을 공의회 참석자들의 논의에 맡겼다.

교회의 보호자로 자처한 황제의 의도에 따라 개최된 니케아 공의회는 교회가 아니라 황제의 궁전에서 개최되었다. 당시엔 현실적으로 참석자들을 모두 수용할 수 있는 교회 건물이 없었기 때문에, 공간 문제를 해결해줄 수 있는 황제의 궁전이 필요했을 것이다. 황제는 참석자들 앞에서 개회의 인사말을 라틴어로 했고, 이어서 헬라스어 통역이 따랐다. 참석자들의 언어는 헬라스어가 주류를 이루었고, 논의의 결과를 기록할 언어도 헬라스어였다.

앞에서 잠시 언급한 대로 아리아니즘이라고 불릴 주장은 아리우스에 동조하는 루키아누스 추종자들의 지지를 토대로 성립했다. 이들은 그들만의 신조를 제시했다고 하나, 이 기록은 후대에 전해지지 않는다. 그들이 자신들의 신조를 공의회 참석자들 앞에서 읽기 시작하자마자, 이에 대한 반대 여론 때문에 많은 소란이 일었다. 첫 번째 신조가 이렇게 거부되자, 카이사레아의 에우세비우스는 자신의 교구에서 세례 때 고백하는 신조를 제안했다. 이 신조가 후대에 알려진 첫 번째 공식 신앙고백문으로 니케아

7 공의회 전의 분위기를 전하는 에우세비우스(*Eusebius*), 소조메니우스(*Sozomenius*) 등의 기록이 남아 있다. 4세기 인물 카이사레아의 에우세비우스는 교회사의 효시로 고대 교회에서 발생했던 사건들 중심으로 교회의 발생부터 324년에 리키니우스와 벌인 전투에서 콘스탄티누스 황제가 거둔 승리까지 묘사했다. 그리고 이 전통을 이어받아 5세기의 소조메니우스도 교회의 역사(*Historia Ecclesiastica*)를 기록으로 남겼다. DECA, 2313~2315쪽.

신경의 원천이 될 것이었다. 말하자면, 이때까지 단편적으로 인용되던 고백문은 있었지만, 교회 전체가 공식적으로 사용하던 공통 신앙고백문은 없었던 것이다. 이는 지역교회들이 자신들이 작성한 서로 다른 신조들을 사용하고 있었다는 것을 의미하며, 공통 신앙은 유지하지만 보편교회라는 의식이 아직 명문화되지 못했다는 것을 가리킨다.

서방 교회는 후에 로마신경 혹은 사도신경이라는 이름으로 알려질 신경(*Credo*)을 사용하고 있었는데, 신경은 삼위일체 조항, 그리스도론 조항, 부활과 교회에 관한 조항들을 포함하고 있었다. 그러나 카이사레아의 에우세비우스가 제시한 신조에는 부활과 교회에 관한 조항이 생략되어 있었고, 그리스도에 관한 조항은 논란을 불러일으킬 수도 있었다. 사도신경이 그리스도 신앙의 역사성을 강조했다면, 에우세비우스의 신경은 신학적이며 그리스도 가현설과 영지주의를 배격하는 논리를 강하게 표현했다. 카이사레아 신경이 참석한 교부들에 의해 정통 신앙을 담고 있다고 인정을 받으면서 만장일치로 채택되었다.[8]

카이사레아 신경:

(성부 조항)

우리는 보이는 것과 보이지 않는 만물을 창조하신 주님이시며 전능하신 한 분 아버지 하느님을 믿나이다.

8 DS, #40. 헬라스어 원문에서 한국어 번역은 고백 조항을 되도록 원문의 어순과 함께 대조하기 위하여 단어들의 나열을 반복했다. 이외에 초기 교회 공동체 형성기에 볼 수 있는 간략한 형태의 신앙고백문들을 DS, 1~36쪽에서, 좀 더 발전된 형태의 신앙고백문들을 DS, 40~63쪽에서 볼 수 있다.

(성자 조항)

그리고 하느님의 말씀(로고스)이신 한 분 주님이신 예수 그리스도를 믿나이다.
하느님에게서 오신 하느님,
빛에서 오신 빛,
생명에서 오신 생명,
독생자이시며 창조의 맏물이신 분,
영원 이전에 아버지에게서 태어나신 분,
그분을 통해 만물이 생겨났습니다.
그분은 우리의 구원 때문에 육화하셨고
인간들 가운데서 사셨으며,
수난을 받으시고 사흗날에 부활하셨으며
아버지께 올라가셨고
영광중에 다시 오시어 산 자와 죽은 자를 심판하실 것입니다.

(성령 조항)

우리는 또한 성령을 믿습니다.

번역된 헬라스어 신경 텍스트를 보면, 헬라스어와 우리말 어순의 차이가 쉽게 드러나는 것을 볼 수 있다. 어순의 차이는 신경이 강조하고자 하는 미묘한 뉘앙스의 차이를 드러내기 때문에 번역에 조심하지 않을 수 없다.

신경의 첫 줄에서 하느님 아버지를 정의하는 헬라스어 고백문은 우리말 어순과 차이를 드러내지 않을 수 없는데, 한 분 하느님, 아버지, 전능하신 분(*pantocratora*), 창조주의 순서로 배열되어 있다. 창조는 보이는 것과 보이지 않는 모든 존재를 포함하기 때문에, 창조주는 인간 이상의 존재들도 피조물 속에 포함시킨다.

두 번째로, 성자를 고백하는 신조에서 성자는 한 분 주님, 예수 그리스도, 하느님의 로고스의 순서로 배치되어 있다. 이어서 성자는 하느님에게서 오신 하느님, 빛, 생명, 독생자, 창조의 만물(*prōtotokon pasēs ktiseōs*)로 묘사된다. 이어서 성자의 지상 생애를 고백하고, 재림의 희망이 고백된다.

마지막으로 성령을 고백하는 조항은 '우리는 한 분(*hen*) 성령을 믿는다'(*pisteuomen de kai hen pneuma hagion*)는 아주 짧은 단문으로 마감된다.[9]

공의회의 진행 과정에서 아리우스가 의존하고 있는 카이사레아의 에우세비우스는 긴장된 위치에 있었다고 말할 수 있다. 지역 교회를 이끌고 있는 주교로서 정통 신앙을 고백하면서, 아리우스의 친구이자 보호자 역할을 버릴 수 없었기 때문이다. 에우세비우스는 공의회의 논쟁 초기에 자신의 지역 교회가 사용하던 신조를 제시함으로써 신앙의 정통성을 인정받았다. 또한 이 신조가 공통 신앙의 모범으로 받아들여짐으로써, 니케아 신경의 초석을 놓았다고 볼 수 있다. 이 신조는 전임 주교들에게서 전해 받은 것이기 때문에 지역 교회가 지닌 신앙 공동체의 고백이라는 의미도 있다.

또한 아리우스 지지자들은 아리우스의 보호자이며 친구인 에우세비우스의 견해에 반대할 수 없었다. 그렇기 때문에, 그들은 공의회가 결정한 신경에 서명했고 자신들의 논리를 일단 접었다. 그러나 신경에 대한

9 카이사레아 신경에 관한 간단한 논쟁점에 대해 J. N. D. Kelly, *Early Christian Creeds*(3rd ed.), Longman, 1972(1960), 182~183쪽 참조. 이와 관련해서 예루살렘 신경도 니케아 신경의 토대로 볼 수 있는데, 예루살렘 신경은 세례 경문을 담고 더욱 포괄적으로 확장되어 있다. DS, #41 참조. 위의 두 신경은 아리우스 논쟁이 터지기 전에 작성된 순수 신앙고백문으로 이해된다. 그래서 예루살렘의 주교 키릴루스는, 니케아 공의회가 아리우스 논쟁 과정에서 성부와 성자의 동등성을 강조하기 위해 도입한 용어 '*homohousion*' 때문에, 니케아 신경 자체를 문제로 여겼다.

그들의 해석마저 포기할 수는 없는 것이었으니, 공의회가 끝난 뒤 아리우스 논쟁의 두 번째 단계는 이미 예고된 것이나 마찬가지였다. 또한 회의가 진행됨에 따라 그들의 교묘한 의도가 드러나지 않을 수가 없었다.

교부들은 신경의 내용을 보완하고 첨삭을 하기 위해 다음 단계로 넘어갔다. 이 시점에서 아리우스에 반대하는 교부들은 직설적으로, 그리고 공개적으로 아리우스의 주장을 비판했다. 교부들은 아리우스의 주장을 반대하는 문구를 신경에 첨가하였고, 마침내 교부들의 니케아 신경이 탄생하게 되었다.

카이사레아의 에우세비우스와 아타나시우스는 두 진영을 대표하였고, 정치력을 배제할 수 없었던 상황은 역설적인 장면을 연출하지 않을 수 없었다. 게다가 신학적 토대가 준비되지 않았던 참석 교부들에게 아리우스의 주장을 극복하기 위한 토론은 길고도 먼 길이었다. 역설적인 사실은 아리우스의 옹호자였던 에우세비우스가 제공한 카이사레아의 신경을 기초로 아리우스의 주장을 무너뜨리는 니케아 신경이 탄생한 사실이다. 결국 논쟁의 마지막에 이르러 아리우스의 주장을 포기하지 않은 17명의 주교를 제외하고 나머지 참석자들은 새 신경에 모두 서명하게 되었다.

마침내 공의회의 신경은 황제에게 제출되었고, 제국의 안녕과 분열의 방지를 위해 황제는 반대자들을 추방으로 위협했다. 이 위협으로 마침내 아리우스와 그를 지지하는 두 명의 주교가 파문과 함께 귀양의 길을 감수했다.[10] 아리우스를 지지했던 니코메디아의 대주교 에우세비우스는 처음엔 니케아 신경을 수용하고 서명했다. 그렇지만, 실상 그도 반(反)아리아니즘적인 신경을 반대했기 때문에, 공의회가 폐막한 지 3개월 후 귀양을

10 *Second de Ptolemais*와 *Theonas de Marmarique*의 이름이 전해져온다. 이 시기의 논쟁 상황에 대한 간략한 묘사는 I. Ortiz de Urbina, 61~68쪽 참조.

떠나야 했다.

공의회의 결과를 수용한 콘스탄티누스 황제가 살아 있는 동안에는 어느 누구도 공개적으로 니케아 신경을 반대하거나 비판할 수 없게 되었다. 논쟁의 승자와 패자를 가르고 태어난 신경은 불행하게도 정치적 제재의 결과를 가져왔던 것이다. 역사 현상적으로 보면, 니케아 신경은 논의의 결과를 반대하는 세력을 정치적 권력으로 내리누르고 성립되었고, 의미론적으로도 불완전한 신경이 되고 말았다. 말하자면, 논쟁의 끝이 신학적으로 마무리되지 못하고 정치적으로 마무리되었던 것이다.

공의회는 보편교회의 정통 신앙을 수립하는 최초의 계기가 되었지만, 동시에 황제의 정치가 교회의 자주적인 결정을 위협하는 선례를 남겼다. 정치적 승리가 교회 신앙의 정통성을 확보하기 위한 논쟁에 뿌리를 내린 후, 니케아 신경은 갈등의 요소를 내포한 위험한 승리가 되고 말았다.[11]

2. 니케아 신경

앞에서 언급했던 바와 같이, 교회의 역사에서 보면 아주 특별한 사건인

---

11 에우세비우스의 교회사는 황제가 이렇게 말했다고 기록하고 있다. "여러분[주교들]은 교회에 속하고, 나는 교회 밖의 일을 위해 하느님께서 세우신 주교이다." V. C. IV, 24. I. Ortiz de Urbina, 65쪽에서 재인용. 동시에 황제는 모든 지방행정관들에게 주교회의 결정사항을 준수할 것을 명령했고, 하느님의 사람들이 그들 위에 있음을 천명했다. 따라서 황제의 정치가 교회의 일에 개입한 것처럼, 니케아 공의회 이후에 교회는 급속하게 정치적 영향력을 행사할 수 있게 되었다.

니케아 공의회는 불행하게도 후대 교회가 살펴볼 문헌을 충분히 남겨놓지 않았다. 고대 교회는 이 순간까지 자신이 취한 행동이 이후 전체 교회의 신앙에 미칠 영향력과 의의를 충분히 의식하지 못하고 있었다고 말할 수 있다. 그래서 교의적 차원에서 아리아니즘 논쟁을 살펴보려면, 우리는 카이사레아의 에우세비우스와 알렉산드리아의 아타나시우스가 각기 남긴 편지와, 안키라의 마르켈루스를 인용한 글들이 단편적으로 남아 있을 뿐이라는 사실에 놀라지 않을 수 없다. 게다가 교회사를 다룬 카이사레아의 에우세비우스는 공의회의 폐막과 더불어 공의회가 채택한 신경의 모든 조항을 다 수용할 수 없다는 고백적 증언을 남겼다.

이렇게 니케아 공의회의 결정을 반대하는 증언이 있었지만, 4세기의 교부 힐라리우스(*Hilarius de Poitiers*, +367) 등은 헬라스어로 작성한 신경을 라틴어로 번역했다. 그래서 에페소 공의회(431년)와 칼케돈 공의회(451년)에서 니케아 신경의 헬라스어 본문과 라틴어 번역이 공식 자료로 사용될 수 있었다. 따라서 4세기 교회는 니케아 신경을 바탕으로 정통 신앙을 고백했다는 사실에 이견이 없다.

니케아 신경의 본문[12]은 다음과 같다.

(성부)
우리는 한 분 하느님, 전능하신 아버지,
유형무형의 모든 것의 창조주를 믿나이다.

12 DS, #125 이하 참조. 우리말 번역문은 최대한 헬라스어의 어법을 존중하면서 우리말의 어순에 그 뜻이 나타나도록 노력했다. 번역문의 숫자는 3개의 조항, 즉 성부 · 성자 · 성령의 신앙 조항을 강조하기 위해 삽입했다.

(성자)
그리고(*kai*) 한 분 주님 예수 그리스도, 하느님의 아들(을 믿나이다),
하느님에게서, 즉(*toutestin*) 아버지의 본질에서 태어나신 외아들,
하느님에게서 (오신) 하느님,
빛에서 (오신) 빛,
참 하느님에게서 (오신) 참 하느님,
창조되지 않고 태어나신 분,
아버지와 동일본질(*homoousios*)이시고,
그분을 통하여 하늘과 땅에 있는 모든 것이 생겨났으며,
우리 인간을 위하여,
우리의 구원을 위하여
(하늘에서) 내려오시어 몸을 취하시고, 인간이 되셨으며,
수난하시고 삼 일 만에 부활하시어(*anastanta*),
하늘에 올라가셨고,
산 이들과 죽은 이들을 심판하시러 오실 것을 (믿나이다).

(성령)
그리고(*Kai*) 성령을 (믿나이다).

공의회는 니케아 신경의 신앙고백에 이어서 문제를 제기한 아리우스의 주장을 명백하게 거부하며 파문의 이유를 밝혀주는 내용을 네 항목으로 요약하고 있다.[13] 신경이 아리우스의 이름을 거론하지 않는 이유는 공의회의 의도가 한 개인의 파문에 있는 것이 아니라, 참된 신앙을 거스르는

13 DS, #126. 헬라스어 원문과 라틴어 번역문 중에서 이 자리에서는 편의에 따라 라틴어 본문을 싣는다. 헬라스어 원문 텍스트와 라틴어 번역 텍스트의 차이를 [ ] 형식으로 표시했다.

잘못된 생각을 거부하기 위한 까닭이다. 공의회는 이후에도 누구라도 자신의 주장이 그릇된 것임을 고백하고, 보편 신앙으로 돌아오면 교회는 이를 받아들였다. 그래서 신경은 관련자의 이름을 거명하지 않고, 아리우스의 잘못을 담고 있는 본문의 마지막 문구를 파문(*anathema*)으로 정리한다. 앞에서 한 번 인용한 내용이지만,[14] 논쟁의 중요성을 고려하여, 이 항목들을 다시 제시한다.

> 누구든지 성자가
> (1) 존재하지 않았던 때가 있었다
> (*Erat, quando non erat*)고 하거나,
> (2) 태어나기 전에는 존재하지 않았던 때가 있었다
> (*Antequam nasceretur, non erat*)고 하거나,
> (3) 존재하지 않는 것에서 창조되었다
> (*Quod de non exstantibus factus est*)고 하거나,
> (4) 다른 실체나 본질에서 창조되었고 변질이나 변화를 겪는다
> (*vel ex alia substantia aut essentia dicentes [esse] aut [factum aut] convertibilem aut demutabilem Deum [Filium Dei]*)고 말하는,
> 이들을 가톨릭교회는 파문에 처한다
> (*hos anathematizat catholica Ecclesia*).

이 항목들은 보편성을 지닌 교회가 공통의 신앙고백을 위해 신앙을 오류로 이끄는 잘못된 해석을 주장하는 분파를 인정하지 않고 강력하게 파문으로 대처하는 특징을 보여준다. 그러나 이 방법은 사실의 객관성을 판단하는 기준보다 해석의 차이를 인정하지 않는다는 데 주의해야 한다.

---

14 2장 4절 '아리우스의 신학적 사유' 항목에서 일차로 언급하고 있다.

이러한 사실은 역사적으로 보면, 신앙이 성경 외적으로(*extra-biblical*) 해석될 때 잠재적으로 발생할 위험의 대처 방법으로 지나치게 폭력적일 수 있음을 경고한다. 그러므로 정통신앙을 주장하는 이들은 해석의 차이를 사실의 차이로 오해할 수 있는 위험성을 간과해서는 안 될 것이다. 게다가 고대 교회에서 정치가 종교에 개입해서 동조 세력으로 움직일 때 그 위험성은 더욱 증대되어 나타나지 않을 수 없다.

앞에서 신경이 어떻게 작성되었는지 언급한 것처럼, 아리우스의 지지자들은 콘스탄티누스 황제 앞에서 황제의 종교 고문이었던 코르도바의 오시우스(*Ossius de Cordoba*, c.256~357/358년)를 비판했다. 오시우스는 아리우스 논쟁이 시작되었던 초기에 알렉산드리아에 파견되어 당사자들인 알렉산드로스와 아리우스의 논쟁을 조사하기도 했다. 이 조사를 바탕으로 아마 오시우스는 지역 교회 차원에서 문제를 해소할 수 없다고 보았고 황제에게 제언했을 것이다. 황제는 그의 권고를 받아들였고, 니케아 공의회를 소집하도록 명령했을 것이다. 이런 과정을 추정할 때, 황제가 오시우스로 하여금 자신을 대신해서 회의를 주재하도록 한 것이 자연스럽고, 그런 위치에서 신경의 작성 과정에 지대한 영향력을 행사했을 것이 자명한 일이다. 어쨌거나 결과적으로 보면, 니케아 신경은 카이사레아 교회의 신경을 기초로 몇 가지 새로운 조항들을 첨가함으로써 완성된 것으로 보인다.[15]

신경의 구조를 분석하기 전에 강조해야 할 사실은, 공의회의 진행

15 I. Ortiz de Urbina, 71~72쪽. 예루살렘 신경이 니케아 신경의 원천일 수도 있다는 논의도 있다. 그러나 지역 교회들이 사용한 신경들에 차이가 있지만, 공통점이 더 많다는 사실을 고려하면, 니케아 신경이 예루살렘 신경과 독립적으로 카이사레아 교회가 사용한 신경에 기반을 두고 작성되었다는 주장에 힘이 실린다.

과정을 살펴보았듯이, 일차적으로 아리우스의 주장이 강력하게 거부되었다는 점이다. 왜냐하면 아리우스의 주장은 성자의 본질을 창조계의 질서에서 찾았고, 대다수의 교부들이 따랐던 성부와 성자의 동일본질성을 부인했기 때문이다. 앞에서 거듭 확인한 바와 같이, 공의회는 성부와 성자의 동일본질성을 강력히 주장하기 위해 아리우스의 주장을 상기시키는 내용을 제거하고 파문의 위협을 첨부했다. 이 과정에서 몇 가지 용어가 부가되었다는 사실을 고려할 때, 니케아 신경은 앞서 인용한 카이사레아 신경으로 다시 환원된다.

두 개의 신경을 비교해보면, 카이사레아 신경에 "참 하느님에게서 오신 참 하느님"(*Deum verum de Deo vero*), "하늘과 땅에 있는 모든 것"(*omnium visibilium et invisibilium factorem*), "인간을 위하여"(*propter nos homines*), "내려가시어"(*descendit*) 등이 새롭게 덧붙여진 것으로 보인다.[16] 그러나 무엇보다도 중요한 사실은, 교회의 공식적인 가르침인 교의(*dogma*)의 형성 과정에서, 그리스도교의 삼위일체적 신관과 그리스도의 신성과 인성을 온전하게 유지한 양성론에 근거한 그리스도론의 확립이었다. 이 내용은 사도시대까지 거슬러 올라간다는 역사적 사실에서 부인할 수 없는 고대교회의 핵심적 신조였다. 니케아 신경이 받아들인 이 조항들은 일방적인 사변의 논리적 결과가 아니라, 동방과 서방을 대표하던 지역 교회들이 널리 고백하던 내용들에서 가져왔다. 이런 사실은 고대 교회의 각 지역 교회들이 고백하던 신경들을 일별하는 것으로 확인할 수 있다.[17] 서방 지역 교회들만 아니라, 동방 지역 교회들의 신조들을 살펴보면, 차이보다

---

16 이 요소들에서 오리게네스의 영향력이 아직도 생생하게 남아 있었다는 주장을 하기도 한다. I. Ortiz de Urbina, 72쪽.

17 J. N. D. Kelly, *Early Christian Creeds*, 172~193쪽 참조. DS, #1~125까지 신앙고백문들이 이런 사실들을 알려준다.

는 공통적인 점들을 신앙으로 고백하고 있음을 알 수 있다. 공통 신앙의 고백은 지역에 따라 약간의 차이를 드러내지만, 보편 신앙이 각 지역 교회의 성격에 따라 다르게 표현된 것으로 해석할 수 있다.

그렇다면, 지역 교회들이 고백하던 신경들이 사변적인 고백이 아니라면, 어디에서 신앙고백 조항들을 가져왔을까? 잘 살펴보면, 놀랍게도 신앙의 내용들은 아주 단순하게 성경을 기반으로 성립되었다는 사실을 공통으로 한다. 나중에 삼위일체론이나 그리스도 양성론으로 대변될 그리스도 신앙은 형이상학화의 과정으로 복잡하게 표현될 것이지만, 각 신경들에서 하느님의 삼위일체성을 나타내는 용어들은 놀랍게도 거의 모두 성경에 근원을 두고 있는 것이다. 특별히 그리스도론적 표현들은 2~3세기 고대 교회에서 신앙의 위험 요인으로 작용했던 가현설을 강력히 거부하고 영지주의를 반대한다. 이런 의미에서 니케아 신경은 사도시대 이후 지역 교회들이 고백하던 신조들을 공통의 분모로 편집되는 과정을 거친 것으로, 특별히 카이사레아 교회의 신조에서 출발했다는 사실을 발견하게 된 것이다.

이런 몇 가지 객관적 추론에 의거할 때, 니케아 신경은 새롭게 만들어진 신조가 아니고, 공의회 이전에 사용되던 기존 신앙고백문이 확장된 것으로 이해할 수 있다. 따라서 니케아 신경에만 고유한 표현이나 단어들이 아주 드물다는 지적은 역사적 사실에 근거를 둘 때 아주 당연한 현상이 아닐 수 없다.

위와 같은 사실과 편집사적 신경의 구조에 대한 간단한 이해를 바탕으로 신경의 신학적 의미, 특히 니케아 공의회가 기여한 삼위일체적 그리스도론 부분을 살펴보는 것이 다음 순서이다.

3. 성부와 성자의 관계: '낳음을 받고'

고대 교회의 모든 신경들과 니케아 신경은 무엇보다도 성부 · 성자 · 성령을 고백하는 삼위일체적 신앙 구조를 기본으로 작성되었다. 달리 말하면, 유일신 고백을 기본으로 하는 유대교 신앙의 기본 골격과 달리 니케아 신경은 유일신론적 신앙고백을 넘어 삼위일체적 구조를 표현하고 있다.

유일신론이라는 기본적인 틀 위에서 신경의 구조를 간단히 도식화하면, 유일신 신앙관과 삼위일체 신앙관의 내용을 다음과 같이 구별할 수 있다.[18]

<유일신 신앙구조>

우리는 "한 분" 하느님을 믿나이다:

전능하신 아버지

독생자 아들

성령

<삼위일체적 신앙구조>

나는 믿나이다:

"한 분" 아버지 하느님

"한 분" 주님이신 예수 그리스도

성령 안에서

---

18 I. Ortiz de Urbina, s. j., 73쪽 참조. 필자는 신경이 가능한 두 구조를 우리 말 번역으로 나타내기 위해 큰따옴표로 강조했다.

고대 세계에 속한 교회는 하느님의 유일성을 드러내고 여타 신성을 부인하기 위해 하느님을 '한 분 하느님'이라고 부르며 하느님의 '유일성'을 강조하기 위해 '한 분'을 고백했다. 고대 교회는 하느님의 유일성을 함축하며 성부와 성자와 성령의 삼위를 명료하게 드러내기 위해 섬세한 노력이 필요했다. 위에서 제시한 두 개의 신앙구조는 각기 하느님의 유일성을 강조하는 데에는 충분한 것처럼 보인다. 그렇지만, '유일신 신앙구조'는 '한 분 하느님'이 매번 아버지 하느님, 독생자 아들, 그리고 성령으로 호칭하도록 짜여 있다. 이 경우 하느님은 '한 분'임이 분명히 드러나지만, 공의회가 추구하는 삼위의 각 위격이 독립적 의미를 드러내는지는 분명치 않다.[19] 왜냐하면, 성자의 신성을 부인한 아리우스도 삼위일체론적 신관을 주장했지만, (피조물인) 성자의 위격을 (창조주인) 성부의 위격에 종속시킴으로써, 니케아 신앙이 추구하는 삼위일체적 하느님 상을 훼손했던 때문이다. 그래서 아리우스의 해석을 넘어서기 위해, 니케아 신경은 유일신 신앙구조를 따르지 않고, 삼위일체적 구조를 바탕으로 작성되었던 것이다.

유일신 신앙구조에서 하느님은 '한 분'으로 신앙을 세 번 반복하여 고백하는 것으로 나타나지만, 니케아 신경의 기본 구조는 '한 분'이신 아버지 하느님, '한 분'이신 주 예수 그리스도 (성자), 그리고 성령을 고백함으로써 유일신으로서 하느님의 삼위일체성을 드러내고자 한다. 유일신 신앙구조가 니케아 공의회를 소집시킨 원인이 된 아리아니즘을 발생시킬 위험성을 잠재적으로 내포한다면, 이런 결점을 보완하는 니케아 신경은 성부와 성자와 성령의 세 위격을 구조적으로 독립적 위격임을

19 유일신론 신앙의 이 구조는 고대 교회에서 아리아니즘(*Arianism*), '성부수난설'(*Patripassionism*), 사벨리아니즘(*Sabellianism*), 에비오니즘(*Ebionism*) 등으로 나타났다.

명료화한다.

그리스도 신앙의 원천인 신약성경은 하느님을 호칭하면서 '아버지'를 말하고, 다신교를 부인하면서 '한 분' 하느님을 주장한다. 한 걸음 더 나아가, 이 호칭 방식은 예수 그리스도를 주님으로 고백하면서 '한 분' 하느님 아버지와 '한 분' 아들의 독립적 위격성을 분명히 지시한다.[20] 카이사레아 신경에서도 성부는 하느님의 본질을 가리키는 단어가 아니라, 하느님의 위격을 나타내는 말이다. 그렇지만, 아직 삼위의 세 위격을 충분히 드러내는 표현이 될 수 없었고, 차후에 삼위일체론에서 나타날 신학적 의미만을 가리킬 뿐이다.

성부와 성자의 관계

성부와 성자의 관계를 정의하기 위한 성경의 방법은 무엇이었을까? 유일신론 신앙고백에서 성부의 고백은 아주 단순했다. 그러나 성부를 염두에 두고 성자의 신성을 고백하는 것은 새로운 이해의 틀이 필요했다. 그렇다면 성자의 신성을 고백하기 위해 육신을 가지고 나타난 창조계의 범주를 넘어서는 방법은 없을까? 아니면 애초부터 유일신론의 틀을 유지하면서 성자의 신성을 긍정하는 길은 가능한 것일까? 성부와 성자의 관계를 종속적 관점에서 보지 않으면서 동등성을 유지하는 길은 없는 것일까?

---

20 주님은 헬라스어 *kyrios*를 번역한 말이다. 2~3세기에 나타난 70인역(*Septuaginta*) 구약성경은 발음할 수 없는 신의 이름 *Tetragrammaton*(*YHWH*)을 대리 표기한 '*adonai*'를 *kyrios*로 번역했다. N. Turner, *Handbook for Biblical Studies*, Basil Blackwell, 1982, 93쪽. 이 *kyrios*가 히브리어 용어를 대신하여 신약성경에서 예수를 지칭할 때 사용되었다. 후대 논쟁 과정에서 등장했고, 정식으로 채택된 '위격'(*hypostasis*, *persona*)이라는 용어는 교회가 삼위일체의 하느님의 다양성을 이해하기 위해 차용한 표현이었다.

성경은 이런 질문을 해소하기 위해 예수 그리스도는 주님이시며 하느님의 아들이라고 고백하면서, 성부에게서 '낳음을 받은' 유일한 존재로 정의한다. 신경의 이 표현은 특별한 어휘가 아니며, 신약성경과 고대 지역 교회들의 여러 신조에서 공통으로 발견된다. 사실 '주님이신 성자'는 아리우스의 주장을 거부하기 위해 도입된 표현으로 충분한 의미를 가지고 있다고 판단할 수 있다. 왜냐하면, 이 표현은 성자와 인간 존재의 차이뿐만 아니라, 성부와 성자의 위격적 차이를 명료하게 보여주기 때문이다.

성자의 피조성을 주장하는 아리우스 자신도 애초에 신경에서 성자, '하느님의 아들'이란 표현을 제거하려고 하지 않았다. 다만 '하느님의 아들'이란 의미를 인간 존재에 불과한 뜻으로 격하시켜 피조물로 해석하고자 했다. 아리우스에게 '하느님의 아들'은 '하느님께서 피조물인 예수를 하느님의 아들로 인정했다'는 비유적 의미로 설정된다. 그래서 아리우스에게 하느님의 아들은 성자의 호칭을 유지한 채로 궁극적으로 피조물의 위치에 머문다.

달리 말하면, 아리우스는 '낳음을 받은'이라는 의미에서 니케아 신경이 의도한 성자의 존재론적 신성을 제거하고, 인간의 육체적 탄생의 의미로 해석했다. 아리우스에게 그리스도는 근본적으로 창조된 존재이기 때문에, 성부의 본성과 동일한 본질로써 성자의 '탄생'을 의미하지 않았다. 성부가 인간을 창조하듯이 성자를 창조했다는 의미로 해석했기 때문에, 유일신론에 집착한 아리우스는 성부가 자신의 신성을 성자와 나누거나 공유할 수 없다고 생각했던 것이다. 이것은 앞에서 지적했다시피, 네오플라토니즘의 사유 틀을 전제할 때 아리우스의 주장을 즉각적으로 알아들을 수 있는 논리이다.

사실상 고대 교회의 지적 풍토에서 그리스도교가 도달한 신관, 곧 삼위일체론을 이해하기 위해 아리우스의 생각을 배제하기란 쉽지 않은 일이었다. 더구나 아직 세련된 신학적 사변이 마련되지 않은 상황에서 이 어려움을 극복하기란 니케아 공의회 교부들이 더 잘 알았을 것이다. 교부들은 이런 사실을 무시할 수만 없었기 때문에, 아리우스의 주장을 명백하게 거부하기 위해 신조에 일종의 철학적 주해를 달았던 것이다. 성부와 성자의 본질적 동일성을 명료화하기 위해, '즉/다시 말하면, 성부의 실체에서'(*toutestin ek tēs ousias tou partros*)를 삽입했던 것이다.[21] 주해의 목표는 성자의 본성을 나타내주는 신적 존재의 기원을 드러내기 위한 것으로, 성자의 '탄생'은 성부와 동일 기원임을 나타내고, 성부의 본질을 지닌 신적 존재로서 성자를 표현한다. 신경의 '즉/다시 말하면'(*toutestin*)은 신경이 자체의 표현을 의미론적으로 뜻을 분명하게 드러내기 위한 시도로, 성경 언어의 의미를 철학 언어를 동원하여 뜻을 밝히고자 한 것이다. 신경에 의한 신경의 해석은 아리우스가 우려하는 신성의 숫자적 나뉨이나, 질적 변화 혹은 훼손을 의미하지 않음을 강조하기 위한 방법이기도 했다.

이와 같이 아리우스가 하느님에 대한 성경의 증언을 철학적 사유를 바탕으로 이해했다면, 공의회 교부들은 하느님의 삼위일체성에 대한 신앙고백의 의미를 드러내기 위해 철학적 방법을 사용했다고 볼 수 있다. 아리우스는 성경의 내용을 철학적으로 표현하지는 않았지만, 당시의 철학적 사조의 경계에 머물렀고, 교부들은 성경의 내용을 철학적으로 표현하되 성경의 사유에 충실했다고 판단할 수 있다.

본질(*ousia*)

21 라틴어 번역은 "*hoc est de substantia Patris*"이다. 성자가 아버지에게서 태어남을 아버지의 실체/본질에서 태어남을 가리키기 위해 '즉/다시 말하면'(*toutestin=hoc est*)을 도입한 것이다.

두 번째로 신경이 철학 용어를 사용한 예가 '본질'(*ousia*)이다. 이 용어는 성부와 성자의 본질적 동일성을 확보하기 위해 도입된 단어로 신앙을 철학적 차원에서 해석한 경우이다. 헬라스어의 이 단어는 라틴어로 '*essentia*', 혹은 '*substantia*'로 번역되며, 3~4세기에는 아직 고정된 의미를 가지고 있지 않았다. 당시 교부들은 종종 라틴어 '*subsistentia*'나 '*persona*'로 이해하던 헬라스어 '*hypostasis*'와 혼동해서 사용했다. 이 혼란으로 야기된 논쟁은 카파도키아의 세 교부들[22]의 출현으로 해소되었다. 세 교부의 도움으로 비로소 헬라스어인 '*ousia*'(본질)와 '*hypostasis*'(위격)를 구분해서 사용할 수 있게 되었다.

하느님에 대해 말할 때, '*ousia*'는 성부와 성자에게 공통인 의미로, '*hypostasis*'는 성부와 성자의 개별성을 지시하는 의미로 구분해서 사용할 수 있게 된 것이다. 처음으로 성부와 성자의 동일성과 차별성을 동시에 긍정할 수 있게 된 교회는 하느님 안에 '하나의 우시아(*ousia*), 세 휘포스타시스(*hypostasis*)'가 존재한다고 말할 수 있게 되었다.[23]

그러나 교부들은 성자가 성부의 '*ousia*'에서 탄생하였다고 이해하기는 했으나, '성부의 위격'(*persona*/*hypostasis*)을 쉽게 받아들이려고 하지 않았다. 성부의 본질이나 실체에서 존재론적으로 유래하는 성자를 이해하기는 했지만, 아직 위격이 나타내고자 하는 신학적 의미를 논할 수 있었던

22 4세기 후반 활약했던 세 명의 뛰어난 사상가들로, 카이사레아의 바실리우스(c.330~379년), 나지안즈의 그레고리우스(c.329/30~389/90년), 니싸의 그레고리우스(c.330~c.395년) 등 모두 카파도키아 지방의 교부들이었다. 이들은 4세기 후반 콘스탄티노플 공의회(381년)에서 후기 아리아니즘에 결정적 패배를 안겼다. 세 교부들에 대한 간단한 역사적 기술에 대해 Justo L. Gonzalez, *The Story of Christianity*, vol. I, 1984, 181~188쪽 참조.

23 성부와 성자의 동일본질성을 니케아 공의회가 확보하고 난 뒤, 성부, 성자, 성령의 동일본질성을 논하게 될 즈음에는 삼위일체론적 신관이 그 모습을 완전하게 드러냈다. Basile de Césarée, *Sur le Saint-Esprit*, SC 17bis, CERF, 1968.

상황이 아니었던 것이다. 다만 성자는 성부의 아들이기에 태어났다고 주장할 수 있었기 때문에, 논리적으로 성자는 성부의 본질에서 기인한다고 주장할 수 있었다.

이런 의미에서 "하느님에게서 오신 하느님(*Deus de Deo*), 빛에서 오신 빛(*Luce de Lumine*), 참 하느님에게서 오신 참 하느님(*verum Deus de Deo vero*)"이라는 표현은 논리적으로 아주 분명해졌다. 성부가 하느님이시며, 빛이요, 참 하느님이신 것과 마찬가지로 성자도 하느님이고 빛이시며, 참 하느님이시다. 신경의 이 고백은 성자가 성부에게서 '태어났기' 때문에 가능한 신앙고백이 되었다. 비록 '빛'이라는 표현이 네오플라토니즘에서 빌려온 표현이지만, 빛의 원천과 이 원천에서 기원하는 빛의 관계처럼, 성부와 성자를 구별하는 표현으로 충분하다고 생각했던 것이다.

아리우스는 성부와 성자의 관계를 성경의 언어에 근거해서 해석하기는 했지만, 그의 사유의 기본 배경에는 네오플라토니즘이 작용하고 있었던 것이다. 반면, 니케아 공의회의 교부들은 비록 철학적 용어를 사용하여 성부와 성자의 관계를 설명했지만, 성경의 내용에 충실했다. 성경을 성경에 의해 해석한다는 아리우스이었지만, 불행하게도 공의회 교부들과 달리 주장의 핵심에서 철학적 이해를 떨쳐낼 수 없었던 것이다.

4. 성부와 성자의 동일체성: '동일본질'

앞에서 이미 보았다시피, 아리아니즘의 주장은 성자의 존재를 '낳음'이 아니라 '창조됨'의 차원에서 해석하려고 했기 때문에 근원적인 오류를 발생시켰다. 니케아 신앙은 성부와 성자의 존재론적 동일성을 설명하기 위해 '낳음'이라는 성경의 어휘를 사용했다. 이 어휘는 유기체적 용어이며, 성부와 성자의 관계를 나타내기 위해서 은유적 표현을 사용할 수밖에 없는 상황에 적용되었다. 성경의 의도를 적확하게 드러내기 위해서는 이런 용어를 빌려올 수밖에 없었던 것이다. 공의회 교부들은 '낳음'이 성자가 본성 상 성부에게서 기인한다는 사실과, 이 때문에 성자가 창조의 질서에 속하지 않는다는 논리에 도달하였던 것이다. 그러나 니케아 공의회 교부들의 해석과 달리, 바로 이런 이유 때문에 아리우스주의자들은 성자는 창조물이고 성부의 작품이라고 주장했다.

아리우스는 일찍이 말씀을 '창조된 존재'(*poiema*) 혹은 '피조물'(*ktiston*)이라고 불렀고, 주요한 성경의 근거로 잠언 8,22[24]를 인용했다. 아리우스 이전 3세기 중반에 이미 알렉산드리아의 디오니시우스(*Dionysius of Alexandria*, + c.264, 오리게네스의 제자)는 성부와 성자의 구별을 정당화하기 위해 성자를 성부에 의해 '창조된 존재'라고 주장했다. 이와 달리 동명의 로마 교황(*Dionysius*, 260~267/268년)은 이런 주장을 이단으로 단죄했다. 로마 주교는 말씀의 참된 '낳음'을 부정하여 성자를 피조물의 차원으로 환원시키는 주장은 신성모독이라고 강조했다. 이런 갈등은 종종 있었지만, 전통적으로 교부들은 성자를 피조물로 여기는 주장들을 모두 부정하였다.

이런 갈등에도 불구하고, 아리우스주의자들은 잠언 8,22를 해석하면서 정통 신앙에서 언급하고 있는 삼위일체론이나 그리스도론을 형식상 긍정할 수 있었다. 아리아니즘은 정통 신앙과 형식적 언어의 일치에도

---

24 "주님께서는 그 옛날 모든 일을 하시기 전에 당신의 첫 작품으로 나를 **지으셨다**"에서 '지으셨다'는 헬라스어로 '*ektisen*'을 사용했다. 동사 원형 '*ktizō*'는 (집이나 도시를) 세우다, 만들다, 성취하다 등 다양한 의미를 지닌다.

불구하고, 내부적으로 성자의 존재를 피조물 차원에서 해석했던 것이다. 아리우스주의자들과 달리 바실리우스와 아타나시우스는 잠언의 이 구절에서 지혜(*sophia*)의 육화를 가리킨다고 보았으며, 지혜는 육화 이후 하느님과 인간을 잇는 중보자(*mesitēs*, 1티모 2,5 참조)의 역할을 했다고 해석했다. 이와 같이 해석하면, 인간의 구원을 위해 인간이 되신 성자의 몸은 참된 인성 때문에 육체의 차원에서 창조되었다고 부를 수 있었던 것이다. "주님께서는 그 옛날 모든 일을 하시기 전에 당신의 첫 작품으로 나를 **지으셨다**"에서 '지으셨다'는 헬라스어로 '*ektisen*'을 사용했다. 동사 원형 '*ktizō*'는 (집이나 도시를) 세우다, 만들다, 성취하다 등 다양한 의미를 지닌다.[25]

성부와 성자의 동일본질을 인정할 수 없는 아리우스는 성부가 영원하신 것처럼 성자는 영원히 (시간 이전에) 존재하지 않았으므로 영원한 존재는 아니라고 주장했다. 이런 주장에 맞서, 니케아 신경이 아리우스를 반대하여 직설적으로 성자의 영원성을 정의하지 않았다면, 무슨 이유가 있었을까? 그것은 아마도 참 하느님의 호칭이 이미 영원함을 함축하고 있었다고 보아야 할 것이다. 공의회가 신경에 덧붙여 아리아니즘을 단죄하는 파문 내용(*DS*, #126)을 열거한 것을 보면, 이런 관점을 충분히 엿볼 수 있다.

교부들은 아리우스 지지 세력의 주장을 반박하기 위해 제4복음서의 서문을 근거로도 인용했다. "처음에 말씀이 계셨다", "말씀은 하느님이셨다" 등의 구절은, 교부들의 해석에 따르면, 성부와 성자의 존재론적 차이를 거부한다. "모든 것이 말씀(*Logos*)을 통하여 생겨났다"는 구절의

---

25 아리우스의 주장의 전개에 대한 상세한 이해와 비판적 관점은 A. Grillmeier, 219~248쪽을 참고. 특별히 아리우스의 사고에 미친 중 플라토니즘의 영향, 잠언 8,22의 아리우스 해석의 논쟁적인 내용 등을 참조할 수 있다.

의미에서 말씀은 창조물의 일부가 아니라 창조의 행위자로 해석된다. 창조는 신의 영역에 속하기 때문에 로고스는 피조물에 속할 수 없다는 자연스런 결과가 유도된다.[26]

만약 말씀이 피조물이었다면, 시간 속에서 실체적 변화를 겪는 것은 물론이고, 아리우스의 주장대로 선과 악을 범할 수 있다. 그는 하느님의 유일성을 일의적으로 해석한 까닭에 성자가 구원의 역사에 등장한 이유인 육화의 섭리와 구원 경륜을 설명할 수 없었다. 더욱이 그는 고집스럽게 '유일신론의 외적 형태'[27]에 매임으로써 육화한 말씀을 성부의 의지에 충실하고 거룩한 인물로 묘사하는 데 그쳤다. 아리우스는 육화한 말씀을 모세보다 위대한 인물로 주장하며 새로운 모세로 해석할 수 있었고, 그리스도를 자신의 구원과 다른 이들의 구세주로 말할 수 있었다. 물론 니케아 신경은 성자 메시아에 대한 아리우스의 이런 주장을 명시적으로 단죄하지 않는다. 그러나 아리우스는 자신이 주장하는 성자의 피조성이 궁극적으로 하느님의 구원경륜을 어떻게 가능하게 했는지 설명하지 않았다.

그렇다면, 아리우스가 설명할 수 없었던 그리스도의 역할, 곧 구원의 메시아로 이해하기 위해 니케아 신경은 로고스를 어떻게 설명하려고 했던 것일까? 그리스도교의 삼위일체론이나 그리스도론은 궁극적으로 인류의 구원이 어떻게 가능한지 답을 제시한 가르침이다.[28] 교회의 구원론

26 이런 해석 방법을 현대 신학에서 본다면, 아리우스는 잘못된 '상향식 그리스도론'의 전형적인 사유 형태를 보여준다. 이에 반해서 니케아 신앙의 교부들은 '하향식 그리스도론'의 사유를 했다고 말할 수 있다. 이런 관점은 아리우스가 그리스도교의 가르침을 네오플라토니즘의 사유 틀에서 오해했다는 잘못을 암시한다.

27 유일신론의 외적 형태, 다시 말하자면, 오직 한 분 하느님이 삼위일체적으로 존재—성부·성자·성령—할 수 있음을 보지 못한 것이다. 아리우스는 유일신론을 숫자적 의미로만 이해하고 있었던 것이다.

적 대답을 위해서 니케아 공의회는 아리우스에게 통쾌한 일격이 될 답을 찾아내지만, 후대에 이 대답은 더 많은 소요를 불러일으켰다. 대답은 하나의 단어를 찾아냈고, 이 단어는 호모우시오스(*homoousios*)이라는 용어였다.

동일본질 – 호모우시오스

동일본질로 번역되는 *homo –ousios*은 니케아 신경이 아리아니즘의 문제를 해소하기 위해 도입한 철학 용어이다. 호모우시오스는 한편으로 아리아니즘이 제기한 문제에 답변으로 선택되었지만, 다른 한편으로는 후대 교회에 더 심각한 신학 논쟁의 기폭제가 되었다. 게다가 카이사레아의 에우세비우스 같은 온건파 아리우스주의자조차 이 단어 때문에 니케아 신경에 반대하였다. 호모우시오스는 성경에 기원을 둔 단어가 아니었을 뿐만 아니라, 앞에서 언급했다시피 2세기 영지주의자들, 특별히 발렌티누스 계열의 영지주의자들이 사용했던 용어였다.[29] 이 용어가 3세기에 알렉산드리아 학파의 신학 용어로 자리 잡았고, 알렉산드리아의 클렌멘스(c.150~c.215년)나 오리게네스(c.185~c.254년)도 자주 사용했다. 호모우시오스는 존재들의 숫자적 단일성을 염두에 둔 표현이 아니라, 존재들이

---

28 그리스도교의 궁극적 가르침인 인류/인간의 구원은 '우리가 하느님이 될 수 있도록 하느님의 아들이 예수 안에서 육화되어야 한다는 조건이 붙는다'(아타나시우스). 이 조건이 가능하려면, 로고스가 영원한 존재이어야 하며, 예수 안에서 우리에게 나타나신 로고스가 참으로 하느님이어야 한다. 하느님이 성부인 까닭은 성자의 성부이시기 때문이다. 성자가 하느님인 이유도 성부의 아들이기 때문에 그렇다. 따라서 성부께서 영원한 존재인 까닭에 성부도 시작이 없이 영원한 존재이시다. Paul Tillich, *A History of Christian Thought*, Touchstone, 1968, 70쪽 참조.

29 I. Ortiz de Urbina, 82쪽; J. N. D. Kelly, 고대기독교교리사, 254쪽. 영지주의자들은 이 용어를 창조계의 '유사한 존재들 사이의 관계'로 이해했다. 그런데 교부들은 차원을 달리하여 이 단어를 '성부와 성자의 관계'를 정의하기 위해 사용했다.

어떤 본질 혹은 실체에 공통으로 속한다는 의미였다.[30]

오리게네스의 제자였던 알렉산드리아의 디오니시우스(c. 264년 서거)는 이 용어를 회피한다고 비판을 받았지만, 그는 이 단어가 성경에 없기 때문이라고 변명했다. 사벨리아니즘에 대해 비판적 태도를 취했던 그는 다만 호모우시오스의 의미는 받아들인다고 소극적으로 수긍했다. 더구나 니케아 공의회 이전 안티오키아 시노드에 모였던 90명의 주교들(268년)은 오히려 이 용어를 사용했던 사모사타의 바울로를 격렬하게 비판했다.[31] 그들은 사모사타의 바울로(c.260~268년 안티오키아의 주교였다)가 호모우시오스를 사용했다고 하여 그를 단죄했던 것이다. 한편, 아리우스는 오히려 호모우시오스를 받아들일 경우, 성부 하느님의 신성이 둘로 나뉜다고 판단하여 다른 의미에서 비판하고 나섰다. 이와 같이 호모우시오스는 세 위격의 본질을 지나치게 물질적 차원에서 오해하게 할 위험이 있었을 뿐만 아니라, 유주론(혹은 군주론[*Monarchianism*])에 익숙한 교부들도 삼위일체론 교리를 반박하고 나섰다. 더구나 니케아 공의회 이후 50여 년이 지나서도 안키라의 바실리우스(336~360년 주교 재위)[32]와 그의 추종자들은 니케아 신경, 특별히 호모우시오스를 격렬하게 비판했다.

니케아 신경을 정통 신앙으로 받아들인 아타나시우스, 카파도키아의 바실리우스와 힐라리우스는 반대파의 비판을 최소화하며, 신경을 방어해

---

30 I. Ortiz de Urbina, 82쪽; DECA, 1190~1191쪽.

31 DECA, 1190~1191쪽.

32 안키라의 마르켈루스와 포티누스의 군주론에 반대하였고, 안키라의 마르켈루스가 면직된 뒤를 이어 336년에 안키라의 주교가 되었다. 그는 유사본질론자로 자임했고, 아리아니즘에 반대하였지만, 아타나시우스는 니케아 신앙의 반대자로 꼽았다. 그러다가 유사본질론을 이단으로 규정한 360년의 콘스탄티노플 시노드에서 면직되었고, 이후 그의 이름은 더 이상 등장하지 않았다. DECA, 348~349쪽.

나갔다. 그런데 왜 신경이 작성되었던 시절에 처음부터 이런 비판적 주장들이 제기되지 않았을까?

근대의 신학자 하르낙(*Adolf von Harnack*, 1851~1930)은 이를 두고 교황 디오니시우스(258~269년 재위)의 권위와 영향력 때문에 니케아 공의회에서 호모우시오스가 채택되었다고 주장했다.[33] 로마의 주교 디오니시우스는 알렉산드리아의 주교 디오니시우스를 종속론자 혹은 삼신론자라고 비판했기 때문이다.[34] 정말 그랬을까? 다른 설명은 가능하지 않은가? 같은 시기에 안티오키아 학파는 호모우시오스에 대해 비판적이었고, 알렉산드리아 학파는 긍정적이었다는 사실을 어떻게 이해해야 하는가? 역사적으로 보면, 지역 교회 사이의 이런 반목적인 상황은 대단히 해결하기 어려운 갈등 국면을 조장할 수밖에 없었다.

한편, 호모우시오스 때문에 입양론자(*Adoptionist*)라고 비판을 받고 주교직에서 추방된 사모사타의 바울로는 어떠했을까? 그는 니케아 공의회가 사용한 방식과 반대의 의미로 말씀의 독립적 위격을 부인하기 위해 호모우시오스를 사용했다. 그가 남긴 글이 없기 때문에 직접적 논거를 댈 수 없는 것은 참으로 아쉬운 일이다. 그러나 근거의 불확실성에도 불구하고, 동시대의 저자들이 남긴 글에 인용된 자료에 의존하여 그의 견해를 추정해볼 수 있다. 사모사타의 바울로가 사용한 호모우시오스의 용법이 니케아 공의회 교부들의 이해와 달랐으리라고 생각하는 오르티즈는 그 이유를 두 가지 가능성으로 제시한다.[35]

첫 번째, 성자와 성부의 본질적 동일성—호모우시오스—을 표현하고자

---

33 A. von Harnack, *Lehrbuch der Dogmengechichte*, *II*, 3e ed., Freiburg-Leipzig, 1894, p. 233. I. Ortiz de Urbina, 83쪽에서 재인용.

34 ODCC, 484쪽.

35 I. Ortiz de Urbina, 84쪽.

사모사타의 바울로가 이 단어를 언급했을 때, 그는 이 용어를 위격을 가리키는 휘포스타시스(*hypostasis*) 혹은 페르소나(*persona*)의 의미로 사용했던 것이 아닐까? 즉 그에게 호모우시오스는 우시아(*ousia*)의 의미로 이해되었을 것으로 추정할 수 있기 때문이다. 본질의 동일성을 의미하는 방식으로 해석하게 되면, 성부와 성자와 성령의 위격적 구별이 불가능해지고, 사모사타의 바울로의 주장은 모나르키아니즘(*Monarchianism*)과 완벽하게 일치한다.

두 번째, 호모우시오스의 의미를 물질적 개념의 차원에서 이해했을 가능성이다. 이 경우, 성부와 성자가 동일본질－호모우시오스라는 것은 두 존재가 동일 실체에서 비롯됨을 의미하기 때문에 하느님 존재의 속성에서 보자면 모순이 아닐 수 없다. 이런 해석은 앞에서 언급했던 바와 같이 중 플라토니즘의 틀에 의존하는 격이 되므로, 아리우스는 아주 쉽게 호모우시오스를 거부할 수 있었을 터이고, 성자의 피조성을 주장할 근거를 갖게 된다. 니케아 신앙의 삼위일체론과 그리스도론을 공의회의 결정과 다르게 이해하고 자기 고유의 방식으로 해석할 수 있는 여지가 아리우스에게 분명해지는 것이다.

그러나 아리우스와 반대로 이 용어를 니케아 신경에 적극 삽입한 교부들의 주장은 신과 인간의 차이를 염두에 둔다. 성자가 창조계에 실존적으로 속하지 않는다고 생각하면, 성자와 성부가 호모우시오스라는 주장은 성부와 성자의 본질적 동등성을 의미하지 않을 수 없다. 따라서 성부가 창조물처럼 자신의 본성을 성자와 나누는 것—중플라토니즘의 사유—이 아니며, 성부 자신의 온전한 신성은 더 이상 훼손당하는 것도 아니다. 시간이 지나면서 아리우스주의자가 성부와 성자의 동일본질성을 거부하면서도 유화적 태도로 유사성(*homoios*)[36]을 강조했다고 한다면, 니케아 신경의 대표적 주창자인 아타나시우스는 호모우시오스를 더욱 강력하게 주장했다고 말할 수 있다. 성부와 성자의 유사성을 주장하는 온건파 아리우스주의자들은 윤리적 도덕적 일치의 의미로 해석하려고 했고, 니케아 신경의 호모우시오스는 성부와 성자의 존재론적 일치를 주장했던 것이다.

그렇다면 성부와 성자 사이에 오직 '하나'의 신적 정체성만 존재하는가? 이 질문은 아리우스도 제기하지 않았으며, 니케아 공의회의 교부들도 생각하지 않았다. 아리우스의 질문은 성자의 본성이 창조되었는가, 성자의 본성은 성부의 신성과 차이가 있는가 여부에 초점이 맞추어져 있었기 때문이다.

니케아 신경의 호모우시오스가 형식적으로 의미하는 동일본질성은 성자의 본성이 성부의 본성과 동일하며, 모든 면에서 동등하다는 것이다. 위격들의 숫자적 단일성은 아직 제기되지 않은 질문이었고, 공의회 이후에도 상황은 동일했다. 호모우시오스가 온전한 성자의 신성을 보장하기 위해서 신경에 도입되면서, 동일한 본성의 범주에서 성부와 성자의 동등

---

36 J. N. D. Kelly, 고대기독교교리사, 257~258쪽 참조. 유사본질설은 극좌적 태도의 아리아니즘과 달리 온건파 아리아니즘(*semi-arianism*)이 새롭게 등장했다는 사실을 가리킨다. 이때 교회의 위기는 니케아 공의회의 폐막과 함께 신학적으로 정리되지 않았다. 그래서 아리우스의 주장에 편승했던 이들은 337년에 콘스탄티누스 황제가 죽을 때까지 강력한 반(反)니케아 운동을 벌였다. 결과적으로 니코메디아의 에우세비우스를 비롯한 아리우스파는 아타나시우스를 포함한 친(親)니케아 공의회파를 교회 직위에서 몰아내고 귀양까지 보내버렸다. 337년 이후 동방은 아리아니즘을 옹호한 콘스탄티우스 II세(*Constantius II*)가, 서방은 니케아 신조를 후원한 콘스탄스(*Constance*)가 다스렸다. 350년 이후 동방과 서방 모두를 다스리게 된 콘스탄티우스 치세에서 에우세비우스파—내용적으로 아리아니즘의 온건파—는 니케아 신경을 무효화하고, 유사본질(*homoiousios*)론을 주창할 수 있게 되었다. 그러다가 361~381년 사이 비조직적인 유사본질파는 새로운 형태의 아리아니즘으로 변형되면서 우역곡절 끝에 동일본질설을 받아들였던 것이다. 그리하여 니케아 공의회에서 시작된 반목을 넘어 교부들은 콘스탄티노플 공의회(381년)의 신경을 모두 받아들이게 되었고, 급진적인 아리아니즘은 세력을 잃고 교회 안에서 서서히 사라지고 말았다.

성을 의미하는 용어가 되었다.

아마도 우리는 신경의 조항 호모우시오스를 두 번째 의미, 즉 물질적 개념으로 파악했을 것으로 이해할 수도 있다. 왜냐하면, 신경의 첫째 조항은 성부의 유일성을 선언하고 있고, 신성은 늘어나거나 나뉘지도 않으며 다른 실체적 변화를 겪는 것도 아니기 때문이다. 성부의 본성은 숫자적으로 유일하고 '하나'를 강조한다. 신경은 다음 조항에서 성자의 본성이 성부의 본성과 다르지 않고, 모든 면에서 동등하고 완벽한 일치를 이룬다고 선언한다. 이 두 조항에서 성자의 본질은 성부에게 속한 유일한 본질이라고 해석할 수 있다. 유일하고 하나인 개별적 본질이 성부와 성자에게서 동일하다고 선언된다면, 성자와 성부의 본질은 '숫자적으로' 하나임을 의미하는 것이다.[37]

어원적으로 호모우시오스(*homoousios*)는 잘 알다시피, *homos*(동일한, 같은)+*ousia*(본질, 실체)를 의미한다. 이 용어가 의도하는 바는 '같은 본질을 소유하는 것'이다. 헬라스어의 풍부한 어의를 잘 이해하고 있는 온건파 아리우스주의자들은 신경의 동일본질(호모우시오스) 대신에 유사본질(호모이우시오스, *homoiousios*)로 대체하려고 했다. 온건파 아리우스주의자들이 선택한 호모이오스(*homoios*)는 일차적으로 '비슷한/유사한'을 의미한다. 유사성을 가리키는 이 용어는 본질 차원에서 두 존재를 비교하는 것이 아니라, 외적 형태, 색깔, 무게 등의 차원에서 비교함을 의미한다. 나중에 더 진행될 아리아니즘 논쟁에서 발생하게 될 일이지만, 니케아 공의회의 교부들은 호모이우시오스(*homoiousios*)가 호모우시오스(*homoousios*)를 대신할 수 없다는 것을 잘 알고 있었다.

---

37 I. Ortiz de Urbina, 86쪽.

제4장
니케아 신앙: 모순과 새로운 갈등

그리스도교 역사를 새로운 차원으로 움직여간 니케아 공의회는 소집과 논의 과정에서 교회가 세상 권력과 어떤 관계에 있는지 적나라하게 보여준 사건이었다. 니케아 공의회는 공의회 신학을 탄생시키는 업적을 세웠지만, 동시에 정통 신앙을 정의하는 신학의 한계를 보여주었다. 정통신앙을 지켜야 할 고대 교회는 이단을 척결해야 할 처지였지만, 아리우스 현상을 더 깊이 이해하려면 그가 제기했던 문제는 문화적 · 철학적 담론의 연장으로써 기억되어야 할 일이었다. 말하자면, 아리우스에 의해 그리스도 신앙의 문제가 신학 논쟁으로 초점을 옮겨갔으며, 철학적 사유체계가 그리스도교 신앙교리에 엄청난 영향력을 행사하기 시작했다는 사실을 반영했다. 문제의 제기 과정부터 해소하는 결론에 이르기까지, 신학적으로 온전하게 해소되지 않은 의문은 정치적 개입을 강화시켰고, 교회 안에 신학적으로 잠재된 후폭풍을 불러일으킬 것이었다.

아리우스의 견해를 이해하고 물리치는 과정에서 우리는 여러 인간적 갈등들과 종교철학적 요소들이 뒤엉켜서 공의회는 어렵고 힘든 시기를 보내야 했다. 결과적으로 공의회를 통해 교회는 니케아 신경을 고백할 수 있게 되었지만, 그렇다고 단번에 니케아 신앙이 반대 세력을 온전하게 설득할 수 있었던 것은 아니었다. 황제의 정치가 종교에 권력을 행사한 사태는 교회사에 지워질 수 없는 오점으로 남았고, 해결을 위한 논의는 신학언어가 가지는 시대적 한계를 경험하는 계기가 되었다.

궁극적인 질문이긴 하지만, 니케아 신경은 하느님의 신비가 인간 언어 속에 담길 수 있는가? 하는 해석학적 질문을 낳았다. 원초적인 질문의 의미를 추구하기 전에 우리는 언어가 가리키는 의미의 한계를 긍정하지 않을 수 없으며, 아리우스가 제기한 긴장은 온전히 해소될 수 없었다는 사실을 인정해야 한다. 유일신론과 삼위일체 신론의 소통을 거부하는 모순은 새로운 갈등을 불러일으켰고, 해소되지 못한 갈등은 숨죽인 채로 다시 폭발할 상황을 기다리는 긴장을 낳고 있었다.

그렇다면 니케아 신경의 교의적 성취의 의미를 어떻게 말할 수 있을 것인가? 니케아 공의회의 교부들은 전체 교회의 이름으로 작성한 니케아 신경에 어떤 신학적 의미를 부여할 수 있었는가? 더구나 최초로 보편 신앙을 갈고 닦은 신학언어로 정의한 교의적 결정은 교회의 삶에 어떤 의미를 가져왔던가?

앞에서 살펴보았듯이, 니케아 신경은 다양한 해석들이 제공한 주장들의 타협에서 만들어진 것이 아니었다. 비록 정치적 보호와 개입을 동반한 공의회였지만, 무엇보다도 질문을 제기한 쪽이나 이에 대답하려고 했던 쪽의 교부들 사이에 진지한 신학적 논쟁을 낳았다. 신앙의 해석학적 이해가 일부 거부사태를 불러일으켰지만 일치에 이르고, 또 올바른 신앙을 정의내리기 위해 교회는 역사상 '처음으로' 실질적으로 모든 지역 교회를 대표하는 보편공의회(*Concilium Oecumenicum*)를 낳았던 것이다.

후대에 더욱 분명해지긴 했지만, 공의회의 결정과 인준 과정에서 주교들의 수위권을 상징하는 로마 주교의 역할이 돋보였다. 교회는 공의회가 결정한 것이 참으로 유의미하려면, 로마 주교의 마지막 서명과 선언이 있어야 유효하다는 의식도 공유하게 되었다. 말하자면, 니케아 공의회와 니케아 신경은 로마 주교가 마지막으로 인준하고 선언하면서 공의회의 합법성과 권위를 보장받았던 것이다. 이 권위를 바탕으로 공의회의 결정 사항들은 보편교회 안에서 보편성을 띨 수 있게 되었다.

1. 공의회와 전통

이 시절엔 보편공의회를 소집하고 주재할 권리가 로마 주교보다는 황제에게 있었으며, 더구나 모든 지역 교회가 참여하는 회의제의 소십은 황제의 권위에 의존할 수밖에 없었다. 현실적인 이유는 여행의 물리적 안전을 보장할 수 있는 황제가 실질적으로 정치적 권력을 보유하고 있었기 때문이다. 그러나 교회의 일이 제국의 정치적 이해와 관련되지 않는 한 황제가 직접 개입할 필요가 없었다. 따라서 니케아 공의회는 로마제국의 필요성 때문에 황제 콘스탄티누스가 소집했고, 주재했던 것이 사실이다(실제로 회의의 진행은 오시우스에게 일임).

황제는 하느님의 이름으로 교회의 보호자로 자임했으며, 공의회에서 자신의 권위를 대리자를 통해 행사하고자 했다. 이에 로마 주교는 황제의 개입을 정당하게 처리하고자, 전권을 위임하여 황제의 고문인 오시우스를 머리로 하는 극소수의 대표단을 파견하였다. 실베스터 교황(314~335년)은 대표단을 통해 자신의 이름으로 공의회의 주재와 진행을 일임했다. 따라서 오시우스는 니케아 신경의 신학적 이해에 일치를 나타내는 자리에 있었으며, 로마 주교를 대신하여 대다수의 교부들과 함께 공의회의 결정에 서명하였던 것이다. 그러나 공의회에 참석한 교부들이나 결정 과정에서 보다시피, 아직 교계제도의 관점에서 교황의 역할보다는 동방 교부들의 역할이 지대했으며 결정적이었다는 사실을 잊어서는 안 될 것이다.

어쨌거나 이제부터 니케아 신경은 그리스도 신앙의 정통성을 보편적으로 그리고 지속적으로 확보한 근거요 원천이 되었다. 제국의 동방 그리스도인들과 서방 그리스도인들은 누구를 막론하고 하나의 신조, 하나의 공통된 신앙고백문을 가지게 되었다. 다양했던 지역 교회들의 신앙고백문은 니케아 신경으로 수렴되었고, 니케아 신경은 정통 신앙과 이단을 가르는 기준이며 원칙이 되었다.

보편공의회의 역사를 되돌아보면,[1] 고대 교회에서 니케아 공의회의 뒤를 이어 소집되고 개최된 공의회들은 매번 니케아 신경의 정통성을 확인했다. 1차 콘스탄티노플 공의회(381년)는 논의 이전에 장엄하게 니케아 신경의 정통성을 선언했으며, 에페소 공의회(431년)는 네스토리우스와 논쟁을 다루기 전에 첫 회기에서 니케아 신경의 조항들을 확인했고, 이어서 키릴루스와 네스토리우스의 논쟁점들을 다뤘다. 신앙의 정통성을 확인하기 위해서 두 교부의 주장이 니케아 신경에 일치하는지 여부가 고대 교회의 교부들에게 처음부터 중요했던 것이다. 더 나아가, 교부들은 어느 누구도 신앙 논쟁을 무기로 니케아 신경의 내용에 수정이나 첨삭할 가능성을 처음부터 금지했다. 칼케돈 공의회(451년)의 교부들은 황제가

1 간단한 보편공의회의 역사에 대해 클라우스 샤츠, 이종한 옮김, 보편공의회사, 분도, 2005(1997); 후베르트 예딘, 최석우 옮김, 세계공의회사, 2005(1978); Leo Donald Davis, *The First Seven Ecumenical Councils (325 ~787): Their History and Theology*, Liturgical: Michael Glazier, Press, 1987; Hughes Philip, *The Church in Crisis: A History of the General Councils, 325 ~1870*, Hanover House, 1961; Christopher M Bellitto, *The General Councils: A History of the Twenty-One General Councils from Nicaea to Vatican II*, Paulist Press, 2002 등 참고.

새로운 신경의 작성을 요구했을 때 격렬하게 반대했으며, 처음부터 니케아 신경의 정통성과 권위를 주장했다. 칼케돈 공의회의 마지막 회기에서 황제의 요구가 더욱 거세지자, 교부들은 어쩔 수 없이 수정안을 제시했지만, 먼저 니케아 신경의 정통성을 거듭 확인했다. 칼케돈 공의회 교부들은 황제의 요청에 응하기에 앞서 니케아 신경이 그리스도 신앙의 정통성을 확보하는 시금석임을 다시 한 번 확인했던 것이다.

그러나 니케아 신경은 신앙생활에서 차지하는 교의의 중요성을 확보했음에도 불구하고 4세기 교회의 전례에 아직 커다란 영향력을 행사하지 못했다. 그 이유는 381년에 제1차 콘스탄티노플 공의회에서 니케아 신경에 덧붙여 성부와 성자와 성령의 동일본질 조항이 삽입되었던 사실을 설명해준다. 고대 교회는 아직 니케아 신경을 통해 삼위일체 신앙을 완벽하게 표현하지 못하고 있었기 때문이다. 이로 인해 니케아 신경을 보완한 수정된 신경이 필요했으며, 우리는 이를 니케아-콘스탄티노플 신경이라고 부른다. 이것이 최종적으로 보편교회가 신앙의 일치를 이루고, 고백하는 신경의 이름이 되었던 것이다. 아마도 이런 연유 때문에, 즉 성부, 성자, 성령의 삼위일체론적 신앙에 이르긴 했지만 분명하지 않은 표현 때문에, 교회 전례에서 니케아 신경의 사용이 널리 권장되지 않았던 것이 아닐까 추정해볼 수 있다.

어쨌든 니케아 공의회 이후로 구전 전승을 기반으로 하던 신앙고백은 공식화된 성문 전승으로 바뀌었다. 그리스도인은 성경의 하느님 말씀을 듣고, 읽고, 이해하고 실천해야 할 뿐만 아니라, 신경 안에 조문화된 내용을 고백하지 않으면 안 되게 되었다. 일치를 이룬 신경의 신앙은 이제부터 성문화된 상태에서 각 시대가 이해할 수 있도록 해석을 요구하는 이유 자체가 되었다.

신경의 어휘들은 대체로 신약성경에서 직접 차용된 것들이지만 모두가 그런 것은 아니다. 교부들은 계시된 신앙을 현실적으로 더 정확하게 정의하기 위해, 논쟁의 과정에서 성경 밖의 용어를 차용했다. 이 때문에 계시의 언어가 철학언어와 만나게 되었고, 신학 논쟁의 빌미가 되어 더욱 복잡한 양상으로 진행하게 되었다. 보편교회와 아리우스는 같은 의미로 신경을 이해하기 위해 성경을 근거로 삼았어도 해석은 제각기 달랐다. 잠언 8,22("주님께서 [……] 나를 지으시고")를 근거로 아리우스는 말씀의 피조성을 강조하는 자기의 해석을 펼쳤고, 교회는 신경의 호모우시오스를 해석하기 위해 성경의 '지으시고'(지혜가 창조되었다는 사실을 강조)에 대한 문자적 의미의 해석을 넘어서야 했다.[2]

교회는 성경을 해석함에 있어서 계시의 원천으로 성경과 전통을 강조했다.[3] 고대 교회는 성경을 이해하기 위해 전통의 관점에서 말씀의 의미를 밝혔으며, 그래서 전통을 무시하는 것은 교회의 신앙을 무시하는 일이 되었다. 기본적으로 교회의 전통은 성경의 내용을 알아들을 수 있도록 해석학적 도움을 준다. 전통의 범위를 임의적으로 벗어나서 자유로이 성경을 해석하는 행위는 공동체의 신앙 체험을 무시하고, 신앙의 정통성을 위반할 위험 요인을 제공할 수 있다. 그러므로 아리우스의 경우에서 볼 수 있듯이, 계시 진리를 고백하기 위해 성경만으로 충분하다는 생각은

2 고대 교회가 성경을 하느님 말씀으로 이해하고 해석하기 위해 취한 방법론으로써 성경 해석학은 현대에 이르기까지 긴 여정이었다. 고대 교회의 문자적 해석과 알레고리아 해석에서 근대 · 현대의 역사비평에 이르기까지 성경 해석에 관한 소략한 역사는 P. Gibert, *Petite Histoire de l'Exégèse Biblique*, Cerf, 1992, 참조.

3 Yves Congar, *Tradition and Traditions: An Historical and a Theological Essay*, Macmillan, 1967. 교회의 전통은 시대를 거쳐 가며 수정되고 보충되어야 한다. 창조적 전통은 죽어 있는 것이 아니라, 시대의 고착성을 넘어 새로운 전통을 만들어가는 것이다.

위험한 발상이 될 수 있다.

니케아 신경은 그리스도 신앙을 성경과 전통의 종합적 이해를 바탕으로 확립된 첫 번째 교의 문헌이며 기념비적 사건이다. 니케아 신경은 문헌 편집의 측면에서 두 가지 중요한 의미를 제공했다. 첫째, 신경의 본문은 하느님의 계시를 담고 있는 진리로서 교의 조항을 **긍정적으로** 정의했다. 둘째, 신경의 부록은 **부정적으로** 파문(*anathema*)의 형태로 아리우스의 주장을 이단으로 정의했다. 니케아 신경의 파문 조항은 정통 신앙에 위반되는 아리아니즘을 설명하며 반박한다. 게다가 니케아 신경은 역사상 처음으로 전 교회의 이름으로 아리아니즘에 대해서 파문을 선언했다. 이처럼 교회는 정통 신앙을 선언하기 위해 신앙 조항(긍정)과 파문 조항(부정)의 두 관점을 담는 방식으로 신경을 편집했다.

니케아 신경은 아리우스의 오류를 지적하고, 성부의 본질에서 태어난 말씀의 성자됨과, 하느님의 참된 유일성과 본성의 완전한 일치를 주장하면서 예수 그리스도의 신성을 선언했다. 그러므로 아리아니즘의 극복은 본질 위주로 생각하는 헬레니즘의 사유를 넘어 고대 교회가 인격 위주의 생각을 시도했던 '사유의 전환'을 이룩한 사건이 아닐 수 없었다.[4] 이는 신 개념을 정립하던 논쟁의 과정에서 삼위일체론적 전환이 같은 시기에 콘스탄티노플 공의회가 소집될 계기를 마련한 길이기도 했다.

---

4 발터 카스퍼, 예수 그리스도, 317쪽.

2. 아리아니즘과 정치적 공방

그러나 신앙의 갈등이 신학 논쟁으로 전개된 공의회의 진행 과정에서 보듯이, 아리우스가 제기한 문제는 니케아 공의회의 교부들 자신도 혼란스럽게 여겼던 사건이었다. 격정적 논쟁을 거치면서 작성된 신경은 논의 과정에서 신앙의 여러 요소들을 정의하는 신앙 조항들의 표현을 논리적으로 더 분명하게 제시해야만 했다. 공의회는 아리우스의 주장에 맞서 기존의 용어—특별히 호모우시오스—에 새로운 의미를 부여하고 채택할 수 있었다.[5] 더욱 강조할 사실은 신학의 발생으로, 교회는 부족한 어휘를 하나씩 정의하고 확대하는 늦은 걸음을 취했지만, 신학 논쟁은 신앙을 지성의 범주로 들어 올리는 길이 되었다.

역사가 증언하듯이 처음부터 용이한 걸음을 걸었던 것이 아니며, 논쟁의 참여자들은 자기 역할을 수행하면서 피나는 가시밭길을 체험해야 했다. 불행한 일은 니케아 신경에 반대했던 인물들이 황제의 강제 조치에 따라 추방당하거나 귀양을 떠난 사실이다. 공의회의 결정으로 외견상 평화를 되찾을 것 같았던 교회 안에 그 후 어떤 일이 벌어졌던가? 아리우스의 이견에 동의했던 니코메디아의 주교 에우세비우스, 카이사레아의 에우세비우스와 니케아의 주교 테오그니스(*Theognis*) 등이 몇 달 후 니케아

5 이전 시대에 발렌티누스 영지주의자들과 사모사타의 바울로가 이단적 의미로 사용했던 용어였고, 삼위일체의 하느님을 드러내기 위해 알렉산드리아의 디오니시우스도 사용했던 어휘였다. 이런 의미에서 유주론자들의 비난을 샀던 것은 충분히 이해할 수 있는 일이다. 호모우시오스를 사용했다고 하여 268년경 안티오키아의 시노드에서 사모사타의 바울로는 반대파에 의해서 주교직에서 쫓겨났다. DECA, 1190~1191쪽. 결과적으로 아리우스 추종자들은 중 플라토니즘의 시각에서 니케아 공의회가 성부와 성자의 신성의 동질성 확보를 위해 도입한 이 용어를 반대하지 않을 수 없었다.

신경에 서명하길 거부하는 사건이 벌어졌다. 제국의 평화와 교회의 일치를 추구하던 콘스탄티누스 황제는 비록 이들에 대한 개인적 신임을 포기하기가 어려웠지만, 즉시 두 주교를 파문과 귀양으로 쫓아내었고, 빈자리를 채울 새 주교들을 선임토록 하였다. 니코메디아의 에우세비우스와 니케아의 테오그니스는 황제의 명령으로 갈리아 지방으로 귀양을 떠났다. 이들에 동조하는 라오디케이아의 주교에게도 강력한 경고의 편지를 보냄으로써 황제는 겨우 잠정적으로 아리우스 사건의 여파를 잠재울 수 있었을 뿐이다.

이런 강제 명령은 비록 교회의 일치와 평화를 위해서 황제가 선택한 길이기는 했지만, 신학 논쟁을 정치적으로 마무리할 수 있었던 것은 아니었다. 황제가 행사한 권한은 지극히 정치적인 차원에서 이루어졌고, 당시 니케아 신경을 거부한 이들은 교회 공동체에서 파문당하는 불행을 겪어야만 했다. 그러나 모순되게도 니케아 신경을 주장했던 교부들에게는 황제의 강제적 조치가 정통 신앙을 지키기 위한 정당한 일로 비쳤다.

어쨌든 니케나 공의회의 결과는 임시적이었으며, 완결되지 않은 사건의 후유증은 천천히 나타나게 마련이었다. 공의회의 폐회 3년 뒤인 328년에 알렉산드리아의 알렉산드로스가 서거했고, 니케아 공의회에서 니케아 신경의 대변인 역할을 하며 대활약을 했던 아타나시우스가 뒤를 이어 주교직에 올랐다. 잠깐 평화를 되찾은 교회는 같은 해 귀양 중이었던 에우세비우스와 테오그니스가 추방에서 풀려 다시 본래의 주교직을 행사하는 것을 볼 수 있었다.

이렇게 교회의 지형이 바뀌는 상황이 전개되었지만, 교회가 결코 이런 결정을 취하지 않은 것이 분명하다. 그렇다면 이런 일들이 어떻게 일어났는지 의문이 아닐 수 없다. 이들이 귀양에서 풀려나 권리를 되찾고,

쫓겨났던 자리를 회복한 과정과 그 이유는 분분하다.[6] 왜냐하면, 이후 전개된 교회의 갈등은 귀양에서 돌아온 이들에게서 시작되었고, 아리아니즘의 두 번째 여파라고 할 사태가 이들 중심으로 전개되었기 때문이다.

귀양에서 복귀한 에우세비우스는 다시 주교직을 되찾았고, 교회 안에서 영향력을 행사하기 시작했다. 물론 황제의 태도도 변해서, 아리우스와 에우세비우스에게 호의를 베풀고 이들과 새로운 관계를 회복하였다. 황제와 관계가 정상적으로 복원되자, 에우세비우스는 이 관계를 이용하여 니케아 공의회의 주역들을 서서히 제거하기 시작했다. 신경의 채택에 결정적 영향력을 행사했던 두 인물 중 알렉산드리아의 알렉산드로스는 이미 서거했고, 안티오키아의 주교인 에우스타티우스(*Eustathius*)[7]가 일차적 제거 대상이 되었다. 황제에게는 자신의 결정을 자신이 반대하는 꼴이 되었지만, 그것은 황제의 종교정책이 가지는 한계였을 뿐이다. 황제는 그리스도교 신앙의 정통성에 관심을 둔 것이 아니라, 일차적으로

6 황제의 이복누이이자 리키니우스의 아내였던 콘스탄티아의 영향력 때문이었다고 전한다. 그러나 교회 안에서 어떻게 이런 일이 발생했는지, 그들의 복권이 공의회의 지지였는지는 불확실하다. 5세기 이전에 작성되었다고 인정되는 '회심서'(*biblion metanoias*)에 의하면, 그들은 니케아 공의회의 신경 내용을 인정했고, 자신들의 신앙이 공의회의 결정과 일치함을 드러내고, 황제에게 영향력을 행사할 수 있도록 시노드를 개최해주길 바랐다. 그래서 327년에 2차 니케아 공의회를 개최했다지만, 확실치 않은 내용으로 가득 차 있어 현대의 연구가들에게 부정적인 견해가 지배적이다. 특기할 사항은 니케아 공의회 이후에도 지역 교회에 따라 니케아 공의회의 신경에 대한 찬반의 소리가 높았다는 점이다. I. Ortiz de Urbina, 119~121쪽 참조.

7 아리아니즘을 비판한 인물로 짧은 기간 안티오키아의 주교직(아마도 324~327년간)에 있었다. 쫓겨난 이유는 아마도 니케아 신경을 강력히 지지한 까닭에 카이사레아의 에우세비우스—에우스타티우스를 사벨리아니스트라고 비판했다—와 심각한 갈등을 빚은 것이 원인이었을 것이다. 이로 인해 니케아 공의회 이후 갈등이 표면적으로 잠깐 소원해진 시기에, 아리우스파의 공격으로 황제의 추방을 받아 트라키아 지방으로 귀향을 갔고, 그곳에서 죽었다. ODCC, 576쪽 참조.

제국의 정치적 안정이 초미의 관심사였기 때문이다.

콘스탄티누스 황제는 330년에 니케아 공의회의 결정에 불복하는 온건파 아리우스주의자들(*semi-arianists*)을 중심으로 안티오키아에서 시노드의 개최를 명령했고, 아리우스를 비판했던 안티오키아 총대주교를 단죄하도록 했던 것이다. 에우스타티우스는 주교직에서 쫓겨나 귀양길에 올랐고, 이에 따라 니케아 공의회에서 결정한 신경을 받아들이지 않았던 아리우스주의자 인물들이 복권되기 시작했다. 이런 사실로 보면, 황제가 교회의 일치를 요청하면서도 교회의 정당한 요구가 무엇인지 귀를 기울이지 않았던 것이 분명해진다. 말하자면, 정치와 종교의 갈등 이면에 제국의 안녕이 교회의 일치보다 우선적으로 고려되었다는 사실을 확인할 수 있다.

아리우스주의자들은 다음으로 공격해야 할 대상으로 알렉산드리아의 주교로 갓 착좌한 젊은 아타나시우스(c. 296~373년)[8]를 명부에 올렸다. 당시의 상황을 주도하던 에우세비우스는 온갖 수단을 동원하였고, 그는 335년에 티로 회의에서 아타나시우스를 단죄하고 갈리아 지방으로 추방하도록 영향력을 행사하였다. 이와 동시에 아리우스는 복권을 허락받았고 황제의 도시 콘스탄티노플로 초대되었다. 그렇지만 336년에 교회에

8 ODCC, 119~120쪽. 전임자 알렉산드리아의 알렉산드로스와 함께 니케아 공의회에 참석하였고, 328년에 주교직을 이었다. 아리아니즘과 타협적 태도를 보이지 않았던 이유로 그는 콘스탄티누스, 콘스탄티우스, 콘스탄스, 율리아누스 황제들의 오랜 치세 동안, 아리아니즘 사건과 연루되어 여러 차례 면직과 추방과 복권을 경험했다. 아타나시우스는 정통 신앙의 핵심적 신조가 된 니케아 신경 때문에 평생 고통을 겪었지만, 381년에 콘스탄티노플 공의회의 결정적 승리를 위한 니케아신앙 옹호파 세력의 굳건한 토대를 세웠고 마침내 373년에 서거했다. 니케아 공의회 관련한 아타나시우스의 핵심적 주장은 하느님 말씀의 완전한 신성에 관한 것이다. 361년 이후 아타나시우스는 온건파 아리우스주의자와 유사본질론(*homosousios*)에 관해서 타협점을 찾으려고 노력했다.

다시 받아들여짐을 거행하려던 전날 갑작스런 죽음을 맞이했다.

성 아타나시우스

아리우스의 죽음으로 교회의 긴장이 늦추어질 즈음, 이듬해인 337년에 콘스탄티누스 황제가 서거함으로써 로마제국은 동서 제국으로 양분되는 결과가 초래되었고, 교회에도 많은 변화를 가져왔다. 동로마를 차지하게 된 콘스탄티우스 II세는 점차 니코메디아의 에우세비우스[9]가 주도하는

9 니코메디아의 에우세비우스(c. 342년 서거)는 4세기 전반 아리아니즘의 선봉적 지도자였다. 그는 초년에 아리우스와 더불어 안티오키아의 루키아누스(*Lucianus*)의 제자였다. 아리우스가

아리아니즘에 호의를 가지고 되었다. 브리타니아와 갈리아 · 스페인을 제외한 유럽의 속주들을—로마를 포함하는 지역— 차지한 콘스탄스 I세는 수동적이긴 했지만, 니케아 공의회와 신경을 지지하였다.[10] 정치와 종교가 서로 얽혀 있던 4세기 교회는 결국 콘스탄티누스 황제의 서거 3년 뒤에 제국이 둘로 갈린 것처럼, 교회도 동방과 서방으로 나뉘게 되었다.

3. 새로운 갈등

이 시점에서 우리의 역사적 관심은 니케아 공의회 이후 반복된 갈등 상황이 1차 콘스탄티노플 공의회(381년) 이전 시기에 어찌 돌아갔는지 살펴보는 것이다. 종교적으로도 그러했지만, 니케아 공의회의 결정에 치명적 위험 요인이 된 신학적 갈등은 정치적 분열로 치달을 수 있었다.

알렉산드리아에서 쫓겨나 그를 찾았을 때 그는 소아시아에 위치한 황제의 도시 니코메디아의 주교가 되어 있었다. 니케아 공의회의 신경을 인정하는 서명에 참여했으나, 얼마 되지 않아서 서명과 달리 아리우스를 지지한 이유로 추방당했다. 328년경 복권되어 돌아와서 335년에 아타나시우스의 추방에 앞장섰고, 337년에 죽어가는 콘스탄티누스 황제의 세례를 주례했다. 339년에 니코메디아에서 콘스탄티노플 주교직을 차지하였고, 이후 아리아니즘의 전파에 최고의 영향력을 행사하였다. ODCC, 575쪽 참조.

10 콘스탄티누스 황제의 세 아들—콘스탄티누스 II세, 콘스탄스 I세, 콘스탄티우스 II세—은 아버지가 죽자 337년 9월 9일에 제국을 삼분하여 통치하였다. 맏형인 콘스탄티누스는 브리타니아 · 갈리아 · 스페인 등을 관장하고, 둘째인 콘스탄스는 나머지 유럽의 속주들을, 셋째인 콘스탄티우스는 동방을 지배했다. 이 상황은 3년도 안 되어 무너졌다. 콘스탄티누스 II세가 콘스탄스의 영역인 이탈리아를 침공했다가 살해되어 전 유럽이 콘스탄스의 통치 아래에 놓였다. 그러나 콘스탄스는 350년에 궁정 음모의 희생양이 되어 죽어 마그넨티우스가 뒤를 이었으나, 이를 인정하지 않은 콘스탄티우스에게 351년에 전투에서 패배했다. 이로서 제국은 일시적으로 콘스탄티우스 II세의 일인 통치 시대로 접어들었다. 크리스 스카레, 로마황제, 251~253쪽.

앞서 우리는 역사와 정치이념이 공의회와 밀접하게 결부되어 있다는 사실은 여러 번 지적했다.

동로마제국의 황제 콘스탄티우스 II세(*Constantius II*, 337~361년)[11]는 재임 초기에 아버지 콘스탄티누스 황제처럼 니케아 신앙에 호의를 가진 종교정책을 유지했다. 자기 형제인 서로마제국의 콘스탄스의 영향을 받아 337년에 그는 아타나시우스의 복권은 물론 그가 알렉산드리아 총대주교좌에 돌아갈 수 있도록 허락했다. 아타나시우스는 에우세비우스 세력의 끈질긴 반대와 공격에도 불구하고 그때까지 비어 있던 교구장직에 재취임하였고, 다음해인 338년에 시노드를 소집하여 니케아 신앙을 전제로 이집트에 속한 모든 주교들의 순명을 재확인했다.

한편 당시 (카이사레아의) 에우세비우스파, 혹은 온건파 아리우스주의자들(*semi-arianists*)의 주장을 상기할 필요가 있겠다.[12] 이들은 사실 아리우스의 주장 전체를 지지하는 것도 아니었고, 니케아 신경을 전체적으로 수용하는 것도 아니었다. 또한 온건파 아리우스주의자들은 자신들의 주장을 체계적으로 주장한 적도 없고, 학파를 형성해서 그들만의 신조를 가지고 있었던 것도 아니었다. 말하자면, 이들은 호모우시오스를 선택한 니케아 신경의 위험성을 직감하고 있었기 때문에, 아리우스의 주장에 일부 공감하고 있었으나, 그렇다고 그들만의 체계적인 신학적 주장을 세운 것이 아니었다.

그리고 341년에 안티오키아에 모인 온건파 아리우스주의자들은 니케

---

11 콘스탄티우스 II세는 콘스탄티누스 황제의 셋째아들로서 황제가 337년에 서거하자 동방과 트라키아 지방의 후계자가 되어 아버지의 종교정책을 계승했다. 그러나 아버지의 정책에 매여 있지 않았던 그는 온건파 아리아니즘에 호의를 가지게 되었다. 그래서 동방은 콘스탄티우스 II세 치하에서 니케아 신경을 반대하는 분위가 지배하게 되었다.

12 A. Grillmeier, *Christ in Christian Tradition*, 167~190쪽 참조.

아 신경을 폐기시키고자 호모우시오스를 제거한 신경을 만들고자 노력했다. 사실 이곳에 모였던 백여 명의 주교들 모두가 성격상 친(親)아리우스주의자들은 아니었고, '*homoousios*' 때문에 형성된 반(反)니케아적 성향을 가지고 있었다고 말하는 것이 옳다.

이런 와중에 로마의 주교 율리우스(*Julius*, 337~352년) 교황은, 에우세비우스의 지지자들이 아타나시우스의 파문을 요구하자, 공의회를 소집했다. 그러나 콘스탄티노플 · 안티오키아 · 카파도키아의 카이사레아 등은 로마 주교의 요청에 부응하지 않았고 알렉산드리아의 아타나시우스만이 소집에 호응하였다. 340년에 개최된 로마 회의는 아타나시우스의 단죄(335년, 티로 시노드)가 잘못이었다는 결정을 내렸다. 이때 교리적 단죄에서 복권된 인물 중에 아리아니즘을 반대했던 안키라의 마르켈루스(*Marcellus*)[13]가 있었고, 나중에 그의 극단적 주장은 사벨리아니즘적인 요소로 문제가 될 것이었다. 교회의 전통에 따라 율리우스 교황은 이 결정을 동방 교회의 주교들에게 서신으로 통보하였다.

이리하여 로마의 율리우스 교황은 서로마제국의 황제와 동로마제국의 황제의 동의를 얻어 동방의 주교들과 서방의 주교들이 모두 참석하는 공의회를 소집할 수 있게 되었다. 반(反)니케아파의 최대 관심 인물인

13 마르켈루스는 c.374년에 서거했다. 그의 주장은 나중에 이단으로 처리되지만, 주교직에 있는 동안 개최된 니케아 공의회에서 '*homoousios*'를 강력히 지지했다. 336년에 아리우스주의자인 아스테리우스(*Asteirus*)를 비판했다는 이유로 해직되었다가, 콘스탄티누스 황제의 서거(337년)로 잠시 복권되었으며, 399년에 다시 귀양을 갔다. 그의 정통성 주장에 이의를 제기한 동방 교회는 마르켈루스가 "구원사의 완성과 더불어 인성과 신성의 결합은 신성으로 환원된다."고 주장한 사실을 비판하였다. 마르켈루스의 주장을 구체적으로 비판하기 위해, 공의회 교부들은 신경(381년 콘스탄티노플 신경)에 "그분의 나라는 끝이 없으리다"(*cujus regni non erit finis*) 조항을 삽입했다. DS, #150; DEC 24 참조; ODCC, 1033쪽.

아타나시우스에 관한 문제와, 동방과 서방을 분열시키는 문제들의 차이를 해소하려는 노력의 과정이었다. 말할 것도 없이 제국의 관심사항이었던 전체 회의의 소집은 사실 황제가 아니면 가능한 일이 아니었기 때문에, 황제의 정치적 소관이자 관심사항이 아닐 수 없었다.

그러나 343년에 동로마제국의 경계에 접한 사르디아(*Sardia*)에서 소집된 회의는 실패로 돌아갔다. 동방에 속한 주교들은 아타나시우스와 안키라의 마르켈루스를 인정하는 로마의 율리우스 교황과 오시우스를 단죄하며 회의장을 떠났던 것이다. 이 회의는 아리우스 이후의 아리아니즘 논쟁의 끝을 마무리하지 못했고, 동방과 서방의 견해 차이를 확인하였을 뿐이었다. 그래도 회의를 지속한 서방 주교들은 신경에 관한 아타나시우스의 견해를 다시 한 번 더 지지하는 것으로 회의에 마침표를 찍었다.

사르디아의 회의는 실패로 돌아갔지만, 이것 때문에 교회가 결정적으로 동방과 서방으로 분열되지는 않았다. 이 회의를 통해 확인된 사실은 아리아니즘이 완전히 사라지지 않았지만, 그렇다고 동방이나 서방에 속한 주교들에게 커다란 논쟁거리가 되지도 않았던 점이다. 다만 동방 주교들은 안키라의 마르켈루스와 그의 제자 포티누스(*Photinus*)[14]를 단죄하였고, 서방 주교들도 이들의 이단성에 동의했다. 그 사이 추방되었던 아타나시우스는 마침내 346년에 콘스탄스 황제의 요청으로 다시 알렉산드리아에 승리자의 모습으로 되돌아올 수 있었다.

그러나 350년에 서로마제국의 통치자 콘스탄스가 죽고 352년에 율리우스 교황이 서거하자 상황은 다시 돌변하기 시작했다. 콘스탄티우스 II세가

14 포티누스는 마르켈루스의 제자로 시르미움의 주교(c.344~351년)였다. 사벨리아니즘으로 비판을 받아 351년에 추방을 당했고, 381년에 콘스탄티노플 공의회에서 그의 추종자들도 단죄 받았다. ODCC, 1283쪽.

온건파 아리우스주의자로 돌아서는 바람에 353~354년에 개최된 아를르(*Arles*) 회의에서 아타나시우스는 다시 온건파 아리우스주의자들에 의해 파문당했다. 힐라리우스(*Hilarius de Poitiers*, c.315~c.367년)[15]와 율리우스(*Julius*, 337~352년)[16]의 후임 교황 리베리우스(*Liberius*, 352~366년)의 반대에도 불구하고 아타나시우스와 교황 자신도, 그리고 힐라리우스도 주교좌에서 쫓겨나 귀양을 떠나야만 했다. 주도권 다툼에서 역전된 교회의 상황은 갑작스럽게 변화를 겪어야 했고, 전 교회는 아리아니즘으로 되돌아갈 듯이 보였다.

한편, 니케아 공의회의 결정에 반대했던 아리아니즘은 시르미움 공의회(351년) 이후 대체로 주장이 상반된 두개의 그룹으로 나뉘고 말았다. 1) 반(反)-유사본질파(*anomoios*): 이들은 순수 아리아니즘을 표방했으며, 성자와 성부의 동등성을 인정하지 않았다. 특별히 아리우스 이후 세대의 대표주자인 에우노미우스(*Eunomius*, 394년 서거)[17]는 철학적 논리를 앞세

---

15 '서방 교회의 아타나시우스'로 알려진 갈리아 지방의 도시 뿌아티에(*Poitiers*)의 교부이다. c.350년부터 아리아니즘과 관련되어 논쟁에 휘말렸다. 콘스탄티우스 황제에 의해 프리기아로 4년간 추방당했다. 그는 아리아니즘에 반대하여 '*De Trinitate*'라는 삼위일체론 저서를 집필하여 당시 아우구스티누스 이전의 서방 교회에서 가장 뛰어난 신학자로 인정받았다. ODCC, 769~770쪽.

16 율리우스 I세 교황은 아리아니즘과 관련해서 도망쳐야 했던 안키라의 마르켈루스와 알렉산드리아의 아타나시우스가 로마로 은신처를 찾아오자 이들을 받아들이고, 로마 시노드를 주재했던 교황이다. 아리우스를 지지하는 동방의 주교들을 포함하여 모든 주교에게도 편지를 보내어, 교회의 결정이 최종적으로 승인받으려면 먼저 로마의 주교에게 알려야 한다는 교회의 전통을 상기시켜 로마 주교의 수위권적 권한을 상기시켰다. 루돌프 피셔, 교황사전, 16~17쪽.

17 ODCC 572~573년 참조. 그의 생각은 '*anomoios*'로 요약된다. 최고의 단일 존재를 긍정하며, 그는 이 존재를 '*agennesia*'(태어나지 않은 존재)로 일칭하며, 성자의 탄생은 신적 실체 안에서 발생할 수 없다고 주장했다. 성자는 성부에게서 존재하게 되지만, 창조의 힘을

워 영향력을 발휘했다. 2) 유사본질파(*homoi-ousios*): 온건파 아리아니즘으로 세미-아리우스주의자라고 부를 수 있다. 이들은 *homoousios*를 반대하지만, 성자는 성부와 본질상 유사하다고 주장했다. 이들 중에 성부와 성자의 비슷함(*homoios*)을 아주 막연하게 이해하는 이들이 모두 포함된다.

따라서 온건파 아리우스주의자들은 니케아 신경의 호모우시오스 때문에 신경을 거부했지만, 니케아 신경과 멀지 않은 신앙을 고백하고 있었다고 보면 정당하다. 오히려 이들을 대표하던 안키라의 주교 바실리우스(336~360년)[18]는 극단적 아리우스주의자들을 상대로 논쟁을 벌여 추방당하는 화를 모면할 수 없었다. 나중에 아타나시우스는 이 점에 착안하여 용어의 이해 차이에서 비롯되는 오해를 극복하고 유사본질파를 정통 신앙 안으로 받아들였다.

격심한 갈등 속에서 우리는 유명한 카파도키아의 세 교부인 성 바실리우스(*Saint Basil*, c. 339~370년),[19] 나지안주스의 그레고리우스(Gregory of Nazianzus, 329/330~389/390년),[20] 니싸의 그레고리우스(*Gregory of Nyssa*, c.

받았기 때문에 성부와 닮았다고 생각했다. 그는 성령이 성자의 최초의 창조물이라고 이해했다. 아리아니즘의 마지막 세대의 *neo-arianism*이라고 부를 수 있으나, 이 주장은 역사적으로 잊히고 말았다.

18 안키라의 마르켈루스를 승계한 온건파 아리아니즘을 대표한다. 343년에 사드디카 회의에서 면직되었으나, 348년에 황제 콘스탄티우스에 의해 복권되었다가, 아리아니즘에 대한 극단적 비판이 오히려 화를 불러 그는 360년에 추방되었다. ODCC, 168쪽.

19 성 바실리우스는 수도 생활을 선호하여 오랫동안 은수자로 살았으나, 교회 상황에 이끌려 극우적 아리우스주의자 에우노미우스뿐만 아니라, 성령배척론자들(*Pneuamtomachi*)과 논쟁을 이어나갔다. 그의 '성령론'(*Sur le Saint-Esprit*, SC 17bis)은 고대 교회에서 아타나시우스가 '세라피온에게 보낸 편지'(*Lettres à Sérapion*, SC 15, Cerf, 1947)와 더불어 성령에 관한 의미 있는 저서로 손꼽힌다. ODCC, 166~167쪽.

20 ODCC 711쪽. 성 바실리우스와 동시대인으로 수도자였던 그레고리우스는 나지안즈의 주교인 아버지를 돕다가 아버지의 서거 후 물러나 은수자 생활에 들어갔다. 379년에 콘스탄티노플로 불려가 니케아 신경의 정통성을 전파하여 커다란 영향력을 남겼다. 381년에 콘스탄티

330~395년)[21]를 만난다. 세 교부에 대해선 추후에 언급하겠지만, 정치적 상황의 열악한 환경에서도 니케아 신앙을 훌륭하게 지켜낸 대표적인 교부들의 전형이다.

요약하여 말하면, 니케아 신경은 교회가 취한 최초의 교의적 결정의 산물이다. 니케아 공의회 이후 개최된 모든 공의회는, 교회의 이름으로 교의적 결정권을 행사할 때마다 니케아 신경을 기준으로 진리와 거짓을 판가름하게 되었다. 이제부터 교회는 구두 전승에서 벗어나 신앙의 차원에서 성경의 언어와 동등한 가치를 부여하면서 신경의 조항들을 신앙으로 고백하게 되었다. 교회는 니케아 신경과 함께 신앙의 유산과 전통에서 말하는 계시진리를 보편적으로, 그리고 결정적으로 가르칠 수 있게 되었다. 이 사실을 달리 말하면, 계시신앙의 모태인 교회는 놀랍게도 자신이 믿어야 할 신앙의 진리를 자신이 만들어냈고 결정할 수 있었다.

니케아 공의회는 처음으로 교회와 절대 권력을 행사하던 황제 사이에 일시적이나마 평화를 가져왔다. 사실상 황제의 정치적 권한의 행사를 거부할 수 없었던 고대 교회는 정치권력의 개입이라는 불행과 종교의 일치라는 행운을 동시에 맞아들였다. 교회의 종교적 결정이 국가권력의 기반 위에서 효과적으로 시행될 수 있었다면, 교회의 교의 결정은 제국의 정치적 상황에 따라 숱한 반동과 갈등을 겪어야 했다. 종교적 평화를

노플 공의회 기간 중에 이 도시의 주교로 임명되었으나 곧 은퇴하고 물러나 고향으로 돌아가 서거하기까지 수도자로 살았다.

21 카파도키아의 세 교부들 중의 한 사람으로, 성 바실리우스의 동생이기도 한 그는 형이 세운 수도원에 들어갔다. 376년에 니케아 신경의 지지자로서 발렌스(*Valens*, 364~378년) 황제 때 아리우스주의자들에 의해 주교직에서 해직되어 귀양을 떠났으나, 황제가 죽자 378년에 복권되었다. ODCC, 712쪽.

정치적 평화의 첫 번째 의무로 여겼던 황제의 온갖 제스처는 이후 오랫동안 지속된 교회의 운명을 지배하는 필요악처럼 작용했다.

제2부
삼위일체론의 성립: 1차 콘스탄티노플 공의회
(*Concilium Constantipolitanum I*, 381)

니케아 공의회의 교부들은 아리우스가 제기했던 문제를 해소하는 과정에서 최초의 보편교회를 경험했다. 또한 공의회에 참석한 교부들은 교회 공동체 의식에서 출발하여 신앙에 관한 오류가 교회의 근본을 뒤흔들 수도 있다는 경험을 했다. 알렉산드리아 교회의 작은 문제처럼 보이던 아리우스 사건이 모든 지역 교회들의 신앙을 뒤흔든 경험을 통해 지역교회의 문제가 전체 교회의 문제라는 깊은 인식도 하게 되었다.

니케아 공의회는 아리우스가 제기한 문제에 힘든 대답을 했으나, 아리우스의 생각을 따르거나 그와 비슷한 생각을 가진 사람들의 숫자가 결코 적지 않음도 경험했다. 한편에서 아리우스를 지지하는 세력이 여전히 영향력을 행사하거나 주장하는가 하면, 다른 쪽에선 아리우스를 반대하는 공의회 주류 중에서 오류가 발생하기도 했다. 이런 신앙의 혼란은 제국의 질서를 무너뜨릴 원인이 될 수도 있었으므로 황제는 정치력을 발휘해서 잠재울 필요도 알고 있었다.

니케아 공의회는 성자와 성부의 동일본질을 강력하게 주장함으로써 아리우스로 인해 발생한 소요를 해소하고자 했다. 교회 최초로 일어난 이 사건은 교회의 신앙공동체 의식을 일깨웠으며, 신앙을 기초로 교회 공동체가 신학하기를 시작한 기회이기도 했다. 일거에 해결할 수 없었던 문제를 겨우 극복하고 나자마자 고대 교회는 새로운 문제를 맞았으니, 그것은 성령의 신성에 관한 논쟁이었다. 사실상, 콘스탄티노플 공의회는 보편공의회로써 가져야 할 자의식이 없이 동방 교회만의 교부들로 개최되었던 실체성이 분명하지 않은 회의였다.

니케아 신경을 토대로 완성된 콘스탄티노플 신경은 신학적으로 잘 짜인 한 편의 신앙고백문으로 발전했다. 교부들은 아리아니즘의 여파를 잠재우고, 새로운 이단으로 떠오른 성령배척론을 거부하는 신조를 니케아 신경을 기반으로 작성하였던 것이다. 니케아 신경의 구조에 근본적인 변화를 주지 않으면서 삼위일체적 구조의 신앙을 밝힐 수 있었다. 아마도 고대 교회가 겪은 이런 적응 과정은 신앙의 전통을 살리면서 새 시대의 문제의식에 알맞은 응답 방식을 생산해냈던 것으로 판단할 수 있다.

많은 경우 갈등은 신앙 자체를 문제 삼으면서 발생하지 않았다. 교회 공동체가 하느님 신앙을 고백하는 것이 첫 번째 필요였다면, 신앙을 지성적 차원에서 표현할 필요성이 요청되었다. 신앙에서 신학으로 발전하는 과정에서 교회는 신학적 표현과 경향에 따라 분열을 경험하고 일치를 추구해야 할 내적 체험을 하게 되었다. 더구나 신학하기의 경향에 따라 교회의 구성원들은 정치와 권력과 멀지 않은 거리에 있었으므로, 항상 유혹의 범주에서 벗어나기도 어려웠다. 이 유혹은 공의회도 예외 없이 경험한 요소로써 지역 교회들 사이에 새로운 긴장과 갈등을 조성하는 원인이 되었다.

그렇다. 교회는 성장하고 있었고 국가종교였던 까닭에 정치와 떨어져서 존립할 수 없었다. 정치적 유혹은 누가 앞자리에 앉느냐 하는 것과 같아서 이해관계에 따라 지역 교회들 사이에 미묘한 긴장이 상존했다. 종교적으로 사도들의 후예인 지역 교회의 후계자들은 전통적으로 사도들의 후광과 권위를 누리고 있었다. 반면, 제국의 종교로서 황제의 위상을 말해주는 제국의 수도인 콘스탄티노플 교회는 정치적 위상에 걸맞은 '새 로마'의 지위를 누리려고 했다. 물론 총대주교 관구의 책임 지역 교회들과 로마 교회는 이를 좌시하지 않았으며, 정치 논리가 교회 논리에 지배당하지 않도록 애를 썼다. 그래서 지역 간의 갈등은 더욱 첨예하게 조성되었고, 콘스탄티노플 교회는 새 로마의 지위를 차지하려고 공의회를 이용했다.

제5장
아리아니즘의 여파와 성령배척론

고대 교회에서 보편공회의를 개최하고도 처음부터 그 성격을 고려해보지 않은 공의회는 아마도 콘스탄티노플 공의회(381년)일 것이다.[1] 사실상 콘스탄티노플 공의회는 처음부터 보편공의회를 지향하지도 않았고, 그럴 의향도 없었던 것으로 보인다. 공의회는 태오도시우스(*Theodosius* I, 379~395년) 황제에 의해 소집되었지만, 동방 교회의 주교들에게만 요청된 회의였다.[2] 다만 이 공의회가 결정적 단계에서 로마 주교의 개입을 불러왔기 때문에 보편공의회라고 불릴 수 있게 되었다. 이 논의는 앞으로 공의회의 소집과 진행 과정을 기술하면서 자연스럽게 드러날 것이다.

당대의 교부들은 개개인의 차이는 있으나 콘스탄티노플 공의회에서

1 I. Ortiz de Urbina, *Nicée et Constantinople*. 콘스탄티노플 공의회의 역사적 측면을 이해하기 위해 주로 이 책의 2부에 해당하는 부분을 참조한다.

2 니케아 공의회에서 논쟁의 초점은 아리우스 문제였지만, 결과적으로 로마—알렉산드리아 진영과 동방—콘스탄티노플 진영이 우열을 가리고자 하는 지역 교회 사이의 경쟁심이 가중되었다. 경쟁심은 콘스탄티노플 공의회의 개최에도 영향을 미쳐 서방과 이집트 교회는 초대받지 못했다. 이러한 사실은 논쟁과 경쟁이 얽히고설킨 고대 교회의 사정을 반영해준다. 클라우스 샤츠, 보편공의회사, 55쪽.

작성된 신경을 거의 중요하게 여기지 않았다. 이에 반해 후대의 칼케돈 공의회 교부들은 오히려 니케아 신경에 기반을 두고 확장된 콘스탄티노플 신경에 신학적 관심을 집중했다. 이와 같은 시각의 차이에서 알 수 있듯이, 공의회만 살펴본다면 고대 교회가 보편교회로써 자신의 행동을 의식하고 있었는지 의문이 들 정도이다. 콘스탄티노플 공의회는 니케아 신경에 기초한 신경 이외에 실질적으로 남긴 문헌이 거의 없다. 비록 황제가 소집한 공의회이고, 동방 교회에 속한 교부들만 참석한 회의라고는 하지만, 공의회가 남긴 신학적 성과가 거의 없었다는 사실을 강조하지 않을 수 없다. 참석 교부들의 명단과 공의회가 열린 개최지의 이름을 달게 된 신경, 그리고 몇 개의 결정들만 공의회의 사태를 정리한 역사가들의 기록에 남아 있을 뿐이다.

콘스탄티노플 공의회의 결과만 본다면, 교의 문제의 신학적 결정으로 모든 질문이 해소된 것은 아니었다. 이 공의회의 결정사항 중에 정치적 이해의 관점에서 볼 수밖에 없는 콘스탄티노플 주교의 시도가 있었다. 이는 교회의 전통과 질서를 흔들며 정치적 의미에서 특정 지역 교회의 위상을 높이려는 종교적 · 정치적 음모라고도 볼 수 있었다.[3] 교회의 전통에서 볼 때, 콘스탄티노플의 총대주교는 로마 주교의 수위권에 도전할 수는 없었지만, 정치적으로 사도적 전승을 보유하고 있는 예루살렘 · 안티오키아 · 알렉산드리아에 앞서는 권위를 황제의 도시에 부여하고자 정치적 결정을 감행하였던 것이다. 이런 시도를 가능하게 했던 상황은

3 콘스탄티노플이 황제의 정치적 권력을 등에 업고, 로마, 알렉산드리아와 안티오키아, 예루살렘 교회가 전통적으로 누려온 위상을 제치고 로마 다음가는 종교적 위상을 차지하려는 시도였다(Canon 3). 이는 나중에 로마 주교의 거부로 무산되고 말았다.

콘스탄티노플 주교가 공의회의 구성부터 로마와 알렉산드리아 교회의 위상을 의식했었지만, '안티오키아 교회의 분열'이 제공한 교회의 혼란이 있었기 때문이었다.

이와 같이 '새로운 로마'로 부상하려는 콘스탄티노플 주교의 결정은 한시적으로 유효할 수 있었지만, 정치(황제)와 교회(로마 주교)의 관계에 묘한 긴장을 흘러넘치게 하였다. 그래서 정치적인 야욕과 신학적인 교의 문제를 동시에 해소하기 위해 후대의 교회는 종교적 열정에도 불구하고 정치적 상황의 변화에 따라 어려운 길을 위태롭게 가야만 했다.

1. 아리아니즘의 여파와 아폴리나리아니즘

콘스탄티노플 공의회는 처음부터 제한적 성격으로 여타 회의와 구별되는 보편공의회로 분명하게 여겨지지 않았다. 예를 들면, 동시대의 인물이었던 루피누스(*Tyrannius Rufinus*, c.345~411년)[4]나 히에로니무스(*St. Eusebius Hieronymus*, c.345~420년)[5]와 같은 이들은 이 공의회에 대해서 한마디도 언급하지 않았다. 말하자면, 서방 라틴 교회는 381년의 콘스탄티노플

4 이탈리아 태생으로 수도승이며 역사가로 주로 헬라스어 신학 작품을 라틴어로 번역했다. 그 중에서 오리게네스(c.185~c.254년)의 정통성을 비호하려는 의미에서 번역한 작품 '*De Principiis*'(220/230년 간에 저술)는 전편이 남아 있는 오리게네스의 유일한 라틴어 역서이다. 이 때문에 친구인 히에로니무스의 비판에 직면하기도 했다. ODCC, 1424쪽.

5 이탈리아 태생으로 시리아 사막에서 은둔생활을 시작하면서 히브리어를 배웠다. 후에 382~385년 사이 로마에 돌아와 교황의 비서를 하다가, 386년에 베들레헴에 정착한 뒤, 성경을 라틴어로 번역하였다. 그는 히브리어 정경을 승인하면서 외경문헌(헬라스어로 쓰인 작품, *Apocrypha*)을 배제하였다. 나중에 그는 오리게네스 때문에 친구인 루피누스와 격렬한 논쟁을 하였다. ODCC, 887쪽.

공의회를 모르고 있었거나 거론할 필요조차 없었던 것으로 보인다. 동방 교회 안에서도 이 공의회는 아주 짧게, 거의 무의미할 정도로 언급되었을 뿐, 나지안주스의 그레고리우스만 자신의 불편한 경험에 기반하여 특별하게 다루고 있을 뿐이다.[6]

그레고리우스의 경우는 앞에서 언급했던 바와 같이 교회와 정치가 복잡하게 얽힌 사태 때문에 발생한 일이다. 그는 공의회 기간 중에 콘스탄티노플 총대주교로 임명되었다가, 같은 기간 중에 퇴임하게 된 씁쓸한 기억을 토로했다.[7] 그는 콘스탄티노플 주교직에서 떠나야 했던 상황 때문에 개인적으로도 상당히 난처한 상황을 이겨내야 했다. 그레고리우스는 심각한 내분을 겪은 공의회의 상황을 모순된 감정을 가지고 묘사했다. 특히 안티오키아 교회의 분열적 상황에서 그레고리우스는 공의회 기간 중에 돌연사한 멜리티우스(*Melitius*, +381년)의 후임자 선출 등의 문제에서 성공적이지 못했던 것이다.

그렇지만, 제1차 콘스탄티노플 공의회는 무엇보다도 니케아 공의회 이후에도 여전히 논쟁을 제기하며 교회를 불안하게 만들고 있던 여러 형태의 아리아니즘을 결정적으로 척결했던 공의회이기도 하다. 325년에 니케아 공의회에서 일차로 거부된 아리우스의 주장은 콘스탄티누스 황제의 서거 이후 콘스탄스(*Constans*, 337~350년) 황제와 발렌스(*Valens*, 364~378년) 황제의 정치적 보호를 받으며 번성하고 있었다. 아리아니즘이 아직도 번성하고 있었던 징후는 니케아 공의회 이후 40여 년 동안 제국의 도시였던 콘스탄티노플 총대주교직이 니케아 공의회를 반대하는 자들에

6 이 책의 부록 3(공의회 관련 로마-비잔틴 황제 목록)과 부록 4(4세기, 로마 · 알렉산드리아 · 안티오키아 · 콘스탄티노플의 총대주교 목록)를 비교해보면 확인할 수 있다. I. Ortiz de Urbina, 139쪽 참조.

7 DECA, 1108~1109쪽.

의해 점유되고 있었던 사실에서 드러난다.[8]

한편, 후에 다시 다룰 주제이지만 아리아니즘의 세력과 영향력이 쇠락해갈 즈음에 니케아 신앙을 흔드는 다른 이단이 나타나고 있었다는 것을 기억해야 한다. 아리아니즘이 성자의 신적 본성을 반대했다면, 새로운 오류는 성령의 신적 본성을 거부하려는 움직임이었다. 아리우스의 주장이 니케아 공의회를 불러왔던 것처럼, 새로운 오류도 니케아 신앙을 근본적으로 뒤흔드는 사건이었다. 교회는 이들을 '성령배척론자들' 혹은 이단을 주창한 마케도니우스(*Macedonius*)의 이름을 붙여 '마케도니아니즘'(*Macedonianism*)이라고 불렀다. 성령 배척론자들은 발렌스(*Valens*, 364~378년) 황제의 박해 시절에 나타났는데, 1차 콘스탄티노플 공의회는 이들을 단죄하고 성령의 신성을 보존하는 결정을 내렸다.[9]

이외에도 교리적으로 심각하지는 않더라도 결정하거나 풀어야 할 문제가 산적해 있었다. 콘스탄티노플 총대주교좌는 앞에서 언급한 것처럼 실질적으로 정통 신앙을 고백하는 주교가 오랜 동안 착좌하지 못하고 비어 있었다. 이런 상황을 악화시킨 것은 앞에서 잠시 언급했던 안티오키아 교회의 분열이었다.[10] 이로 인해 북아프리카 교회, 소아시아 교회,

---

8 동방 교회는 로마제국의 수도를 끼고 있어서 교회와 정치의 대립적 관계 혹은 종속적 관계로 발전될 수 있었다. 그 까닭은 동방 교회가 황제의 도시를 안고 있었던 지리적 위치 때문에 더욱 그러했다. 아리우스의 문제는 니케아 공의회에서 정치적 이슈와 함께 잠정적 해결로 평화를 가져왔으나, 황제의 관심에 따라 아리아니즘은 간헐적으로 지속적으로 영향력을 행사할 수 있었다. 특별히 아리아니즘을 비판한 라오디케이아의 주교 아폴리나리우스(*Apollinarius*, 315~c.392년)에 이르면, 아리아니즘도 두 번째 단계로 진입하게 된다. H. R. 드롭너, 교부학, 371~373쪽 참조.

9 콘스탄티노플 공의회를 전후로 정통 신앙을 수호하려는 교부들은 성령의 신성을 신학적으로 논증하려고 애를 썼다. 아타나시우스가 트무이스(이집트)의 주교 세라피온에게 보낸 편지들(SC 15, 1947), 카파도키아의 교부 성바실리우스의 성령론(SC 17bis), 디디무스의 성령론(SC 386), 요한 크리스토무스의 '하느님의 이해할 수 없는 본성'(SC 28bis) 등이 대표적이다.

서방 교회 사이에 불편한 관계가 형성되었고, 이는 반대편의 세력을 강화시키는 역기능을 낳았다. 더구나 아타나시우스의 서거 이래 알렉산드리아 교회는 발렌스 황제의 지원을 토대로 콘스탄티노플 교회처럼 아리우스주의자들에 의해 지배당하고 있었다.

제1차 콘스탄티노플 공의회는 이와 같이 심각하게 벌어진 지역 교회들의 갈등 속에서 동방교회 중심으로 개최되었던 것이다. 니케아 공의회(325년)의 주역들은 56년이나 지난 후에 개최된 콘스탄티노플 공의회(381년)에서 대부분 교체되었다. 그리고 종교정책을 달리하는 황제가 콘스탄티누스 황제에서 테오도시우스 황제로 바뀌어 있었다. 다행히 동방 교회의 교부들 중 나지안주스의 그레고리우스와 니싸의 그레고리우스는 아직 살아 있었고, 니케아 신경을 지지하는 예루살렘의 키릴루스(*Saint Cyril of Jerusalem*, c.315~387년)와 이코니움의 암필로키우스(*Saint Amphilochius of Iconium*, c.340~395년. 나지안주스의 그레고리우스의 조카)와 타르수스의 디오도루스(*Diodore of Tarsus*, c. 390년경 서거) 등이 정통 신앙을 고백하며 이들의 지원 세력 역할을 자임했다. 공의회가 개최되던 시기엔 카파도키

---

10 클라우스 샤츠, 보편공의회사, 55~58쪽 참조. 공의회가 열리기 20여 년 전부터 안티오키아 교회는 두 명의 니케아파 주교가 두 공동체를 거느리고 대립했다. 한 사람은 서방과 알렉산드리아가 인정한 파울리누스(*Paulinus*)였고, 다른 사람은 동방의 여타 니케아파가 인정한 멜리티우스(*Melitius*)였다. 상대편에서 파울리누스는 사벨리아니즘으로, 멜리티우스는 아리아니즘의 교의적 의혹을 받고 있었다. 이 의심이 안티오키아 교회의 분열의 원인이었다. 381년에 멜리티우스가 공의회에서 사회를 보던 중 서거하자, 후임자 문제가 제기되었지만 해소되지 않았다. 이 문제로 안티오키아의 분열은 415년까지 계속되었다. 콘스탄티노플 공의회의 사회를 맡았던 멜리티우스가 죽자, 사회봉이 나지안즈의 그레고리우스에게 넘어갔던 것이다. 공의회에서 그레고리우스는 직전까지 아리우스파가 차지하고 있던 콘스탄티노플 교회의 주교로 인정받았다. 그러나 공의회에서 지속된 마찰로 주교직에서 물러났고, 그 후임자로 아직 세례도 받지 않았던 넥타리우스(*Nectarius*)가 주교로 선임되었고 사회봉을 이어받았다.

아의 교부 바실리우스(+ c.379년)와 알렉산드리아의 주교 아타나시우스(+ c.373년)는 이미 세상을 떠난 뒤였다.

주목해야 할 사실 중의 하나는 교회가 이 공의회를 중심으로 새롭게 인식하게 된 로마의 역할이었다. 다시 말하면, 서방 교회에 속한 로마의 주교이자 교황은 신학적으로 동방 교회의 교부들에게 영향력을 행사할 수 없었으나, 베드로의 서거 이후 로마가 지녀온 수위권을 교황들은 적절하게 사용하기 시작했던 것이다. 발렌스 황제의 박해로 로마의 주교 리베리우스(*Liberius*, 352~366년) 교황은 고통을 받았으나, 그 뒤를 이어 로마의 주교직을 승계한 다마수스 교황(*Damasus I*, 366~384년)은 발렌티니아누스 1세 황제(*Valentinianus I*, 364~375년)와 그라티아누스 황제(*Gratianus*, 375~383년)가 니케아 신앙을 지지하는 상황에서 그나마 교황으로서 수위권을 행사할 수 있었다. 다마수스 교황은 전대의 로마 주교가 행했듯이 콘스탄티노플 공의회에 참석하지는 않았으나 공의회 교부들의 작업에 영향력을 행사할 수 있었다.

니케아 공의회의 진행을 서술하면서 언급했다시피, 공의회 교부들은 아리우스와 정통 신앙 간의 갈등을 넘어 니케아 신조를 결정할 수 있었다. 그렇다고 해서 아리우스에게서 비롯된 후기 아리아니즘이 중단 없이 지속되면서 갈등 상황이 즉각적으로 사라진 것은 아니었다. 앞에서도 지적하였듯이, 니케아 신경을 지지하는 세력과 반대 세력 사이의 알력은 381년의 콘스탄티노플 공의회까지 마무리되지 않았다. 361년에 콘스탄티우스 2세(*Constantius II*, 337~361년) 황제의 서거로 일시 중단되었던 아리우스 논쟁은 다시 지속되었던 것이다.

배교자 율리아누스 황제(*Julianus*, 361~363년)의 반(反)그리스도교적 통치와 그의 휘하 장군이었던 요비아누스 황제(*Jovianus*, 363~364년)는 잠깐 동안 니케아 공의회를 반대하는 세력의 반격을 2년 정도 늦추었을 뿐이다. 364년에 요비아누스 황제의 서거로 서방 세계는 발렌티니아누스 1세 황제의 통치 하에 놓이게 되었다. 황제는 신앙 문제에 있어 중립을 지켰으나, 동방의 황제 발렌스는 니케아 신앙파에게 혹독한 시련을 안겨주었다. 게다가 아리아니즘의 신봉자들을 수용했을 뿐만 아니라, 성령배척론자들과 온건파 아리우스주의자들을 한통속으로 묶어버렸다.

362년, 박해가 일시적으로 멈춘 사이를 이용하여 알렉산드리아의 아타나시우스는 귀양살이에서 돌아온 주교들을 소집하여 지역 교회의 시노드를 개최하였다. 물론 알렉산드리아가 이집트에 속한 것처럼, 이집트 주교들이 다수를 차지했던 시노드였다. 알렉산드리아를 지지하는 서방 교회와 안티오키아 교회는 온건파 아리우스주의자 에우조이우스(*Euzoius*)[11]의 문제를 아직 결정짓기 전이었다. 에우조이우스는 처음부터 알렉산드리아 시노드에서 아리우스 편에 서 있었다.

아폴리나리아니즘

한편에서 성령의 신성을 거부하던 세력이 일어나고 있었다면, 아리우스를 비판하던 니케아 신경 지지자들 가운데서 또 한 조류의 오류가 탄생했다. 이 오류는 니케아 신앙의 정통성을 긍정하는 행위가 극우적으로 흘렀던 경우로, 라오디케이아의 주교였던 아폴리나리우스의 주장이었다. 아리아니즘을 반대한 교의 논쟁은 단순 신앙의 이해와 설명에서 형이상학적 논리체계의 구축으로 진행하게 되었다. 그러자 신학은 점점 세련된 신학언어가 필요하게 되었고, 신경의 의미를 해석하기 위한 신학

11 온건파 아리우스주의자로서 카이사레아의 주교였으나, 370년경 발렌스 황제의 친(親)아리아니즘 정책으로 추방당했다. 그의 작품은 남아 있는 것이 없다. DECA, 931쪽.

적 균형이 필요해졌던 것이다. 이 균형은 극좌적 아리우스의 주장이 니케아 신경의 신학을 넘어서 극우적 주장을 발생시키는 과정으로 전개되었다.

아리아니즘의 반대자인 라오디케이아의 젊은 주교 아폴리나리우스(*Apollinarius*)는 알렉산드리아의 아타나시우스를 이해하고 강력히 지지하였다. 그는 아버지와 함께 아타나시우스의 각별한 친구였으며, 적극적으로 아리아니즘을 반대했던 것이다. 아폴리나리우스는 '*ousia*'(본질)와 '*hypostasis*'(위격)를 동일시함으로써 니케아 신경의 삼위일체 신앙을 주장하면서, 반 아리아니즘을 외치긴 했지만, 그리스도론적 오류에 빠지게 되었다.[12]

어찌 보면 니케아 신앙을 가졌으면서도 아폴리나리우스는 참 하느님, 참 인간의 그리스도 존재론에 의문을 제기한 첫 번째 인물이 되었다. 니케아 신앙이 선포한 성자이며 하느님, 그리고 성부와 동일본질인 육화한 로고스와 인간의 정신이 어떻게 그리스도 안에서 공존할 수 있는가? 인간의 주도권이 인류의 역사에서 죄의 원천이었다면, 그리스도가 겪은 모든 고통의 결과는 하느님에게 참을 수 없는 모욕이 아닌가? 더구나 병존할 수 없는 두 실재—하느님과 인간—가 그리스도 안에서 공존할 수 있겠는가? 한 위격 안에 신성과 인성의 공존을 옳게 해석할 수 없었던 아폴리나리우스는 인성을 부정하고 신성만 긍정하는 신앙의 길을 열었다. 결국 아폴리나리우스는 니케아 신경을 수용하면서 단성론으로 가는 길을 열어놓은 셈이 되었고, 알렉산드리아 신학이 제시한 로고스-사르크스 그리스도론[13]의 틀을 오해하여 잘못된 해석에 갇혀버린 꼴이 되었

12 Bernard Sésboué et Joseph Wolinski, *Le Dieu du Salut*, 357쪽; A. Grillmeier, *Christ in Christian Tradition*, 329~340쪽 참조.

다.[14]

이와 같은 불행으로 아타나시우스와 아폴리나리우스는 니케아 신경을 수용하면서 아리아니즘의 반대에는 같은 대열에 섰지만, 아타나시우스는 아폴리나리우스의 극우적 주장을 긍정할 수 없었다. 아폴리나리우스는 로고스의 신성을 부인한 극좌적 아리아니즘을 반대하면서 자신은 로고스의 신성만 주장하는 극우적 신앙을 주장하게 되어선 새로운 오류에 빠지고 말았다. 아폴리나리우스는 영혼 · 정신 · 육체라는 삼분법적 인간론에 기대어(1테살 5,23) 로고스가 인간의 영혼을 대체한다고 보았다. 결과적으로 아리아니즘을 반대하는 아폴리나리우스의 주장은 정도를 벗어나 그리스도의 인간 영혼을 부정하는 오류를 가져왔던 것이다. 후대는 이 오류를 아폴리나리우스의 이름에 근거하여 아폴리나리아니즘(*Apollinarianism*)이라고 불렀다.

온건파 아리우스주의자와 유사본질론자(*homoios*)

아리우스와 동문수학한 카이사레아의 에우세비우스와 그를 따르는 추종자들은 아리우스의 주장을 전부 받아들인 것은 아니었다. 앞에서도 말한 바와 같이 그리스도의 신성에 관련해서 온건파 아리우스주의자들과

---

13 알렉산드리아 신학의 그리스도론을 한마디로 간단하게 정의하기는 쉽지 않다. 아폴리나리우스와 아리우스는 '호모우시오스'를 중심으로 극단적으로 반대편에 위치해 있으며, 첨예한 대립각을 세운다. 견해의 깊은 차이에도 불구하고 이 둘은 로고스를 생명의 원리로 보건, 피조물로 보건 로고스와 몸의 단일성을 주장했다. A. Grillmeier, *Christ in Christian Tradition*, 341~343쪽 참조.

14 아폴리나리우스는 사르크스(몸)를 성경의 언어로 이해하지 못하고, 알렉산드리아 신학의 약점에 붙들렸던 것이다. Bernard Sésboué, *Le Dieu du Salut*, 359쪽. 니케아 신경의 표현: '몸을 취하시고'(*sarkōthenta*), '사람이 되시어'(*enanthrōpēsanta*)는 정통신학의 해석에 따라 로고스의 육화를 의미하며, 언제나 인간이 되셨음을 가리킨다. DS 125.

유사본질론자들(*homoiousoi*)의 목소리가 있었고, 아타나시우스는 이들을 정통신앙 안으로 받아들였다. 근본적으로 유사본질론자들, 혹은 온건파 아리우스주의자들은 그리스도의 신성을 이해하는 데 있어서 용어의 혼란을 겪고 있었다. 이 사정은 어떻게 진행되었는가?:

역사적으로 보면, 알렉산드리아의 내부에서는 갈등과 반목의 상황이 더욱 심각하게 돌아가고 있었고, 외부에서는 새로운 박해의 위협이 고조되고 있었다. 이런 가운데 니케아 신경을 믿고 따르는 지역 교회들은 일치하여 성령의 신성과 예수 그리스도의 완전한 인성을 고백했다. 이런 신앙고백은 니케아 신경을 주장하는 이들과 다수의 온건파 아리우스주의자들이 협조할 수 있는 근거이기도 했다. 사실상, 온건파 아리우스주의자들은 극단적 아리우스추종자들의 주장과 달리 로고스가 피조물이 아니라는 믿음을 가지고 있었다. 다만 교의적 주장과 개인들의 사사로운 감정이 얽혀 경쟁심과 이해관계가 복잡하게 얽혀 있었던 까닭에 정통 신앙에 관해 일치된 태도를 보이지 못했을 뿐이었다. 이러한 설명은 안티오키아 교회에 보낸 알렉산드리아의 시노드 편지만으로도 충분하며, 이들이 요구했던 것은 단지 삼위일체 용어에 관해서 주의를 해야 한다는 사실이었으며, 이것은 편지에서 확인할 수 있다.[15] 일부에서 용어 이해의 혼란으로 휘포스타시스(*hypostasis*)를 본질(*ousia*), 혹은 페르소나(*persona*)와 동일시했기 때문이다. 용어가 주는 의미에 따라 삼위일체는 하나의 휘포스타시스, 혹은 세 휘포스타시스라고 말할 수 있었던 것이다. 휘포스타시스를 본질(*ousia*)로 이해한다면 니케아 신앙과 어긋날 것이지만, 페르소나(*persona*)로 이해한다면 니케아 신경의 의미와 부합하는 길이었다.

불행하게도 온건파 아리우스주의자들은 아마도 발렌스 황제가 벌인

15 I. Ortiz de Urbina, 269쪽 참조.

박해정책의 첫 번째 희생자들이었다. 말하자면, 이들은 정치적 혼란뿐만 아니라 당시 교회 상황의 희생자들이라고 말할 수 있다. 364년 가을의 한 회의에서 콘스탄티노플의 총대주교였던 에우독시우스(*Eudoxius*, c.300~370년)[16] 와 그의 지지자들이 온건파 아리우스주의자들을 통렬하게 비판했던 것이다. 게다가 그리스도가 실체의 측면에서 성부와 유사함을 주장한 유사본질론자들도 이들의 비판에서 벗어날 수 없었다. 유사본질론자들은 니케아 공의회가 채택한 '호모우시오스'(*homoousios*), 곧 동일본질(*consubstantial*)을 받아들이지 않고 성부와 성자의 실체적 유사성을 나타내는 용어 '호모이우시오스'(*homoiousios*)를 선호했다. 달리 말하면, 유사본질론자들의 유일한 관심은 한 분 하느님을 세 위격으로 나타낼 수 있는 위격의 복수성을 구별하는 데 있었다고 말할 수 있다. 발렌스 황제의 정치적 호의를 구했던 유사본질론자들은 황제가 이들을 거부하면서 그 대표자들은 교회 안에서 추방당하는 결과를 가져왔다.

2. 새로운 대결: 에우노미우스와 카파도키아 교부들

교회는 아리우스 이후에 아리아니즘이 완전히 소멸하지 않았던 상황에 처해 있었기 때문에 절실한 도움이 필요했다. 또한 아리우스 사건으로 촉발된 니케아 공의회 이후 두 번째 아리아니즘의 여파가 닥쳐왔다.

16 357년에 안티오키아 주교로 선임되었을 때부터 본격적으로 급진적 아리니스트로 자처했던 것으로 보인다. 아리우스주의자인 에우노미우스(*Eunomius*)의 보호자로 자처한 그는 성자와 성부가 본질적으로 차이가 있다고 주장하며, 성자가 성부에게서 태어나지 않았다고 강변했다. 360년에 콘스탄티노플의 총대주교로 선임되어 370년에 서거할 때까지 재임하였다. DECA, 903쪽 참조.

이들 중에서 에우노미우스는 좀 더 세련된 언어를 사용하여 아리아니즘을 완성도 높은 형이상학적 체계로 승화시킨 상황을 더 깊이 이해할 필요가 있다.

에우노미우스와 바실리우스

우리는 이즈음에서 아리아니즘의 두 번째 단계를 대표하던 에우노미우스(*Eunomius*)와 니케아 신앙을 고백하던 바실리우스(*Basilius Magnus*) 간의 논쟁을 유념할 필요가 있다.[17] 에우독시우스의 제자였던 에우노미우스는 한때 네 번째 보편공의회가 개최될 칼케돈에서 연구와 저술에 힘쓰고 있었다. 그는 『호교론』이라는 책을 저술하며, 그 안에서 아리우스 시절에 제안했던 것보다 더 철학적으로 세련된 합리주의적 방식으로 아리아니즘의 논리를 전개했다. 그의 논리는 아주 세밀하고 합리적이어서 당대의 신학자들이었던 카파도키아의 세 교부들도 정확하게 대응하기 어려웠다. 게다가 그는 자신의 주장을 설명하기 위해 성경의 논증도 빠뜨리지 않았으며, 삼단논법에 기인한 명쾌한 대답을 제시했다.

그의 주장에 따르면, 성부의 본질은 '아겐네시아'(*agennesia*: 태어나지 않음 혹은 출생의 사실이 없음)[18]이며, 기원이 없는 존재이다. 성자는 아겐네시아의 존재인 성부와 동일하지 않으며, 성경이 말하는 것처럼 성부에게서 태어난 존재일 뿐이다. 형식 논리적 차원에서 규정한다면, 태어난

---

17 에우노미우스는 에우독시우스의 제자로 유사본질론을 거부하여 신(新)아리아니즘을 추구했다. 예를 들면, '성자는 본질적으로 성부와 다르다'고 주장하여 유사본질파의 주장을 강력하게 비판했다. 바실리우스(*Basilius Magnus*)의 『에우노미우스 반박』(*Contra Eunomium*)은 에우노미우스의 신(新)아리아니즘을 역으로 비판하고 있다. DECA, 909쪽; H. R. 드롭너, 383쪽; B. Sesboüé, 283~290쪽 참조.

18 특별히 B. Sesboüé, 283~285쪽.

존재(성자)와 태어나지 않은 존재(성부)는 다를 수밖에 없다.

성 바실리우스

에우노미우스의 이런 주장에 대해 신학적 지식과 아테네에서 습득한 변증법을 바탕으로 바실리우스는 에우노미우스의 논리를 하나하나 깨뜨렸다. 바실리우스는 '아겐네시아'는 성부의 신적 본질(*essentia*)을 뜻하지 않고 속성(*proprieta*)을 의미한다고 주장했다.[19] 특별히 성령의 고유한 성화(*sanctificatio*) 활동은 거룩함을 본질로 하는 하느님의 본성을 나타낸다. 성령은 성부에게서 오기 때문에(요한 15,26) 본질상 성부와 하나이며, 한 존재이시다. 이러한 논증은 아타나시우스의 신학에 토대를 두고 있는 것으로 판단할 수 있다.[20] 바실리우스가 이 시절에 정통 신앙을 수호하는 데 기여한 공로는 니케아 공의회에서 성취한 아타나시우스의 역할에 버금갈 정도로 아주 중요했다.

온건파 아리우스주의자들

이와 같이 근본주의적 아리우스주의자인 에우노미우스의 주장에 대해 온건파 아리우스주의자들의 대표는 비판적 태도를 취했고, 로마의 교황에게 진정했다. 그렇지만, 교황은 이들에게 니케아 신경에 반대하는 자신들의 주장을 버리고, 오히려 니케아 신앙으로 돌아오기를 초대했다.

---

19 바실리우스와 에우노미우스의 논쟁은 언어에 대한 이해를 달리함으로써 전개된다. 에우노미우스의 형이상학적 언어에 대한 비판을 통해 바실리우스는 그의 논리를 넘어서 신앙의 진리를 확증한다. 이에 대한 간단한 논의는 B. Sesboüé, 285~287쪽; Basilius Magnus, 『에우노미우스 반박』(*Contra Eunomium*) II, SC 305, 71쪽; A. Grillmeier, 367~377쪽 참조.

20 Benoît Pruche, *Originalité de saint Basile*, in Sur le Saint-Esprit(SC 17bis), 212~225쪽. 알렉산드리아 신학은 삼위일체적 신관을 나타내기 위해 아타나시우스 때까지 아직 군주론적 혹은 유주론적(*Monarchianism*) 어휘에서 벗어나지 못했다. 이 경향은 5세기 아우구스티누스의 삼위일체론(*De Trinitate*)까지 지속되었고, 현대 서구 신학도 이런 광범위한 영향에서 완전히 벗어났다고 말할 수 없을 정도이다.

다행스럽게도 갈등 상황은 역전되어 이들은 교황의 초대를 비교적 어려움 없이 수용할 수 있었다. 이에 교황 리베리우스(*Liberius*, 352~366년)[21]는 모든 동방 교회 주교들에게 이들의 신앙을 보장하는 추천 서신을 보냈고, 이들은 어디서나 교회 안으로 들어올 수 있었다. 이렇게 해서 이들 온건파 아리우스주의자들은 더 이상 니케아 신앙을 거부하는 반대자가 아니라, 보편교회 안에서 형제가 되었다. 마침내 온건파 아리우스주의자들은 아리아니즘을 거부하고 니케아 신경을 고백하는 신앙을 정통으로 삼았다.

이처럼 어려웠던 시기에 정통 신앙에 가까웠던 온건파 아리우스주의자들은 내부의 혼란을 극복하고 니케아 신앙을 받아들였다. 그렇다고 해서 모두가 니케아 신앙으로 돌아선 것은 아니었다. 일부는 성자에게 적용했던 호모우시오스를 부인하였고, 실상가상으로 성령의 신성을 배척하는 마케도니아니즘에 합류하기도 했다.

성령의 신적 동일본질을 부인하는 마케도니아니즘의 확산으로 교회는 지속적으로 신앙의 위협에 직면하기도 했지만, 이 와중에 학문적으로 카파도키아의 세 교부들이 정통 신앙을 수호하는 버팀목 구실을 했다는 사실은 커다란 위로였다. 이들은 370년에 카파도키아 지방의 카이사레아의 주교가 되었던 바실리우스, 바실리우스의 동생이며 후에 니싸의 주교로 선임된 니싸의 그레고리우스, 그리고 이 두 형제의 친구이며 나지안주스의 주교가 된 나지안주스의 그레고리우스이다. 물론 이들 외에도 여러 주교들—바실리우스의 다른 동생이며 세바스테의 주교가 되었던 베드로(c.344

21 황제 콘스탄티우스 II세(*Constantius II*, 353년~361년)는 교황 리베리우스에게 니케아 신앙을 거스르는 아리아니즘을 허용하도록 요구했고, 시노드를 열어 아리우스를 몰아낸 아타나시우스(*Athanasius*, 295~373년)를 단죄하였다. 황제의 요청을 거부한 리베리우스는 트라키아로 귀양을 떠났으나, 나중에 니케아 신앙을 위배하는 문서에 서명하고 로마로 돌아올 수 있었다. 루돌프 피셔, 교황사전, 16쪽.

~c.394년), 이코니움의 주교인 암필로키우스(*Amphiloquius*, c.340~395년)[22] 등—이 이들의 활동에 협력자로 있었다.

3. 교회의 혼란과 황제 발렌스의 종교정책

전쟁과 정치는 황제의 고유한 영역에 속하지만, 교회 또한 황제의 정치적 권한에서 벗어날 수 없었다. 전선에서 콘스탄티노플로 귀환한 황제 발렌스는 무자비한 방식으로 말썽 많은 에우독시우스의 승계 문제를 해결하고자 했다. 교황 리베리우스는 황제의 요청을 무시했던 이유로 추방당했고, 황제는 자신의 뜻대로 아리우스주의자 주교를 선택하여 임명했다. 교회는 황제의 결정에 반대하긴 했으나, 항의로 돌이킬 수 있는 결정이 아니었다. 오히려 항의의 표시로 황제에게 파견된 80여 명은 바다에 수장되는 결과를 낳았을 뿐이다.[23]

발렌스 황제의 교회 정책

이처럼 아리아니즘에 경도된 발렌스 황제는 정통 신앙의 교회에 대해 극도로 잔인하게 처신했다. 정통 신앙의 교회는 이제부터 황제의 친구가 아니라, 적대자로 인식되었기 때문에 황제는 교회를 무력으로 위협하기 시작했다. 교회를 탄압하기 위해서 황제는 첫 번째 원정지로 카파도키아 교회를 선택했다. 그러나 카파도키아 교부들을 대표하는 바실리우스

---

22 나지안즈의 그레고리우스의 조카로 373년부터 주교로 활동하였고, 카파도키아 교부들과 가까웠던 그는 성령의 신성을 주장하였다. ODCC, 53쪽.

23 I. Ortiz de Urbina, 147쪽.

(*Basilius Magnus*)는 용감하게 황제의 군사적 위협에 굴하지 않았다. 콘스탄티노플을 떠난 황제의 군대는 가는 곳마다 지역 교회의 저항을 쉽게 굴복시켰다. 그러나 371년 11월에 카파도키아의 카이사레아에 도착해선 바실리우스의 거센 도전에 직면했다. 바실리우스는 죽음의 위협을 무릅쓰고 황제 앞에서 아리아니즘을 거세게 비판했다. 놀랍게도 황제는 자신의 뜻을 거스르는 바실리우스의 비판에도 불구하고 그를 주교직에서 쫓아내지 않았다. 오히려 황제는 그의 말에 귀를 기울이게 되었고, 다만 바실리우스의 사목 지역을 분할하는 것으로 그가 미칠 수 있는 직접적 영향력을 줄이고자 하였다.

373년 봄 이후, 발렌스 황제는 동일한 목적을 가지고 시리아의 안티오키아에 몇 년을 머물렀다. 이 기간 동안에 교회에 대한 황제의 박해는 주교들을 귀양 보내는 방식으로 행해졌다. 안티오키아의 주교였던 멜리티우스(*Melitius*, 381년 서거)[24]가 아리아니즘을 반대하고 유사본질론에 기울어지자 황제는 그를 추방시켜버렸다. 그러자 황제의 명령으로 아리우스주의자인 에우조이우스(*Euzoious*)가 안티오키아의 주교직을 차지하였다. 이 기간 동안 아리아니즘에 동의하지 않았던 안티오키아 교회는 교리적으로 힘든 시기를 보내게 되었다. 황제의 대교회 정책에 어긋나는

---

24 멜리티우스는 알렉산드리아에서 아리우스의 제자였던 에우스타티우스(*Eusthatius*, c.300~371 이후)가 추방된 뒤, 자리가 빈 세바스테의 주교직을 승계했다가, 360년경 안티오키아의 주교로 오게 되었다. 그는 잠언 8,22를 아리아니즘에 반대하여 유사본질론에 따라 해석하는 바람에, 황제는 그를 즉각적으로 자리에서 쫓아냈다. 362년에 콘스탄티우스가 죽자 안티오키아에 돌아와서 에우조이우스의 친(親)아리우스 공동체와 친(親)니케아 신앙 공동체에 맞서 새로운 교회(유사본질론 성향)를 꾸몄던 까닭에 안티오키아 교회는 셋으로 갈리고 말았다. 그 후에도 그는 발렌스 황제의 친(親)아리아니즘 정책으로 추방을 여러 차례 겪어야 했다. DECA, 1610쪽; Rowan D. Williams, '*Arius and the Melitian Schism*' Journal of Theological Studies NS 37, 1986, 35~52쪽.

다른 교리적 해석은 여지없이 탄압의 원인이 되었다. 그로 인해 안티오키아 교회에서 수많은 순교자가 생겼고 또 숱한 인물들이 귀양을 떠나야만 했다.

시리아 교회와 마찬가지로 아타나시우스(373년 서거)가 세상을 떠난 알렉산드리아와 이집트 교회도 시련의 시기를 맞고 있었다. 알렉산드리아 교회는 아타나시우스의 동생(베드로)을 후계자로 선출했으나, 황제의 인준을 받지 못했다. 이 시기를 틈탄 안티오키아의 주교 에우조이우스는 아리우스주의자인 루키우스(*Lucius*)가 알렉산드리아의 주교직에 오르는 데 일조를 했다. 발렌스 황제가 보낸 로마의 군대는 이집트 전역을 돌며 지역 교회가 제국의 정책에 복종할 것을 강요했다. 이런 황제의 조치에 반대한 북아프리카에서는 열두 명의 주교, 백여 명이 넘는 사제와 수도승 등이 팔레스티나로 추방당했다. 루키우스 이전에 알렉산드리아의 주교로 적법하게 선출된 베드로[25]는 로마로 피했고, 그곳에서 교리적 일치감을 유지하던 다마수스 교황(366~384년 재위)의 환영을 받았다.

아타나시우스가 서거한 같은 해에 밀라노에선 아리우스주의자 주교가 죽었다. 다행스럽게도 도시의 호민관으로 있던 암브로시우스(*Saint Ambrosius*, c.339~397년)[26]가 교회의 간청으로 주교직을 승계했다. 마침내 밀라노와 함께 그때까지 아리아니즘의 본거지로 남아 있던 시르미움의

25 아타나시우스가 죽기 직전 자신의 후계자로 선택한 인물로, 황제 발렌스에게 잡혀 감옥에 잡혀 있다가 탈출하여 로마로 피신하였다. 그는 발렌스 황제가 죽기 얼마 전에 알렉산드리아에 돌아올 수 있었고 콘스탄티노플 공의회(381년) 직전에 서거했다. DECA, 2036쪽.

26 암브로시우스(Saint Ambrosius, c.339~397년)의 경우 교회 역사상 특이한 예 중의 하나로, 아리아니즘 신봉자였던 밀라노의 주교 아욱센티우스(*Auxentius*)가 서거하자, 교구민의 요청으로 주교가 되었다. 이 직전까지 세례를 받지 않았던 그는 세례를 받았으며, 사제품을 받은 뒤 곧장 교구장으로 임명되었다. 그 역시 아리아니즘을 반대했고, 히에로니무스 · 아우구스티누스 · 그레고리우스 대교황과 더불어 서방 교회의 4대 교부로 불린다. ODCC, 49쪽.

제르미니우스(*Germinius de Sirmium*)가 서거하자(+c.376), 아리우스 추종세력은 영향력을 상실했고, 서방 교회는 실질적으로 아리아니즘의 위협에서 벗어나게 되었다.[27]

한편, 서로마제국의 발렌티니아누스 1세 황제가 서거하자, 동로마제국의 황제 발렌스의 조카 그라티아누스(*Gratianus*, 375~383년)가 후계자가 되어 서로마를 통치하게 되었다. 그는 밀라노 주교 암브로시우스의 자문을 받아 점차 니케아 신앙을 고백하는 교회에 호의를 보이기 시작했다. 이리하여 암브로시우스의 영향으로 서로마 황제는 교회를 박해하는 동로마의 발렌스 황제와 달리 교황과 호의적인 협력관계를 유지하게 되었다.

그러나 불행하게도 카파도키아의 바실리우스와 로마의 교황 다마수스(*Damasus I*, 366~384년)[28]는 서로 이해하지 못했다. 이 둘은 자신들의 사적인 경험 때문에 안티오키아의 분열[29]에 대해 서로 오해를 하고 있었다.

안티오키아가 분열된 배후에는 두 사람의 사적인 관계가 작용했다. 카이사레아의 바실리우스가 안티오키아의 멜리티우스(*Melitius*, 381년 서거)에게 부제품을 받았기 때문에 그를 지지했다. 반면에, 바실리우스는 파울리누스(*Paulinus*, 362~c.382년 재위)[30]가 주교직을 승계한 사실이 적법

27 DECA, 1053~1054쪽.

28 다마수스 교황 시절에 동로마 황제 테오도시우스와 서방의 황제 그라티아누스는 함께 380년 2월 28일에 제국 내의 모든 시민은 가톨릭 신앙을 의무화하는 칙령을 반포하였다. 루돌프 피셔, 교황사전, 17~18쪽.

29 앞에서 언급한 에우스타티우스와 관련된 사건으로 아리아니즘, 니케아 신앙, 유사본질파 등 셋으로 안티오키아가 분열되었던 사건을 의미한다.

30 안티오키아에서 에우스타티우스 사건으로 안티오키아 교회가 분열되었을 때, 소수파였던 친(親)니케아 신앙공동체를 이끌었던 인물이다. 안티오키아 분열 사건 때, 파울리누스는 로마와 이집트의 지지를 받았고, 반(反)아리우스의 동방 교회는 멜리티우스를 지지했기 때문에 교회가 분열의 위기를 겪고 있었다.

하다는 사실을 부인했던 적이 있었다. 그래서 로마의 주교 다마수스 교황은 서방 교회를 대표하여 알렉산드리아와 동조하여 바실리우스의 견해에 반대했던 것이다.[31]

한편, 378년에 고트족의 침략으로 제국의 정치적 상황이 급변하자, 발렌스 황제는 교회에 대한 억압을 늦추지 않을 수 없었고, 자신의 종교정책을 전환하지 않을 수 없게 되었다. 황제는 제국의 정치적 안정을 위해 교회에서 추방했던 니케아 신앙의 수호자들이었던 주교들의 귀환을 허락했다. 이와 같은 황제의 정책 변환으로 아리우스 추종자들과 유사론자들의 세력은 급속히 약화되었다. 황제의 지지와 안티오키아 교회의 도움으로 착좌했던 알렉산드리아의 주교는 피신하지 않을 수 없었다. 반대로 다마수스 교황의 지지와 함께 로마에서 귀환한 아타나시우스의 동생 베드로는 알렉산드리아 교회의 환영을 받았다. 마침내 안티오키아에서도 아리우스주의자들은 쫓겨났고, 쫓겨났던 멜리티우스도 추방에서 풀려 돌아왔다. 이로써 안티오키아 교회와 알렉산드리아 교회는 결정적

31 에우스타티우스(*Eustathius*)가 주교직에서 해임되었을 때(327년)에도, 아직 친(親)아리아니즘의 영향이 안티오키아를 지배하고 있었다. 360~363년 지역 주교였던 멜리티우스가 안티오키아의 주교로 임명되자(360년), 친(親)아리아니즘파와 친(親)니케아 공의회파 양쪽은 그의 호의를 얻고자 했다. 멜리티우스가 친(親)니케아 성향을 보이자, 반대편에서 파울리누스를 안티오키아의 주교로 임명했고, 안티오키아 분열(*Antiochian Schism*)이 본격화되었다. 알렉산드리아의 아타나시우스와 로마를 포함하는 서방 교회는 파울리누스를, 바실리우스와 동방 교회 전체는 멜리티우스를 안티오키아의 합법적인 주교로 인정했다. 바야흐로 교회는 안티오키아 사태로 분열을 피할 수 없는 지경이 되었다. 바실리우스는 파울리누스가 신학적으로 사벨리아니즘과 안키라의 마르켈루스의 경향을 띠고 있다고 비판했던 것이다. 그리하여 멜리티우스가 콘스탄티노플 공의회를 주관하던 중(381년)에 서거했지만, 파울리누스 자신도 자신의 정통성을 공의회에서 인정받지 못했다. ODCC, 1068쪽; DECA, 1954쪽 참조.

으로 아리아니즘에서 벗어날 수 있는 기회를 맞이하게 되었다.

우리는 아리아니즘이 지배하던 콘스탄티노플 교회에선 니케아 신앙을 고백하던 이들이 소수 공동체를 형성해서 나지안주스의 그레고리우스에게 도움을 청했던 사실을 이미 알고 있다. 이 시기에 나지안주스의 그레고리우스의 신학 담론은 콘스탄티노플 교회 공동체에 강렬한 인상을 남겼다.[32] 바실리우스가 임명했던 그레고리우스의 주교 임지는 다른 곳이었지만, 그가 웅변적으로 아리아니즘을 비판하던 설교는 콘스탄티노플에서 대단한 반향을 일으켰던 것이다. 콘스탄티노플의 주교이자 온건파 아리아니즘 옹호자인 데모필리우스(*Demophilius*)[33]와 그의 추종 세력은 자신의 교회 영역에서 친(親)니케아 신앙을 주창하던 그레고리우스의 활동에 반대했으나 성공하지 못했다.

이와 같이 교회의 혼란과 갈등은 대체로 황제 발렌스(*Valens*)가 취한 강압적인 종교정책이 일관성을 유지하지 못했던 사실에서 기인한다. 그래도 이집트 · 안티오키아 · 팔레스티나 · 카파도키아 등은 니케아 신앙의 탄탄한 근거지였다. 그뿐만 아니라, 동방 교회의 대다수도 대체로

32 I. Ortiz de Urbina, 150쪽. 나지안즈의 신학 담론의 예를 같은 책에서 찾아 읽을 수 있다. 281~284쪽 참조. 나지안즈의 그레고리우스는 콘스탄노플의 총대주교로 일시 착좌했고, 381년에 공의회에서 인준을 받았지만, 로마와 알렉산드리아 · 아리우스주의자들과 성령배척론자들의 비판적 분위기에서 공의회 기간 중에 다시 사임하게 된 어처구니없는 일이 발생했다. 이로써 콘스탄티노플 교회와 그레고리우스 개인 모두에게 불행한 일이 되고 말았다.

33 DECA, 650쪽. 트라키아 지방의 주교로 교황 리베리우스가 아타나시우스를 단죄하지 않도록 보좌 역할을 했다. 370년에 발렌스 황제의 호의로 에우독시우스의 사후에 콘스탄티노플 총대주교에 선임되었다. 그래서 황제의 친(親)아리아니즘 정책을 지지했으나, 극좌적 아리아니즘에 반대했다. 380년에 테오도시우스 황제가 니케아 신경을 수락하도록 강제했으나, 반대했기 때문에 주교직을 내놓고 트라키아 지방의 고향으로 돌아갔다.

니케아 신앙을 유지하고 있었다. 유사본질론자들(*homoiousioi*)이 소수를 차지하고 있는 곳에서 에우노미우스(*Eunomius*)를 중심으로 아리아니즘이 아직도 명맥을 잇고 있었을 뿐이다. 이런 상황에서 황제가 일관된 종교정책을 유지하지 않고, 무력으로 주교들을 쫓아내고 니케아 신앙을 핍박하려고 했다는 사실은 제국의 평화와 일치를 우선시해야 했을 황제의 정책이 정치 논리적으로도 설명되지 않는다. 이런 의미에서 교회 정책에 관한 한, 발렌스 황제는 정치적 감각이 없었던 인물로 판단할 수 있으며, 그로 인해 이해하기 어려운 모순된 대교회 정책을 시행했던 황제가 되었다.

4. 성령 배척론

니케아 공의회로 대변되는 4세기 전반의 교의 논쟁은 말씀(*Logos*)의 신성을 주제로 정치하게 펼쳐진 과정은 잘 알려진 사실이다. 그런데 아리우스 논쟁에서 작성된 니케아 신조는 성령에 관해서는 아주 단순하게 "그리고 성령을 (믿는다)"(*Et in Spiritum Sanctum*)라고 언급하고 있을 뿐이다. 말하자면, 교회는 성령에 대한 신학적 관심이 없었거나 아직 문제가 발생될 소지가 없었다고 말할 수밖에 없겠다. 논리적으로 생각하면, 아리우스주의자들은 성자의 신성을 부정함으로써 자연스럽게 성령의 신성을 부인하지 않을 수 없었다. 성자의 신성을 부인한다는 것은 아리우스주의자들에게 신성의 유일성을 주장하는 것이므로 성령은 성자의 경우에 준하여 신성이 거부되지 않을 수 없었다. 아리우스주의자들의 주장과 반대로 제3위격에 대한 논쟁에서 말씀의 신성을 방어하던 이들은 성부와 성자의 신적 동일성을 주장했던 것이고, 마찬가지로 성부와 성령의 신적 동일성을 부정할 수 없는 게 논리적 사실이었다.

그런데 성령의 신성을 부인한 인물들은 오히려 아리우스주의자들이 아니었고, 놀랍게도 니케아 신앙을 고백하던 이들 가운데에서 나타났다. 이런 점에서 보면, 처음에는 니케아 신경에 반대하던 아리우스주의자들 중에서 급진적 아리우스주의자들과 온건파 아리우스주의자들을 구별할 수 없었던 것이 사실이다.

성령의 신성을 부인하는 첫 번째 언급은 트무이스의 주교 세라피온(*Serapion de Thmuis*)에게 보낸 아타나시우스의 세 번째 편지[34]에 들어 있다. 이미 알고 있다시피, 유사본질론자들은 성령의 신성을 부인하는 비잔틴 주교 마케도니우스를 이단으로 축출한 사건에서 이들을 마케도니우스주의자들, 혹은 성령배척론자들(*Pneumatomachoi*)이라고 불렀다.[35]

아타나시우스의 논증

아타나시우스는 이 편지에서 성령의 존재를 논증하기 위해 요한 16,13−14를 인용하는 것으로 논리 전개를 시작한다. 아타나시우스는 인용문을 해석하면서 성령의 실존성이 근본적으로 그리스도론적임을 주장한다. "그러나 그분 곧 진리의 영께서 오시면 너희를 모든 진리 안으로 이끌어주실 것이다. 그분께서는 스스로 이야기하지 않으시고 들으시는 것만 이야기하시며, 또 앞으로 올 일들을 너희에게 알려주실 것이다. 그분께서 나를 영광스럽게 하실 것이다. 나에게서 받아 너희에게

34 이 서신은 360년경에 작성된 것으로 보인다. I. Ortiz de Urbina, 266~269쪽; *Sur le Saint-Esprit*, SC 15, 163~174쪽; 카를 수소 프랑크, 530~539쪽.

35 마케도니우스가 정죄된 이후 그의 작품은 남아 있는 게 없다. 따라서 이런 이름이 어떻게 해서 주어졌는지 정확히 알 수 있는 근거는 찾을 수 없다. B. Sesboüé, 264~265쪽 참조.

알려주실 것이기 때문이다."

성령은 성자와 관련해서 우리에게 드러나고, 성자의 실존은 성부와 관련해서 의미가 확보된다. 더 나아가 성령은 성자에게서 출발하여 우리에게 부어지는 하느님의 선물이다.[36] 갈라티아인들에게 보낸 사도 바울로의 편지 4,6(진정 여러분이 자녀이기 때문에 하느님께서 당신 아드님의 영을 우리 마음 안에 보내주셨습니다. 그 영께서 "아빠! 아버지!" 하고 외치고 계십니다)은 성령과 성자의 관계뿐만 아니라 성부와 성자와 성령의 위격적 관계를 암시해준다. "그 사람 속에 있는 영이 아니고서야, 어떤 사람이 그 사람의 생각을 알 수 있겠습니까? 마찬가지로, 하느님의 영이 아니고서는 아무도 하느님의 생각을 깨닫지 못합니다"(1코린 2,11). 종속의 관점이 아니라, 위격적 관계의 관점에서 성령은 성자의 성령이며, 성부의 성령이다. 성자가 성부와 동일본질인 것처럼, 성령은 성자와 동일본질인 동시에 성부와 동일본질인 것이다. 성자가 성부와 동일본질이기 때문에 피조물일 수 없음과 마찬가지로, 성자와 동일본질인 성령도 결코 피조물이 될 수 없는 것이다. 성령은 무에서 창조된 존재가 아니라, 하느님에게서 온 존재이고 존재론적으로 하느님에게 속한 존재이다.[37]

성령배척론자들(*Pneumatomachoi*)

아타나시우스의 논증과 달리 마케도니우스는 성령이 신성을 보유한

36 이 문제는 나중에 *filioque* 문제로 확산된다. 성령이 마치 성자에 대해 종속론적인 인상을 남긴다는 데 의혹이 발생한다. 동서방 교회의 공식적인 분열을 촉발시킨 용어였다.

37 창세 1장은 하느님 엘로힘이 인간을 포함하여 만물을 창조하면서 무에서 창조하셨다(*ex nihilo*). 아타나시우스는 사도 바울로의 말씀, '성령은 하느님에게서 나오는 존재'(*to pneuma to ek tou theou*, 1코린 2,12)를 인용하며 성부와 성령의 관계를 묘사한다. 아타나시우스는 편지에서 창조에서 존재하게 되는 피조물과 하느님의 존재에서 비롯하는 성령의 차이를 논증한다. SC 15, 165~166쪽.

성자와 달리 천사의 한 계급일 뿐이라고 주장한다. 이런 주장이 급속하게 동방 교회 전체로 번져나갔기 때문에, 파급 현상을 막기 위해 362년에 알렉산드리아에서 개최된 시노드는 성부와 성자와 성령의 동등성을 명시적으로 선언하기에 이르렀다. 이미 바실리우스는 370년 이전에 에우노미우스의 주장을 반박하는 성령론을 저술하기도 했다는 사실을 우리는 알고 있다.

교리적으로 성령의 신성을 부인하기는 했지만, 이들은 덕행과 생활에서 수도적 삶의 모범이었다. 당시 이들이 주장하던 신조는 아리우스를 단죄했을 뿐만 아니라, 사벨리아니즘과 마르키온, 사모사타의 바울로, 안키라의 마르켈루스 등을 단죄했다. 또한 이들은 니케아 신경을 수용했기 때문에 어디까지나 신앙의 정통성을 드러내고 있었던 것으로 보였다. 고대 교회의 신앙을 보증하던 니케아 신앙을 주장했기 때문에 이들은 어디서나 쉽게 받아들여지기도 했다. 그러나 성령에 관해서만 신적 본질의 동등성을 인정하지 않고 거부함으로써 이들은 정통 신앙과 거리를 두게 되었던 것이다.

성령배척론자로 분류되는 이들 중에서 폰투스(*Pontus*) 지방의 세바스테(*Sebaste*)의 에우스타티우스(*Eustathius*, c.300~377년 이후), 키지크의 엘레우시우스(*Eleusius*), 마라토니우스(*Marathonius*) 등이 대표자였다.[38] 아르메니아와 카파도키아 지방의 수도원 창시자였던 에우스타티우스는 356년에

38 I. Ortiz de Urbina, 154쪽. 엘레우시우스는 콘스탄티노플 총대주교였던 마케도니우스가 358년경에 서임했던 인물로 유사본질론을 강력히 주장했고, 안키라의 바실리우스의 강력한 협조자였다. 당연히 그의 주장에 따르면, 성령은 피조물이다. DECA, 799~800쪽. 마라토니우스는 마케도니우스가 342년경에 니코메디아의 주교로 서임했던 인물로 무엇보다도 수도생활에 깊은 관심을 보였다. 그 역시 대표적 유사본질론자로 성령의 신성을 부인하였다. DECA, 1531~1532쪽.

주교로 선출되었는데, 정통 신앙은 단순하게 아리아니즘에 반대하는 것이라고 생각했다. 그러나 그는 360년에 니케아 신조를 반대하는 데 서명함으로써 불행하게도 추방당했다. 그는 성자의 신성을 수용했지만, 성령의 신성에 대해서는 유보적인 태도를 보였기 때문이다.

카파도키아 교부들과 성령

성령의 신성에 대해서 고대 교회의 교부들은 넓은 편차를 보였다는 사실에 유의해야 한다. 이런 사실을 염두에 두고 바실리우스와 나지안주스의 그레고리우스가 보였던 태도를 잠시 살펴볼 필요가 있다. 바실리우스는 그레고리우스와 달리 처음 성령의 동일본질에 대해서 확실한 태도를 보이지 않았으나, 곧 그레고리우스의 주장에 동조하면서 성령의 신성을 고백하는 정통 신앙으로 돌아섰다. 그가 사용한 삼위일체 정식은 "성령 안에서, 성자를 통하여 성부께 영광을" 대신에 "성부와 성자와 성령께 영광을"이었다.[39] 간단히 말하면, 앞의 정식이 위격의 구별을 강조하고 있다면, 뒤의 정식은 신적 단일성을 더욱 강조한다는 의미를 지닌다. 바실리우스는 이 정식을 해설하는 저술을 하게 되었고, 그 결과 그의 '성령론'[40]이 교회의 신앙을 올바르게 유지하는 데 일조를 할 수 있었다. 얼마 후 알렉산드리아의 교리 교사였던 눈먼 디디무스(*Didymus*, c.313~398년)[41]도 바실리우스의 주장을 지지하는 '성령론'[42]을 저술했다.

---

39 I. Ortiz de Urbina, 155쪽.

40 SC 17bis.

41 4세기 인물로 알렉산드리아 태생으로 태어나면서 시력을 잃었다. 신체적으로 어려운 조건에도 불구하고 박식함으로 뛰어났다. 그는 아타나시우스가 교리학교를 맡길 정도로 인정받는 학자였고, 히에로니무스도 그의 제자였다. 오리게네스의 주장에 동조했다는 이유로 단죄를 받아(553년의 II 콘스탄티노플 공의회) 대부분의 저술이 사라졌다. 다행히도 그의 '성령론'은 히에로니무스가 라틴어로 번역한 텍스트(*Opera Omnia/Didymus Alexsandrinus*, Migne(Paris),

나지안주스의 그레고리우스

1858)가 남아 있다. DECA, 682~683쪽.

42 SC 386.

발렌스 황제의 박해가 심해질수록, 정통 신앙의 바실리우스와 성령배척론을 대변하던 에우스타티우스의 반목은 극대화되었고, 마침내 둘은 갈라서게 되었다. 엘레우시우스는 마케도니우스의 뒤를 이어 차지했던 새로운 급진적 아리아니즘의 대표자였던 에우노미우스(*Eunomius*, +394년)[43]가 쫓겨난 자리를 차지했다. 그는 발렌스 황제의 박해에 굴복하여 주교직을 사임하고자 했으나, 교회 공동체의 신임을 받고 자리를 지킬 수 있었다. 그 후 테오도시우스 황제 아래에서 추방과 복귀를 거듭하다가 귀양지에서 세상을 떠났다.

마케도니아니즘의 세 번째 주역인 마라토니우스는 에우스타티우스의 조언으로 콘스탄티노플에 수도원을 세우고, 그의 영향력을 넓혔다. 그는 부유했지만, 가난한 이들을 보살피는 등, 자선에 힘썼기 때문에 그가 동조하는 성령배척론이 뿌리를 내릴 수 있었다. 비록 성령의 신성을 거부하긴 했어도, 그의 주장을 담고 있는 작품이 남아 있지 않기 때문에 그 내용을 확인할 수 없다. 교부들의 저술에도 이들의 주장을 언급하지만, 주장을 뒷받침하는 인용문은 찾아볼 수 없다. 아마도 이런 점이 일명 마케도니아니즘, 즉 성령배척론이 영향력을 길게 미치지 않고 곧 사라지게 된 배경이 되었을 것이다.

---

43 에우노미우스의 주장은 아리아니즘과 다를 바 없으며, 비유사본질론자(*Anomoeism*—*anomois*: 상이한, 비슷하지 않은)로 불린다. 유일한 최고 실체를 긍정하고—이것을 아겐네시아(*agennesia*, 태어남이 없는 존재)라고 부른다— 신의 실체엔 성자의 탄생이나 발출이 없다고 주장한다. 에우노미우스의 설명에 따르면, 성부가 성자를 창조하자마자, 성자는 창조의 능력을 이어받아 성부와 유사하게 되었다는 것이다. 성령은 성자가 창조한 조물의 첫 번째 자리를 차지하며, 영혼의 성화를 위한 성자의 도구로 이해한다. DECA, 909쪽.

제6장
공의회 개최

발렌스(*Valens*, 364~378년) 황제의 죽음으로 동로마는 서로마 황제인 그라티아누스(*Gratianus*, 375~383년)의 치하에 통합되었고, 서방 교회가 니케아 신조에 충실한 만큼, 발렌스 황제가 추방했던 주교들은 귀환하여 본래의 지역 교회로 돌아갈 수 있게 되었다.

이즈음 제국은 북부의 골 지방(라틴어로 갈리아[*Galia*], 현대의 프랑스)과 다뉴브 지역의 고트족과 갈등이 불거져 관계가 험악해지자 그라티아누스 황제는 스페인에 있던 장군 테오도시우스를 불러들였다. 테오도시우스가 고트족을 물리치자 그라티아누스는 그를 동로마를 다스리는 황제 자리에 임명하고 자신은 라인 강에 의치한 게르만족을 물리치기 위해 전선에 나갔다.

교회의 입장에서 볼 때에 다행스럽게도 테오도시우스(*Theodosius*, 379~395년)는 로마의 주교 다마수스를 따라 니케아 신경의 수호자로 행동했다. 말하자면, 테오도시우스는 전임자 발렌스 황제와 다르게 니케아 신앙을 정통 신앙으로 지지했고, 그의 정책은 그리스도교를 제국의 종교로 확립했던 콘스탄티누스의 정책에 비견할 만했다. 테오도시우스에게 중요한 것은 로마의 주교가 인정한 니케아 신조를 지키며 제국의 안녕을 유지하는 일이었다. 따라서 그는 니케아 신앙을 벗어난 아리아니즘은 물론 다른 이단들에 대해서 관용을 베풀지 않았다.

325년 니케아 공의회 이후 약 반세기 동안, 이러저러한 이유로 관계가 나빠진 지역 교회들 사이의 문제, 곧 종교와 정치의 갈등과 긴장은 반복적으로 고조되었다가 사라지곤 했다. 잘 알다시피, 처음 그리스도교를 국가종교의 위치에서 정책을 시행하던 콘스탄티누스 황제는 교회의 보호자요 동시에 통치자로 자임했다. 이와 같이 콘스탄티누스 황제가 정치적으로 취했던 종교정책을 이제는 테오도시우스 황제가 이어받은 것이나 마찬가지였다. 그러므로 테오도시우스 황제의 정책은 그리스도교 신앙을 지지할 뿐만 아니라, 로마 주교의 신앙을 그리스도교 신앙의 기준으로 인정하고 보호하는 것이 첫 번째 임무가 되었던 것이다.

교회는 외적 내적인 성장을 거듭하여 제국의 통일된 정책과 일치를 추구하는 도구요 없어선 안 될 수단이 되었다. 교회는 지리적으로 널리 확장되었으며, 그 결과 널리 산재한 지역 교회들 사이에 일치와 평화가 무엇보다도 중요했다. 이런 점에서 전통적으로 사도들과 직접 혹은 간접적으로 연관을 맺은 안티오키아 교회, 알렉산드리아 교회, 예루살렘 교회, 로마 교회는 아주 중요했으며, 보편교회 내에서 실질적인 권위를 행사하고 있었다. 그 위에 제국의 수도이기 때문에 중요한 위치를 차지하고 있는 콘스탄티노플 교회는 정치적 권위를 행사하며, 앞에서 언급한 네 개의 총대주교관구 교회가 행사해온 전통적 권위를 넘보고 있었다.

따라서 이들 지역 교회 사이의 긴장과 갈등은 여전하였다. 게다가 지역 교회들의 관계와 상황은 교의 논쟁과 정치적 이해관계가 얽혀 더욱 복잡해졌다.

1. 안티오키아, 콘스탄티노플, 알렉산드리아의 상황

공의회의 결정이 교회 구성원 모두에게 적용되는 것이긴 했지만, 반대하는 이들에 대한 적용은 쉽지 않았다. 더구나 지역 교회들 사이에 긴장이 있고, 갈등이 조성되는 경우라면 더욱 어려웠다. 로마 교회를 제외한 안티오키아 교회, 알렉산드리아 교회는 전통적으로 사도들의 후광을 누리고 있었고, '새 로마'로 자처하고 싶었던 콘스탄티노플 교회는 정치적 후광, 곧 황제의 위상에 걸맞은 위상을 소유하고 싶었다.

안티오키아

친(親)아리우스파와 친(親)니케아 공의회파로 갈린 안티오키아의 분열(360년에 멜리티우스가 안티오키아 주교가 되었을 때 벌어지기 시작한 사건)은 벌써 반(半)세기를 지나고 있었다. 한편, 온건파 아리우스주의자들이 행사하고 있던 영향력은 330년에 안티오키아의 에우스타티우스가 새로운 인물로 대체되었을 때 절정에 올랐다.

니케아 신앙의 열렬한 지지자였던 에우스타티우스에게 충성하던 사람들은 자신들이 가진 신앙의 정통성을 주장하였다. 이들의 대표자 격인 파울리누스는 신학적으로 소략하게 휘포스타시스(*hypostasis*)를 본질(*substance*)로 이해하고 있었기 때문에 하느님은 '하나의' 휘포스타시스라고 주장했다. 반면에 카파도키아 교부들을 포함하여 교회는 이즈음 비로소 휘포스타시스를 '위격'(*persona*)으로 이해하기 시작했다. 사실 동방 교부들에게 '*hypostasis =persona*'의 등식은 아주 익숙한 것이었기 때문에,

하느님을 하나의 휘포스타시스로 주장한다는 것은 삼위일체의 하느님에 대한 오류라고 판단하지 않을 수 없었다.[1]

안티오키아의 유사본질론자들(*homoiousioi*)은 아리아니즘 성향의 주교인 에우독시우스(*Eudoxius*)를 몰아내고, 니케아 신경을 반대한 멜리티우스를 선출했다. 그는 이미 세바스테의 주교로 358년에 선출되어 임지가 결정되어 있었다. 멜리티우스는 카파도키아 교부들—바실리우스, 나지안주스의 그레고리우스와 니싸의 그레고리우스—과 친밀한 관계를 유지하고 있었기 때문에 그들의 지지를 받고 있었다. 그렇기 때문에 멜리티우스는 휘포스타시스를 위격(*persona*)의 개념으로 이해하고 '3 휘포스타시스'(*tre hypostaseos*)의 하느님을 주장할 수 있었다. 그래서 개념적 이해를 하지 못하던 안티오키아의 유사본질론자들은 멜리티우스가 니케아 신경을 거부하고 호모우시오스(*homoousios*)를 반대하는 줄로 오해했다.

이미 알고 있다시피, 멜리티우스는 잠언 8,22의 해석에서 니케아 신경이 차용한 호모우시우스(*homoousios*)나 성부의 우시아(*ousia*) 등의 용어를 거론하지 않으면서 말씀의 신성과 성부의 동일본질을 주장했다. 한편으로 그는 아리아니즘의 공격을 방어할 수 있었지만, 다른 편으로는 니케아 신경을 주장하는 이들의 호감을 전적으로 얻어내지도 못했다. 이로 말미암아 쫓겨났던 멜리티우스는 콘스탄티우스 황제가 서거한 후에 귀양에서 풀려 돌아오지만, 앞에서 언급했다시피 안티오키아는 이미 알렉산드리아 출신의 아리우스주의자 에우조이우스(*Euzoius*)가 착좌하고 있었다. 그리고 이런 긴장과 갈등 속에서 알렉산드리아의 아타나시우스와 서방 교회의 지지를 받은 파울리누스가 안티오키아의 주교로 인정받았다. 따라서

1 파울리누스 공동체의 이 주장은 사벨리아니즘으로 판단되었고, 안키라의 마르켈루스나 포티누스의 주장에 가까웠다.

안티오키아 교회는 에우조이우스, 멜리티우스, 파울리누스를 각각 대표로 하는 세 파로 나뉘게 되었다.[2] 이 같은 안티오키아의 분열은 세 공동체를 대표하던 주역들의 죽음 이후 해소되긴 하지만, 안티오키아 교회는 깊은 상처를 받고 말았다.

삼위일체 신앙과 관련해서 하나의 휘포스타시스를 고백한다면, 명백한 이단이 되지만, 본질로 이해한다면 오해에서 비롯된 주장이 된다. 서방 교회는 휘포스타시스를 우시아 혹은 본질(*substantia*)로 이해하기 쉬웠기 때문에 점차 *persona*를 위격을 지칭하는 용어로 선택하게 되었다. 이후 멜리티우스는 안티오키아를 떠났고, 파울리누스와 멜리티우스의 화해로 안티오키아 교회는 겨우 평화를 얻을 수 있었다.[3]

콘스탄티노플

안티오키아의 사정이 앞에서 서술한 것처럼 얽히고설킨 갈등을 빚어냈다면, 콘스탄티노플의 상황은 내용적으로 훨씬 가벼웠다. 어떤 의미에서 '새 로마' 혹은 '제2의 로마'를 자임한 콘스탄티노플은 동로마제국의 수도로써 교회 정치적으로 훨씬 더 복잡하였다고 말할 수 있다. 콘스탄티노플 주교좌는 니케아 신앙에 반대하는 아리아니즘에 호의적인 인물들이 연속적으로 차지하고 있었기 때문이다. 342년 이래 줄곧 니케아 신경을 반대한 인물들이 착좌해왔고, 성령배척론자인 마케도니우스(360년 추방)도 한때 콘스탄티노플 주교좌를 차지하고 있었다. 마케도니우스의 후임으로 발렌스 황제는 그의 측근이자 황제 자신에게 세례를 베풀었던 아리우스주의자 에우독시우스(*Eudoxius*, +370년)[4]를 안티오키아에서 불

2 자세한 정치적 상황은 I. Ortiz de Urbina, 156~159쪽 참조.

3 자세한 역사적 정황은 I. Ortiz de Urbina, 161~163쪽 참조.

러 콘스탄티노플의 총대주교로 선임했다.

콘스탄티노플 공의회(381년)

4 에우독시우스(+370년)는 아르메니아 출신으로 비유사본질론자들(*anomoi*)의 주역이었다. 성자는 성부와 본질적으로 상이하며, 성자가 성부에게서 낳음을 받았다는 것을 부인하였다. 357년에 안티오키아의 주교좌에 착좌했다가, 발렌스 황제의 보호 아래 360년에 콘스탄티노플 주교좌로 옮길 수 있었다. DECA, 905~904쪽 참조.

370년에 에우독시우스가 죽자 니케아 신앙 정통파는 에바그리우스라는 인물을 추대하고자 시도했으나, 황제의 친(親)아리아니즘 정책에 부딪쳐 오히려 에바그리우스는 귀양을 떠나게 되었다. 이후 황제는 시리아의 주교였던 아리우스주의자 데모필리우스(*Demophilius*)[5]를 콘스탄티노플의 주교로 임명했다. 이와 같이 아리우스주의자들을 가까이 한 황제의 고집스런 정책은 아리우스주의자들이 콘스탄티노플에 있던 모든 기존의 교회들을 대부분 독점할 수 있었던 상황을 설명해준다.

378년에 귀양 갔던 주교들이 돌아오기 시작할 무렵이 되어서야, 콘스탄티노플의 니케아 정통파는 질식 상태를 벗어나 숨을 쉴 수 있게 되었다. 앞에서 잠시 언급했던 것처럼, 상황의 역전을 위해 이들은 콘스탄티노플 교회의 수교직을 차지하려고 은수자로 살고 있던 나지안주스의 그레고리우스를 찾아냈었다. 그들은 그의 뛰어난 언변과 인품으로 콘스탄티노플 교회의 상황이 니케아 신경을 지지하는 방향으로 호전되길 기대했다. 사실 그레고리우스는 그의 절친한 친구였던 성 바실리우스가 주교로 서품했고 정해진 임지로 보내려고 했다. 바실리우스의 뜻과 달리 그레고리우스는 처음부터 나지안주스로 돌아가 그곳의 주교였던 아버지를 돕고자 했던 것인데, 초대를 받고 콘스탄티노플로 옮겨간 것이었다. 그러나 325년에 니케아 공의회의 결정에 따르면, 일단 임지가 결정된 주교가 다른 임지로 옮겨가는 것은 금지된 사항이었다. 이러한 사유로 나지안주스의 그레고리우스가 콘스탄티노플로 옮겨와 이곳에서 행한

5 에우독시우스가 죽자, 발렌스 황제의 호의로 콘스탄티노플 주교좌를 승계한 데모필리우스는 아리아니즘 온건주의자여서 급진적 아리우스주의자들을 멀리했다. 그러나 380년, 테오도시우스 황제 치하에서 니케아 신경에 서명하기를 거부했기 때문에 면직되었고 귀향 조치되었다. DECA, 650쪽.

그의 활동은 즉각적으로 콘스탄티노플의 총대주교 데모필리우스의 분노를 자아내고 말았다. 이 사건은 나중에 그 자신 콘스탄티노플 총대주교로 활동을 시작한 지 얼마 되지 않아 1차 콘스탄티노플 공의회(381년) 회기 중에 콘스탄티노플의 주교좌에서 물러나야 하는 불행한 사태의 원인이 되고 말았던 것이다.

알렉산드리아

콘스탄티노플 교회의 상황에 아주 민감했던 알렉산드리아의 주교 베드로[6]도 나지안주스의 그레고리우스가 콘스탄티노플에서 행사하는 영향력을 편안한 마음으로 바라볼 수 없었다. 알렉산드리아의 주교에게는 새롭게 부상하는 콘스탄티노플의 영향력이 커질수록 니케아 공의회에서 공식적으로 인정한 알렉산드리아의 권위(로마 다음가는 위상)가 동방 교회 안에서 약화되는 것을 의미했기 때문이다. 콘스탄티노플에서 벌어지는 모든 사태는 직간접으로 영향을 미쳤고, 4세기 내내 알렉산드리아의 주교는 기회가 닿는 대로 콘스탄티노플 교회는 공의회가 정한 결정에 따라야 한다는 압력을 행사했다. 그 하나의 예로, 나지안주스의 그레고리우스의 경우처럼 다른 지역의 주교를 뽑아 콘스탄티노플에서 활동하는 것에 극렬히 반대했다.

원칙을 주장했던 알렉산드리아의 베드로는 이번엔 니케아 공의회의 결정에 반하여, 한 인물을 임의로 주교로 서임한 다음에 콘스탄티노플로

---

6 아타나시우스(+373년)의 후임자로 알렉산드리아의 주교가 되었으나, 황제 발렌스의 미움으로 쫓겨나 아리우스주의자 루키우스(Lucius)가 그 자리를 차지했다. 다마수스 교황에게 몸을 의탁했고, 안티오키아의 분열이 시작되었을 때 파울리누스를 편들어 반(反)아리우스주의자들의 일치를 도모하던 바실리우스에 반대하였다. 그는 381년에 콘스탄티노플 공의회가 시작되었을 때 갑자기 서거했다. DECA, 2036쪽.

보냈다. 그가 받은 임무는 황제의 마음을 사로잡아 콘스탄티노플을 알렉산드리아의 휘하에 두려는 주교의 의중을 실현하는 것이었다. 이 사실을 알게 된 로마의 주교 다마수스(*Damsus*)와 나지안주스의 그레고리우스는 항의를 제기했고, 테오도시우스 황제조차 알렉산드리아의 제안을 거부했다. 그런데 나지안주스의 그레고리우스는 콘스탄티노플의 니케아 정통파에 속한 주교로 활동하고 있었지만, 자신도 니케아 공의회가 결정한 조항을 어기고 있었다.

사실 알렉산드리아 교회는 아리우스주의자 주교였던 루키우스(*Lucius*)[7]가 378년에 콘스탄티노플로 망명한 뒤, 알렉산드리아의 베드로가 후임 주교가 된 상황이었다. 381년에 베드로 주교가 서거하자, 콘스탄티노플 공의회에 참석하고 있었던 티모테우스(*Timotheus*)[8]가 주교직을 승계했다.

이와 같이 반복된 정치와 교회의 불협화음으로 동방 교회는 신앙고백의 갈등과 긴장 속에 처해 있었고, 게다가 황제 발렌스(*Valens*)의 박해는 동방 교회를 더욱 깊은 혼란에 빠뜨렸다. 상대적으로 서방 교회는 그리스도교에 호의적인 황제 발렌티니아누스 1세(*Valentinianus I*)와 그라티아누스(*Gratianus*)의 치하에서 평화를 누리고 있었다. 오랜 박해 뒤에 서방

---

7 루키우스(*Lucius*)는 알렉산드리아 교회의 세 번째 아리우스주의자 주교. 아타나시우스와 오랜 세월 갈등 관계에 있다가 373년에 아타나시우스가 서거하자 발렌스 황제의 후원 아래 주교좌를 차지했다(이때 베드로는 로마로 피신했다). 루키우스는 정통파와 특별히 수도승들을 핍박하였고, 378년에 발렌스 황제가 죽자 그도 추방되어 콘스탄티노플 주교인 데모필리우스에게 의탁하였다. DECA, 1500쪽.

8 그는 베드로 주교의 형제로 381년 초에 주교가 되어, 385년까지 주교직을 수행했다. 뒤늦게 콘스탄티노플 공의회(381년)에 참석하여, 나지안즈의 그레고리우스가 콘스탄티노플의 주교가 되는 것을 막을 수 있었다. 그러나 이 공의회에서 콘스탄티노플 교회는 로마에 이어 두 번째 가는 지위를 획득하려 했고, 티모테우스는 이런 결정을 막지 못했다. 그러나 후에 로마 주교 레오 교황의 거부로 콘스탄티노플의 시도는 무위에 그치고 말았다. DECA, 2451쪽.

교회는 아무런 제재나 의심도 없이 니케아 신앙에 충실한 보루로 성장했다.

2. 테오도시우스 황제의 종교정책과 공의회의 개최

공의회의 개최 직전 상황

그라티아누스 황제의 요청에 따라 새로이 황제의 자리에 오른 테오도시우스는 동방 교회에 대해 어떤 태도를 취했던가? 앞에서 언급했던 것처럼, 바실리우스가 죽고 난 뒤 콘스탄티노플 교회 안에서 니케아 신경을 지지하는 일부 공동체는 한시적이지만 나지안주스의 그레고리우스가 이끌고 있었다. 380년 테오도시우스 황제는 콘스탄티노플에 입성하자마자 아리아니즘을 옹호하던 데모필리우스를 추방했을 뿐만 아니라, 알렉산드리아의 베드로가 콘스탄티노플의 주교 자리를 위해 보낸 막시무스라고 하는 인물도 쫓아내도록 명령을 내렸다. 이와 같은 조치 이후에, 같은 해인 380년에 황제는 그레고리우스를 콘스탄티노플의 교구장으로 착좌시켰던 것이다. 황제의 조치는 아주 효과적으로 이단의 흐름을 차단했을 뿐만 아니라, 콘스탄티노플 교회는 황제의 정치적 호의를 바탕으로 니케아 신앙을 정통 신앙으로 확립시킬 수 있었다.

그렇지만 이미 수년 전부터 새로운 형태의 이단이 발생하고 있었기 때문에, 이 문제를 다룰 공의회의 개최가 필요한 상황이었다. 에우스타티우스(*Eustathius*)는 성령의 온전한 신성을 부정하였고, 앞에서 간단히 언급했던 것처럼 아폴리나리우스는 그리스도의 완전한 인성을 부정하였다. 안티오키아의 파울리누스는 안키라의 마르켈루스가 한 분 하느님이 하나의 위격(*hypostasis*)임을 주장하였듯이 사벨리아니즘의 혐의를 받았다. 이에 로마의 주교 다마수스 교황은 니케아 신경의 내용에 따라 성령의 신성을 확인하는 조치를 동방 교회에 보냈다. 교황이 보낸 궁극적 내용은 아폴리나리아니즘(*Apollinarianism*)과 성령배척론자들을 정죄하는 것이었다. 이렇듯이 이단에 둘러싸인 교회의 상황은 급박하게 돌아갔으나, 고트족의 위협과 정치적 불안으로 황제의 명령이 없이는 교회가 스스로 문제를 해결해야 할 보편공의회를 독지적으로 소집할 수 없었다.

니사의 그레고리우스

공의회의 소집

이러한 상황을 염두에 두고, 테오도시우스 황제는 동로마제국에 속한 주교들만으로 소규모의 의회를 열어 문제를 다루고자 하였다. 따라서 381년의 콘스탄티노플 공의회는 처음부터 보편공의회를 지향했던 것은 아니었다. 오히려 문제를 논의할, 지역적으로 한정된 회의를 소집하는 것에 만족하려고 했던 것으로 보인다. 그래서 380년 말에 콘스탄티노플 공의회의 소집 칙령이 공포되었고, 381년에 공의회는 개최되었던 것이다.

제1차 콘스탄티노플 공의회는 황제의 궁전에서 5월에 소집되어 7월 초까지 약 두 달간 열렸다. 약 150여 명의 주교들이 콘스탄티노플에 모였고, 이들은 모두 동방 교회 소속이었다. 이들 중에 나지안주스의 그레고리우스와 이미 고인이 된 성 바실리우스의 동생 니사의 그레고리우스가 포함되어 있었다. 니사의 그레고리우스는 실천적인 의미에서 좋은 사목자는 아니었지만, 훌륭한 철학적 통찰과 신학적 사유의 소유자였다. 그는 이미 당시 문제되고 있던 아리우스주의자인 에우노미우스(*Eunomius*, +394년)의 주장과 아폴리나리아니즘을 비판하고 나섰다. 그의 형 바실리우스는 동생을 작은 지역의 주교로 선임했으나, 아리아니즘에 호의적인 발렌스 황제 때는 니케아 신경을 따름으로써 추방당하기도 했다. 니사의 그레고리우스는 당시 가장 위대한 신학자 중의 한 사람이었다.

또 다른 인물로 예루살렘의 키릴루스(*Cyril*, 315~387년)[9]는 니케아 신경이 강조하는 성자와 성부의 동일본질을 충분히 표현하지 않고 있다는

9 예루살렘의 주교로 349년경부터 재임했다. 그는 357년에 아리아니즘에 반대한 까닭에 자리에서 쫓겨나기도 했지만, 359년에 복권되었으며 이후 두 차례 정도 추방과 복권이 반복되었다. 개인적으로 '*homoousios*'(니케아 신경의 핵심 용어)를 싫어했기 때문에 의심을 받기도 했다. DECA, 612~613쪽.

의심을 받았지만, 이 시절에는 이런 경우가 흔했다. 그의 신앙은 아리우스주의자들이 박해하는 동안 귀양살이를 한 것으로 충분히 입증되었다. 타르수스의 디오도루스(*Diodorus of Tarsus*)[10]는 발렌스 황제의 박해시기에 아리아니즘의 주요 반대자로 지목받았다. 그는 아폴리나리아니즘에 반대해서 예수 그리스도의 온전한 인성을 지지해서 죽기까지 니케아 신앙의 참된 수호자로 숭앙받았다. 그러나 나중에 그의 제자들 중에 몹수에스트의 테오도루스와 네스토리우스가 등장하여 네스토리아니즘의 씨앗이 그의 저술에 있음이 밝혀졌다. 알렉산드리아의 키릴루스는 이 문제로 그리스도론에 관한 한 디오도루스의 오류를 단죄했다. 그렇지만 그의 주장은 아리아니즘도 아폴리나리아니즘도 아니었으며, 단지 시대의 오류였다고 말할 수 있다면,[11] 훌륭한 교부 한 사람을 비판적으로 이해하는 길이 될 것이다.

3. 성령론의 수립

콘스탄티노플 공의회에 관한 문헌자료가 제한적이기 때문에 분명하게 그 과정을 추적하기 어려우며, 공의회의 보편적 성격을 규정하기에는

---

10 안티오키아 출신으로 발렌스 황제 치하에서 아르메니아로 귀양을 가기도 했으나, 황제가 죽자 복권된 그는 373년에 타르수스의 주교가 되었다. 콘스탄티노플 공의회에서 주도적인 역할을 했고, 성서 해석과 신학자로 문명을 날렸으며, 394년 이전에 죽은 것으로 보인다. 네스토리아니즘이 초미의 관심사가 되었을 때, 그는 키릴루스에게서 네스토리아니즘의 선구자로 비판을 받았다. 이 불행한 단죄로 그의 저서들은 대부분 소실되고 말았다. 학문에 있어서 몹수에스티아의 테오도루스와 요한 크리소스토무스도 그의 제자들이었다. DECA, 694~695쪽.

11 I. Ortiz de Urbina, 171쪽.

여러 의문이 제기된다. 그러나 무엇보다도 남아 있는 간단한 공의회 회의록을 기반으로 논한다면, 몇 가지 신학적 통찰을 챙길 수 있다. 먼저 테오도시우스 황제는 참석자들과 함께 적극적으로 정통 신앙을 강조했으며, 일부의 반대에도 불구하고 성령의 신성을 주장하였다는 점이다. 성령의 신성을 부정하는 반대자들은 로마의 주교 리베리우스의 지지를 얻고자 니케아 정통 신앙을 받아들인 척 가장하였다. 이들은 마케도니우스를 주축으로 형성된 그룹으로 성령반대론자들(*Pneumatomachoi*)이라고 불리는 이유가 있었다.

성령반대론자들은 콘스탄티노플 공의회를 포기하고 니케아 신경이 고백하는 그리스도의 동일본질(*homoousios*)은 인정하되 성령의 동일본질을 반대하는 선동을 시작하였다. 성자의 신성을 긍정하고도 성령의 신성을 부정하는 이들의 태도는, 어느 사이에 아리아니즘의 영향을 받은 것 같았다. 어느 사이에 성령의 신성을 거부하는 논리를 아리아니즘의 논리에서 찾아낸 것이다. 어쨌든 공의회는 교의 논쟁을 통해 신조를 명확하게 정의하고 이단을 단죄해야 할 필요에 직면하게 되었다. 이 정황은 382년에 거행된 공의회의 회의록에서 낭송된 편지에 어느 정도 묘사되어 있다.[12]

아마도 이 공의회에서 교부들은 성령의 신성을 고백하는 '콘스탄티노플 신경'을 공포했던 것으로 보인다. 이 신경이 오늘날 대부분의 그리스도인이 고백하는 신경으로, 칼케돈(451년) 공의회가 수용하여 교의 선언으로 공포한 것과 동일한 신경이었으리라고 추정한다. 이런 추정은 니케아 신경이 독점적 권위를 차지하고 있었기 때문에 콘스탄티노플 신경은 제자리를 찾지 못했던 것으로 보이기 때문이다. 그만큼 공의회 교부들이

---

12 I. Ortiz de Urbina, 173쪽.

콘스탄티노플 공의회를 여느 공의회보다 특별히 중요하게 여기지 않았던 이유를 확인할 수 있다.[13]

그리고 당시에 발생했던 이단들에 대한 단죄 선언이 간단히 부기되었다. 그렇다고 해서 이 복잡한 과정을 콘스탄티노플 신경이 많은 부분을 설명해준다고 기대할 수는 없다. 다만 분명한 것은 '성부 · 성자 · 성령은 세 위격으로 동일한 본질(*ousia*)이며 동일한 존엄성을 가진다.'라는 고백이다. 교부들은 총체적으로 사벨리아니즘 · 아리아니즘 · 에우노미아니즘을 거부했던 것이다. 사벨리아니즘은 위격을 혼동시키고 신적 속성을 제거하려고 했고, 에우노미아니즘과 아리아니즘은 성령의 신성을 거부하거나 신성의 본질(*ousia*) 혹은 본성(*physis*)을 분열시키고자 했다. 그래서 이단은 영원하신 삼위일체의 동일본질을 해석하는 과정에서 성자와 성령을 창조된 본질이나 '다른 본질'(*hetero*–*ousia*)로 이해하려고 했던 것이다.

4. 갈등과 봉합

콘스탄티노플 공의회가 신학적인 문제를 일단 해소하자, 참석자들은 곧바로 나지안주스의 그레고리우스를 콘스탄티노플의 새 주교로 선출했다. 그가 예전에 지역 주교로 선임되었던 사실을 임의적으로 해소하고[14]

13 동방에서 콘스탄티노폴 공의회가 두 번째 보편공의회로서의 인정이 빨랐다면, 로마는 서기 500년경까지 니케아 · 에페소 · 칼케돈 공의회 셋만 인정했다. 그러다가 519년에 콘스탄티노플 평화협약의 결과, 동방 교회에 대한 로마의 우호적 제스처로 381년의 공의회를 보편공의회로 받아들였다. 클라우스 샤츠, 보편공의회사, 60쪽.

14 말하자면, 니케아 공의회는 한 지역 주교가 다른 지역 주교로 옮겨가는 것을 금지했다.

콘스탄티노플의 주교로 니케아 신앙을 존중하는 지역 교회의 수장이 되었던 것이다.

그러나 공의회에 뒤늦게 도착한 까닭에 그레고리우스의 선출 결정에 참여하지 못한 테살로니케의 주교 아스콜리오스(*Ascolios*)와 이집트의 주교 티모테우스(*Timotheous*)는 이 결정이 니케아 공의회의 정신을 위반한다고 지적하였다. 이와 같은 이유로 이집트 주교들은 콘스탄티노플 주교의 선출을 불법이라고 규정했고, 콘스탄티노플의 새 주교를 받아들이지 않았다. 게다가 그레고리우스가 집전하는 전례에 참여하는 것조차 거부했다.

이 사건에서 무엇이 문제가 되었던가? 이후 황제 테오도시우스의 머리를 짓누르게 될 문제가 되었지만, 로마의 주교인 교황 다마수스도 나지안주스의 그레고리우스가 콘스탄티노플 교회의 총대주교가 되는 것을 인정하지 않았던 사실이다. 니케아 공의회가 심각하게 결정한 조항을 콘스탄티노플 공의회가 너무나 쉽게 위반하게 된 그레고리우스의 선임을 로마의 주교는 긍정할 수 없었던 것이다.

결국 나지안주스의 그레고리우스는 회기 중에 자리에서 물러났고, 공의회를 분열에 빠뜨리지 않도록 제3의 인물을 선출할 여백을 남겼다. 이 사건은 교회의 더 큰 유익을 위해서 개인이 어떤 태도를 취해야 하는지 후대에 모범적 사례로 받아들여졌다. 성격적으로 위대한 웅변가의 자질을 가지고 태어난 그레고리우스는 아무도 예상하지 못한 결정을 택하였던 것이다. 그는 콘스탄티노플의 주교직을 사퇴하였고, 공의회를 떠나 조용히 나지안주스로 물러갔다. 그곳에서 그가 작성했던 수많은

그러나 콘스탄티노플 공의회에 참석한 교부들은, 자의적으로, 니케아 결정사항을 문자 그대로 해석하기보다는 니케아 공의회의 정신이 지향하는 의미로 이해하고자 했다.

편지와 시(詩)들은 고대 교회의 고전으로 남게 되었다.

콘스탄티노플의 주교 선임사건은 교회사에서 보면 좌우를 모두 만족시킬 중도 성향의 인물을 찾아야 한다는 요구를 발생시켰다. 말하자면, 잘 알려지지 않은 인물, 어느 편과도 다투지 않을 온건한 인물을 찾아내는 일이었다. 이 조건에 부응하는 인물이 넥타리우스[15]였을까, 역사는 우연의 일치로 향해 간다. 당시 타르수스의 디오도루스(*Diodorus*)는 넥타리우스를 만난 다음에 황제에게 그를 추천하였고, 마침내 테오도시우스 황제는 콘스탄티노플의 총대주교로 넥타리우스(*Nectarius*, +397)를 선임했다.

그러나 황제 이외의 모든 이들은 넥타리우스를 알지 못했고, 더구나 그는 세례조차 받지 않은 인물이었다. 그러면 어떻게 해서 넥타리우스는 황제의 눈에 들어 선임되었을까? 역사적으로 보면 그를 알 수 있는 자료는 거의 없다. 다만 나지안주스의 그레고리우스가 콘스탄티노플을 떠나고 후임을 찾고 있을 때, 적대적 인물들이 죽거나 자리에서 떠난 뒤에 선임되었던 것으로 보인다. 물론 양쪽에 잘 알려진 인물이 아니었기 때문에 약간의 저항이 있었을 것임은 불문가지이다. 이런 사정을 염두에 두면 넥타리우스가 397년에 서거할 때까지 역사적으로 중요한 족적을 남기지 않았다는 사실이 그리 어렵지 않게 이해된다.

1차 콘스탄티노플 공의회는 381년 7월 9일에 해산하였다. 참석자들은

15 넥타리우스는 킬리키아의 타르수스 출생으로, 그가 테오도시우스 1세 황제에 의해 콘스탄티노플 주교에 선임되었을 때 아직 세례를 받기 전이었다. 세례를 받고, 콘스탄티노플의 주교가 되어(381년) 공의회의 후반부를 주재하였다. 그에 관해 알려진 것은 거의 없으며, 397년에 서거하자, 요한 크리소스토무스(*Chrystomus*, 347~407년)가 그의 뒤를 이어 주교직을 승계하였다. ODCC, 1135쪽.

황제에게 보내는 공의회의 서한을 채택하였고, 니케아 신조를 반대하는 모든 이단들을 단죄하면서 공통의 신앙고백을 다시 확인하였다. 테오도시우스 황제는 그해 7월 30일에 니케아-콘스탄티노플 공의회의 결정과 신경을 정통 신앙으로 선포하였다. 로마의 주교는 이 회의에 직접 개입하지도 않았고, 교황의 의도를 알릴 대표단을 파견하지도 않았다.

제7장
콘스탄티노플 신경과 신학적 이해

니케아 신경은 엄밀한 의미에서 성자의 신성을 부인한 아리우스를 반박하며, 전체 교회가 최초로 공인한 공동 신앙고백이었다. 그리고 콘스탄틴노플 공의회는 아리아니즘이 쇠퇴하는 동안 다른 곳에서 성령의 신성을 거부하는 성령배척론자들(*Pneumatomachoi*)이 등장했던 사실 때문에 필요했고, 그 개최를 앞당기는 요인으로 작용했다.

역사적으로 보면, 콘스탄티노플의 주교였던 마케도니우스(*Macedonius*, c.342~c.362년)는 성령을 성자와 달리 구원사에 등장하는 뭇 천사들의 하나 혹은 직무자 정도로 이해했다. 니코메디아의 에우세비우스가 죽은 뒤(c.341년) 콘스탄티노플의 주교직에 오른(342년) 그는 온건파 아리우스주의자로서, 앞서 인급했던 대로, 360년에 강경파 아리우스주의자들에 의해 자리에서 쫓겨났다. 후에 그의 이름을 따라 성령의 신성을 부인하는 추종 세력을 '*Macedoniani*'라고 부르기도 하지만, 얼마나 정확한 의미로 사용하는지는 의문이다.[1] 다만 그가 아리아니즘에 반대했다는 사실과

1 DECA, 1514~1515쪽; J. N. D. Kelly, 고대기독교교리사, 280쪽. 이들 중 온건파는 성자와 본질을 공유한다고 주장했지만, 급진파는 하느님도 피조물도 아닌 중간적 존재로 이해했다.

그를 중심으로 세력을 이룬 추종 세력이 본성에 있어 성자와 유사하다고 주장한 '유사본질'을 주장한 분파라고 분류되기도 한다. 그들은 성령을 하느님이라고 부르지도 않았고, 피조물이라고 주장하지도 않았다.

니케아 공의회가 성자의 신성을 보존하려는 노력에서 성공했다면, 콘스탄티노플 공의회도 성령의 신성을 보존하는 데 성공했다. 불행하게도 콘스탄티노플 공의회의 정식 문헌이 남아 있지 않기 때문에 382년에 콘스탄티노플 교회의 서한으로 간접적으로 확인될 뿐이다.[2]

이 장에서 우리는 니케아 신경으로 발생된 우려스런 현상들을 점검하면서 고대 교회가 정의한 니케아-콘스탄티노플 신경의 신학과 신학적 의의를 살펴본다. 신경의 신학은 당대의 교부들이 이해한 내용들이지만, 신앙의 진리를 밝혀놓은 아주 중요한 문헌이 되었다. 복음서 이외에 그리스도 신앙의 진리는 문화와 접촉하면서 왜곡될 수 있다는 사실을 성찰해야 했던 것이다.

니케아-콘스탄티노플 신경은 처음부터 새롭게 작성된 것이 아니었다. 자연발생적으로 생겨났으며 지역 교회들이 사용하던 신앙고백문들 중에서 후대에 전해진 신경들의 모범을 따라 교부들의 논증을 거쳐 작성되었다. 그러므로 공의회를 거치면서 확정된 신경은 구절구절이 당대의 문제의식을 반영한 신학의 결실이었다. 외부의 사회문화적 영향력과 교회 내부의 반응이 결합된 작품으로 신학적 성찰의 결과로 태어났다.

2 한국가톨릭대사전 11권, 8495쪽 참조.

1. 신경과 성령 조항

교회 역사상 보편공의회로써 두 번째인 1차 콘스탄티노플 공의회(381년) 이후 70년이 지난 칼케돈 공의회(451년)에서 황제는 교부들에게 새로운 신조를 작성하도록 요구했다. 그러나 그리스도론에 관한 새로운 신경이 필요할 까닭이 없었기 때문에, 451년의 공의회에서 교부들은 용감하게 황제에게 니케아 공의회(325년)에서 작성된 신경만으로 충분하다고 대답했다. 그래서 새로운 신조를 작성하는 대신에 교부들은 일치하여 칼케돈 공의회 석상에서 니케아 신경을 읽어내려 갔다.

이와 같은 역사적 상황을 고려해 볼 때, 콘스탄티노플 신경이 니케아 신경에 기반을 두고 작성된 신경이라면, 이제 더 이상 새로운 신앙의 작성은 필요 없었다는 것이 교부들의 확신이었을 것이다. 이 반응을 두고 황제가 보낸 사절들은 자신들이 작성한 다른 신경을 교부들에게 배포하고 읽어내려 갔고, 공의회 참석 교부들은 이제는 니케아-콘스탄티노플 신경이라고 불리는 신경을 읽어내려 갔던 것이다.

이런 절차는 보편공의회의 이름으로 행해진 행위로써는 정치권력의 보호 아래에 있던 교회에 대단한 용기가 필요했던 행동이었다. 교회와 정치가 상대 영역에 대해 영향력을 행사하려는 의도는 다분히 권력과 관련이 있다. 로마 주교의 결정이 보편교회의 이름으로 행사되면서 눈에 띄게 정치적 권력이 교회에 대한 권위 행사에 있어 제한을 받기 시작했고, 일방적인 정치의 간섭은 점차 줄어들었다. 이제 교회는 정치적 권력이 누렸던 권위를 배우고 행사하기 시작했다.

신경을 두고 정치와 교회가 신경전을 벌였다면, 그만큼 신경에 대한 교회의 태도가 확고했었다는 사실을 알 수 있다. 니케아-콘스탄티노플 신경의 내용을 신학적으로 이해하기 위해 원문과 번역문을 싣는다. 편의상 우리는 이 자리에서 헬라스어 원문 신경을 대신해서 라틴어 번역문 신경을 옮겨 싣는다.[3]

신경 원문-라틴어	신경 한글
Credo [Credimus] *in unum Deum, Patrem omnipotentem, factorem caeli et terrae, visibilium omnium et invisibilium.*	한 분이신 하느님을 저는 믿나이다. 전능하신 아버지, 하늘과 땅과 유형무형한 만물의 창조주를 (믿나이다.)
Et in unum Dominum Iesum Christum, Filium Dei unigenitum, et ex Patre natum ante omnia saecula, Deum de Deo, lumen de lumine, Deum verum de Deo vero, genitum, non factum, consubstantialem Patri: per quem omnia facta sunt;	또한 한 분이신 주 예수 그리스도, 하느님의 외아들 영원으로부터 성부에게서 나신 분을 (믿나이다.) 하느님에게서 나신 하느님, 빛에서 나신 빛, 참 하느님에게서 나신 참 하느님으로서 창조되지 않고 나시어 성부와 한 본체로서 만물을 창조하셨음을 (믿나이다.)
qui propter nos homines et propter nostram salutem descendit de caelis, et <u>incarnatus</u> est de Spiritu Sancto et ex Maria virgine, et homo	성자께서는 저희 인간을 위하여,

3 라틴어 신경을 싣는다. 헬라스어 본문은 DS, #150; DEC 24에서 참조할 수 있다. 헬라스어 본문에서 *pisteuomen*(1인칭 복수)을 라틴어 본문에서는 *credo*(1인칭 단수)/*credimus*(1인칭 복수)를 함께 싣고 있다. 자세한 논의는 J. N. D. Kelly, *Early Christian Creeds*, 296~367쪽 참조. '거룩한'은 3차 콘스탄티노플 공의회(633년)와 2차 니케아 공의회(729년)가 인용하고 있는 1차 콘스탄티노플 공의회(381년)의 신경에 나타난다. 니케아-콘스탄티노플 신경은 칼케돈 공의회(451년)에서 공식적으로 언급되었다. 이 신경은 동서방 교회가 공적으로 인정하는 유일한 경문이지만, 신경의 기원에 대해선 논쟁의 소지가 많다. 역사적 기록 문헌의 중요성을 생각하면 이에 대한 논란은 결정적 해답을 얻기 어렵다. 이에 대한 소략한 논의는 가톨릭대사전 3권, 1473~1475쪽 참조.

	저희 구원을 위하여 하늘에서 내려오셨음을 (믿나이다.)
factus [inhumanatus] est, crucifixus etiam pro nobis sub Pontio Pilato, et passus et sepultus est, et resurrexit tertia die secundum Scriptura, et ascendit in caelum [caelos], [et] sedet ad dextram Patrris, et iterum venturus est cum gloria, iudicare vivos et mortuos: cuius regni non erit finis.	또한 성령으로 인하여 동정 마리아에게서 육신을 취하시어 사람이 되셨음을 (믿나이다.) 본시오 빌라도 통치 아래서 저희를 위하여 십자가에 못 박혀 수난하고 묻히셨으며 성서 말씀대로 사흗날에 부활하시어 하늘에 올라 성부 오른편에 앉아 계심을 (믿나이다.) 그분께서는 산 이와 죽은 이를 심판하러 영광 속에 다시 오시리니 그분의 나라는 끝이 없으리다.
Et in Spiritum Sanctum, Dominum et vivificantem, qui ex Patre [Filioque] procedit, qui cum Patre et Filio simul adoratur [coadoratur] et conglorificatur, qui locutus est per prophetas.	또한 주님이시며 생명을 주시는 성령을 (믿나이다.) 성령께서는 성부와 성자에게서 발하시며 성부와 성자와 함께 영광과 흠숭을 받으시며 예언자들을 통하여 말씀하셨나이다.
Et in unam sanctam catholicam et apostolicam Ecclesiam. Confiteor [Confitemur] unum baptisma in remissionem peccatorum. Et exspecto [Exspectamus] resurrectionem mortuorum, et vitam venturi [futuri] saeculi. Amen.	하나이고 거룩하고 보편되며 사도로부터 이어오는 교회를 (믿나이다.) 죄를 씻는 유일한 세례를 믿으며 죽은 이들의 부활과 내세의 삶을 기다리나이다. 아멘.

* 참고: incarnatus ← sarkōthenta(헬라스어); homo factus [inhumanatus] ← enanthropēsanta(헬라스어)

* 원문에는 credo/credimus가 단 한 번 쓰였지만, 번역문엔 어법상 여러 차례 반복되고 있어서 괄호 안에 표시하였다.

신경의 내용과 구조를 이해하기 전에 먼저 언급해야 몇 가지 간단한 사항들을 점검해보기로 한다. 먼저 강조해야 할 결정적인 사실은 교부들이 칼케돈 공의회(451년)의 제5회기에서 콘스탄티노플 신경에 보편성을 부여했다는 점이다.

그러나 이 신경에서 주의할 사항은 몇몇 사본에는 '빛으로부터 오신 빛' 혹은 교회 앞에 붙는 관형어 '거룩한'이 생략되어 있다는 점이다. 이런 사실은 다양한 사본들이 동일한 사본을 기반으로 작성된 것이 아님을 나타낸다.

물론 이런 사실은 문자 그대로 간단하게 해결할 수 있는 문제가 아니다. 왜냐하면, 칼케돈 공의회에서 공식적으로 두 번에 걸쳐 낭송한 신경이 비판의 중심에 있을 뿐만 아니라, 이 신경이 콘스탄티노플 신경과 미묘한 차이를 보여주고 있기 때문이다. 그럼 왜 이런 차이가 생겨났으며, 공의회는 이 차이를 어떻게 생각했던 것일까?

불행하게도 이런 질문을 원천적으로 해소시켜줄 수 있는 기록으로써 콘스탄티노플 공의회의 문헌이 부재한다. 말하자면, 공식적인 콘스탄티노플 신경은 70년 뒤에 개최된 칼케돈 공의회가 보존하고 있는 신경의 형태로만 남아 있을 뿐이다.

그런데 놀랍게도 콘스탄티노플 신경과 동일한 신경이 374년에 살라미스의 에피파니우스(*Epiphanius of Salamis*, c. 315~403년)[4]가 저술한 '안코라

4 살라미스의 에피파니우스는 팔레스티나 태생으로 수도원 운동의 열렬한 지지자요 옹호자였다. 367년에 키프로스의 주교로 선출되었으며—그래서 키프로스의 에피파니우스라고도 불린다—, 니케아 신앙의 옹호자로 이단에 엄정했다. 그의 저서 '안코라투스'(*Ancoratus, Ankyrōtos*)에 처음으로 니케아 콘스탄티노플 신경이 등장한다. ODCC, 553쪽; DECA, 841~842

투스'(*Ancoratus*)의 말미에 실려 있다. 신경을 인용하고 있는 에피파니우스의 '안코라투스'는 콘스탄티노플 공의회가 개최되기 7년 전에 저술된 책이다. 그렇다면 어떻게 해서 에피파니우스는 이 신경을 발견했을까? 이미 널리 보급된 여러 신경 중의 하나로 존재하고 있었던 것일까? 어디에 근거한 신경이었을까?

질문에 대한 한 대답으로, 이 신경이 예루살렘의 키릴루스의 설교를 통해 알려진 예루살렘 신경을 원전으로 작성된 사본으로 이해하기도 한다.[5] 즉 고대 교회에서 기존에 사용되던 신경 중의 하나로 이해할 수 있다는 것이 요점이다. 이렇게 이해할 경우, 콘스탄티노플 공의회는 새로운 신경을 작성한 것이 아니라, 니케아 신경을 보완한 것으로 판단할 수 있다. 그렇지만 주의해야 할 점은 이 판단을 증명하는 공의회의 직접적인 자료가 존재하지 않는다는 사실이다. 몹수에스티아(*Mopsuestia*)의 주교 테오도루스(*Theodorus*, c.350~428년)[6]의 설교에서 발견되는 성령에 관한 언급이 오히려 콘스탄티노플 신경의 원형을 보게 해준다.[7]

간단하게 말하면, 아리아니즘에 반대하여 성자의 신성을 강조한 니케아 신경이 탄생하였듯이, 콘스탄티노플 공의회는 성령배척론자들을 거슬러 성령의 신성을 공식적으로 고백하게 되었던 것이 아닐까? 물론, 몹수에

쪽 참조.

5 J. N. D. Kelly, *Early Christian Creeds*, 310쪽 참조. 이는 A. Harnack이 주장하는 내용이기도 하다.

6 안티오키아 학파의 신학자로 392년에 몹수에스티아의 주교가 되었다. 요한 크리소스토무스의 친구였고, 알렉산드리아 학파의 알레고리아 성경 해석 방법을 비판했던 당대의 지식인이었다. 그러나 육화교리에 대한 해석에서 431년에 에페소 공의회에서 이단으로 정죄 받았다. ODCC, 1598~1599쪽.

7 Theodore de Mopsueste, *Homelies catechetiques IX*, ed. Tonneau-Devreesse, 215, 217, 237쪽. I. Ortiz de Urbina, 185쪽에서 재인용.

스트의 주교는 자신의 설교에서 굳이 신경의 항목을 세세히 설명하려고 하지 않는다. 입교하려는 이들에게 신경을 설명하는 과정에서 니케아 신경의 내용을 보완하는 방식으로 해설했던 것으로 보이기 때문이다. 더구나 주교는 콘스탄티노플 공의회에 참석한 교부들이 기존의 신경—니케아 신경—을 보완하려고 '성령의 신성'을 설명하거나 강조하는 조항들을 부가했다는 사실도 알려준다. 예를 들면, '성부에게서 발하시고'(*procedere*), '생명을 주시는'(*vivificantes*) 등의 표현들이 한 가지 예이다. 달리 말하면, 콘스탄티노플 공의회는 기존의 신경에 성령의 신성을 드러내기 위해 이를 강조하거나 설명하는 조항을 첨가하여 구조적으로, 또 표현에 있어서 니케아 공의회보다 더 완벽한 문장으로 보강된 신경을 선포했다는 해석이다.

따라서 우리는 직접적 자료로는 확인할 수 없는 두 가지 사실을 추정할 수 있게 된다. 먼저 콘스탄티노플 공의회 참석 교부들은 신경을 직접 작성할 필요가 없었고, 또 작성하지도 않았기 때문에, 콘스탄티노플 신경의 저자는 누구인지 문헌적으로 확인할 수 없다. 두 번째 사실은 에피파니우스(공의회에 참석하지 않았다!)가 '안코라투스'에서 소개하는 신경을 직접 작성한 인물이 아니라는 사실이다. 그는 신경을 소개하되 이 신경을 니케아 신경과 내용상 동일한 기존의 신앙정식으로 이해하고 있었던 것으로 보아 그의 신학적 태도를 짐작할 수 있다. 그렇다면 성령 조항에 대해서는 어느 누구도 저자라는 주장을 할 수 없을 것이며, 고대 교회도 이런 사실에 관심이 없었다.

그렇다면, 안코라투스의 신경과 니케아 신경이 내용상 '동일성'을 지닌다는 의미는 무엇일까? 그것은 콘스탄티노플 신경이 니케아 신경의 내용과 어긋나지 않는 범위 안에서 부연 설명한 신경이었으리라는 가정이다. 문헌적으로 확인할 수 없다는 사실 때문에, 자료의 부재에서 빚어지는 해석상의 추정은 어쩔 수 없는 현실이 되었다.

다음에서 우리는 콘스탄티노플 신경의 내용과 구조를 살펴보는 것으로 이러한 사실을 어느 정도 확인할 수 있을 것이다.

2. 콘스탄티노플 신경의 이해

콘스탄티노플 신경이 어떤 요소들로 구성되어 있는지 구조 분석을 통해 우리는 신경의 기원과 성격을 이해할 가능성을 높일 수 있다. 우선 콘스탄티노플 신경에서 그 형적을 알아볼 수 있는 니케아 신경은 거의 모든 요소들이 포함되어 있지만, 두 신경을 비교해 보면 다음과 같이 세 개의 표현이 생략되어 있다는 사실을 발견한다.[8]

1) '말하자면, 성부의 본질과'(*hoc est de substantia patris*),
2) '하늘에 있는 것과 땅 위에 있는 것'(*sive quae in caelo sive quae in terra*),
3) '하느님에게서 오신 하느님'(*deum de deo*).

앞의 두 표현은 에피파니우스가 인용하고 있는 신경에도 들어 있으나, 세 번째 표현은 빠져 있다. '유일한'은 생략되지 않았으나, 동일한 자리에 있지 않다.

8 니케아 신경 원문, DS, #125; DEC, 5쪽.

그렇다면 왜 니케아 신경에 들어 있는 앞의 두 표현이 콘스탄티노플 신경에선 빠져 있는 것일까? 오히려 세 번째 표현인 '하느님에게서 오신 하느님'이 생략될 수 있었던 것은 아니었을까? 그 이유는 이미 '참 하느님에게서 오신 참 하느님'(*deum verum de deo vero*)이라는 표현이 있어서 동어반복이라고 판단할 수 있기 때문이다. 또한 생략의 이유라면 어느 정도 신학적인 근거로 설명할 수 있을 듯하다. '하늘에 있는 것과 땅 위에 있는 것'은, 달리 표현하면, 성부를 '하늘과 땅의 창조주'로 고백하는 것과 같다. '성부의 본질'을 생략한 까닭은 불분명하지만, 아마도 이 표현의 내용을 성부와 성자의 '동일본질'(*homoousios*)이 대체하고 있다고 판단한 것은 아닐까?

당시 사도신경(*Symbolum Apostolicum*)[9]은 콘스탄티노플 신경의 내용을 거의 모두 담고 있어서 이미 로마와 서방 교회 안에서 고백되고 있었다. 또한 안키라의 마르켈루스가 전해주고 있는 사도신경을 에피파니우스도 인용하고 있는 것을 보면, 동방 교회도 이런 사실을 알고 있었음을 보여준다. 그렇지만, 사도신경이 콘스탄티노플 신경의 내용을 담고 있는 것은 확실하지만, 표현까지 동일한 것은 아니다.

두 개의 신경을 비교해볼 때, 예를 들면, 콘스탄티노플 신경은 '죽은 이들 가운데서 부활하시고'(*resurrexit a mortuis*)라는 표현을 사용하지 않고

9 초대 교회 신앙고백문으로 이미 3세기 중요한 신앙 조항을 경문 형식으로 고백했다. '사도신경'이라는 표현은 4세기 말경에 등장했으며, 사도의 권위에 의거한 표현이다. 연구에 의하면, 대략 6세기에 완성된 형식을 취하게 되었고, 7세기에는 신경의 표준문(*Textus Receptus*)이 로마를 제외한 다른 지역에서 먼저 사용되기 시작했고, 인노켄티우스 III세 교황(1198~1216년)에 이르러 서방 교회의 공식 신앙 경문으로 인정되었다. 한국가톨릭대사전, 3853~3855쪽 참조.

'죽은 이들의 부활'(*resurrectionem mortuorum*)이라고 고백한다. 또한 사도신경의 라틴어 표현인 '동정 성모 마리아에게서 태어나시고'(*natus ex Maria Virgine*)의 '*natus*' 대신에 콘스탄티노플 신경은 신학적으로 훨씬 세련된 두 개의 어휘를 가지고 있다.

그 하나는 요한 1,14를 상기시키는 어휘로 성자가 인간이 되심을 알리는 '태어나시고'(*sarkothenta*[헬]－*incarnatus*[라])이며, 둘째는 구체적으로 육화 사건을 말해주는 '사람이 되시어'(*enanthropèsanta*[헬]－*homo factus*[라])라는 표현이다. 사도신경이 '육체의 부활'(*carnis resurrectionem*)이라고 표현하는 것을 콘스탄티노플 신경은 '죽은 자들의 부활'(*anastasin nekrōn*[헬]－*resurrectionem mortuorum*[라])이라고 고백한다. 사도신경이 '영원한 생명'(*vitam aeternam*)이라고 쓴다면, 콘스탄티노플 신경은 '다가올 세상의 삶'(*zoèn tou mellontos aiōnos*[헬]－*vitam venturi saeculi*[라])이라고 표현한다. 사도신경이 교회를 지칭하는 관형어로 '거룩한, 보편된'(*sanctam, catholicam*)을 가지고 있다면, 니케아 공의회(325년)에서 교회를 부르는 호칭엔 '보편된, 사도적'(*catholica, apostolica*)이 사용된다. 마침내 이와 같은 표현들은 콘스탄티노플 신경에서 '하나이며 거룩하고 보편된 사도들의 교회'(*unam sanctam catholicam et apostolicam Ecclesiam*)라는 고백 안에 녹아들어 있다.

한편, 성령에 관한 표현은 콘스탄티노플 신경이 보유한 고유한 독창적 관형어로 볼 수 있다. 사도신경은 그저 '성령을 믿는다'는 사실 이외에 다른 관형적 표현을 고백하지 않는다. 신학적으로 더 발전된 콘스탄티노플 신경은 성령의 위상을 성부와 성자의 관계에서 고백하고 있다. 이 점을 더 깊이 논해야 할 듯하지만, 분명한 것은 니케아 공의회를 거치며 교부들은 성령의 속성을 삼위일체적 관점에서 깊이 성찰했을 것이라는 짐작이다.

예루살렘 신경과 콘스탄티노플 신경

다른 측면에서, 콘스탄티노플 신경의 구조와 내용을 선행하는 예루살렘 신경과 비교하면 재미있는 변화를 알아볼 수 있다. 연대기적으로 보면, 예루살렘 신경(대략 348년)[10]은 니케아 신경(325년)과 콘스탄티노플 신경(381년) 사이에 위치한다.

예루살렘 신경은 4세기 중반 당시 예루살렘 주교였던 키릴루스(*S. Cyrillus*)가 신자들을 대상으로 베풀었던 교리(*Catecheses VI–XVIII*)에서 가르치고 고백하던 신앙정식이다.[11] 그는 니케아 신경에서 사용한 '동일본질'(*homoousios*)을 의식적으로 피하면서, 이 어휘가 지난 세기에 정죄된 사벨리아니즘(*Sabellianism*)의 흔적이라고 비판했다. 니케아 신경은 역사 경험적인 이 비판을 피할 수 없으나, 아리우스의 주장을 넘어서기 위한 고육지책의 산물임을 기억해야 한다. 그만큼 성부와 성자의 신적 본질을 정의하기 어려웠다는 역사적 사실을 알려준다.

이 신경은 콘스탄티노플 신경에 들어 있는 '모든 세기 이전에'(*pro pantōn tōn aiōnōn*), '하늘과 땅의 창조주'(*poiētēn ouranou kai gēs*), '영광중에'(*en doksē*), '그분의 통치는 끝이 없으리다'(*hou tēs basileias oul estai telos*), '(성령께서는) 예언자들을 통해서 말씀하셨고'(*to lalēsan en tois prophētais*), '하나인 (교회)'(*mian ekklēsian*), '하나인 세례'(*hen baptisma*) 등의 표현을 가지고 있다.

특별히 우리의 관심을 끄는 표현은 '그분의 통치는 끝이 없으리다'(*hou*

---

10 DS, #41 참조.

11 J. N. D. Kelly, *Early Christian Creeds*, 309~312쪽에 예루살렘 신경과 니케아-콘스탄티노플 신경의 관계에 대해 간단한 신학적 논의를 하고 있다.

tēs basileias ouk estai telos)라는 부분이다. 이 표현은 루카 1,33에서 천사가 마리아에게 전한 말씀으로 성경에 근거를 두고 있는 표현이다. 그렇다면, 당시에 그리스도의 영원한 통치를 부인한 주장들이 있었을까? 아마도 안키라의 마르켈루스가 주장한 교리적 해설에 대한 비판적 의미가 여기에 있지 않았을까 싶다.

마르켈루스는 창조를 위하여 위격적 구별을 보여야만 했던 성령과 성자가 구원의 섭리가 완성되고 난 뒤에 위격적 구별은 더 이상 필요하지 않다고 주장했다. 그렇기 때문에 성자와 성령의 위격은 자연스럽게 신성 안에서 해소된다고 주장했다. 최후의 심판이 도래하면 신성과 인성이 위격적으로 결합된 존재인 그리스도는 성령과 하나가 되어, 그리스도의 양성적 특성은 해체되고 말 것이라고 주장했던 것이다.[12]

바로 이런 배경에서 마리아에게 전한 천사의 말이 예루살렘 신경에서 콘스탄티노플 신경으로 전해졌을 것으로 판단할 수 있다. 전술한 대로, 에피파니우스가 콘스탄티노플 신경의 작성자라면, 아마도 쉽게 알고 접할 수 있었으리라 짐작되는 예루살렘 신경을 저본으로 사용했을 것이다.

마찬가지로, '(성령께서는) 예언자들을 통해서 말씀하셨고'(*to lalēsan en tois prophētais*)도 이런 과정을 통해서 콘스탄티노플 신경 안에 삽입되었으리라고 추정할 수 있다. 이 표현은 2세기 리옹의 주교였던 이레네우스(*Irenaeus*, c.130~c.200)가 영지주의자 마르키온을 공박하면서 사용했다.[13] 마르키온은 구약성경의 예언자들에게 내렸던 성령과 신약성경에 영감을

12 ODCC, 1033쪽 참조.

13 Irenaeus, *Adversus haereses* IV, 24−25(SC 100). I. Ortiz de Urbina, 190쪽에서 재인용. 리옹의 이레네우스는 당시 성행했던 영지주의 계열의 이단을 대상으로 논쟁을 벌였다. 특별히 발렌티누스와 마르키온이 이끌었던 영지주의가 이레네우스가 논박했던 대상이었다.

불어넣었던 성령이 같을 수 없다고 주장했다. 예루살렘 신경이 고백되던 4세기 중반에 이르면 현실적으로 마르키온의 영지주의 영향력은 많이 사라지고 있었고, 그 가운데에 교회 안에는 성령배척론자들의 주장이 확연히 드러나지는 않았지만 배태되고 있었다.

다음의 두 표현 '모든 세기 이전에'(*pro pantōn tōn aiōnon*)와 '영광중에'(*en doksē*)는 카이사레아 신경에서 발견된다.[14] 이 신경은 325년에 니케아 공의회에 논의의 형식을 통해 정식으로 제출된 적이 있다. 또 교회의 단일성을 규정하는 '하나'(*hen*)는 4세기 초반 알렉산드리아 교회에서 사용되던 표현이었다. 예루살렘 신경의 '회개의 세례'(*hen baptisma metanoias*)는 콘스탄티노플 신경에서 단순히 '하나인 세례'(*hen baptisma*)로 변경되어 표현되었다. '성경에 따라'(*kata tas graphas*[헬], *secundum Scripturas*[라])는 에피파니우스의 신경에 이르러야 비로소 발견된다.[15] 어쨌든 '그 분의 통치는 끝이 없으리다'(*hou tès basileias oul estai telos*)와 '(성령께서는) 예언자들을 통해서 말씀하셨고'(*to lalèsan en tois prophètais*)는 콘스탄티노플 신경이 예루살렘 신경에서 직접 전수받은 내용이라고 말할 수 있을 것이다.

성령론의 문제

콘스탄티노플 공의회의 결정사항 중에서 가장 주목할 사항은 분명히 성령에 관한 조항이다. 시간적인 측면에서 이런 이해는 오늘 우리가 고백하는 니케아-콘스탄티노플 신경이 1) 니케아 신경, 2) 사도신경,[16]

---

14 DS, #40 참조.

15 DS, #42 참조.

16 사도신경은 서방 교회에서 신앙고백할 때 니케아-콘스탄티노플 신경 대신에 사용해왔다. 신경의 이름은 암브로시우스 편지(390년경)에 나타나며, 현재의 형태는 8세기 초반에

3) 예루살렘 신경 등을 토대로 그 내용이 정리되고 편집된 결과라는 사실을 앞에서 확인했다. 달리 말하면, 이 신경이 일러도 360년 이후, 그리고 늦으면 431년 에페소 공의회 이전 시기에 작성된 것으로 판단할 수 있는 근거이다. 동정 마리아(*Maria Virgine*)를 지칭하면서 에페소 공의회(431년)에서 크게 논쟁하였던 '하느님의 어머니'(*Theotokos*)라는 칭호가 마리아의 이름 뒤에 붙지 않는 것을 보면서 시기를 확신할 수 있기 때문이다.

따라서 로고스의 신성에 관한 비판적 논의가 니케아 신경에서 긍정적인 결과를 가져왔다면, 콘스탄티노플 공의회는 성령의 신성에 관한 논쟁을 통해 신앙의 고백 조항으로 긍정적으로 이 문제를 해소할 수 있게 되었다. 그렇다면 콘스탄티노플 공의회(381년)가 결정적으로 교회의 신앙고백에 공헌한 성령의 신성 문제는 어떻게 이해해야 할까?

삼위일체의 세 번째 위격 성령이 성부와 동등한 존재라고 주장하기 위해 두 번째 위격 로고스의 신성을 논증했던 동일한 방식은 허용될 수 없었다. 말씀(*Logos*[헬]–*Verbum*[라])이 성부에게서 나셨다는 의미는 분명 성부의 본질을 출발점으로 논증할 수 있는 이점이 있었다. 성자의 유일한 신적 '탄생'(*generatio*)[17]으로 성자도 성부의 본질을 동등하게 지닌다는 주장에 도달할 수 있었기 때문이다. 그 결과 성자는 성부와 함께 한 분 하느님으로 위격적 동등성을 확보할 수 있게 된 것이다.

그러나 성자와 성부의 관계를 규정했던 어휘가 니케아 공의회 이후에

보이며 서방 교회에서 주로 세례 전례 때 사용되었다. 세 번에 걸친 질문과 고백은 이미 3세기에 나타난다. EnC, 74~75쪽 참조.

17 성자의 탄생과 성부와 성자의 관계를 나타내는 성경의 관형어는 요한 1,14에 보인다. "*gloriam quasi unigeniti a patre(=doksan hos monogenous para patros.*"

격심한 논란을 제공하게 되었던 기억을 잊을 수 없다. 전 시대에 사벨리아니즘으로 정죄된 어휘가 니케아 공의회 이후 더욱 거센 반발을 불러일으켰던 것처럼, 성령을 그와 같은 방식으로 정의할 수는 없었다. 더구나 성령의 신성을 배척하거나 부인하는 주장들이 나타날 때까지 성령의 정체성을 규정하는 표현은 이례적으로 제한적이었다. 성자의 정체성에 대한 문제를 아리우스가 제기하기까지 논란이 없었던 것처럼, 아직 어느 누구도 성령을 분명하게 정의할 필요를 알지 못했던 것이다. 삼위일체의 하느님을 언급할 때에도 성령은 늘 불완전하게 표현되거나 분명한 의미를 담아내지 못하고 있었다. 용어의 불확실성은, 성자의 신성에 대해 부정적 견해를 지녔던 아리아니즘의 경우처럼, 성령론의 경우에도 똑같이 문제가 될 소지를 남겼던 것이다.

사실 성령배척론자들(*Pneumatomachoi*)은 아리우스처럼 자신들의 주장을 논쟁적으로 주제화할 수 없었던 약점이 있다. 오히려 아타나시우스,[18] 바실리우스, 나지안주스의 그레고리우스, 소경 디디무스 등은 단순한 논증이 아니라 성령의 신성을 논증하기 위해 성경에서 근거를 찾았으며, 성부와 성자와 성령의 동등성을 논증하는 성령론을 전개했다.

성령은 주님

신약성경 헬라스어 텍스트는 성령의 호칭을 문법적으로 정관사(중성, *to Pneuma*)를 붙여 사용한다. 이는 문법적인 의미에서 성령을 임의의 존재로 이해하지 않고, 성부와 성자와 같이 신적 공통성의 의미를 지닌 하느님(주님)으로 받아들인다는 뜻이다. 구약성경이 제공한 주님(*Kyrios*)이라는 칭호는 신약성경에서 이미 예수 그리스도를 호칭할 때 사용한

18 아타나시우스, 세라피온에게 보낸 세 번째 편지, in SC 15, 165~171쪽.

어휘이다. 더구나 칠십인역 구약성경(*LXX, Septuaginta*)은 히브리어 성경에서 오직 야웨(*Yah-Weh*) 하느님에게 부여한 호칭을 헬라스어로 번역할 때 '주님'(*kyrios*)을 채택했다. 구약성경의 신명(神名) 전통은 신약성경에서 하느님의 아들 호칭으로, 신경에 와서는 성령의 호칭으로 확장되었던 것이다.

말하자면, 콘스탄티노플 신경에 합쳐진 니케아 신경은 예수 그리스도의 호칭으로 '한 분 주님'(*hena kyrion*)을 사용한다. 또한 신명을 나타내는 이름으로 '주님'(*kyrios*)은 요한 13,13에서도 예수의 입으로 직접 발설된다.[19] 이렇게 수용된 남성을 나타내는 용어 '주님'을 콘스탄티노플 신경은 아마도 신학적 이해의 혼란을 피하기 위해 성령을 남성 정관사로 표기하지 않는 듯하다.[20] 신경은 문법적으로 상충하는 표현으로 성령을 중성(*neuter*) 정관사를 가진 '주님'(*kyrios*, 남성)으로 번역하는 것이 쉽지 않았을 것이다. 이런 결정은 공의회의 생각을 드러내는 신학적 의사이자 표현이지 않을 수 없다.

바실리우스의 논증

바실리우스(*Basil de Caesarea*)는 '성령론'에서 에우노미우스(*Eunomius*)를 비판하며 성령이 성부와 성자와 동등하다는 주장을 논증한다.[21] 무엇보

---

19 제자들의 발을 씻는 장면에서 예수의 입을 통해서 이렇게 발설된다. "너희가 나를 스승님(*ho didaskalos*), 또 주님(*ho kyrios*)이라고 부르는데, 옳게 말하는 것이다. 나는 사실 그러하다"(요한 13,13).

20 헬라스어는 명사를 단어의 내용과 상관없이 문법적으로 남성 · 여성 · 중성의 세 범주로 표시한다.

21 *Basil de Cesaree, Sur le Saint Esprit*, SC 17bis, Cerf, Paris. 저술 연도는 대략 375년경이다. 또한 SC 299, 305(에우노미우스 반박, *Contra Eunomium*) 참조. H. R. 드롭너(교부학, 384쪽)는 바실리우스의 논증력이 여기선 돋보이지 않는다고 평가한다. 그렇지만 일반적으로 바실리

다도 성령은 하느님의 피조물이 아니며, 삼위일체의 본질을 지닌 존재임을 강조한다. '주님'(*kyrios*)의 호칭을 가진 성령은 창조계에 속한 피조물이 아니며, 하느님의 호칭인 주님으로 불리는 성부와 동일본질의 존재이다.

바실리우스가 삼위일체와 관련해서 성령을 논증할 때 인용한 중요한 성경 구절을 예로 들면 다음과 같다. 마태 28,19는 성령이 삼위일체의 하느님이심을 밝혀주는 중요한 성경 구절로 보인다. "그러므로 너희는 가서 모든 민족들을 제자로 삼아, 아버지와 아들과 성령의 이름으로 세례를 주어라." 또는 사도 바울로가 테살로니카인들에게 보낸 편지의 인사말에서 마치 삼위일체이신 하느님을 암시하듯이 언급한 구절이다. "주님께서 여러분의 마음을 이끄시어, 하느님의 사랑과 그리스도의 인내에 이르게 해주시기를 빕니다"(2테살 3,5). 이 구절은 성부와 성자 그리스도를 구별하는 존재로서 주님이 성령이심을 언급하고 있다.

말하자면, 바실리우스는 성경이 호칭하는 '주님'(*kyrios*)이 성령이 아닐 수 없다는 해석이다. 그는 1테살 3,12-13이나 1코린 3,17과 같은 본문에서 '주님'을 성령(*to Pneuma*)이라고 분명하게 이해한다. 바실리우스의 논증 원칙은 성령이 피조물의 차원에 있지 않고, 성부와 성자와 동등한 신적 본질을 보유한 세 번째 위격이란 사실이다. 이 사실에 근거하여 우리의 신앙이 고백하는 성령의 존재를 성경에 의해 밝히는 것이다.

성부가 성자를 이 세상에 파견하였듯이, 두 번째 위격으로서 성자는 약속한 성령을 제자들에게 보낸다. 성령은 창조계에 '생명을 주는'(*zòopoion, vivificantem*) 주님이시다. 창세기 1장에 의거하면, 생명의 창조

우스의 '교부 논증'(*argumentum patristicum*)—확인된 논증을 내세우고, 더 상세히 덧붙이기 위해 모든 교부들을 인용하는 방법—은 근대까지도 사용된 방법으로 특별한 의미를 지닌다고 평가한다.

주가 아니라면 생명의 주관자가 될 수 없다. 즉 성령의 기능은 일차적으로 생명을 주는 것이며, 성령의 고백은 생명의 주님을 고백하는 것이다. "그러나 그리스도께서 여러분 안에 계시면, 몸은 비록 죄 때문에 죽은 것이 되지만, 의로움 때문에 성령께서 여러분의 생명이 되어주십니다. 예수님을 죽은 이들 가운데에서 일으키신 분의 영께서 여러분 안에 사시면, 그리스도를 죽은 이들 가운데에서 일으키신 분께서 여러분 안에 사시는 당신의 영을 통하여 여러분의 죽을 몸도 다시 살리실 것입니다"(로마 8,10-11). 성령을 논하는 바실리우스의 논증 의도는 성령이 성부의 선물이지만, 생명을 주는 선물로써 주님이심을 주장하는 것이다. 성령은 생명을 받는 존재가 아니라, 생명을 주는 세 번째 위격의 하느님이다.

성령 배척에 대한 논박

그렇다면 삼위일체의 하느님을 부정하는 근거로 성령의 피조성을 주장하는 이단을 공의회는 어떻게 반박하고 나섰는가? 성령의 신성을 부인하는 자들은 성령이 성자에 의해 창조된 피조물로 이해한다. 그래서 콘스탄티노플 공의회는 요한 15,26과 14,26에 근거하여 성령은 성부께서 발출한다(*exerchomai/procedere*)고 설명한다. 성부와 나머지 두 위격의 관계는, 성경의 표현을 빌리면, 성자가 성부께서 낳음을 받았고, 성령은 성부에게서 발출한다는 것이다. 성경은 이렇게 성부와 성자와 성령의 관계를 표현하는 방식을 두 단어로 정의한다. 성부와 성자의 관계는 '낳는다'로, 성부와 성령의 관계는 '발출한다'로 규정한 것이다. 어떠한 의미에서든 성자와 성령의 관계는 우열로 비교하지 않고 또 그런 우열관계가 성립하지 않기 때문에, 세 위격의 신성 사이에 동질성과 동등성은 처음부터 전제된 것이다.[22]

성령의 신성을 부인하는 생각에는 성령이 하느님이기 위해 '시작이 없이 자존하거나' '태어나서는' 안 될 것이다. 그런데 성령은 태어나지도 않았지만, 태어남이 없는 것도 아니다. 성부에게서 낳음을 받지 않았다면, 하느님 안에 두 원리(성부와 성령)가 있는 것이니 하느님의 속성에 위반한다. 만약 성령이 성부에게서 태어났다면, 성령은 말씀(*Logos*)이신 성자와 쌍둥이가 되는 것은 아닌가? 그러나 성경은 이렇게 말하지도 않을 뿐만 아니라, 이런 논증은 처음부터 불가능하다. 그러므로 성령은 성부에게서 '낳음'을 받은 존재가 될 수 없다.

한편, 나지안주스의 그레고리우스는 성령의 신성을 배척하고자 하는 이들의 논증 방식을 비판하면서, 요한 15,26을 제시한다. "내가 아버지에게서 너희에게로 보낼 보호자, 곧 아버지에게서 나오시는 진리의 영이 오시면, 그분께서 나를 증언하실 것이다." 성부에게서 나오심으로 성령은 피조물이 아니며, 성부에게서 낳음을 받지 않기 때문에 성령은 성자가 아니다. 성자와 같이 낳음을 받지도 않을 뿐만 아니라, 성부와 같이 태어남이 없는 존재도 아닌 까닭에, 성령은 성부와 위격적으로 다른 세 번째 위격의 하느님이시다. 우리가 강조해야 할 사실은 성부와 성자, 성부와 성령, 성자와 성령의 관계가 일의적으로 정의되지 않다는 사실이다. 그 이유는 하느님의 세 위격과 이름의 복수성이 한 분 하느님을

---

22 Gregoire de Nazianze, trad. P. Gallay, *Discours Theologique V*, Vitte, Lyon, 1942. 성령에 관한 간단 명쾌한 설명은 I. Ortiz de Urbina, *Nicee et Contantinople*, 281~284쪽에서 살펴볼 수 있다. 성자와 성령의 관계에 대한 신학적 이해에서 동서양 교회에 역사적으로 보면 불행한 일이 발생했다. 동방 교회 관점에서 성자와 성령의 관계를 불신케 하였던 *filioque*는 6세기 스페인 지역에서 전례에 사용된 것으로 보인다. 비록 정치적 상황이 배경에 있지만, *filioque*는 11세기 동방 교회와 서방 교회의 공식적인 분열을 가져오는 결정적 단서가 되었다. 성부와 성자와 성령의 관계에 *filioque*를 신경에 삽입하면서 동방, 서방 교회가 긴장과 갈등의 관계로 변해버린 것이다. *filioque*의 의미에 대한 현대 서방 신학의 균형 잡힌 신학적 관점에 대해, A. I. C. Heron, *Who Proceedth from the Father and the Son: the Problem of the Filioque*, in Scottish Journal of Theology, vol 24, 1971, 149~166쪽 참조.

드러내는 위격적 관계의 다양성에 토대를 두고 있기 때문이다.[23] 그렇다면, 하느님의 위격적 다양성은 하느님의 존재를 이해하는데 어떤 의미를 제공하는가?

위격의 다양성

니케아 공의회와 콘스탄티노플 공의회가 도달한 하느님 이해는 해석학적 차원에서 존재의 유일성과 위격의 다양성을 조화시키는 것이었다. 달리 말하면, 신경은 위격의 다양성(성부 · 성자 · 성령)을 고백하는 신앙을, 유일신 신앙의 근본주의적 성격을 잃지 않으며 한 분 하느님으로서 '영광과 흠숭을 동일하게 받는'(*symproskynoumenon / simul adoratur, conglorificatur*) 위격적 존재로 귀착시킨다. 바실리우스는 동등한 '찬미와 영광'(*adoratio et gloria*)을 받는다는 신앙고백의 정당성을 논증하기 위해 요한 4,24를 논증의 기점으로 삼았다.[24] "하느님은 영이시다. 그러므로 그분께 예배를 드리는 이는 영과 진리 안에서 예배를 드려야 한다." 요한 4장은 주님을 섬기기 위해 장소에 얽매일 필요가 없으며 오직 '영과 진리 안에서'(요한 4,23) 하느님 아버지를 경배해야 할 것을 가르친다. 성령 안에서 성부의 에이콘(*eikon*–*image*)으로써 성자를 흠숭하듯이, 성자의 신성을 고백하도록 도움을 주는 성령을 흠숭하는 것이다. 하느님을 흠숭하는 차원에서 성부와 성자와 성령은 불가분의 관계이며, 세상은 성령 안에서 비로소 성부와 성자를 흠숭할 수 있다. 오직 성령의 빛 안에서 성부의 가시적 에이콘인 성자를 알아볼 수 있는 것이다.

---

23 *ibid*., 186쪽에서 그레고리우스는 재미있는 예를 제시한다. 태초에 아담과 하와와 그의 아들 셋을 예로 들어, 하와와 셋은 아담과 동일한 본성을 지녔지만, 셋은 아들로서 동일한 본성을 가졌다. 반면에 하와는 아담에게서 태어나지 않았지만, 동일한 본성을 가졌다.

24 바실리우스, SC 17bis, 26장 참조.

그러나 구약성경은 성부와 성자의 관계를 아주 희미하게만 보여줄 뿐이다. 성부와 성자의 관계는 신약성경에 와서야 분명해지며, 성자의 신성도 성령의 빛 안에서만 비로소 신앙으로 받아들여진다. 구약성경과 신약성경의 관계는 삼위일체 교리의 관점에서, 하느님이 점진적으로 계시되는 과정으로 요약할 수 있다. 나지안주스의 그레고리우스는 이 점을 밝히면서 성령 반대론자들의 논리를 공박할 수 있었다.[25] 궁극적으로 진리이신 성령은 육화 사건뿐만 아니라, 교회와 마지막 심판에 임해서 성부와 성자와 불가분의 관계를 맺고 있다고 고백할 수 있는 것이다.

영지주의적 사고에 대한 반박

마지막으로 성령에 대한 영지주의자들(특히 마르키온)의 오류를 비판하는 주장을 듣는다. 이 주장은 아타나시우스가 세라피온에게 보낸 세 번째 편지에서 그 예를 찾아볼 수 있다. "성령은 성자와 참으로 불가분의 관계에 있으므로 이 사실을 의심할 수 없다. 말씀(*Logos*)이 예언자들에게 주어졌을 때, 예언자들은 성령 안에서 말씀을 통해 받은 바를 선포했다."[26] 즉, 신경에서 '예언자들을 통해 말씀하심'은 영지주의의 주장을 거부하기 위해 사용한 표현이다. 예언자들은 성령 안에서 말씀을 선포했고, 성령은 말씀 안에 현존하는 까닭이다.

또한 하느님의 은총은 성령 안에서 우리에게 베풀어진다. "은사는 여러 가지지만 성령은 같은 성령이십니다. 직분은 여러 가지지만 주님은 같은 주님이십니다. 활동은 여러 가지지만 모든 사람 안에서 모든 활동을

---

25 Gregorius de Nazianze, *Ve Discours Théologique*, 26~27쪽. I. Ortiz de Urbina, 281쪽에서 재인용.

26 Athanasius d'Alexandre, *Lettres A Serpion Sur la Divinité du Saint-Esprit*, Cerf, Paris, 1947, 173쪽 이하.

일으키시는 분은 같은 하느님이십니다"(1코린 12,4-6). '한 분' 하느님, '한 분' 주님, '한 분' 성령은 삼위일체의 하느님 성격을 드러내기 위해 초세기 사도 바울로가 편지에서 전해주는 표현이다.

이와 관련해서 성부와 성자의 신적 동일본질성을 강조하기 위해 사용한 니케아 신경의 방법은, 알고 있다시피, 성경 외적인 어휘의 사용으로 갈등을 키웠다. 콘스탄티노플 공의회는 성령이 하느님이심을 밝히기 위해 니케아 공의회가 성자에게 적용한 '동일본질'(*homo-ousios*)이라는 단어를 피했다. 반복하는 말이지만, 니케아 공의회는 성자의 신성을 확보하기 위해 이 단어를 사용함으로써 아리아니즘을 반박할 수 있었지만, 다른 문제를 불러일으켰던 것이다.[27] 아리우스가 궁극적으로 성자의 피조성과 로고스의 피조성을 주장함으로써 신적 본질의 부동성을 강조했다면, 이를 극복하기 위한 니케아의 호모우시오스는 사벨리아니즘의 위험을 감수해야만 했다. 두 공의회를 거치면서 삼위의 하느님을 신학적으로 구별하는 데 성공하기까지 교회는 고통스런 세월을 지나야 했다.

그래서 콘스탄티노플 공의회는 오히려 동어반복적인 표현처럼 들리지만, 4중 구조로 성부와 성자의 관계를 정의했다. 신경은 성자를 '성부에게서 태어나시고'(*ex Patre natum*), '하느님에게서 나신 하느님'(*Deum de Deo*), '빛에서 나신 빛'(*lumen de lumine*), '참 하느님에게서 나신 참 하느님'(*Deum verum de Deo vero*) 등의 표현을 고백하게 함으로써 성부와 성자의 '동일본질'(*homo-ousiuos*)을 층층으로 강조했다. 성자에 대한 고백과 달리 콘스탄티노플 공의회는 성령을 주님으로 고백하면서 다른 선택을 하였던 것이

27 아리우스, 혹은 아리아니즘을 반박하는 교부들은 성자의 신성을 확보하기 위해 극단으로 빠지는 위험에 노출되지 않을 수 없었다. 성자의 피조성에 대항하기 위해 성자의 신성을 강조하다 보면, 성자의 인간성은 소홀해졌던 것이다. 예를 들면, 아폴리나리우스나 에우티케스, 심지어는 정통 신앙으로 수용된 키릴루스의 신학 등이 그러하다.

다.[28]

이 선택은 콘스탄티노플 공의회 교부들에게 니케아 공의회의 방법론적 실수를 피하면서 새로운 길을 모색하게 했던 결과였다. 다시 요약하면, 공의회의 교부들은 성령을 고백하면서, 1) 주님이라는 신명의 호칭을 부여했고, 2) 기능적으로는 생명을 주시는 분, 예언자에게 영감을 불러일으키시는 분으로 이해했다. 그리고 성부에게서 성자가 '태어남'으로 두 위격의 기원 관계를 설명했다면, 3) 성령의 기원은 복음서가 알려주는 어휘를 채택하여 성부와 성령의 관계를 나타낼 수 있었다. 공의회 교부들의 이해는, 요한의 '발출한다'(*procedere*)라는 단어가 성령이 성부와 성자와 동일한 본질을 공유하는 특성을 나타내는 의미라는 것이다. 그래서 교회는 4) 성령이 일말의 차이도 없이 성부와 성자와 동일한 흠숭과 찬미를 받는 존재로 고백할 수 있게 되었다.

이렇게 콘스탄티노플 신경은 니케아 공의회가 정죄했던 아리아니즘을 거부하기도 하지만, 동시에 성령배척론자들의 주장도 동시에 극복할 수 있었다.[29] 이로써 성자에 대한 신앙고백과 성령에 대한 신앙고백이 모두 가능해졌고, 삼위일체의 하느님 신앙을 정의할 수 있게 된 것이다.

---

28 I. Ortiz de Urbina, 204쪽. 라틴어 '*processio*'(발출)/'*procedere*'(발출하다)는 성령이 성부에게서 '나온다'(*exerchomai*)는 헬라스어식 표현에 의거한다. 이 표현들은 성령의 신성을 논증하는 교부들의 저술에 충분히 반영되어 있다. 다만 초기 교부들의 논증이 삼위일체 신앙고백을 완성시켜주지만, 공의회는 성경의 표현들을 성령배척론자들의 주장을 비판하기 위해 일일이 거론하지 않았다.

29 아리아니즘이 성자의 신성을 부인하고 오직 성부의 신성만 주장했다면(성부 유일신론), 성령배척론자들은 성자의 신성은 수긍했지만, 성령의 신성은 부인했다(성부와 성자의 이위일체론).

3. 콘스탄티노플 신경의 의의

두 번의 보편공의회를 거치면서 그리스도 신앙의 정통성을 확보할 수 있게 된 교회는 삼위의 하느님이 한 분 하느님이심을 고백할 수 있게 되었다. 보편공의회의 의식을 갖지 않았던 초기의 공의회 교부들이었지만, 당시 고소되던 교의적 오류들을 비판할 수 있었다. 그렇다면, 새로운 신경의 작성을 성취했던 공의회의 의의는 무엇일까? 니케아 공의회에서 성취한 의미가 콘스탄티노플 공의회에서는 어떻게 융합되었고, 그 신학적 의의를 달성했던가?

마르켈루스(*Marcellus*)와 포티누스(*Photinus*)

논쟁 과정을 살펴보면, 콘스탄티노플 공의회는 정통 신앙을 위협하는 이단들을 열거하면서 몇 개의 결정사항들을 선포하였다.[30] 공의회는 이단으로 분류된 에우노미우스(*Eunomius*, 394년 서거), 에우독시우스(*Eudoxius*, c.300~370년), 아리우스(*Arius*, c.260~336년) 등을 각각에 알맞은 새로운 표현으로 변별하면서[31] 정통 신앙을 확립할 수 있었다. 3세기의 사벨리아니즘(*Sabellianism*)은 성부와 성자와 성령의 차이를 신명이나 존재

30 I. Ortiz de Urbina, 206~207쪽 참조. 저자는 콘스탄티노플 공의회가 공포한 결의가 4개였는지, 8개였는지 확실하지 않다고 보고 결정사항들(canons)의 기록에 대한 의문을 설명하는 차원에서 문제를 제기한다.

31 *Eunomius*, *Eudoxia*, *Arius* 등의 주장은 성부 · 성자 · 성령의 관계, 곧 성부의 신성 공유 여부가 핵심적인 문제이다. 일반적으로 *Eudoxia*는 아리아니즘 좌파에 속한다. 또 이들 사이엔 성부와 성자의 본질을 유사하다고 주장하거나 그렇지 않다는 주장으로 유사본질파(*homoiousios*: 안키라의 바실리우스) 혹은 비유사본질파(*anomoios: Eunomius*)라고 불리기도 했다.

양식의 다양성으로 환원시켰다. 안키라의 주교 마르켈루스[32]는 아리아니즘을 강렬하게 반대했고 아타나시우스를 지지했지만, 그렇다고 니케아 공의회의 신조를 올바르게 해석한 것도 아니었다. 겉으로 니케아 신경을 따르지만, 성자의 육화 사건은 구원론적 차원에서 인간을 구원하기 위해 인성을 수용한 일회성 사건으로 유추해버렸다. 그에게 인성은 부패와 죽음을 겪을 사멸성 때문에 두 번째 위격인 말씀(*Logos*)이 최후의 심판 이후에는 포기해야 할 피상적 존재일 뿐이었다.

이런 단원론적 주장은 그의 제자인 시르미움의 포티누스(*Photinus de Sirmium*)[33]에게도 지속되었다. 그에게 하느님은 하나의 위격이며, 말씀은 창조의 순간에 비로소 나타난다. 예수 그리스도는 탁월한 신적 권능과 덕을 지닌 존재이지만, 존재론적 차원에서 그는 단순히 피조물로서 순수한 인간일 뿐이다. 이 주장은 사모사타의 바울로가 주장했던 내용이며, 포티누스는 곧바로 347년에 밀라노 시노드에서 이단으로 비판을 받았다. 공의회의 신경이 언급한 "그 나라는 끝이 없으리이다"(*hou tes basileias ouk estai telos/cuius regni non erit finis*)는 마르켈루스의 주장(*Marcellianism*)과 포티누스의 주장(*Photinianism*)을 겨냥한 니케아 콘스탄티노플 신앙의 고백이었던 것이다.

---

32 Aloys Grillmeier, 274~296쪽; DECA, 1536~1537쪽 참조.

33 포티누스는 갈라티아 태생으로 안키라의 마르켈루스의 제자였다. 그는 밀라노 시노드에서 그의 스승과 더불어 단죄를 받았고(347년), 시르미움에서 열렸던 351년에 동방 지역 교회 시노드도 그를 단죄하고 면직시켰다. 단죄의 이유를 아마도 양식론(*adoptianism*)의 사모사타의 바울로(*Paul de Samosata*)와 연결시키지만, 그의 주장은 유주론/군주론(*Monarchianism*)의 한 형태로 보는 게 나을 것 같다. DECA, 2025쪽; H. R. 드롭너, 보편공의회사, 312~313쪽 참조.

마르켈루스에서 아폴리나리우스(*Apollinarius*)로

마르켈루스의 주장에 가까운 경우가 라오디케이아의 주교 아폴리나리우스(*Apolliarius*, c.310~c.390)에게서 다시 발견되었다. 그리스도의 신성을 보존하고자 했던 아폴리나리우스는 오히려 니케아 신앙의 열렬한 수호자였다. 아리우스가 안티오키아 학파의 교육을 받은 알렉산드리아 교회의 인물이었다면, 아폴리나리우스는 알렉산드리아 학파의 신학적 성향을 극단적으로 드러낸 인물이었다. 니케아 신앙을 중심에 두었을 때, 아리우스가 좌파적 생각에 극단적으로 젖어 있었다면, 아폴리나리우스는 전형적인 우파적 사유를 대변한다.

아폴리나리우스[34]에 따르면, 그리스도는 말씀과 육체로 구성되어 있지만(육화한 로고스), 완전한 인성을 유지할 수 없다. 만약 완전한 인성을 인정하게 되면, 그리스도는 자율성과 책임을 기조로 하는 두 개의 인격을 가지는 셈이다. 아폴리나리우스는 말씀(*Logos*)이 육화하면서 '이성혼'(*animus rationale*)을 취하지 않고 육체만 취했다고 주장한 것이다. 이 주장은 요한 1,14(*ho logos sarx egeneto*)[35]를 지극히 문자 그대로 해석한 결과이다.

성경에서 말하는 '몸'(*sarx*)은 죽음에 이르러 소멸할 수밖에 없는 연약한 인간의 실존적 조건을 가리키는 어휘이며 인간 전체를 가리킨다.[36] 영지주

34 Aloys Grillmeier, 329~340쪽; DECA, 185~187쪽 참조.

35 현대의 성경은 요한 1,14를 문자 그대로 '말씀이 육신이 되시어'(200주년기념성서, 분도, 2001; Die Bibel, NAB, NRSV, TOB)로 번역한다. 그렇지만, 의미를 살려 '말씀이 사람이 되시어'(성경, 2005)로 번역하기도 한다. 이 구절은 고대 교회가 로고스의 육화를 '그리스도의 가현'(*docetism*; 1요한 4,2 참조)으로 보려는 움직임을 거부하려는 분명한 표기였을 것이다. TOB의 요한 1,14에 대한 주석을 참조할 수 있다.

36 TDNT, vol. VII, 98쪽 이하, 특별히 124~144쪽 참조; 한스 발터 볼프, 구약성서의 인간학, 분도,1976(1973), 57~67쪽.

의가 유지하고 싶은 영원한 불멸의 존재 로고스가 구약성경의 의미에서 사멸할 육체의 존재로 역사에 등장한 것이다. 그리스도교는 로고스의 육화에서 인간이 아닌 육체만을 취한 존재가 아니라, 인간이 되신 로고스, 곧 로고스인 성자를 보고 믿는다. 그러나 고대 교회가 확립되던 시기에 이 믿음은 때로 오해와 분열을 조장하는 힘든 경험으로 닥쳐왔으며, 신학 논쟁의 와중에서 심각한 문제가 되었던 것이다.

아폴리나리우스는 아리아니즘을 거슬러 하느님의 아들(성자)과 마리아의 아들(인간)을 극단적으로 대립시킴으로써 그리스도의 인성을 훼손하고 단성설(*monophysitism*)로 빠지는 오류를 낳았다.[37] 성자의 피조성을 강조하는 아리아니즘을 극력 반대한 아폴리나리우스는 로고스–몸 그리스도론(*Logos –Sarx Christology*)의 틀에서 사유한 전형적인 인물이었다. 나중에 보겠지만, 테오토코스(*Theotokos*, 하느님의 어머니) 논쟁에서, 인성과 신성의 분리를 극단화시키고 마리아를 크리스토토코스라고 주장했던 네스토리우스가 안티오키아의 전통(*logos –anthropos* 그리스도론)에 속한다면, 아폴리나리우스의 주장은 알렉산드리아 신학, 특히 키릴루스 신학의 약점을 크게 부각시킨 꼴이 되고 말았다.[38]

말씀이 육화하고 난 뒤에도 그리스도의 인성을 경시하고 신성을 주장하다 보니 그리스도는 오직 하나의 본성(*Physis*)만 가진다는 단원론적 그리스론의 결론에 도달하지 않을 수 없었다. 역사적으로 보면, 이 주장은

---

37 아폴리나리아니즘(*Apollinarianism*)은 362년에 알렉산드리아 교구의 시노드에서 아타나시우스가 관구 내 여러 교회에 보낸 편지에 처음 등장한다. I. Ortiz de Urbina, 269~275쪽. 로마 시노드(377년)에서 다마수스 교황은 재차 아폴리나리아니즘을 이단으로 정죄했다. 이어서 378년에 알렉산드리아, 379년에 안티오키아 교회도 로마의 판단을 지지했다.

38 키릴루스의 신학(*Mia physis* 정식)은 축자적인 의미로 에우티케스(*Eutyches*)에게 이해되었고, 칼케돈 공의회(451년) 이후 이집트 교회–콥트 교회의 단성론(*Monophysistism*)으로 나아갔다.

알렉산드리아 신학의 여러 형태로 나타나, 어떤 주장은 정통으로 인정을 받고, 어떤 주장은 이단의 형태로 단죄를 받았다.[39] 마침내 알렉산드리아 신학의 극단적 형태로 나타난 아폴리나리우스의 주장은 381년에 콘스탄티노플 공의회에서 이단으로 처분 받았다.

시작이 어설펐던 381년의 공의회는 4세기의 삼위일체론과 그리스도론에 관련된 잘못된 오해들을 처음으로 심각하게 교정할 수 있었다. 다만 3세기의 노바시아누스의 주장[40]은 파문의 위협에서 벗어나 얼마 동안 지속되었다. 고대 교회는 공의회라는 도구를 통해 공통의 신학과 용어를 기반으로 교의를 조화롭게 정립할 수 있었다. 특별히 공의회는 삼위일체 교의—하느님은 세 위격과 하나의 본성—에 대한 안키라의 마루켈루스의 오류를 정확하게 읽어낼 수 있었다. 또한 로고스의 신성에 경도되었던 숱한 오류들을 넘어섰고, 마침내 그리스도의 완전한 인성을 확신하면서

39 집합적인 의미에서 단성론자들(*Monophysites*)로 요약되는 이 주장은 칼케돈 공의회(451년)가 육화한 그리스도는 '두 본성의 한 위격'(*One Person in Two Natures*)이라고 정의한 결정을 부인하고, 키릴루스가 주장한 '말씀이 육화한 하나의 본성'(*One Incarnate Nature of the Word*)을 따른다. 이 주장은 아폴리나리우스(*Apollinarius*, +390년)에게서 시작되어, 콘스탄티노플의 에우티케스(*Euthches*, +454년)에게서 정립되었고, 알렉산드리아의 디오스코루스(*Dioscorus*, +454년)의 지지를 받았다가 칼케돈 공의회(451년)에서 결정적으로 부인되었다. 예를 들면, 에우티케스(*Eutyches*)는 '육화 이후에는 그리스도는 하나의 본성만 지닌다.'라고 주장했고, 그 본성은 우리와 동일한 본성은 아니라고 하여 칼케돈 공의회와 동방 교회에 의해 이단으로 단죄를 받았다. 단성론에 대한 더 자세한 사전적 이해는 ODCC, 1104~1105쪽; 가톨릭대사전 3권, 998~1000쪽 참조.

40 노바시아니즘(Novatianism). 데키우스(*Decius*) 황제의 박해(249~251년)로 배교했던 이들이 다시 교회로 돌아오자 노바시아누스(*Novatianus*)는 이에 반대하여 스스로 로마의 주교 코르넬리우스에 대항하여 대립교황으로 자처했다. 코르넬리우스는 배교한 이들을 교회로 다시 받아들였고, 노바시아누스는 자신의 추종자들과 '순결한 이들의 교회'를 세워 엄격한 입장을 취했다. 니케아 공의회는 이들이 다시 교회로 돌아올 수 있도록 조처를 취했고, 이들은 이후 7세기까지 잔존했던 것으로 보인다. EnC, 922쪽 참조.

아폴리나리아니즘의 잘못도 극복했다.

이와 같이 콘스탄티노플 공의회 선언은 모든 형태의 아리아니즘(*Arianism*), 성령의 신성 거부, 마르켈루스주의(*Marchellianism*), 포티니아니즘(*Photinianism*) 등을 잘 이겨냈다. 이후 신경에서 명시적으로 거론되지 않았던 아폴리나리아니즘(*Apollinarianism*)은 451년에 칼케돈 공의회에서 공개적으로 단죄될 것이다. 삼위일체론은 두 개의 공의회를 거치면서 점진적으로 니케아-콘스탄티노플 신경(381년)에서 신학적 의미를 완성시킬 수 있었다. 곧 이어 그리스도론은 칼케돈 공의회(451년)의 결정으로 오해의 소지를 줄이면서 불완전하지만, 정통 신앙의 정식을 만들어낼 수 있게 된다.

제3부

하느님의 어머니(Theotokos)와 그리스도론: 에페소 공의회(*Concilium Ephesenum*, 431년)

교회는 아리우스의 논쟁 이후 삼위일체론을 중심으로 첨예한 교의 논쟁에 휩싸였던 역사적 사건들을 경험하였다. 유대교에 뿌리를 둔 그리스도교가 새로운 환경의 문화인 헬레니즘 속에서 만날 수밖에 없던 아리우스 문제는 단번에 근본적인 해결을 얻었던가? 아리우스는 교회의 이해와 달리 로고스(*Logos*)를 신의 첫 피조물로 이해하고, 성부와 세상의 중개자[1]로 해석했다. 엄청난 폭풍을 가져온 아리우스 사건의 위기를 겨우 넘긴 교회는 니케아 공의회(325년) 이후에도 아리아니즘의 여파를 이겨내야 했다.

일단 아리우스가 일으킨 신학적 위기를 넘어선 교회는 교리 해석의

---

1 '하느님과 인간의 중개자'는 1티모 2,5에 들어 있는 표현이다. 중개자(*mesitēs*)는 구원론의 틀에서 이해할 때에 '그리스도는 하느님이면서 인간이다'는 의미를 갖는다. 즉, 중개자는 하느님과 인간의 화해를 위한 로고스의 역할을 표현하는 어휘이다. 그래서 다음과 같은 이레네우스의 명제를 반영한다(발터 카스퍼, 예수 그리스도, 분도, 1977, 416쪽 인용). '*Factus est quod sumus nos, utinos perficeret esse quod est ipse*'(그리스도는 우리를 당신과 같은 존재로 완성하시기 위하여 우리와 같은 존재가 되었다). Irenaeus, *Adeversus Haereses* V, 서문(*Contre Heresies*, Cerf, 568쪽).

다양성을 경험하면서 정통 신앙을 정립시킨 귀중한 경험을 했다. 니케아 공의회는 로고스와 성부의 동일본질(*homo-ousios*)을 긍정함으로써, 후대에 완성될 삼위일체론적 하느님 이해에 길을 터놓을 수 있었다. 인간의 신학언어는 경험을 전제로 만들어지긴 하지만, 하느님 말씀의 경전에서 확보된 개념적 의미를 심화하기 위해서 철학적 사유의 필요성도 알게 되었다. 비록 많은 소요와 갈등을 빚어냈지만, 호모우시오스의 경우가 바로 새로운 단계로 나가기 위한 교회의 첫걸음이었다. 이와 같이 니케아 공의회의 성공은 반쯤의 성공, 반쯤의 실패였고, 콘스탄티노플 공의회의 새로운 시도는 실패를 극복하는 길이었다.

성자와 성부의 동등성 문제가 아리우스에 의해 제기되었다면, 동일한 차원에서 성부와 성자와 성령의 동등성 문제가 불거졌다. 니케아 공의회(325년)는 성자의 신성을 긍정함으로써 아리우스가 제기한 논쟁을 어렵게 압도했고, 콘스탄티노플 공의회(381년)는 성령의 신성을 긍정함으로써 성부와 성자와 성령의 동일본질성을 관철하였다. 공의회는 아리아니즘과 성령배척론자들의 주장을 일소했으며, 삼위일체론은 교회의 신앙고백 안에 결정적으로 자리를 잡았다. 힘든 논쟁 과정이었지만 교회의 신앙은 신학을 동반한 신앙고백으로 성장했다.

첫 번째 공의회(325년)가 비록 황제의 명령에 의거해 소집되었지만, 지역 교회의 주교들은 '보편공의회'를 몸으로 경험한 귀중한 기회를 공유했다. 비록 후대 교회가 뒤늦게 알아보긴 했지만, 보편공의회로써 콘스탄티노플 공의회(381년)는 두 번째라는 수식어와 함께 교회 안에 문제가 제기될 때마다 취해야 행동의 원칙과 공의회 전통을 수립했다.

이와 같이 4세기가 그리스도교의 삼위일체적 신론을 결정짓는 두 개의 보편공의회를 중심으로 그리스도 신앙의 교의화 과정을 거쳤다면, 5세기의 관심은 나사렛 예수의 역사적 실존에서 형이상학적 해석 과정에 초점을 맞추게 된다.[2] 근대의 성서학이 교의에서 역사적 예수의 해방을 추구했던 경험이 고대 교회에서는 역사적 실존의 형이상학화라는 정반대의 과정으로 진행되었던 것이다.

2 그리스도론 성립 과정을 묘사해주는 에페소 공의회(431년)부터 그리스도론의 정식이 완결되는 칼케돈 공의회(451년)까지 역사적 진행과 교의학적 간략한 묘사는 다음을 참고한다. P. G. 맥스웰-스튜어트, 교황의 역사, 갑인공방, 2005(1997), 39~53쪽; 스카레 크리스, 로마황제, 갑인공방, 2004(1995); H. R., 드롭너, 교부학, 분도출판사, 2001(1994), 577~615쪽; J. N. D. 켈리, 고대기독교교리사, 크리스챤다이제스트, 2004, 300~367쪽; 필립 샤프, 니케아 시대와 이후의 기독교, 크리스천다이제스트, 2006, 25~75쪽, 536~608쪽; 후베르트 예딘, 세계공의회사, 분도출판사, 2005(1978), 29~36쪽; 카를 수소 프랑크, 고대 교회사 개론, 가톨릭문화총서 026, 가톨릭출판사, 2008(2002), 577~616쪽; 클라우스 샤츠, 보편공의회사, 분도출판사, 2005, 55~92쪽; Harold Brown, 이단과 정통, 그리심, 2001(1993), 245~294쪽; A. Grillmeier, *Christ in Christian Tradition*, vol. I, John Knox Press, 1975(1st edition, 1965), 443~568쪽; J. Pelikan, *The Emergence of the Catholic Tradition (100~600)*, The Christian Tradition, vol. I, University of Chicago Press, 1971; Frances M. Young, *From Nicaea To Chalcedon: A Guide to the Literature and its Background*, Fortress, 1983; L. Ghislain, *Histoire théologique de l'Église catholique*, coll. Cogitatio Fidei, #179, Cerf, 1994, 70~97쪽; B. Sésboué et J. Wolinski, *Le Dieu du Salut*, coll. Histoire du Dogmes, vol. I, Desclee, 1994, 341~416쪽; J. Quasten, *Patrology*, vol. III, Christian Classics, 1949; Paul Tillich, *A History of Christian Thought*, Touchstone, 1968, 79~90쪽; P.-Th. Camelot, o.p. *Éphèse et Chalcédoine*, Histoire des Conciles Oecuméniques, vol. II, Édition de l'Orante, Paris, 1962.

제8장
정통 그리스도론의 길

교의의 역사적 발전 과정에서 5세기는 그리스도의 역사적 실존에 주의를 기울이며 로고스의 육화, 곧 그리스도에 관심이 집중된 시기이다. 4세기가 그리스도교의 신론 형성을 통해 교회의 신앙 이해에 새로운 지평을 열었던 시기라면, 5세기는 예수 그리스도의 역사적 실존에서 그리스도의 신비, 곧 인간이 되신 하느님이 논의의 초점이 된 세기이다. 육화 교리의 성립은 인간의 실존과 하느님의 신비가 한 인물에서 만나 그리스도교 신앙에 핵심적 교리로 정착하는 과정을 보여준다.

앞선 논의의 과정이 암시하고 있다시피, 삼위일체론의 신학적 논의는 이미 그리스도론의 핵심적 의미를 내포하고 있었다. 헬레니즘의 사유에 젖을 수밖에 없던 교부들은 신의 속성을 영원성과 불변성에서 찾으면서 그리스도 신앙의 핵심적 내용을 해석하고자 한 노력들을 보여주었다.[1]

1 Th. 보만, 히브리적 사유와 그리스적 사유, 분도, 1975(2003) 참조. 헬레니즘 세계에서 성장한 그리스도교는 헬레니즘의 영향을 받지 않을 수 없었다. 토를라이프 보만의 책은 이런 측면에서 헤브라이즘에서 발생했던 그리스도교가 헬레니즘의 세례를 받고 성장했던 역사적 상황을 설명해준다. 그의 책 제1부는 무엇보다도 언어관습과 언어적 특성을 분석하여 동적 사유와 정적 사유의 차이를 드러내고자 한다. 아마도 고대 교회의 교의 논쟁은 헬레니즘 세계의

왜 하느님이 시간적 존재인 인간이 되어 인간의 실존적 조건에 순응해서 고통과 죽음을 맞아야만 하는가? 헬레니즘에서 해결할 수 없는 이 질문은 히브리인의 성경을 통해, 신약성경의 예수 사건에서 준비된 답을 알고 있다. 니케아 공의회는 분명하게 하느님의 아들이신 그리스도가 우리 인간의 구원 때문에 죽고 부활하였다고 신앙으로 고백한다.[2] 신경은 성부와 성자의 구별을 주장하면서, 동시에 하나인 신성 안에서 성부와 성자의 존재론적 동등성을 고백한다. 이 신앙고백은 그리스도가 하느님의 아들(신성)이며 마리아의 아들(인성)임을 긍정하고 두 본성이 한 존재이며 단일 위격임을 의미한다. 신경의 고백에 따르면, 그리스도는 성자이시며, 참 하느님으로서 동시에 참 인간이라는 것이다.

성경의 신앙고백에서 신경의 고백으로 옮겨간 고대 교회의 상황은 이미 교회가 문화적 사유체계를 전제로 신학적 해석의 단계로 진입했음을 알려준다. 신앙이 신경 안에서 교회에게 의미를 말하기 시작하자마자, 세상이 제기하는 질문에 더 정치한 응답을 해야 하는 해석의 필요성이 발생했다. 이 시기에 결정적으로 네스토리우스(*Nestorius*, 381~451)와 에우티케스(*Eutyches*, c.378~454년)[3]의 상반된 해석이 신앙에 혼란을 야기했다.

질문이 헤브라이즘 태생의 그리스도교 신앙을 이해하는 어려움을 보여준다고 할 것이다. 33~87쪽 참조. 참고로 두 사유 사이에서 고대 교회의 환경을 이해하기 위해서 마르틴 헹엘, 유대교와 헬레니즘, 3권, 나남, 2012; 김창선, 유대교와 헬레니즘: 신약성서 배경 연구, 한국성서연구소, 2011.

2 그리스도 신앙의 원천은 성경과 신경이다. 성경이 그리스도 신앙을 이야기한다면, 신경은 신조로 구성되어 있다. 이런 차이가 신학의 내용과 형식을 결정한다.

3 네스토리우스와 에우티케스는 그리스도의 이해를 두고 정통과 이단의 경계에 서 있었다. 에우티케스는 콘스탄티노플 근교의 대수도원의 총책임자였으며, 환관 크리사피우스(Chrysapius)를 통해 황궁의 영향력을 행사했던 인물이다. 그는 네스토리아니즘을 반대하여 정통 신앙에 가까이 갈 수 있었으나, 알렉산드리아 학파의 신학적 표현을 문자적으로 이해한 나머지 448년에 이단으로 고발되었고, 마침내 451년에 칼케돈 공의회에서 단죄 받았다.

네스토리우스가 그리스도의 위격적 단일성—두 본성의 결합—에 혼란을 주었다면, 에우티케스는 앞선 세대에 마르켈루스가 그러했던 것처럼 그리스도의 신성을 강조한 나머지 인성의 의미를 신성 속에 해소하고 말았던 것이다.

1. 하느님의 어머니(*Theotokos*)와 육화의 신비

그리스도의 양성—인성과 신성—과 양성의 위격적 결합에 관한 논의는 역사적으로 볼 때 결코 단순했던 문제가 아니다. 본성(*physis*), 위격(*hypostasis*), 결합(*conjunctio*), 속성의 교환(*communicatio idiomatum*) 등의 신학적 용어의 의미와 개념들은 사용자의 처지에 따라 다르게 이해되었고, 오랜 시간이 지나서야 비로소 공통이해가 정립되었기 때문이다. 신학적 논쟁은 참여 교부들의 인간적 갈등과 정치적 혼란 속에서 종종 지역 교회들의 경쟁구도로 치닫곤 했다. 게다가 황제의 개입은 해소될 번하던 논쟁들이 정반대의 방향으로 흘러 공의회의 방향을 돌려놓기도 했다. 때로 이 상황들이 돌이킬 수 없는 부끄러운 경쟁적 다툼으로 변질된 후에, 논의의 반대편에 서 있던 교부들을 감금하거나 추방하는 정치적 사건으로 변해버리기도 했다. 그러했기 때문에 논쟁은 정치적으로는 제국의 정치적 통일을 위협하는 요소로 비쳐지기도 했으며, 종교적으로는 교회의 일치를 심각한 분열로 치닫게 할 위험도 내포하고 있었다.[4]

에우티케스는 로고스가 인성과 '결합한 후에' 그리스도는 단일본성을 유지한다고 주장했던 것이다. ODCC, 577쪽 참조. 네스토리우스에 대한 소략한 소개는 다음 장에서 제시하기로 한다.

공의회의 역사적 교훈은 고대 교회 안에 있었던 여러 성향의 집단이 보여주는 차이와 갈등을 이해하도록 우리를 이끌어준다. 교의가 결정되는 제반 단계에서 제기된 문제들의 의미를 깊이 성찰할 수 있으려면 논쟁의 초점을 잃지 말아야 한다. 공의회가 제도화해가는 과정은 교회의 생명이 신앙의 신비에 기초하고 있음도 감동적으로 말해준다. 또한 로마의 주교가 보편교회 안에서 가진 수위권의 역할, 혹은 사도적 권위는 공의회가 진행되는 과정에서 숱한 갈등을 봉합하고 신앙의 정통성을 세워가는 중요성을 점점 더해갔다.

또한 네스토리우스와 관련된 교의 논쟁이 발생된 뒤 알렉산드리아의 총대주교였던 키릴루스(*Cyrillus Alexandrinus*, 380~444)나 로마의 주교이자 교황이었던 레오(*Saint Leo*, 440~c.461년 재위)는 사건의 중심적 기능을 담당했으며, 이 과정은 역사적으로 세밀히 살펴볼 만한 필요성을 제공한다.[5]

테오토코스(*Theotokos*) 문제의 발단

시리아 태생(*Germanicia, Syria Euphratensis*)의 네스토리우스(*Nestorius*, c.381~451년 이후)는 428년 4월 10일에 콘스탄티노플의 총대주교로 선출되었다. 그는 안티오키아 소재의 수도원에 입회한 뒤 몹수에스티아의 테오도루스에게서 신학을 공부했고, 안티오키아 신학의 영향을 받았다. 428년에

---

4 특별히 이 과정은 에페소 공의회(431년)와 칼케돈 공의회(451년)의 기록에 두드러지게 나타난다. 하느님에 관한 이해를 도모하기 위한 회의가 영성적으로 규정되어야 했지만, 참석자들 사이의 인간적 갈등으로 표면화되곤 했다. 놀랍게도 이 과정을 공의회들의 기록은 가감없이 알려준다. DEC, 40~103쪽 참조.

5 로마의 주교 교황 레오가 콘스탄티노플 총대주교에게 보낸 *Tomus ad Flavianus*(혹은 *Tomus leonis*)은 당시 로마의 교황이 정통 교리를 얼마나 잘 표현하고 있는지를 보여주는 문헌이다.

콘스탄티노플의 총대주교좌가 비었을 때, 테오도시우스 II세 황제는 콘스탄티노플의 후보들을 물리치고, 당시 설교가로서 유명했던 네스토리우스를 안티오키아에서 콘스탄티노플로 초대했다. 수도자였던 네스토리우스는 마침내 역사적으로 황제의 도시에서 총대주교로 등장했다.

테오토코스

네스토리우스가 등장할 즈음, 콘스탄티노플 안에서 발생된 신앙 문제는 한 치도 앞을 내다볼 수 없는 상황이었다. 네스토리우스 자신은 민간 신앙적 태도에 상당히 비판적인 태도를 지녔던 정신의 소유자였다. 당시 민중 신앙처럼 불붙던 마리아 공경은 대체로 정통 신학자들도 무리 없이 인정하고 있었고, 예수의 어머니 마리아를 '하느님의 어머니'(*Theotokos*)라고 부르는 호칭에 이의를 달지 않았다.

그런데 네스토리우스는 이 호칭을 비판하면서, '하느님에게 어머니가 있는가?'[6]라고 자문했던 것이다. 대중을 향한 설교에서 그는 마리아의 역할을 해설하면서, 오히려 예수 그리스도의 어머니 마리아는 하느님을 '받아 모신 분'이라고 주장했다. 말하자면, 그는 '*Theotokos*'가 '하느님을 낳으신 분'의 의미를 가진 것이 아니라, '하느님을 받아 모신 분'이라는 의미로 이해했다. 단순한 용어의 차이만으로 생각하고 들으면, 아무런 문제가 될 수 없는 표현일 수도 있었고 경시할 수도 있었다. 왜냐하면, 네스토리우스의 생각엔 오직 성부만이 그리스도 하느님을 낳으셨기 때문에, 마리아에게 '하느님을 낳았다'는 의미로 테오토코스의 호칭을 부여하는 것이 마땅치 않았던 것이다.

그러나 '*Theotokos*'는 단순히 어휘의 문제가 아니라 교회 안에서 이어져 온 신앙의 전통과 관련된 문제였다. 이 고백적 단어는 3~4세기 대다수 교부들의 문헌에 등장할 뿐만 아니라,[7] 성자이신 그리스도의 출생과

6 '테오토코스'(*Theotokos*) 비판은 네스토리우스가 콘스탄티노플 주교좌에 착좌한 이후, 소속 사제인 아나스타시우스(*Anastasius*)가 '테오토코스'의 사용을 비판하고 나서자 이를 뒷받침하고 나선 데서 출발한다. 이 용어가 양성의 결합 후 인성은 사라지고 신성의 헤게모니를 강조한 아폴리나리아니즘의 성향을 나타낸다고 비판했던 것이다. ODCC, 1138쪽 참조.

7 P.-Th. Camelot, o.p., *Ephese et Chalcedoine*, L'Orante, Paris, 1962, 13~14쪽 참조.

관련된 신앙의 표현으로 사용되었다. 이 표현은 알렉산드리아 교회의 전통으로 여겨지지만, 이미 이집트 교회뿐만 아니라 시리아의 안티오키아 교회와 콘스탄티노플 교회에도 널리 알려진 호칭이었다. 이 호칭이 실질적으로 신앙과 전통의 차원에서 문제되지 않았다면, 네스토리우스는 신학적으로 보편교회의 전통에 반대하는 입장에 서게 된 것이다. 더구나 이 문제는 단순한 어휘의 문제에 머물지 않고, 그리스도의 육화 교리와 맞서게 될 것이었다.

육화교리 논쟁

니케아-콘스탄티노플 신경의 선언에 따르면, 예수 그리스도는 참 하느님, 참 인간으로 양성적 실존을 사신 분이다. 그는 어머니 마리아에게서 태어났으며, "육으로는 다윗의 후손으로 태어나셨고, 거룩한 영으로는 죽은 이들 가운데에서 부활하시어, 힘을 지니신 하느님의 아드님으로 확인되신 우리 주 예수 그리스도"(로마 1,3-4)이다. 육신을 취한 말씀(요한 1,14)은 "하느님의 모습을 지니셨지만 하느님과 같음을 당연한 것으로 여기지 않으시고 오히려 당신 자신을 비우시어 종의 모습을 취하시고 사람들과 같이 되셨습니다"(필립 2,6-7). 이와 같이 신약성경의 구절들은 여러 곳에서 말씀의 육화에 대한 증언을 대변해준다. 세상에 태어나 십자가에 처형당하신 분이 태초에 하느님과 함께 계셨던 분(요한 1,1-18 참조)과 동일한 존재라는 것이 성경의 주장이다.

이것이 그리스도교 신앙의 초기에 누구나 고백하던 전통적인 신앙 양식이었다. 또한 그리스도의 신성을 무시하거나 달리 해석하려던 이단들을 거슬러 교부들이 강력히 주장하던 것이기도 했다. 3세기 초에 그리스도 입양론(*Adoptionism*)을 대표하던 인물 중의 하나였던 아르테몬(*Artemon*)[8]을 비판한 익명의 저자는 유스티누스(*Justinus*, c.100~c.165년)를 포함하여 초기 그리스도교 호교 교부들의 이름을 상기시키며, 그리스도는 성자, 곧 하느님의 아들이심을 주장했다. “그리스도가 참 하느님 참 인간이심을 누가 모른단 말인가? 시편과 찬가들은 처음부터 그리스도는 신성을 가지신 하느님의 말씀이심을 찬미하지 않았는가?”[9]

처음 4세기 신학적 토론과 논의의 과정을 거쳐 니케아 공의회가 그리스도 신앙인이라면 누구나 고백해야 할 신앙정식을 만들어냈던 사실은 교회가 새로운 시대를 맞이한 것을 의미했다.[10] 말하자면, 니케아 신경은 모든 지역 교회가 인정한 보편교회의 신앙을 대표한 신앙의 보편성을 제시한 것이었다. 그러나 역사 진행에서 보면, 그리스도의 신비는 신앙 안에서 이성의 시험대를 거치지 않을 수 없었다. 참 하느님, 참 인간의 그리스도는 신앙 안에서 육화의 신비를 드러낸 사건이지만, 정식화하기가 쉬운 일은 아니었던 것이다. 에페소 공의회는 네스토리우스 사건을 통해 이 신비를 신학언어 속에 담아서 드러낼 준비를 갖추게 된다.

육화의 신비를 해석하기 위해 일반적으로 두 측면에서 접근할 수 있다. 먼저 말씀이 사람이 되었다는 표현은 그리스도가 참 하느님, 참 인간임을 가리킨다. 사람이 되신 말씀의 단일성은 말씀과 말씀이 취한 인간의 결합이 어떤 의미인지 생각하게 한다. 정통 신앙은 그리스도이신 성자를 고백함에 한 분 한 위격의 단일성을 고백한다. 두 번째로, 위격적 결합을 고백하는 역사적 존재인 그리스도 안에서 우리는 마리아의 아들과 하느님의 아들을 구별할 필요가 있다. 위격적 결합으로 자신의 단일성을

8 혹은 *Artemas*라고도 불렸다. 교회사가였던 에우세비우스도 그의 이름을 두 번씩 언급했다. Eusebius of Pamphilus, 교회사, 제5권, 28장. 사모사타의 바울로가 입양론(*Adoptionism*)을 부활시켰다는 비판을 하면서 아르테몬의 이름을 언급했다. ODCC, 112쪽.

9 Eusebius of Pamphilus, 제5권 28장, 213쪽 참조(SC 41,75).

10 DS, #54 참조.

드러내신 그리스도는 본성상 결합을 통해 존재하는 양성적 존재이다. 그렇다면, 우리는 어떻게 마리아의 아들이 지닌 인성과 하느님의 아들이 지닌 신성이 한 분 그리스도를 나타낼 수 있다고 믿는가?

통칭하여 말하는 일원론적 그리스도론[11]은 그리스도의 신성에 초점을 맞추고 이해하려는 시도로써 현대적인 의미에서 '위에서' 출발하는 그리스도론이다. 예를 들면, 요한복음서의 서문에서 말하고 있듯이, "하느님과 함께 계셨고"(요한 1,1) 역사적으로는 "몸(*sarx*, 사람)이 되신 말씀"(요한 1,14)을 고려하면서 출발한다. 반면에, 이원론적 그리스도론은 공관복음서에서 묘사하고 있듯이, 인간의 현실에서, 즉 그리스도의 지상 현실에서 출발하여 하느님의 초월성에 다다른다. 마르 1,1이 요약하고 있듯이, 예수 그리스도가 하느님의 아들이심을 예수의 공생애에서 출발하여 부활에 이르는 과정으로 논증한다. 성경에서 확인할 수 있다시피, 두 형태의 그리스도론—일원론적 그리스도론과 이원론적 그리스도론—은 고대 교회의 출발부터 교회 안에서 그리스도 사건을 이해하던 두 관점이었다.

이와 같이 그리스도를 바라보는 두 개의 관점은 복음서가 증언하고 있듯이 신학적으로 둘 다 정당하다. 다만 한 가지 주의해야 할 것은 하나의 그리스도론이 다른 관점을 배제하려고 한다면, 극단적 오류에 빠지게 되는 위험이 발생한다는 점이다. 고대 교회는 후대 교회에 이 점을 상기시키며, 극단으로 빠졌던 여러 오류들과 맞서 싸웠으며, 위기를 넘기곤 했다. 교회는 그리스도 신앙과 가르침을 이해하려는 헬레니즘

11 P.－Th. Camelot, o.p., 16～22쪽 참조. 일원론적 그리스도론과 이원론적 그리스도론의 차이는 그리스도의 정체성을 이해하는 방식의 차이를 나타낸다. 일원론적 그리스도론이 하느님의 아들로서 그리스도, 즉 신성을 강조한다면, 이원론적 그리스도론은 그리스도의 양성적 성격, 역사에 나타나신 성자의 인성을 강조하는 표현이다. 현대 신학은 이를 두고 하향식 그리스도론, 상향식 그리스도론이라고 부르기도 한다.

문화권에서 교의의 형이상학적 논쟁을 통해 진리를 표현하고자 했다.

신론의 해석학이 완성을 본 후에 그리스도론을 거론해야만 했던 5세기에 도달한 교회는 새로운 사태에 부딪치면서 세 번째 공의회를 맞이하게 된다. 특별히 앞에서 잠깐 언급했듯이 예수 그리스도의 역사적 실존을 형이상학적 교의 차원에서 논쟁의 역사를 시작하게 된 것이다. 신학적인 문제는 예수에게서 인성과 신성을 구분하여 인간과 하느님으로 분리시킨다면, 그리스도를 둘로 이분하는 오류를 범할 수 있다는 사실이다. 또 육화한 말씀의 단일성을 지나치게 강조하여 그리스도에게서 로고스를 보지 않고, 말씀이 취한 육체 현상만 보게 되면, 이 또한 쉽게 그리스도 가현설에 빠질 우려가 발생할 수 있다. 공의회가 개최되기까지 험난했던 논쟁들을 보면, 그리스도 양성론에 대한 해석학적 오류가 참된 신앙을 심각한 혼란에 빠뜨릴 수 있었다는 것이 확실하다.

앞에서 언급했듯이, 그리스도 양성론의 두 측면을 살펴본다면 다음과 같이 두 질문을 던질 수 있다. 말씀과 인성이 온전하게 결합하여(그리스도 존재의 이원성) '하나의' 위격을 이룬다는 그리스도 신앙고백이 어떻게 가능했던 것일까? 반대로, 그리스도의 위격적 단일성에 대한 해석학적 결과를 얻기까지 숱한 오류에 빠졌던 원인은 무엇이었을까? 이 과정을 간단히 살펴보기 위해서 앞에서 말했던 두 개의 그리스도론 관점을 교회사적인 시각에서 들여다보기로 한다.

2. 일원론적 그리스도론

아마도 일원론적 그리스도론은 고대 교회가 후대에 전한 가장 오래된 신앙 전통일 것이다. 안티오키아의 이그나티우스(*Ignatius of Antioch*, c.35~c.107년)는 '하느님의 피', '하느님의 고통', '마리아에게서 나신 하느님' 등으로 그리스도를 표현한다.[12] 이런 표현들은 리옹의 이레네우스(*Irenaeus*, c.130~c.200년)에게서도 자주 나타나는 어휘들이다.[13] 요한복음서도 간접적으로 말하고 있지만, 그리스도론의 전개에서 많은 오해를 불러일으켰던 영지주의는 예수(인성)와 그리스도 혹은 말씀(신성)을 분리시킴으로써 '하느님의 아들'의 의미를 잘못 알아듣게 했다.

앞에서 논의해온 사건들을 살펴보더라도, 일원론적 그리스도론은 주로 알렉산드리아 학파의 신학을 특징짓는다고 하겠다.[14] 공의회가 열리기 오래전에 고대 교회에 지대한 영향력을 행사했던 오리게네스(*Origenes*, c.185~c.254년)에게서 시작된 그리스도론 형태이지만, 특별히 알렉산드리아의 주교였던 아타나시우스(*Athanasius*, c.299~373년)의 신학에서 이런 경향을 뚜렷하게 볼 수 있다.[15] 아타나시우스의 그리스도론은 육체에

12 SC 10, 66, 86, 134쪽; 이냐시오스, 박미경 역주, 일곱 편지, 분도, 2000 참조.

13 *Adv. Haer., III, xvi, 2, 3, 5, 8; xvii, 4*(SC 34, 278, 282, 294~296, 308쪽) 등; M. C. Steenberg, Of God and Man. Theology as Anthropology from Irenaeus to Athanasius, T&T Clark, 2009 참조.

14 안티오키아 학파의 그리스도론이 로고스-안트로포스 형이라면, 알렉산드리아 학파는 로고스-사르크스 그리스도론을 대표한다고 말할 수 있다. 이에 대한 설명은 A. Grillmeier, *Christ in the Christian Tradition*, 167쪽 이하, 345쪽 이하 참조.

15 A. Grillmeier, *Christ in the Christian Tradition*, 308~328쪽; DECA, 285~291쪽; DCT, 117~118쪽; tr. by R. W. Thomson, *Contra Gentes and De Incarnatione*, Clarendon Press, 1971; 아타나시우스 신학의 포괄적 논의와 이에 관련된 연구목록을 위해서 다음을 참조. Khaled Anatolios, Athanasius, The Coherence of His Thought, Routledge, 1998.

현존하는 말씀, 로고스의 현존에 초점을 맞춘다. 그리스도의 단일성이 그의 신학을 지배할 수밖에 없는 까닭은 다음과 같다. 아타나시우스에게 그리스도는 무엇보다도 동정녀에게서 나시고, 먹고 마시고, 고생하시고 죽으신 분이지만, 그분은 무엇보다도 육화의 주체이신 말씀(*Logos*)이신 하느님이시다. 예수 그리스도는 지상 생애를 사셨던 분이지만, 기적을 베풀고, 죽고 부활하심으로써 로고스는 하느님이요 하느님의 아들로 자신을 드러냈다.[16] 로고스의 신성이 우선일 수밖에 없는 아타나시우스에게 그리스도는 '하느님을 입은 인간'(*anthropos theophoros*)이 아니라, 우선적으로 '육체를 입은 하느님'(*theos sarkophoros*)이시다.[17] 니케아 공의회를 이끌었던 아타나시우스의 신학은 다음 세대를 이어나갈 키릴루스에게서 더욱 강화되어 나타날 것이었다.

그렇다면, 그리스도론에 관한 한, 알렉산드리아 신학은 무엇을 강조하고자 한 것일까? 물론 헬레니즘과 헤브라이즘 사이에서 그리스도의 신성과 인성을 동시에 균형 있게 강조하는 일은 쉬운 일이 아니었다. 앞에서 언급했다시피, 그리스도의 신성을 강조해야 했던 알렉산드리아 신학은 일원론적 그리스도론의 강한 편향성을 보여준다. 그리스도 신비의 핵심과 관련된 일이기도 하지만, 무엇보다도 인간의 구원과 직접 통하는 문제이기도 했던 것이다. 그리스도의 위격을 일원론적으로 보여주는 일은 동정녀에게서 태어나 십자가에 달린 분의 몸이 바로 하느님의 몸이라는 사실과, 인간을 위한 하느님의 무한한 사랑을 보여주는 일이기도 했던 것이다.

16 SC, 18, 239~243쪽.

17 *De Incarnatione et contro Arian*, 8; PG 26, 996c. P.-Th. Camelot, o.p., 17쪽에서 재인용.

그리스도-몸

그러나 구원에 관한 이런 관심에서 비롯된 일원론적 그리스도론은 아주 미묘한 문제에 봉착한다. 요한복음서에서 언급한 '몸'(*sarx*)은 성경에 근거한 표현이지만, 동시에 이 단어는 인간의 연약한 본성을 가리킨다.[18] 달리 말하면, '몸'은 허약한 인간의 육체성과 영혼을 동시에 나타내는 성경의 어휘요, 구약성경의 전통에서 말하는 방식이다.

그렇다면 말씀(*Logos*)은 어떻게 인간의 전인격적 특징을 나타내는 '몸'과 결합하는가? 영혼(*anima*)이 육체와 결합하듯이, 로고스는 인간 존재를 의미하는 '몸'과 결합하는가? 헬레니즘의 사유에 영향을 받은 시기에 영혼은 육체에 대해서 생명의 원리요, 모든 행동의 주도적 원리라고 이해했다. 마찬가지로 말씀은 '몸'에 대해서 생명의 원리이며 행위의 원리라고 생각하지 않을 수 없었다. 로고스가 세상에 존재하면서 모든 존재에게 생명을 준다면, 마찬가지로 말씀은 그리스도의 육체에 머물며 생명을 주는 원리라고 생각할 수밖에 없다. 이런 해석에는 스토아주의(*stoicism*)에서 기인하는 인간론이 개재되어 있다.[19]

만약 그리스도에게 있어서 생명과 행동의 유일한 원리가 말씀이라면,

---

18 성경에서 단적으로 정의내릴 수 없을 정도로 다양한 의미로 사용된다. 인격체를 나타내거나, 인간의 부패성이나 죄와 관련시켜 이해할 수 있다. *TDNT*, vol. IIV, 110쪽 이하 참조. 특히 138~140쪽 참조.

19 P.-Th, Camelot, o.p., 18쪽. 앞에서도 언급한 바와 같이 그리스도교 교의의 형성 시기에 인간과 신 존재에 대한 헬레니즘의 이해는 늘 그리스도 신앙을 표현하기 위한 개념적 적절성 문제가 제기되곤 했다. 물질과 신적 요소(예를 들면, 이성)의 일치를 중요하게 여기기 때문에 인간의 모든 행위는 신의 뜻(이성)을 존중한다는 의미가 있다. *Les Stoiciens*, 2 vols., Gallimard, 1962; John Sellars, *Stoicism*, University of California Press, 2006; Paul Angulvent, *Le Stoicisme*, Presses Univ. de France, 1958; Paul G. Chappuis, *La destinee de l'homme: de l'influence du stoicisme sur la pensee chretienne primitive*, Librairie Fischbacher, 1926 참조.

말씀은 인간에게 있어서 영혼(*psychē*)의 자리를 차지한다. 이렇게 되면, 그리스도 안에는 인간의 영혼과 로고스가 두 원리로써 존재하며 경쟁 상태에 있다는 의미가 된다. 과연 하나의 존재에 두 본성이 주도적 역할을 위해 경쟁 관계에 있다고 이해해야 할 것인가? 신성과 인성이 주도권 경쟁에서 어느 쪽이 우위를 점할 것인지 분명하지 않은가? 이렇게 생각한다면, 그리스도의 인간 영혼은 로고스에 의해 존재의 역할을 위협받지 않을 수 없음이 틀림없다. 물론 아타나시우스는 본격적인 의미에서 헬레니즘적 사유를 펼쳤던 것은 아니며, 또 이 점을 세심히 언급하려거나 추론하려고도 하지 않았다. 아타나시우스는 상식적 차원에서 영혼이나 감정 혹은 지성이 결여된 그리스도를 상상할 수 없었을 뿐이다. 그에겐 우리를 위해 인간이 되신 분이 지성이 없는 육체만의 존재일 수 없다는 확신이 있었다. 왜냐하면, 말씀 안에서 구원을 받은 인간은 육체와 영혼을 모두 구원받은 존재이기 때문이다. 아타나시우스가 예수의 인간 영혼에 신학적 자리를 마련하지 못했다 할지라도, 존재마저 부인했을 이유는 없었다.

아리아니즘의 로고스론은 로고스가 성부보다 열등한 존재이며, '무에서 창조'(*creatio ex nihilo*)된 존재라고 이해한다. 로고스는 육체를 취함으로써 인간이 되었지만, 창조계의 존재론적 위계질서에 따라 우위에 있는 로고스가 일체 인간적 행동의 주체이다. 그러므로 아리우스주의자는 그리스도의 존재를 설명하면서 특별히 인간 영혼을 언급할 필요가 없었다. 간단히 말해서, 말씀이 주도적으로 모든 인간적 기능을 취했고, 그리스도의 인간적 모든 고통을 감내했다. 여기서 말씀 자신은 피조물의 변화나 고통을 겪을 것이기 때문에 하느님 아버지와 동등하거나 동일본질(*homo-ousios*)일 수 없다는 결론이 나온다. 영혼과 육체가 결합하듯이 로고스와 몸이 결합한다고 이해한다면, 로고스는 몸과 결합하여 하나의 본성을 가지는 하느님이라고 말할 수 없는 것이다. 아리우스주의자에게 창조된 로고스는 신성을 지닌 하느님이라 부를 수 없지만, 아리아니즘은 형식상 성부, 성자, 성령의 삼위일체론을 말할 수 있었던 것이다. 그래서 아리아니즘의 해석에 따른 삼위일체론의 궁극적 내용은 유일신론의 확장이기 때문에, 그리스도론의 정통 신앙 해석과 크게 어긋나지 않을 수 없었던 것이다.[20]

아폴리나리우스의 극우적 발상

사실상 교의 논쟁의 역사에서 교회의 불행은 아리아니즘의 단죄에서 멈추지 않았다. 역설적으로 아리우스의 적수였던 아폴리나리우스(*Apollianarius*, c.315~392년)는 아타나시우스의 친구였고 니케아 신앙을 수호하고자 했던 인물이었다. 당연히 라오디케이아(시리아)의 주교였던 아폴리나리우스는 그리스도를 인간으로 격하시킨 아리우스와 그 추종 세력의 그리스도론 해석을 격렬하게 비판하지 않을 수 없었다.[21] 그는 나사렛 예수 안에서 로고스가 태어나고 고통을 받으며 죽었다고 생각했다. 그리스도는 참 하느님으로서 '하느님이 그 안에 사신 인간' 이상이었을 뿐만 아니라, 죽음을 이기신 분이셨다. 아폴리나리우스에게 죽음을 이길 수 있는 분은 무엇보다도 인간이 아니라 하느님이시며, 바로 생명이신 그분이 죽음을 수용하신 것이다.

그러나 아폴리나리우스의 생각은 아리우스주의자들처럼 육체를 취한 말씀, 곧 그리스도의 결합을 위격의 차원에서 이해한 것이 아니었다.

---

20 A. Grillmeier, *Christ in Christian Tradition*, 219~248쪽 참조. 위와 같은 그리스도론은 아스테리우스(*Asterius*, +341년 후)나 에우노미우스(*Eunomius*, +394년)와 같은 아리우스주의자에게서 시작되었다.

21 A. Grillmeier, 329~343쪽; B. Sésboüé, *Le Dieu du Salut*, 342~344쪽 참조.

인간이 영혼(지배원리)과 육체가 결합하여 하나의 본성을 가진 존재인 것처럼, 그는 로고스를 인간의 지배원리(*hegemonikon*)로 이해했다. 그러므로 육화하신 말씀은 육체의 영혼일 뿐만 아니라, 육체와 결합한 구체적이고도 유일한 존재로 하나의 본성(*mia physis*)을 가진다고 보았던 것이다.

이렇게 이해할 때, 아폴리나리우스의 신학은 아리우스와 정반대의 사고방식에서 예수의 인간 영혼을 희생하는 결과를 초래하지 않을 수 없었다. 성경에서 의미하는 '몸'(*sarx*)이 인간 존재를 가리키는 것이라면, 사르크스는 인간의 육체와 영혼이 결합된 존재임을 의미한다. 만약 성경의 언어에 충실하지 않는다면, 심각한 문제가 발생하지 않을 수 없음을 여기서 보는 것이다. 아폴리나리우스는 성경이 의도하는 사실을 오해하고, 예수의 인간적 육체가 알려주는 구원론적 의미를 잊었던 것이다.

그리스도 구원론의 정식은 이렇게 말할 수 있다: 말씀은 우리의 인성을 취한 뒤, 인성을 구원하시고 성화시킨다. 이와 관련하여 나지안주스의 그레고리우스가 말한 공리—취함 받지 않은 것은 구원받지 못한다(*quod non est assumptum, non est sanatus*)—를 기억해야 한다.[22] 인간의 구원은 영육 이원론의 영혼만의 구원이 아니라, 육체를 지닌 전인간의 구원을 의미하기 때문이다. 예수의 인간 영혼을 부인하는 결과는 우리 인간의 온전한 구원의 의미를 훼손하는 것이다. 인간의 구원은 인간을 통한 구원이며, 인간의 자유를 결코 훼손하지 않아야 함을 가리킨다. 이런 점에서 그리스도의 구원은 인간의 자유를 통해서만 가능한 것이다. 고대 교회의 교부들의 사유는 전인간적 구원이 인간의 자유를 전제로 진행된다는 것을 의미했던 것이다.

---

22 그레고리우스의 이 말은 간단한 설명과 함께 발터 카스퍼, 예수 그리스도, 분도, 1977, 378~379쪽에서 재인용.

이와 같은 의미에서 4세기의 교부들—바실리우스, 나지안주스의 그레고리우스, 바실리우스의 동생인 니사의 그레고리우스 등—은 아폴리나리우스의 그리스도론을 격렬하게 비판했다. 로마 교회도 아폴리나리우스의 오류를 여러 차례에 걸쳐 심각하게 비판했던 것으로 보인다.[23] 아폴리나리우스주의자들은 그 후에도 지속적으로 그들의 그리스도론적 해석의 정통성을 주장했지만, 결국 교회 안에서 사라져갔다. 그리스도론의 측면에서 보면, 그리스도교의 헬레니즘화로 역행하려고 했던 아폴리나리우스의 오류는 특별히 카파도키아 교부들의 신학적 노력으로 극복할 수 있었다.

3. 이원론적 그리스도론

아폴리나리우스의 신학이 로고스의 신성에 초점을 맞춘 일방적인 일원론적 그리스도론을 지향하고 있었다면, 우리는 안티오키아 학파의 그리스도론을 이원론적이라고 부를 수 있다.[24] 안티오키아 학파에 속한 타르수스의 디오도루스(*Diodorus*, +394년 이전)와 그의 제자 몹수에스트의

23 DS, #65; 교황 다마수스는 377년, 382년에 로마 시노드를 개최하여 이 문제를 언급했다. 또한 콘스탄티노플 공의회(381년)도 '아폴리나리아니스트들'(*Apollinarianists*)이라고 직접 언급했다. DEC, 35쪽. 그리고 공의회 문헌은 정통 신앙을 고백하는 이들을 받아들이는 기준으로 교리적 오류를 열거하는 목록에서 '*apollinarista*'를 거명하고 있다.

24 그리스도의 위격에 관한 논쟁에서 나타난 그리스도론의 형태를 분류하면 일원론적 그리스도론과 이원론적 그리스도론으로 분류할 수 있다. 두 표현은 다시 로고스-사르크스 그리스도론(알렉산드리아 학파), 로고스-안토로포스 그리스도론(안티오키아 학파)으로 새롭게 명명할 수 있다. 이 두 형태의 그리스도론은 A. Grillmeier, Part II에서 교부학적 차원에서 세심하게 다루고 있고, 발터 카스퍼, 374~378쪽에서도 교의학적 차원의 간단한 설명을 들을 수 있다.

테오도루스(*Theodorus*, +428년)는 이원론적 그리스도론을 대표한다고 할 수 있다.[25]

어떤 의미에서 알렉산드리아 학파와 안티오키아 학파의 대조적인 경향을 단순하게 구별하는 위험성도 염두에 두어야 한다. 예를 들면, 안티오키아 학파와 알렉산드리아 학파를 사실주의와 신비주의, 문학적 주석과 영적 주석, 양성론적 그리스도론(*dyophysitism*)과 단성론적 그리스도론(*monophysitism*)의 특징으로 설명할 수 있기 때문이다. 그러나 이런 이해는 어느 한쪽에서만 보려고 할 때, 두 학파의 성격을 지나치게 단순처리하는 우를 범할 수 있기 때문에 좀 더 세심하게 들여다볼 필요가 있다.

신학적 성향만으로 볼 때, 안티오키아 학파와 알렉산드리아 학파가 아주 대조적인 것만은 사실이다. 그러나 앞에서 간단히 살펴보았듯이 두 학파 모두 아폴리나리우스의 그리스도론을 거부한다는 점에서 아폴리나리아니즘에 대해서 부정적인 비판적 견해를 유지한다고 말할 수 있다. 예수는 영육을 지닌 완전한 한 인간을 표상하기 때문에 인간 예수 안에 말씀이 존재한다고 말해야 한다. 니케아-콘스탄티노플 신앙을 지켜온 고대 교회는 예수 그리스도는 신성과 인성을 지닌 양성(兩性)의 존재로 이해했다. 다만, 두 학파의 그리스도론은 인성과 신성 어느 쪽을 우선적 고려의 대상으로 삼는가에 따라 해석학적 차이를 드러낸다. 알렉산드리아 학파의 그리스도론이 '몸을 취한 말씀'을 우선적으로 고려한다면,

25 A. Grillmeier, 352~439쪽 이하, 특별히 421~439쪽; P.-Th. Camelot, 22쪽 참조. 테오도루스의 육화 이론은 에페소 공의회(431년)와 2차 콘스탄티노플 공의회(553년)에서 신학적 오류로 비판받았다. 비록 신학적 용어의 사용이 불분명하고, 네스토리아니즘적 요소가 의심스러울지라도 아폴리나리아니즘을 적극 거부하고, 의심 요소들에 대해 니케아 신경의 의미에서 설명하려고 한 점은 높이 평가받는다.

안티오키아 학파의 그리스도론은 '인간을 취하신 하느님'을 우선적으로 고려한다.

알렉산드리아 학파의 신학적 경향을 극단화한 아폴리나리우스의 신학은 그리스도의 인성과 신성을 구별하지만, 끝내는 균형을 잃어버렸다. 말하자면, 인성과 신성의 구별이 지나치다 보니 인성과 신성을 분리시키고, 그 결과 인성이 신성 안에서 소멸되는 위험한 결과를 낳았다. 반대로 예수의 인성을 강력하게 주장하다 보면, 인성의 자율성을 앞세우게 되고, 마침내 인성을 위격으로 여기는 위험한 결과에 이르기 쉽다. 아폴리나리우스가 범한 오류처럼 신성을 강조하다보면, 신성만 유지한 그리스도의 위격을 강조하지 않을 수 없었던 것이다.[26]

아직 위격(*prosopon*→*persona*)[27]이나 본성(*physis*) 개념이 분명하게 정립되지 않았던 단계에서 이 결과의 위험은 더욱 심각했다. 예수를 마리아의 아들이며 하느님의 아들로 이해하고자 할지라도, 이전 단계에서 그리스도 양성의 완벽한 결합이 강조되어야 했다. 즉 위격의 단일성이 두 본성의 차이를 훼손하지 않는 개념이어야 했기 때문이다.

---

26 이런 의미에서 아타나시우스의 신학은 키릴루스의 신학의 출발점이 되며, 네스토리우스 논쟁에 앞장선 키릴루스의 신학은 에우티케스 신학의 모범으로 자리 잡는다. A. Grillmeier, 473~478쪽; 523~526쪽 참조.

27 현대 신학도 삼위일체론의 개념을 분명하게 정의하기 위한 노력을 기울이기도 했다. 대표적인 예로, Karl Barth(1886~1968년)는 '존재방식'(*Seinsweise*), Karl Rahner(1904~1984년)는 '자립방식'(*Subsistenzweise*)이라는 용어를 제시했다. 그렇지만, 이 용어들은 신학적 의구심만 불러일으켰고, 대다수 신학자들에게 수용될 수 없었다. 고대의 위격 개념과 근대의 인격 개념이 가리키는 의미가 다르기 때문에 발생하는 오해의 가능성을 최소화하기 위한 답변이었지만, 성공하지 못했던 것이다. 말하자면, 고대 교회에서 하느님의 존재를 이해하려고 했을 때, 위격(*hypostasis*, *persona*) 개념은 정의하기 어려운 개념이었다는 사실이다. A. Grillmeier, 480~483쪽; B. Sesboüé, 290~295쪽 참조.

몹수에스트의 테오도루스(*Theodore of Mobsuestia*, c.350~428년)[28]는 이원론적 그리스도론의 대표적 학자로서 그리스도의 양성과 위격의 단일성을 이렇게 설명한다. "두 본성은 뒤섞이지도 않으며, 위격은 분리되지 않는다. 그러므로 두 본성의 성격을 뒤섞지도 말아야 하며, 위격은 나뉘지도 않는다는 것을 알아야 한다. 두 본성은 차이를 유지한 채 그리스도 안에 완벽하게 병존한다는 것을 알아야 한다."[29] 말하자면, 인성과 신성의 차이가 두 본성의 완전한 결합을 해치지도 않을 뿐만 아니라, 이 결합이 두 본성의 차이를 없애지도 않는다는 의미이다.

그렇다면 이러한 이해는 두 개의 그리스도론이 서로 반대되지 않거나 적어도 양립할 수 있음을 의미하는가? 알렉산드리아 학파는 무엇보다도 '몸을 취한 말씀'의 유일한 위격을 보며, 그 자체로는 고유한 본질을 소유할 수 없는 인간의 몸을 취한다고 보았다(*logos-sarx*). 반면에 안티오키아 학파는 인간-하느님(두 본성)에서 출발하여 인성과 신성의 두 위격(*prosopa*)의 결합이 하나의 공통 위격, 곧 그리스도의 위격에 이른다고 생각했다. 그리스도의 고유한 위격은 두 본성이 결합한 결과로 해석할 수 있다는 것이다.

테오도루스는 아리아니즘이 로고스의 피조성을 강조하는 사실을 거부하면서 오히려 초월성을 강조했다. 아무리 로고스가 인간의 역사에 참여한다고 치더라도 그리스도의 역사 내적 성격(내재성)이 신적 본질인 초월성(역사 외적 성격)을 훼손하지 않는다는 사실을 주장한 것이다. 이 주장은 바로 그리스도의 존재가 신성과 인성의 양성에 기반하여 존재할지라도

28 몹수에스티아의 테오도루스 신학에 대한 간단한 이해를 위해 A. Grillmeier, 421~439쪽; B. Sesboüé, 360~366쪽 참조.

29 *De Incarnatione*, viii. P.-Th. Camelot, 23쪽에서 재인용.

두 본성은 서로 뒤섞을 수 없다는 의미였다. 이와 같이 아리아니즘과 아폴리나리아니즘을 극복하기 위해서 테오도루스는 그리스도 안에서 신적 내재성과 초월성의 결합(*synapheia, conjunctio*)을 성취하고자 했던 것이다.

그러나 이러한 해석이 완전하게 수용되기에는 여러 가지 위험이 도사리고 있었다. 교회의 네스토리우스 위기는 네스토리아니즘(*Nestorianism*)을 발생시킨 안티오키아 학파(특히 몹수에스트의 테오도루스)를 통해서 시작되었기 때문이다. 네스토리우스가 '*Theotokos*'(하느님의 어머니)를 거부하며 '*Christokos*'(그리스도의 어머니)를 주장하는 데서 정점에 이른 것이다.[30]

몹수에스티아의 테오도루스의 주장에 따르면, 마리아의 아들은 말씀의 성전이 되었으며, 따라서 하느님의 말씀은 자신이 마리아의 아들이 될 수 없었다. 또 테오도루스는 한 걸음 더 나아가 이렇게 주장했다. 마리아가 '인간의 어머니'(*anthropotokos*)인지 '하느님의 어머니'(*theotokos*)인지 묻는다면, 우리에게 마리아는 둘 다 그렇다고 대답할 수 있다.

---

30 A. Grillmeier는 같은 책 425~439쪽에서 테오도루스 신학의 의미를 세 관점에서 논한다. 1) 로고스-사르크스 그리스도론의 틀에 대한 비판, 2) 테오도루스의 자신의 그리스도론, 3) 테오도루스의 그리스도론 정식. 로고스-사르크스 그리스도론의 틀을 비판하다 보니, 아폴리나리아니즘의 정반대편에 서서 그리스도의 구원행위가 인성에 기초한다는 인상을 남겼다. 위격의 분열 가능성이 엿보인다. 두 번째로 그리스도의 완전한 인성을 강조하다 보니, 양성의 구별이 강조되지 않을 수 없게 된다. 거꾸로 인성과 신성의 결합이 논쟁의 초점으로 변해버렸다. 문제의 밑바닥에 로고스-안트로포스 그리스도론의 틀이 있다. 세 번째로, 테오도루스는 그리스도의 인성과 신성의 결합을 '*prosopon*'으로 설명할 수 있었고, 아폴리나리우스에게서 넘겨받은 '*hypostsis*'(437쪽)로는 인성과 신성의 개별 실존을 가리키는 용어로 사용했다(438쪽). 마치 *physis*와 *hypostasis*를 혼동해서 사용하는 것처럼 보였다. 테오도루스는 그리스도의 양성을 표현할 때엔 *physis*와 *hypostasis*를, 그리스도의 단일성을 언급할 때엔 *prosopon*을 사용했다(439쪽). 칼케돈 공의회 이후에 정립된 신학에서 보자면, 테오도루스 신학은 혼동을 일으킬 수 있을 정도로 용어의 사용에서 불확실했다는 점은 분명하다.

테오도루스는 인성과 신성의 분리를 강조할 경우, 오류를 미연에 방지할 양성의 결합에 대한 대안이 있었어야만 했던 것이다. 이리하여 정통과 오류의 위험 경계선에 다가간 테오도루스의 그리스도 양성론이 네스토리우스에 와서 테오토코스 문제로 발생될 여지를 만들었던 것이다.

테오도루스의 설명을 수용하게 되면, 마리아는 자신에게서 낳음 받은 인간의 본성상 '*anthropotokos*'이고, 하느님이 마리아가 낳은 인간 안에 계셨기 때문에 관계상 '*theotokos*'이다. 달리 말하면, 하느님이 동정녀에게서 태어난다는 것은 생각할 수 없고, 마리아에게서 태어난 존재는 그저 인간일 뿐이다. 이런 의미에서 몹수에스티아의 테오도루스는 신학적으로 네스토리우스 이전의 네스토리우스주의자란 평가를 받기도 한다.[31]

31 P.–Th. Camelot, 24쪽.

제9장
네스토리우스와 키릴루스

에페소 공의회가 마주한 그리스도론 문제는 네스토리우스가 마리아 호칭으로 주장한 '크리스토토코스'(*Christotokos*)로 요약된다. 이 문제는 마리아의 호칭을 둘러싸고 야기된 논쟁이었지만, 육화 신앙이 신학적으로 어떻게 해석되어야 하는지 보여준 사건이기도 했다. '하느님의 어머니'(*Theotokos*)라는 신앙의 호칭이 동정녀 마리아에게 유효한 것인가? 유효하다면 어떠한 의미에서 이해되어야 하는가? 혹은 신앙의 용어가 교의 신학적으로 해석되어야 한다면, 정당성은 어떻게 확보되어야 하는가?

이런 질문을 염두에 두면, 우리는 정통신앙에 의문을 제기한 쪽이나 이를 비판하는 쪽의 문제의식을 살펴보지 않을 수 없다. 정작 마리아의 호칭이 그리스도론 논쟁이 된 이 사건을 둘러싸고 네스토리우스의 주장을 반박하는 알렉산드리아의 키릴루스의 신학적 해석 방법에는 문제가 없는가? 문제를 제기한 네스토리우스와 이를 비판한 키릴루스는 신학적 논리에서 어떤 결점을 내포하지나 않았나?

공의회의 역사를 보면 두 인물의 격렬한 갈등과 긴장이 먼저 두 사람 사이를 갈라놓는다. 키릴루스는 네스토리우스에게 보낸 편지에서 자신의 주장을 통고하면서 마치 조사관처럼 네스토리우스의 분명한 답변을 촉구했다.[1] 테오토코스 문제를 중심으로 두 교부는 각기 안티오키아 학파와 알렉산드리아 학파를 대변하는 신학을 전개했다.

두 사람을 중심으로 벌어졌던 논쟁에서 무엇이 핵심이고, 두 학파의 신학은 어떤 약점을 지니고 있었는가? 아직 신학적 개념이 명확하게 확립되지 못했던 상황에서 이들이 논쟁했던 그리스도론 문제는 첨예한 대립을 불러왔다. 지역 교회 간의 대립이 신학의 대립으로 나타났고, 조화보다는 차이를 강조하는 갈등으로 나아갔다. 결과적으로 그리스도 양성론이 네스토리우스에게서 우파적 확신으로 나아갔다면, 키릴루스의 그리스도론은 적어도 용어로 보면 위격적 단일성과 본성의 단일성을 표현하는데 혼란을 겪고 있었다. 양쪽 다 개념적으로 온전하지 못했을 뿐만 아니라, 서로 상대방을 이해하고자 하지 않았다.

키릴루스가 전통적 신앙정식에 가까웠다면, 네스토리우스는 진일보한 신학적 개념을 제시하고자 했다. 키릴루스가 전통 신앙의 범주에서 인정을 받았다면, 네스토리우스는 전통을 넘어서 인간과 하느님을 분리하는 오해를 불러일으켰다. 네스토리우스를 지지했던 안티오키아도 이 점에서 그를 받아들일 수 없었다.

어느 학파도 완벽한 신학적 주장을 끝까지 밀고 나갈 수 없었던 것이지만 화해보다는 갈등이 지배했다. 아직 신학적 용어의 개념적 의미도 분명하게 정립되지 못한 상황이었기 때문에 상대의 신학적 위험성을 정확히 지적하는 것이 언제나 용이한 일은 아니었다. 호칭을 통한 그리스

1 알렉산드리아의 키릴루스와 네스토리우스 사이에 왕래한 편지는 DEC, 40~61쪽; P.-Th. Camelot, 191~207쪽 참조.

도론 논쟁을 이해하기 위해, 두 교부의 뒤를 바치던 고대 교회의 대표적 신학의 쌍두마차인 안티오키아와 알렉산드리아 학파의 의의를 살펴볼 기회이다.

1. 네스토리우스의 신학

이미 알고 있다시피, 테오도시우스 II세 황제는 428년에 안티오키아 출신인 네스토리우스(c.381~451년)[2]를 콘스탄티노플 주교로 선임하였다. 네스토리우스는 시리아 태생으로 안티오키아에서 수도승으로 살았고, 설교가로 유명한 인물이었다는 것 이외에 실질적으로 알려진 바가 거의 없다. 아마도 네스토리우스 논쟁의 주역으로 불행한 생애를 마친 그에게 교회는 관용을 베풀 수 없었던 것일까?

네스토리우스는 에페소 공의회가 소집되기 전, 안티오키아 학파와 알렉산드리아 학파 사이에서 벌어진 그리스도론 논쟁의 빌미가 된 마리아의 호칭 '하느님의 어머니'(*Theotokos*)와 관련되어 교회사에 본격적으로

2 네스토리우스는 시리아의 안티오키아 근처 도시(*Germanicia in Syria Euphratensis*, 오늘날 터키에 속한 도시)에서 381년에 페르시아인 부모에게서 태어났다. 안티오키아에서 수도승 생활을 시작하여 몹수에스티아(Mopsuestia)의 테오도루스의 가르침을 받았을 가능성이 크다는 주장이 있다. 한국가톨릭 대사전, II권, 1351쪽 참조. 그러나 네스토리우스가 태어난 해를 기점으로 상황을 고려하면, 테오도루스가 392년에 안티오키아의 주교였다는 사실로 볼 때 네스토리우스가 주교의 제자였으리라고 생각하기 어렵다. P.–Th. Camelot, o.p., 25쪽. 콘스탄티노플 교구의 사제 아나스타시우스(*Anastasius*)가 아폴리나리우스의 주장을 거슬러 마리아의 호칭으로 테오토코스(하느님의 어머니)의 사용을 반대했을 때, 네스토리우스가 강력한 지지를 보내며, 대안으로 크리스토토코스(그리스도의 어머니)의 사용을 제안한 것이 키릴루스와 벌인 긴 논쟁의 발단이 되었다.

등장했다. 마리아의 호칭은 사실 상 육화 사건을 해석하는 그리스도론 문제이며, 안티오키아 학파의 그리스도론을 극단으로 몰아간 불행한 사건이기도 했다. 궁극적으로 동정녀 마리아의 경배는 하느님이 인간이 되신 사건을 해석하는 육화 신학에서 비롯되었던 것이다. 네스토리우스의 다소 애매한 신학언어 위에 드러난 그리스도론이 문제를 발생시켰고, 이 소요는 결국 에페소 공의회를 소집케 한 빌미를 제공했다. 네스토리우스가 문제를 제기했던 '*Theotokos*'는 전통적으로 5세기 교회 안에서 마리아 경배가 한창이던 시절에 널리 사용되던 호칭이었고, 게다가 이전 교부들 중 어느 누구도 이의를 제기하지 않았다. 신앙 전통 안에서 문제없이 받아들이고 있었던 호칭이었고, 신학적으로는 누구도 심각하게 이의를 제기하거나 의문시하지 않았던 주제였다.

네스토리우스

그렇다면, 어째서 네스토리우스는 전통적으로 받아들여진 신앙을 문제로 제기했으며, 테오토코스 대신에 크리스토토코스를 선호한 그에게 그리스도는 어떤 존재이었을까? 결과론적으로 네스토리우스는 사모사타의 바울로가 주장하던 그리스도론적 관념, 곧 입양론적 개념을 가지고 있었던 것은 아니었을까? 혹은 4세기 초에 아리우스가 주장해서 단죄받았던 그리스도론적 형태, 곧 피조물의 차원에서 그리스도를 바라보고자 했던 것은 아니었을까? 이런 의구심은 네스토리우스가 직접적으로 교회의 정통 그리스도론과 거리를 두고 이를 부인할 우려가 있기 때문이었다.

사모사타의 바울로(260～268년, 안티오키아 주교 재직)[3]는 그리스도가 '순수한 인간'(*purus homo*)일 뿐, 하느님께서 선택하시어 그의 인간됨을 높여 아들로 받아들였다는 주장을 했다. 아리우스 이전의 이 주장은 고대 교회가 직면했던 여러 그리스도론적 오류 중의 하나로 간주할 수 있다. 비록 네스토리우스는 그리스도를 순수한 인간(*purus homo*)이라고 주장하진 않았으나, 그는 그리스도의 양성, 곧 인성과 신성을 분명하게 분리하려는 경향을 보였기 때문이다. 그의 주장을 따라가다 보면, 우리는 네스토리우스가 마리아의 호칭을 '하느님의 어머니'(*Theotokos*)에서 '그리스도의 어머니'(*Christotokos*)로 옮겨가는 이유를 분명하게 볼 수 있다.[4]

3 사모사타 출신으로 260년경 안티오키아의 주교가 되었다가 268년경 이단적 그리스도론으로 면직되었다. 후대에 그는 역동적 유주론(dynamic Monarchianism)의 주창자로서 분류되었다. 그의 주장에 따르면, 성자는 단순히 성부의 속성에 불과했다. 말씀이 육화하여 예수 안에 거주했고, 하느님의 아들이 되었다. 그는 용어 '호모우시오스'(*homoousios*)를 사용하여 로고스가 성부와 구별되는 위격적 존재임을 부인했다. ODCC, 1242쪽.

4 B. Sesboüé, 372～393쪽.

인성과 신성을 구분 짓는 네스토리우스의 주장은 다음과 같은 논리에 도달하게 된다. "주님의 구원 경륜을 언급하는 곳에서, 성경은 출생과 죽음을 결코 그리스도의 신성이 아니라 인성에 관련시킨다. 마찬가지로 동정녀 마리아는 하느님의 어머니(*Theotokos*)가 아니라, 그리스도의 어머니(*Christotokos*)라고 불러야 한다. [……] 태어나고 육체적 고통을 당한다는 수많은 구절들이 있지만 모두 신성이 아니라 신성에 결합된 인성과 관련된 이야기이다."[5] 달리 말하면, 하느님은 그리스도와 육체적 결합을 하고 있었지만, 십자가 처형의 고통은 받지 않았다는 의미를 내포한다. 정통 신앙이 인성과 신성의 완벽한 결합을 통해 '하나'의 위격(*persona*)을 지니신 그리스도를 주장한다면, 네스토리우스는 신성이 고통을 감당한다는 생각을 받아들이기 어려웠던 것이다. 위격적 사유보다는 본성의 차원에 익숙한 사유가 그를 지배했다고 보는 것이 옳을지 모른다.

본성의 차원에서 육화한 그리스도의 인성과 신성의 분리는 네스토리우스가 무엇을 염려했는지 알 수 있게 한다. 아폴리나리아니즘에서 살펴보았던 것처럼, 그 또한 인성을 훼손치는 않는다고 하여도 신성을 보존하려는 신학적 근심이 극단적으로 확대되었던 것이다. 따라서 네스토리우스는 신성이 한 여인의 몸속에서 아홉 달을 견뎌야 했다거나, 하느님의 말씀이 배내옷을 입고 갓난아이로 지냈다고 생각할 수 없었던 것이다. 그렇기 때문에 우리는 네스토리우스에게 그리스도의 인성은 (분리해서 생각할 수밖에 없는) 신성의 도구일 수밖에 없었다고 판단하지 않을 수 없다.

---

5 B. Sesboüé, 378~382쪽; P.-Th. Camelot, 27~28쪽 참조. 이 비판은 키릴이 430년에 네스토리우스를 비판한 편지에서 재인용한 것이다. 430년 초에 키릴루스는 네스토리우스에게 두 번째 편지를 썼고, 이 편지는 DEC, 40~44쪽(원문); P.-Th. Camelot의 191~194쪽(번역)에 실려 있다.

인성과 신성의 분리는 헬레니즘의 철학적 전통에서 이해하려는 신의 속성을 떠올리게 한다. 신성의 속성들 중에서 영원불멸과 불변을 그 중의 하나로 이해하려고 한다면, 인성의 속성은 시간 안에서 사멸과 변화를 겪는 존재일 수밖에 없다. 그러므로 그리스도의 인성과 신성의 결합을 양성의 혼합이나 뒤섞음의 상태로 해석해서는 니케아 신앙에서 제시한 위격적 존재인 말씀을 이해할 수 없게 된다. 칼케돈 공의회가 20년 후 에페소 공의회보다 명확하게 정의할 것이지만, 양성은 구분되나 분리시킬 수 없으며, 양성의 결합에도 불구하고 인성이나 신성에 고유한 속성들은 훼손될 수 없다. 그렇다면, 네스토리우스에게 그리스도 양성의 결합은 무엇을 의미했던 것일까?

네스토리우스의 그리스도론적 사유의 내용을 간단히 요약해보면,[6] 그에게 마리아는 하느님의 말씀을 잉태하신 분, 그래서 육체를 입은 분은 오직 신성 때문에 찬양을 받아야 한다. 우리의 눈에 보이지 않는

6 A. Grillmeier, 559~568쪽; P.－Th Camelot, o.p., 28~30쪽; DECA, 1742~1744쪽 참조. 네스토리우스에 대한 논쟁은 다음과 같은 질문을 낳을 정도로 마지막 정리가 어렵다. 네스토리우스는 진정 네스토리아니스트였는가? 네스토리우스에 대한 신학적 규명은 남아 있는 자료가 소략하고, 그를 비판했던 신학자들의 단편에 의존하기 때문에 결정적인 단정은 정통 신앙에 의존할 수밖에 없다. 현대에 이르러 네스토리우스에 대한 과거의 판단이 신학적으로 옳았던 판단이었는가라는 연구들이 있다. 역으로 그가 정통이었고, 키릴루스가 이단이었다는 연구도 있지만(A. Grillmeier, 559쪽), 또 양쪽이 모두 옳았고, 단지 각자가 사용하는 어휘에 문제가 있었다는 연구도 있다(A. Grillmeier, 560쪽). 이러한 연구가 지속되다가, 1895년에 발견되어 1910년에 처음으로 발간된 네스토리우스의 두 번째 자기 변호서인 시리아어 판본 '*Liber Heraclidis*'의 연구로 전환점을 이루었다. Luise Abramowski, *Untersuchungen zum Liber heraclidis*, Secretäriat du CorpusSCO, 1963. 네스토리우스의 그리스도론 정통성 여부는 아직도 학문적 연구 차원에서 일치를 이루지 못하고 있다. 그러나 네스토리우스의 주장이 객관적으로 이단이라는 판단은 안티오키아의 요한이 '일치정식'(*Formula unionis*: DEC, 69~70쪽)을 지향하며 키릴루스에게 보낸 편지에서 확인한다는 견해도 있다. B. Sésboüé, *Jésus－Christ dans la Tradition de l'Eglise*, 130쪽, 주 4.

존재인 하느님의 본성은 육체와 결합했지만, 육체성 때문에 찬양받지 못할 이유가 없다. 육체를 입은 존재인 하느님의 말씀은 육체와 분리될 수 없지만, 본성의 차원에서 양성은 분리할 수 있다. 그리스도가 하느님 말씀과 결합(*synapheia, conjonctio*)했기 때문에, 우리는 육체를 따라서도 하느님을 그리스도라고 부를 수 있다. 사도 바울로가 로마인들에게 보낸 편지(9,5: "그리스도께서도 육으로는 바로 그들[유대인]에게서 태어나셨습니다")의 인용을 통해서 네스토리우스는 그리스도가 한 인간임을 강조한다. 그는 더 나아가 인성이 하느님과 결합했다는 이유에서 그리스도를 하느님이라고 부를 뿐이라고 주장한 것이다. 네스토리우스에 따르면, 혹시라도 그리스도교가 한 인간을 숭배하는 종교라는 비판을 면하기 위해 그렇게 할 뿐이라는 것이다. 그래서 네스토리우스에게 두 본성의 결합(*conjonctio*)은 내난히 외형적일 뿐, 그래서 단순한 심리적 연합으로 의구심을 받을 수 있고, 비판받기에 충분했던 것이다.

따라서 네스토리우스에 대한 비판은 그리스도의 두 본성의 결합을 위격적으로 해석해야 할지, 아니면, 두 본성의 본질적 차이를 강조함으로써 이원론적 본성으로 해석해야 할지 결정해야 한다. 혹시 네스토리우스는 위격과 본성의 차이를 구분할 수 없었던 것은 아닌가?[7] 왜냐하면, 네스토리우스의 주장처럼 '하나의 본성은 하나의 위격을 나타낸다.'고 이해하면, 신성과 인성은 오해하기 쉽게 두 위격을 가리키는 용어가

7 DEC, 44~50쪽. 키릴루스에게 보낸 두 번째 네스토리우스의 편지. 편지만 읽어보면, 네스토리우스가 신성과 인성의 구분에 얼마나 주의를 기울이는지 알 수 있다. 그리고 마리아의 호칭으로 *Theotokos*가 아니라, *Christotokos*를 주장하는 이유도 분명하다. 네스토리우스가 그리스도의 단일성을 주장하면서, 어휘의 사용법에서는 단일성(*henosis* –*union*)보다는 결합(*conjunctio*)을 선호하는 까닭을 이해할 수 있다. 그것은 아마도 그가 아폴리나리아니즘을 극도로 저어하기 때문이었을 것이라는 연구도 있다. 이 점에서 네스토리우스의 주장이 당대에 심한 오해를 받았던 것은 아닌가라는 질문을 제기할 수 있다.

되기 때문이다. 그래서 마리아를 하느님의 어머니로 고백할 때, 마리아를 하느님의 신성을 염두에 두고 신성의 모친으로 오해한 것은 아닐까? 만약 그렇다면 네스토리우스의 생각이 전적으로 그르다고 말할 수 없다. 혹은 그리스도의 양성을 생각하면서 두 위격이나 자율적 두 본성을 염두에 두고 크리스토토코스를 주장한 것은 아닐까?

아폴리나리우스에게서 본 것처럼, 안티오키아 학파의 약점에서 나타나듯이 본성을 독립적 실체로 생각하면서 위격을 생각했던 것이 아닐까? 두 본성의 그리스도에게서 두 위격을 인정하게 되면, 비록 네스토리우스가 그리스도의 단일성을 주장한다고는 하지만, 그의 논리에 동의하지 않을 수 없기 때문이다. 이런 가정에 근거하여 그렇게 이해한다면, 마리아의 호칭은 테오토코스(*Theotokos*)가 아니라 인성의 어머니 크리스토토코스(*Christotokos*)가 되지 않을 수 없다. 그 결과, 니케아 신경의 그리스도론적 정당성은 사라지고, 양성론에 기초한 그리스도론은 설자리를 잃어버리지 않을 수 없다. 그리스도론은 인류의 구원 문제와 직접적 관련을 맺고 있기 때문에, 교부들은 그리스도를 하느님과 인간으로 이분시킬 수 없다는 것이 니케아 신앙의 핵심임을 다시 한 번 상기시켜야 했다.

2. 로마 · 알렉산드리아 · 콘스탄티노플

네스토리우스가 테오토코스(하느님의 어머니)를 거슬러 야기한 크리스토토코스(그리스도의 어머니) 호칭에 대한 논쟁은 이 시기에 교회의 신학적 스칸달론이 되었다. 콘스탄티노플 교회는 소피아 성당에 네스토리우스의 주장과 3세기 안티오키아의 주교였다가 쫓겨난 사모사타의 바울로의 주장을 함께 걸어놓았다. 이런 현상은 사모사타의 바울로가 지나치게 부정적인 의미에서 네스토리우스의 선구자로 인식되고 있었다는 증거였다. 비록 네스토리우스의 주장이 잘못된 오해에서 비롯되었다는 비판을 허용한다고 할지라도, 이 사건이 보여주는 핵심은 그가 발생시킨 소요가 신앙을 흔들 만큼 컸다는 사실이다.

마리아의 호칭에서 불거진 이 논쟁은 실상 로고스의 육화 문제로 수렴되었고, 니케아 신경의 그리스도론을 전혀 다른 관점에서 해석할 수 있도록 변화의 틀을 제공했던 것이다. 고대 교회에서 발생된 이 논쟁이 제기하는 근본적인 질문은, 육화의 신비가 그리스도가 하느님이 되었다는 것이 아니라, 하느님이 인간이 되셨다는 신앙 사건이라는 것이다. 지상의 예수 그리스도를 하느님의 아들로 논증하는 공관복음서와 하느님의 아들을 의미하는 로고스가 지상 생애를 살았던 그리스도임을 믿는 요한복음서의 두 관점은 어찌 보면 그리스도에 대한 상반된 시각을 대변한다. 이 두 관점이 아무리 다르다고 한들 그리스도에서 수렴되고, 교회는 신앙의 그리스도와 역사의 그리스도를 신학적으로 아울러야 한다.

이제 네스토리우스의 견해(*Christotokos*)를 더 밀고 나가면, 오히려 하느님이 한 여인 마리아에게서 태어났다는 주장은 처음부터 아리아니즘의 오류에 빌미를 제공할 수도 있었다. 로고스를 하느님으로 믿고 있었던 이들에게 마리아에게서 태어난 분이 결국 피조물의 탄생이라는 논리적 연결이 가능해지기 때문이다. 그래서 어떻게 보면, 니케아 신경을 낳은 좌편향의 아리아니즘이 우편향의 아폴리나리아니즘을 부인하는 네스토리아니즘에 근접할 수 있다는 역설이 가능해질 수 있다.

어쨌든, 네스토리우스는 도움을 받을 생각으로 콘스탄티노플에서 발생된 테오토코스 문제를 로마의 주교 켈레스티누스교황(*Celestinus, I*, 422~

432년)에게 알렸고 그의 지지를 구했다. 반면, 에우세비우스는 네스토리우스의 설교 4편을 로마로 보내 교황이 크리스토토코스의 문제의 핵심을 파악할 수 있도록 했다. 그러나 네스토리우스가 요청한 지지에 대한 로마 주교의 답변이 지체되자, 이로 말미암아 로마와 콘스탄티노플 사이에 오해에서 비롯된 갈등이 심화되기 시작했다.

갈등은 아주 단순한 사실에서 비화되었으니, 그것은 각각 헬라스어와 라틴어를 사용하는 두 지역교회의 언어 소통 문제에서 악화되었다. 콘스탄티노플의 주교는 헬라스어를, 로마의 주교는 라틴어를 사용했기 때문에 둘 사이의 즉각적이고도 직접적인 소통이 불가능했다. 네스토리우스의 설교를 이해하기 위해선 먼저 헬라스어로 작성된 텍스트가 라틴어로 번역되어야 했던 것이다. 동방 교회와 서방 교회 사이에 벌어진 분열의 시작은 이렇게 두 언어의 불통에서 더욱 가중되기 시작하였다. 게다가 로마교회뿐만 아니라, 콘스탄티노플 교회에 대한 알렉산드리아 교회의 관계가 늘 우호적인 것만은 아니었다. 콘스탄티노플 공의회(381년)의 결정으로 '새로운 로마'로 등극한 제국의 수도는 알렉산드리아가 누렸던 전통적 지위를 앗아갔기 때문이다. 보편성을 주장하던 제국교회의 갈등은 콘스탄티노플에서 벌어지고 있던 네스토리우스 사건 때문에 알렉산드리아의 키릴루스는 네스토리우스를 강하게 압박하고 나섰다.

428년 말, 키릴루스는 알렉산드리아 교회에 속한 모든 이들에게 자신이 생각하는 육화 교리와 마리아의 테오토코스 교리를 공포했다. 429년 여름에는 로마와 알렉산드리아에서 들끓는 소요사태를 전하면서 네스토리우스에게 테오토코스에 대한 설명을 요청했다. 그러나 네스토리우스의 대답은 키릴루스의 요청을 무시할 정도로 오만했고 간단했다.[8]

이 같은 외적 여건으로 알렉산드리아의 키릴루스(*Cyrillus Alexandrinus*)[9]

와 콘스탄티노플의 네스토리우스의 논쟁은 신학적으로나 정치적으로도 쉽게 풀릴 수 없는 상황으로 치달았다. 두 번째 편지를 네스토리우스에게 보낸 후(430년 1월/2월), 인내를 가지고 답을 기다리던 키릴루스는 마침내 네스토리우스의 답장(430년 6월)[10]을 받자, 430년 11월초에 네스토리우스에게 세 번째로 보내는 편지에서 정통 신앙을 고백하는 '12개의 파문조항'[11]을 제시하면서 그의 답변을 요구했다. 상황이 심각해진 것을 깨달은

8 키릴루스와 네스토리우스의 편지는 교의적으로 중요하기 때문에 문헌으로 공의회에서 다루어졌다. DEC, 40~61쪽; DS, #252~263. 둘 사이에 오고간 편지는 신학적 논쟁을 보여주기도 하지만, 두 인물의 경쟁적 심리도 드러내준다. 우리의 이해를 도와주는 편지는 P.-Th. Camelot, o.p., 191~207쪽에서도 참조할 수 있다. 키릴루스가 네스토리우스에게 보낸 첫 편지에 답이 없자, 430년 추에 다시 네스토리우스에게 보냈고, 몇 개월이 지난 6월에 키릴루스는 네스토리우스의 답장을 받았다. 그러나 키릴루스는 이에 만족하지 않고 교의적 의미에서 더욱 정치해진 내용을 제시하면서 네스토리우스의 답변을 요구했다. 이 세 번째 편지에서 키릴루스는 유명한 12조항의 파문 내용을 명문화했다.

9 DECA, 609~612쪽; ODCC, 443쪽 참조. 알렉산드리아의 총대주교(412~444년)로 왕성한 활동으로 노바시아니즘(*Novatianism*), 네오플라토니즘(*Neoplatonism*), 유대인 등 이방인들과 이단들을 상대로 가차 없는 투쟁을 주도했다. 특별히 당대의 여성 철학자 *Hypathia*의 죽음에 책임이 있을 정도로 가혹했다. 안티오키아 교회 출신의 네스토리우스가 황제의 명령으로 콘스탄티노플의 총대주교로 선임되자 그의 칼날은 더욱 날카로워졌다. 마리아의 호칭인 '크리스토토코스/테오토코스'가 논쟁거리가 되었을 때, 430년에 네스토리우스와 키릴루스는 로마의 주교 켈레스티누스에게 지지를 요청하였지만, 불행하게도 네스토리우스의 단죄로 결론이 났다. 키릴루스는 네스토리우스의 단죄 결정을 기반으로 유명한 12개 조항의 그리스도론 조항을 선언하고 네스토리우스에게 수락할 것을 요청했다. 그러나 이 조항들 중의 어느 하나도 안티오키아 학파가 받아들일 수 없는 어려운 조항들이었다.

10 P.-Th. Camelot, o.p., 194~198쪽 참조.

11 DS, #252~263; P.-Th. Camelot, o.p., 206~207쪽; DEC, 50~61쪽 참조. 12조항의 내용만 간단히 요약하면 다음과 같다. 1) 하느님의 로고스를 육체적으로 낳으신 마리아는 하느님의 어머니(*theotokos*)이다. 2) 성부에게서 오신 로고스는 본성적으로(*kath'hypostasin*) 육체와 결합하였고, 이분이 유일한 그리스도이시며, 하느님이시며 동시에 인간이다. 3) 유일하신 그리스도에 대해서, 하나가 되신 후 그리스도를 두 *hyspostasis*로 갈라놓을 수 없다. 4) 복음서의 그리스도 말씀을 분류하여, 어떤 말씀은 로고스에게, 어떤 말씀은 로고스와 분리된 한 인간에게 적용할 수 없다. 5) 그리스도는 하느님을 지닌 인간(*theophore*)이며,

네스토리우스도 더 이상 이 사건을 경시할 수 없었고, 뒤늦게 사건의 중대성을 의식하고 로마 주교의 지지를 요청하게 되었던 것이다.

3. 키릴루스의 신학

다음 장에서 서술될 이야기지만, 에페소 공의회(431년)에서 보여준 키릴루스의 행동 방식은 공의회 참석자들을 깜짝 놀라게 했다. 키릴루스는 참석 예정인 안티오키아 교회의 지체에 상관하지 않고 돌연 공의회를 소집했고 표면적으로는 자신에게 맡겨진 임무를 수행했다. 당시의 여행 사정을 고려하지 않은 키릴루스의 처사는 많은 이들에게 이해될 수 없는 행동이었던 것이다. 그렇지만, 그의 성품이 어떠하든 그의 관심은 신앙의 진리와 신앙에 대한 열정의 결과였다는 사실만은 확실하다. 에페소 공의회에서 네스토리우스의 해석을 단죄함에 키릴루스가 지나치게

로고스가 육화하시어 우리의 피와 살을 같은 방식으로 취하신 본성에서 유일하신 성자 하느님이시다. 6) 성부에게서 오신 로고스는 그리스도의 하느님, 혹은 주인이 아니며, 그분은 하느님이시며 동시에 인간이시다, 라고 고백해야 한다. 7) 인간으로서 예수가 로고스에 의해 주도되며, 유일하신 성자의 영광이 그와 상관없이 다른 존재에게 주어진 것처럼 말할 수 없다. 8) (로고스가) 취한 인간이 로고스와 함께 같은 흠숭을 받고, 같은 영광을 받되, 그는 엠마누엘 하느님과 같이 같은 흠숭, 같은 영광을 받지 않으면 안 된다. 9) 유일하신 주님이신 예수 그리스도는 성령에 의해 영광을 받았고, 성령을 통하여 기적을 행하셨다. 10) 성경의 증언에 따르면, 그리스도는 우리를 위하여 자신을 바치셨고, 하느님에게서 오셔서 우리와 같은 인간이 되셨다. 11) 주님의 몸은 살아 있으며, 성부에게서 오신 로고스의 고유한 몸이다. 주님의 몸은 로고스가 단순히 가주처가 아니다. 12) 하느님의 로고스가 육체 안에서 고통을 받으셨고, 십자가형을 받고 죽으셨으며, 죽은 이들 가운데서 부활하신 첫 번째이며, 하느님의 살아계신 생명이시다. 키릴루스는 이와 같은 내용을 부인하면 파문을 받을 것이라고 주장했다.

성급한 결론으로 치달았다면, 그 자신의 인내와 확신은 투옥을 무릅쓰고 증명하려고 했던 열정적 사실에서 드러난다. 동시에 교회의 평화를 위해 자신이 주장했던 신앙의 정식을 반대했던 안티오키아와 화해를 시도하고 일치를 이끌어내면서(433년) 자신의 결정적 선언을 유보한 인물이기도 했다.

알렉산드리아의 키릴루스

네스토리우스의 신학과 키릴루스의 신학에 나타나는 차이를 최소화한다고 해도, 우리는 두 신학의 거리를 무시할 수 없다. 키릴루스의 신학은 그리스도의 두 본성을 출발점으로 삼지 않고, 영원히 존재하며 마지막 시기에 육화의 형태로 나타나신 말씀의 유일한 위격에 초점을 맞춘다. 그래서 키릴루스의 신학[12]은 요한 1장에서 "말씀이 사람이 되셨다"라고

12 알렉산드리아의 키릴루스 신학에 대해서 A. Grillmeier, Christ in Christian Tradition, 473～483

선언한 육화사건에서 출발한다. 키릴루스는 로고스-몸의 신학을 극단화한 아폴리나리아니즘을 거부하면서, 성경의 의미를 충실히 드러내고 싶었다. 그는 성경에서 사용하는 단어 육체(*sarx*)는 단순한 물질적 개념을 표상하지 않고, 이성적인 영혼을 지닌 완전한 인성을 의미한다고 해석했다. 이런 시각에서 보면 분명 키릴루스의 신학이 알렉산드리아 학파의 약점에도 불구하고 정통 신앙에 가까웠다는 것이 확실하다.[13] 주장의 핵심은 육화로 인해 말씀이 존재론적으로 훼손되거나 변화를 겪는 것은 아니라고 선언한 점이다. 말씀은 육화 이전에 존재했던 그 방식으로 불변의 실존이며, 육화 때문에 본래의 본성이 다른 본성으로 변화한 것도 아니다. 그리스도 존재 안에서 인간의 본성이 신성에 흡수되는 것도 아니며, 신성과 결합으로 뒤섞이거나 혼란스럽게 되는 것도 아니다. 말하자면, 키릴루스는 표현의 불완전함에도 불구하고, 그리스도 양성론자로서 단성론(*Monophysitism*)을 단호하게 거부했던 것이다.

그렇다면 공의회는 키릴루스의 그리스도 양성론을 어떻게 설명할 수 있었을까? 인성과 신성이 결합함으로써 두 완전한 본성(*Deus perfectus et homo perfectus*)[14]이 서로 훼손하지 않고, 하나의 완벽한 위격으로 존재한다는 것은 신비가 아니지 않은가? 교회의 전통 신앙 교리는 하느님의

쪽; P.-Th. Camelot, o.p., 36~37쪽; Harold O. J. Brown, 교회사 안에 나타난 이단과 정통, 267~270쪽; J. N. D. Kelly, 고대기독교교리사, 340~346쪽 참조.

13 키릴루스가 네스토리우스의 신앙정식을 유도하기 위해 보낸 12조항은 431년의 에페소 공의회와 451년의 칼케돈 공의회에서 받아들여졌지만, 네스토리우스에 대한 키릴루스의 파문 선언은 칼케돈 공의회에서 생략되었다. 이 사실은 키릴루스의 신앙정식이 정통 신앙을 나타내지만, 오해도 불러일으킬 수 있다는 잠재적 위험을 암시해준다.

14 이 표현은 키릴루스가 안티오키아 학파와 화해하면서 보낸 일치정식(433년)에 들어 있으며, 레오 교황의 편지 *Tomus ad Flavianus*뿐만 아니라, 플라비아누스도 이에 준한 표현을 사용하고 있다. A. Grillmeier, 544~546쪽 참조. 칼케돈 공의회에서 이 표현은 완성된 형태로 선택되고 선포된다.

말씀이 육화하시어 이 세상에 태어나셨고, 세상의 실존 조건을 거부하지 않았으며, 인간 조건에 따라 실제적인 고통을 받았다고 가르친다. 키릴루스는 두 본성의 결합이 성자의 위격을 드러내는 것이지 인성이 신성에 흡수되는 것을 의미한다고 생각하지 않는다.

본성(*physis*)과 위격(*hypostasis*)에 대한 정확한 이해가 비로소 그리스도 단성론을 물리치고 양성론에 도달하게 될 계기를 마련한 것이다. 본성과 위격 개념은 성부 · 성자 · 성령의 동일성과 상호 구별의 이해에 도달하기 위해 필수적인 신학적 용어들이다. 교부들에게서 이 개념들을 구별하고 이해할 수 없으면, 성자를 통해 계시된 성부와 성자와 성령의 삼위일체적 관계를 드러낼 방법을 찾을 수가 없다. 몇 세기를 두고 사용한 용어들이었지만, 인성과 신성의 결합을 통해 존재를 드러낸 그리스도의 실존적 내용을 정의하기까지 오랜 세월이 흘렀던 것이다.

과연 이 길은 어떻게 열렸을까? 역사적으로 보면, 삼위일체(*Trinita*)의 신비를 이해하고자 했던 카파도키아 교부들이 이 길을 열었다고 볼 수 있다. 앞에서 언급했다시피, 삼위일체론을 확립하기 위해 애쓰던 시절에, 카파도키아 교부들이 비로소 본성과 위격을 처음으로 분명하게 구분할 수 있었다. 이들은 처음으로 삼위일체의 하느님을 아주 단순하게 '하나의 본성과 세 위격'으로 표현했던 것이다. 사실 알렉산드리아의 아타나시우스는 이 정식을 이미 362년에 이해하고 있었고, 키릴루스도 그의 뒤를 따르고 있었다고 말할 수 있다. 그런데 이 신앙정식(하나의 본성, 세 위격)을 이해하고 받아들였던 교부들은, 이상하게도 그리스도의 신비를 해석하고자 할 때엔 이런 법칙(두 본성, 하나의 위격)을 적용하지 않았던 것이다.

이런 원칙을 적용할 수 있었던 시기에도 신학적 질문은 전혀 다른 방향에서 제기되었다. 오히려 교부들은 그리스도의 신비를 해석하면서,

본성(*physis*)과 위격(*hypostasis*)을 동등시하며 혼란에 휩쓸렸던 것은 아닌가? 하는 의문을 품지 않을 수 없다. 알렉산드리아 학파의 대표적 논쟁자였던 키릴루스조차 육화한 말씀은 하나의 위격을 가지고 있다고 말하면서, 위격(*hypostasis*)을 본성(*physis*)과 동일시했던 것이다. 이런 해석은 놀랍게도 안티오키아 학파에게도 마찬가지로 작용했다. 이들의 표현은, 그리스도에게 두 위격(*hypostasis*)이 있고, 두 위격은 하나의 프로소폰(*prosôpon*)을 구성한다는 것이다. 따라서 그리스도에게 '두 휘포스타시스'가 있다고 주장한다면, 휘포스타시스는 인성과 신성을 가리키는 본성(*physis*)을 의미하는 것이어야 하지 않았을까? 휘포스타시스와 프로소폰(=페르소나), 본성(*physis*) 등이 교부들에게 명확하게 이해되지 않았던 것일까? 이렇게 신학적 의미를 제공하는 어휘의 혼란과 오해가 그리스도론 논쟁에서 상대방의 오해를 벗어나기 어렵게 만들었다. 고대 교회의 교부들에게 본성이나 위격은 종종 독립적으로 실존하는 존재로 이해되곤 했던 것이다.

이런 관점에서 키릴루스의 신학을 살펴보면, 육화한 말씀이신 예수에게는 한 분 그리스도요, 한 분 주님에게 하나의 실존하는 존재인 하나의 위격(*hypostasis*)이 있을 뿐이다. 양성의 독립성을 부인한 아폴리나리우스의 이해와 달리, 키릴루스에게 말씀은 육화 이후에도 이전처럼 본질적 변함이 없다는 것이 확실하다. 키릴루스의 설명에 따르면, 마리아의 아들인 예수 그리스도는 성자인 말씀과 동일한 위격(*hypostasis*)으로 존재한다. 마찬가지로 예수의 인성은 독립적으로 존재할 수 없고, 말씀 안에서, 말씀에 의해 존재한다. 마치 인간에게 서로 다른 두 개의 실재—영과 몸—가 공존하지만, 독립적으로 존재하지 않고 오직 하나의 인간이 존재하는 것과 같다. 이와 마찬가지로, 키릴루스의 주장은 그리스도에게는 오직 하나인 육화하신 말씀의 본성-위격(*physis-hypostasis*)이 있을 뿐이라는 사실이 중요해진다. 키릴루스의 이 주장을 오해하면, 예수에게는 육화한 하나의 본성(*physis*)만 있을 뿐이라고 잘못 알아들을 수 있다.

위와 같은 어휘의 혼란은 키릴루스의 표현이 아폴리나리우스가 가리키는 의미로 오해할 위험에서 비롯된다. 키릴루스의 주장에서 아폴리나리우스가 잘못 빠졌던 단성론의 그림자를 볼 필요는 없지만, 동시에 양성의 결합을 단순히 본성의 결합으로 해석할 필요도 없다. 오해를 살 만한 키릴루스는 그리스도의 인성이 말씀의 유일한 위격－본성(*hypostasis－physis*)으로 존재한다고 주장하고 있기 때문이다. 예수의 인성은 말씀의 인성이며, 신학적으로는 위격적 결합을 암시하지만, 신학적 용어에 있어서 혼란을 불러일으킬 수 있는 것도 사실이다. 달리 말하면, 그리스도의 인성을 유지하고 살아 움직이게 하는 것은 말씀의 육화한 유일한 본성(*physis*)이라는 것이 키릴루스의 표현이다. 예수의 인간적인 모든 행위는 육화한 말씀의 유일한 위격과 관련이 있다는 것이다.

키릴루스가 말하고자 하는 의미를 제대로 살리려면, 그리스도의 몸이 고통을 받은 것이 아니라, 육화하신 말씀이 고통을 받았다고 말해야 한다. 따라서 예수의 육체가 말씀의 육체라면, 육화와 성자 사이엔 밀접한 관계가 성립한다. 위격적으로 예수가 하느님의 말씀이라면, 예수의 어머니인 마리아는 한 위격으로 존재하는 말씀의 어머니이며, 따라서 하느님의 어머니 테오토코스로 부르지 않을 수 없다.**15** 이와 같은 논의가 정통 신앙의 신학적 결론에 이르러선, 용어의 불확실한 이해에도 불구하고 키릴루스의 신학이 성취한 공로를 인정하지 않을 수 없었던 것이다.

15 테오토코스(Theotokos) 논쟁은 알렉산드리아 학파에서 주장한 속성의 교환(*communicatio idiomatum*) 개념과 통한다. J. N. D. Kelly, 고대기독교교리사, 349쪽 참조. 안티오키아 학파는 키릴루스가 주장하는 것보다 완화된 개념으로 이해했다. 같은 책, 352쪽.

왜냐하면, 구원론의 문맥에서 볼 때 그리스도의 신비가 가리키는 의미를 충분히 관조해야 비로소 이런 결론에 도달할 수 있기 때문이다. 키릴루스나 안티오키아 학파나 전통 신앙을 정확히 표현할 수 없었던 사실은 후에 두 학파가 화해에 이르는 과정에서 위로를 받을 수 있다. 어쨌든 키릴루스의 이 그리스도론 정식은 칼케돈 공의회가 완화된 형식으로 결정적인 답변을 제시하게 될 것이다.

4. 로마의 주교

마지막으로 이 문제에 관여했던 인물들 사이에 어떤 일이 진행되었을까 짧게 살펴보도록 한다. 그리스도 양성론과 관련해서, 마리아의 호칭 테오토코스 문제를 해소해야만 했던 세 주요 인물인 키릴루스와 네스토리우스, 그리고 로마의 주교 켈레스티누스 교황 사이에 어떤 일이 있었을까?

키릴루스에 대한 네스토리우스의 반응이 지나치게 소홀했거나 냉담했던 사실은 앞에서 언급했다. 우리는 키릴루스의 요청에 네스토리우스가 정중한 답변을 제때에 하지 않았던 것도 확인했다. 알렉산드리아와 콘스탄티노플의 경쟁적 관계가 두 인물의 불화를 낳은 배경이라는 것도 분명했다. 이 상황에서 우호적 도움을 얻기 위한 방편으로 네스토리우스는 로마의 주교 켈레스티누스 교황에게 지지를 요청했다. 그러나 앞에서 말한 대로 로마 주교의 즉답이 여러 이유로 다소 늦어지자, 네스토리우스는 로마의 주교에 대해 호감을 유지할 수가 없었다.

430년 초, 키릴루스는 다시 네스토리우스에게 육화와 테오토코스의 신앙의 교리를 촉구하는 편지를 보냈다. 이 편지는 431년에 에페소 공의회에서 교의 서한으로 채택될 정도로 의미 있는 문서였다. 몇 달 후 네스토리우스는 자신의 신학적 주장을 담은 답변서를 보내면서, 두 본성의 구별과 한 위격(*prosôpon*) 안에서 두 본성의 결합(*conjonctio*), 즉 나란히 공존하는 의미로써 양성의 결합을 강조했다. 네스토리우스는 키릴루스의 설명을 비판하면서, 키릴루스가 일종의 아폴리나리아니즘을 주장한다고 여겼다. 두 사람은 자신의 신학을 잘 표현했다고 생각했지만, 상대방 쪽에서 보면 이처럼 수용하기 어려운 단점을 보였다. 키릴루스 신학의 약점을 네스토리우스도 잘 알고 있었지만, 네스토리우스는 자신의 약점은 살펴볼 수 없었다. 키릴루스에게는 네스토리우스의 양성론이 지나치게 인성과 신성이 구별되어서 그리스도의 단일성보다 양성이 병존하는 것으로 이해되었던 것이다.

네스토리우스의 주장을 그리스도의 인간적 삶의 영역에 적용한다면, 그 약점이 뚜렷하게 드러난다. 네스토리우스에게, 신성이 고통을 받거나 변화를 겪는다고 한다면, 그리고 신성이 낳음을 받거나 죽음을 겪는다면 결코 받아들일 수 없는 사건이 될 수밖에 없다. 네스토리우스의 주장과 같은 극단적 양성의 구별은 신성과 인성의 통합적 위격을 수긍하기 어렵게 할 수 있다. 이러한 이유로 네스토리우스는 '테오토코스'를 거부하면서, 마리아는 '크리스토토코스'라고 불림을 받아 마땅하다고 주장했던 것이다.

한편, 알렉산드리아의 키릴루스는 자신의 주장을 펼치고 지지를 얻기 위해 다방면으로 네스토리우스에 대한 공세적 태도를 취했다. 430년 여름, 그는 로마의 주교 켈레스티누스 교황에게 이 주제와 관련된 여러 교부들의 견해와 네스토리우스의 주장을 요약한 자료, 그리고 자신의 주장을 함께 담아 보냈다. 로마의 주교는 편지를 받고 즉시 시노드를 개최하였고, 이 시노드는 네스토리우스를 단죄하고 즉각적으로 그의 의견을 철회하도록 요구했다. 그렇지 않을 경우 네스토리우스는 파문을 받을 수 있음을 경고했다. 로마 주교의 이름으로 네스토리우스와 키릴루스에게 보낸 켈레스티누스 교황의 편지는 두 인물에게 경고와 임무가 되었다. 네스토리우스에게는 그의 견해를 즉각 철회할 것과 그렇지 않을 경우에 파문의 위협을 경고했다. 키릴루스에게는 로마의 사도좌(*Sedes Apostolica*)의 이름으로 이 사건을 신속하게 수행할 임무를 부여하고 시행을 촉구하였다.

키릴루스는 430년의 늦은 11월에 알렉산드리아에서 시노드를 소집하여 로마 시노드에 이어 다시 한 번 더 네스토리우스의 주장을 단죄하였다. 그리고 받아들이지 않으면 파문으로 이어질 12개의 조항을 담은 세 번째 편지를 네스토리우스에게 보냈던 것이다.[16] 키릴루스는 로마 시노드의 결정을 상기시키면서, 육화의 신비에 대한 신조를 설명하고 앞에서 언급한 '열두 개의 조항'으로 요약했던 것이다. 여기서도 키릴루스의 열정은 지나쳐서 알렉산드리아 학파의 주장을 억지로 강요하는 듯하여 네스토리우스의 분노를 자아냈던 것으로 보인다.

---

16 DS, #252~263; DEC, 50~61쪽.

제10장
에페소 공의회와 테오토코스(*Theotokos*)

네스토리우스에게서 본격적으로 시작된 테오토코스 논쟁은 보편교회 차원의 그리스도론 논쟁으로 비화되었고, 콘스탄티노플과 알렉산드리아의 두 책임자들만의 갈등에 머물지 않았다. 두 총대주교는 자신들의 주장을 관철시키기 위해 로마 주교의 절대적 지지가 필요했고, 지지를 위한 행동을 취하기도 했다. 비록 로마의 주교는 알렉산드리아의 키릴루스의 손을 들어주었지만, 논쟁은 지중해 연안의 모든 교회에 소요를 불러일으켰다.

결국 테오도시우스(II세) 황제는 430년 11월 19일자의 칙서에서 키릴루스에게 교회의 현안 문제들을 해결하고 평화를 되찾기 위한 임무를 부여했고, 이듬해인 431년 6월 7일에 에페소에서 공의회를 소집하도록 명령했다. 키릴루스가 알렉산드리아의 총대주교로써 공의회의 소집과 개최를 책임지고 주관하도록 황제의 명령을 받은 것을 보면, 네스토리우스가 신학적으로 의심을 받고 있었던 것은 불문가지였던 것으로 보인다. 황제가 공의회 장소로 선택한 에페소는 육상으로나 해상으로 많은 주교들이 참석하기 용이한 도시로써 접근성이 뛰어났다.

니케아 공의회와 콘스탄티노플 공의회를 거쳐 에페소 공의회에 이르면, 세 차례에 걸친 보편공의회의 개최 과정에서 눈에 확연히 드러나는 것들이 있다. 앞에서 여러 차례 지적했던 것처럼, 정치와 교회의 밀접한 관계가 더욱 강화되었으며, 교회의 문제를 해결하기 위해 황제가 공의회를 소집하는 것이 거의 불문율이 되었다는 점이다. 이런 사실은 콘스탄티누스 황제 이래로 모든 황제들이 전통적으로 교회의 사건을 정치적 영역에서 이해하고 있었음을 알려준다. 교회의 문제는 황제의 문제였고, 따라서 정치적 시각에서 교회의 문제를 바라보는 황제들은 정치와 종교의 영역을 구분하지 않았다. 그들은 주도적으로 공의회를 소집하지 않을 수 없는 일종의 정치적 책임의식을 가지고 있었다. 그러므로 황제들은 콘스탄티누스 황제가 교회의 보호자로 자처했고, 그렇게 행동했던 정치적 동기의 연장선상에서 교회를 바라보고 있었다고 말할 수 있다.

특히 이 시절엔 교회의 갈등은 곧 정치의 문제이며, 교회의 평화로운 안정이 곧 제국의 정치적 안정이었다. 황제들은 교회의 문제가 자칫 제국의 소란으로 번질 수 있다는 사실을 정치적 감각으로 알고 있었고, 제국의 평안이 교회의 평화와 직결됨을 의식하고 있었던 것이다. 교회의 평화와 일치를 유지하는 일은 제국을 위해서나 교회 자체를 위해서 황제에겐 피할 수 없는 종교적 · 정치적 책임의식을 동반하는 일이었다.

1. 에페소 공의회의 소집

네스토리우스와 키릴루스의 신학 논쟁이 지속되는 동안, 교회의 상황은 점점 더 악화일로를 걷게 되었다. 그리스도론에 관한 한, 로고스–사르크스 그리스도론(알렉산드리아 학파)과 로고스－안트로포스 그리스도론(안티오키아 학파)의 대립은 지역 교회 간의 긴장과 갈등이기도 했다. 두 지역 교회의 갈등이 첨예화되어갈수록, 타협은 거의 불가능한 상황으로 진행되었고, 두 학파 간의 갈등은 회복하기 어려워보였다.

한편, 황제 테오도시우스 II세는 의식적으로 하느님을 섬기는 것과 제국의 이해관계를 동일시했다. 말하자면, 신정 정치적 차원에서 교회와 정치를 이해하고 두 영역을 모두 자신의 통지 아래에 두고자 했다. 그래서 황제에게 네스토리우스(콘스탄티노플)와 키릴루스(알렉산드리아)의 대결은 교회에 한정된 것이 아니라, 제국의 일이기도 했다. 따라서 두 총대주교의 신학 논쟁은 신학적으로든 정치적으로든 해결이 아주 시급한 일이 되어버렸다. 제국의 정치적 안정을 위해서라도 교의 논쟁은 결론이 필요했으며, 논의를 위해서 또 하나의 공의회를 소집하지 않을 수 없었다.

회의의 소집

동방에서 개최되는 공의회에 로마의 주교 켈레스티누스(*Celestinus I*, 422~432년)와 당대의 신학자로 유명했던 북아프리카 히포의 주교 아우렐리우스 아우구스티누스(*Aurelius Augustinus*, 354~430년)도 초대받았다. 그러나 불행히도 아우구스티누스는 430년 8월 28일에 세상을 떠났고, 황제의 칙서는 이듬해 431년 부활절(4월 19일)에야 뒤늦게 히포(*Hippo*)에 도착했다. 게다가 여행 할 공간적 거리만을 생각하면, 북아프리카 주교들이 소아시아의 에페소 공의회에 참석하기에는 시일이 너무 촉박했다. 더구나 이 시절 반달(*Vandal*)족이 북아프리카를 휩쓸었고, 사회적 · 정치적 상황은 매우 불안하기만 했다. 이런 소란스런 와중에 소집된 에페소 공의회(*Concilium Ephesenum*, 431년)는 서방 교회 소속의 주교들 중 몇몇 인물을 빼고는 대부분 참석할 수 없었던 불완전한 회의였다.

에페소 공의회(431년)

로마의 주교 켈레스티누스 교황은 대표단을 보내면서 자신의 신학적 견해를 강조했고, 공의회 참석 대표단이 네스토리우스를 반대하는 키릴루스의 주장에 동조할 것을 명령했다. 황제는 에페소에 군대를 보내

외부의 개입이나 위험을 방지하며 공의회가 원활하게 진행될 수 있도록 도울 것을 지시했다. 마침내 알렉산드리아의 주교 키릴루스는 40명이 넘는 아프리카 주교들을 대동하고 공의회 개최 전에 에페소에 도착했다. 네스토리우스와 에페소의 주교 멤논(*Memnon*, 428~440년 재위),[1] 소아시아와 마케도니아의 주교들은 현지에 있었다. 그러나 20명이 채 못 되는 팔레스티나의 주교단은 공의회 개최 일을 닷새 넘긴 6월 12일에서야 비로소 도착했다. 이렇듯 시일이 급박했던 공의회에 참석할 수 있는 주교들은 겨우 150여 명을 조금 넘기고 있었다. 소수이지만 로마의 대표단이 아직 도착하지 않았으며, 험한 육로를 택한 안티오키아의 주교단과 시리아의 주교단은 서두르긴 했지만 한 달이 넘는 여행이 늦어지고 있었다.

먼저 도착해서 공의회의 개최를 기다리던 참석자들은 더위와 질병과 싸우는 동안 병에 걸려 쓰러지거나 죽어갔다. 물리적 조건으로도 에페소의 상황은 어렵게 변하고 있었고, 교부들은 이미 비공식적인 논쟁의 와중에 빠져들었다. 교부들은 '테오토코스' 문제를 지지하거나 반대하는 관계로 결국 두 파로 갈렸고, 회복하기 어려운 적대적 세력이 되어 상황은 심각할 정도로 악화되고 있었다.

회의의 개최와 정당성

동년 6월 21일, 안티오키아 주교단의 도착이 늦어지는 가운데 키릴루스

---

1 네스토리아니즘이 논쟁을 불러일으켰을 때 콘스탄티노플의 영향권에 있던 에페소의 주교였다. 한 지역 교회의 주교로서, 콘스탄티노플에서 독립적 태도를 취하며, 알렉산드리아의 키릴루스를 지원했다. 에페소 공의회의 두 번째 회기(431년 7월 10일)부터 자신의 주교관에서 회의를 개최했다. 그 후 동방 주교들과 테오도시우스 II세의 추방 명령에도 살아남아 퇴임할 때(440년)까지 교구를 통치했다. DECA, 1615쪽 참조.

는 긴급하게 공의회를 소집하기로 결정하고, 다음 날 동료들을 불러 모았다. 갑작스럽게 취해진 그의 주도적 조처는 참석이 예상되는 다수의 부재를 염려하는 이들의 많은 반대와 비난을 불러일으켰다. 그러나 회의 소집의 결정을 위해 충분한 다수를 확보한 키릴루스의 태도는 아직 도착하지 못한 로마 대표단과, 특히 네스토리우스를 지지할 것으로 보이는 안티오키아 주교단을 배제한 형상이 되었다.[2] 이렇게 공의회를 개최하는 과정에서 네스토리우스는 키릴루스가 주도한 회의에서 정치적으로나 신학적으로 열세에 놓이게 되고 말았다.

이런 상황을 조금이라도 중립적 혹은 긍정적으로 바라보기 위해, 우리는 알렉산드리아의 총대주교가 보편교회 안에서 어떠한 지위에 있었는지 기억해야 한다. 콘스탄티노플이 '새로운 로마'의 지위를 획득한 것은 황제의 정치력에 의존했으나, 알렉산드리아는 아직 사도적 전승을 중시하는 교회 안에서 로마에 버금가는 지위를 지니고 있었다. 말하자면, 전통적으로 로마 주교의 수위권에 버금가는 위상 때문에 키릴루스의 행동이 가능했던 것이다. 예를 들면, 안티오키아 주교단을 대표하는 안티오키아의 요한(총대주교)은 공의회 참석을 위한 여행이 늦어지자, 키릴루스에게 먼저 도착 지연의 이유를 알렸다. 로마 주교의 부재 가운데 회의를 주재할 알렉산드리아의 키릴루스는 공의회의 주재와 운영의 책임자로 인지되고 있었던 것이다. 게다가 앞에서 언급한 바와 같이, 키릴루스는 한 해 전인 430년에 로마의 주교 켈레스티누스 교황에게서 공의회의 진행을 위임받은 상태였다.

한편에서, 늦어지는 안티오키아 주교단의 도착을 기다리지 않고 급작스럽게 공의회를 소집했다는 비난을 키릴루스에게 퍼부었지만, 다른

2 P.−Th. Camelot, o.p., 48~50쪽; 클라우스 샤츠, 보편공의회사, 66~68쪽 참조.

편에서 굳이 말하자면, 그의 소집은 합법적인 행동이기도 했다. 그렇지만 상대방의 주장에 귀 기울이고 문제를 해결해야 할 회의가 더 큰 문제를 발생시키는 상황으로 치닫게 되었다는 것은 키릴루스를 비판할 충분한 이유가 되고 말았다. 소아시아의 주교들과 황제의 대리인 칸디디아누스(*Candidianus*)는 키릴루스의 행동을 격렬하게 비판했던 것이다. 비록 공의회의 첫 번째 회기가 로마의 주교를 대신하여 의장의 역할을 한 키릴루스의 이름을 첫 자리에 올려놓았지만, 급작스런 공의회의 개최와 진행은 회기 중에 다른 문제들이 불거지게 만들었다.

1단계 진행

완강한 반대에도 불구하고 소집된 공의회는 키릴루스, 에페소의 멤논, 예루살렘의 유베날리스(*Juvenalis*)[3]의 주도로 진행되었다. 칸디디아누스는 이에 항의를 표시하고 회의장을 떠났고, 이 사실은 황제에게 그대로 보고되었다. 네스토리우스는 자신을 지지하는 몇몇 주교들과 공의회의 소집에 불응하였지만, 이쨌든 공의회에서 피고인의 위치에 서게 되었다. 키릴루스가 논쟁점으로 삼는 네스토리우스의 주장을 설명하기 위해서라도 그는 피고인의 자리에 서지 않을 수 없었다. 비록 늦어지는 안티오키아 대표단이 참석하기 전까지 네스토리우스는 공의회의 불참을 선언했지만, 키릴루스는 네스토리우스의 참석 여부에 상관하지 않고 회의를 진행시켰

3 그의 생애에 대해 알려진 것은 거의 없다. c.422년부터 예루살렘 주교로 재임했고 458년경에 서거한 것으로 보인다. 그의 관심은 안티오키아를 넘어 예루살렘 총관구를 염두에 둔 지향에 있었기 때문에, 유베날리스는 에페소 공의회에서 네스토리우스를 반대하며 키릴루스 편에 섰다. 에우티케스 논쟁 때에는 키릴루스의 후계자인 알렉산드리아의 디오스코루스(*Dioscorus*)를 지지했다. 451년에 칼케돈 공의회(451년)에서 디오스코루스의 주장이 문제가 되자, 그를 단죄를 하는 편에 섰다. ODCC, 916쪽.

다.

공의회의 첫 번째 회기는 키릴루스가 네스토리우스에게 보낸 서한[4]을 참석자들 앞에서 읽는 것으로 시작하였다. 키릴루스의 두 번째 편지는 고대 교회가 사용한 전통적인 언어를 사용하여 신앙을 전통 속에서 확인하는 것이었다. 서로 다른 두 본성이 결합하되 본성의 고유성은 훼손되지 않으며, 신성과 인성을 구유한 완벽하신 한 분 주님 그리스도가 되셨다는 것이 육화교리이다. 영원 이전에 성부에게서 나신 성자가 다시 동정 마리아에게서 두 번째 신적 탄생을 필요로 한 것이 아니다. 로고스는 우리 인간의 구원을 위해 인성과 실체적으로 결합하고자 한 여인에게서 태어나셨던 것이다. 그분은 우리처럼 여인에게서 태어난 뒤 말씀이 그에게 내려온 존재가 아니다. 로고스는 육체성을 획득하고자 여인의 몸에서 결합할 육체의 탄생을 겪었던 것이다. 물론 키릴루스의 어법은 어떤 의미에서 오해를 불러일으킬 수 있을 정도로 '사람'이라는 단어보다 '육체'(*carne*)를 표현하는 단어로 일관하는 것도 사실이다. 그러나 키릴루스가 육체성을 언급하면서도 인간으로서 겪는 그리스도의 수난과 부활이 단순히 육체성만이 아니라 인간을 가리키기 위해 사용한 어법인 것은 틀림없다. 그러기 때문에 키릴루스는 로고스 때문에 한 인간을 찬양하는 것이 아니며, 육체와 결합한 로고스가 인성과 신성의 나뉨이 없는 한 분 주님이며 그리스도라고 고백할 수 있었던 것이다.

첫 번째 회기는 이와 같은 키릴루스의 편지 내용과 니케아 공의회가 공포한 신경의 내용과 일치하는지 여부를 확인하기 위한 절차였다. 키릴루스는 공식적인 절차를 통해 자신의 주장이 회의 참석자들에게서 정통

4 DEC, 40~44쪽; P.-Th. Camelot, o.p., 191~194쪽 참조. 430년 1월 혹은 2월에 네스토리우스에게 보낸 키릴루스의 두 번째 편지이다.

신앙임을 확인받자마자, 네스토리우스의 주장을 공식적으로 판단하기 위해 키릴루스에게 보낸 네스토리우스의 답변 서한[5]을 낭독하게 했다. 네스토리우스는 키릴루스에게 보낸 그의 두 번째 편지에서 그가 키릴루스의 편지(이미 두 통이 보내진 뒤)에서 느꼈던 커다란 모욕을 격하게 표현했다. 어쨌든 네스토리우스는 키릴루스의 편지에서 신학적으로 문제가 될 모호한 표현들을 지적하면서 써내려갔다. 먼저 티모테오에게 보낸 사도 바울로의 글(4,13.16)을 인용하면서 성경의 인용에 대한 훈계를 잊지 않았다. 무엇보다도 말씀이 고통을 받았다는 키릴루스의 말을 반박하면서 성부와 함께 영원하신 존재가 고통을 받았거나, 혹은 태어났다는 말은 어디서도 찾을 수 없다고 주장했다. 따라서 네스토리우스는 성경이 그리스도의 신성이 아니라 인성과 관련해서 탄생이나 수난을 말하고 있다고 주장했다. 이 말의 의미는 마리아가 하느님의 어머니가 아니라 그리스도의 어머니란 사실을 확인해 준다는 것이다. 네스토리우스는 한 분(한 위격) 그리스도를 주장하기보다는 그리스도의 로고스(신성)와 인성을 확연히 구분하는 성향을 드러낸 것이다. 그리스도의 인간적 경험은 곧 마리아에게서 태어난 그리스도를 인성의 차원에 한정하여 해석한다. 네스토리우스에게 마리아는 인간인 그리스도의 어머니, 곧 크리스토토코스라고 불려야 마땅한 것이다.

이리하여 키릴루스의 주장에 동조한 참석자들이 네스토리우스의 답변을 이단으로 단죄한 것은 말할 나위가 없다. 이 첫 회기에서 네스토리우스의 크리스토토코스(*Christotokos*)는 거부되고, 네스토리우스를 강력히 비판한 키릴루스의 주장이 수용되었다. 곧 참석자들은 네스토리우스를

5 DEC, 44~50쪽; P.—Th. Camelot, o.p., 194~198쪽 참조. 430년 6월 15일, 키릴루스의 두 번째 편지에 대한 네스토리우스의 답변이다.

거슬러 신앙의 전통적 표현인 테오토코스(*Theotokos*)를 주장한 키릴루스의 손을 들어주었다.

그렇지만 안티오키아와 시리아 교회의 부재 가운데 열린 공의회의 첫 번째 회기에 거둔 키릴루스의 승리가 무난하게 지속될 수는 없었다. 무엇보다도 양편의 주요 논쟁자들이 대등하게 참석하지 못했기 때문에 논의의 공정성 여부가 제기되었고, 역사적으로 논의 과정 또한 명확하지 않았다. 네스토리우스는 공의회의 시작부터 공감할 수 없었던 회의 소집에 대한 분노를 황제에게 전달했고, 에페소의 주교 멤논의 무책임한 태도를 비판했다. 게다가 황제의 대리인 칸디디아누스도 황제에게 제출한 항의서에서 공의회가 첫 회기에서 결정한 사항들이 불법적이고 유효하지도 않음을 주장했다. 이제 공의회의 상황은 교회의 영역을 넘어 정치적 사건으로 더욱 심각해졌고, 이런 상황적 요인들이 지역 교회들의 분열적 상황으로 치닫는 촉진제가 되고 말았다.

2단계 진행

앞에서 보았듯이 키릴루스가 개회한 에페소 공의회는 네스토리우스의 주장과 관련된 논의가 문제를 해소하기보다는 논의 과정에 대한 불법 시비로 쟁점을 옮겨갔다. 양측 갈등의 골이 더 깊어진 결과가 된 상황에서 로마의 대표단은 아직 여행 중이었으나, 6월 26일 마침내 안티오키아의 요한[6]과 40여 명의 시리아 주교단이 에페소에 도착했다. 사태를 알고

6 안티오키아의 요한(441년 서거)은 4세기 후반에 태어난 것으로 보이며, 안티오키아 근교의 수도원(*St. Euprepios*)에서 네스토리우스와 몹수에스티아의 테오도루스와 동문수학했다. 그는 428년에 네스토리우스 논쟁이 시작되었던 안티오키아 교회의 주교가 되었다. 에페소 공의회 도착하기 전에 벌어진 네스토리우스의 파문에 격분하여 따로 시노드를 개최하여 키릴루스와 멤논을 파문하고 말았다. 이후 여러 과정을 거쳐 테오도시우스 황제의 중재로

난 이들은 회의 진행 과정에 대한 키릴루스의 설명을 거부했고, 자기들만의 회의를 소집했다. 이 회의에서 키릴루스와 멤논뿐만 아니라, 이 둘과 함께 했던 주교들도 모두 파문해버렸다. 안티오키아의 요한도 황제에게 회의의 결정을 보고하고 이와 같은 결정사항을 콘스탄티노플 교회에 알렸다.

그 결과 431년 6월말, 갈등에 빠진 에페소 공의회는 서로 파문을 결정한 경쟁 관계의 두 파—안티오키아와 알렉산드리아—로 분열되고 말았다. 이 사태에 놀란 황제는 자신의 대리인 칸디디아누스의 보고에 답변하는 칙서에서 6월 22일의 결정을 무효화시킨 후, 모든 주교들은 에페소를 떠나지 말도록 명령했다. 황제는 이어 이 사건을 조사할 인물을 보내기로 결정했고, 공의회의 질서 회복을 천명했다.

이처럼 에페소 공의회 개회 초기부터 교회는 공의회에서 잘못된 인간적 갈등을 이유로 갈라섰고, 갈등은 정치적 강제력으로 봉합될 수밖에 없었다. 그러나 갈등을 넘어 일치의 길도 마련될 수 있었으니, 안티오키아와 알렉산드리아의 경쟁적 갈등을 해소시킬 로마의 역할이 남아 있었다.

7월 초, 로마의 교황 켈레스티누스가 파견한 대표단이 도착했고, 7월 10일에 공의회는 다시 개최되었다. 먼저 켈레스티누스의 편지가 봉독되었고, 이 편지의 내용은 회의 참석자들의 박수갈채를 받으며 만장일치로 받아들여졌다. 공의회는 처음으로 로마 주교의 중요성을 인식하며, 이 회기에서 교황 켈레스티누스를 '신앙의 수호자'로 선언했다.[7] 다음 날인

마침내 어렵게 요한과 키릴루스는 화해를 했다. DECA, 1290~1291쪽.

7 이후 로마 주교의 역할은 점차 증대된 것으로 보인다. 고대 교회가 기록하고 있는 공의회들은 모두 황제의 정치력에 의해 소집되고(황제의 권력이 직접 도달할 수 있는 동방에서) 진행되었지만, 시간이 흐를수록 로마의 주교, 곧 교황의 영향력은 교회의 신앙 문제에 결정적 요인으로 자리 잡는다. 역사적으로 보면, 교의의 결정과 같은 중요한 일들에 점차 교회의 수장으로서

7월 11일에 교황 대표단은 6월 22일의 사건 전말을 보고받고, 키릴루스가 주재한 회의에서 네스토리우스를 면직시킨 결정을 알게 되었다.

놀랍게도 대표단은 켈레스티누스의 의사에 일치하여, 네스토리우스의 면직을 즉각적으로 인정하고, 면직 결정 선언의 말미에 대표단의 서명을 추가했다. 네스토리우스와 안티오키아 주교단에게는 충격이었으나, 키릴루스를 포함하는 공의회 주도파는 교의적 승리를 얻었다. 이로써 키릴루스와 멤논의 주도적 권한으로 진행된 에페소 공의회의 첫 회기는 비판 속에서 서방 교회, 즉 로마 주교의 개입으로 정당성을 추인 받게 된 것이다.

그렇지만 에페소 공의회의 불행은 네스토리우스의 파문으로 즉각적으로 마무리되었던 것은 아니다. 공의회는 안티오키아의 요한을 중심으로 결성된 반(反)키릴루스 움직임을 넘어서야 했다. 게다가 급하게 진행된 결정에 결함이 있더라도, 네스토리우스의 단죄를 결정한 첫 회기의 정당성을 회복시켜야 했다.

로마 대표단이 지지한 키릴루스의 반(反)네스토리우스 결정을 전복시켰던 안티오키아의 요한과 30여 명(혹은 40여 명)의 시리아 교회의 주교들도 네스토리우스와 같이 파문되고 말았다. 이런 결과는 고대 교회가 지향했던 교회의 일치와 평화는 전망 자체가 쉽지 않았음을 보여준다. 다행스럽게도 로마 대표단은 무엇보다도 갈등하는 지역 교회들 사이의 갈등을 봉합하는 효과를 가져왔다. 로마 주교의 개입이 지역 교회 사이의 갈등 국면을 넘어서는 데 결정적 기능을 행사했을 뿐만 아니라, 에페소 공의회가 보편공의회의 성격을 유지할 수 있는 보루 역할을 했다.

교황은 전교회에 지도력을 행사하게 된 것이다.

3단계 진행

그렇다면 에페소 공의회는 로마 대표단의 추가적인 개입으로 이미 채택한 결정과 함께 순조로운 진행을 지속했는가? 그 대답은 불행하게도 '그렇지 않았다.' 두 학파를 대표하는 교회들 사이의 분열과 반목으로 점철된 상황은 쉽게 수그러들지 않았으며, 오히려 지역 교회들을 책임진 주교들의 갈등만 표면화되었다. 키릴루스의 일방적인 결정 혹은 편파적 행동은 지역 교회 간의 분열을 심화시켰으며, 이 과정이 황제가 직접 공의회에 개입하는 사태를 초래했다. 공의회는 분열 위기로 치달았으며, 교회의 최고 징벌로 상대 세력을 파문하는 단계까지 진행되어갔다. 이처럼 교회 안에서 경쟁 관계인 지역 교회들의 상호 파문은 결국 황제의 개입을 불러들이고 말았던 것이다.

8월 초, 황제는 재무 담당 책임자 요한(*comes sacrarum largitionem*)을 통해, 공의회 사태의 책임자들인 네스토리우스, 키릴루스, 에페소의 주교 멤논을 파문하고, 모든 주교들은 각자 자신들의 지역 교회로 돌아갈 것을 명령했다. 황제의 정치적 결정은 결국 교회 책임자들의 교의 논쟁을 무효화시킨 결과를 낳고 말았던 것이다. 이런 결정은 황제의 일차적 관심이 교회의 신앙 논의와 상관없으며, 오직 제국의 질서와 평화에 있었음을 보여준다. 이후의 과정은 정치적 술수와 종교적 신념이 엉킨 실타래처럼, 사태의 혼란을 가중시킨 교회의 치부만 만천하에 드러낸 결과가 되었다.

마침내 같은 해 9월, 황제는 공식적으로 에페소 공의회의 해산을 명령하였고, 키릴루스는 알렉산드리아로, 네스토리우스는 콘스탄티노플을 떠나 안티오키아로 귀환하도록 조치했다. 네스토리우스의 안티오키아 귀환은 결국 콘스탄티노플 총대주교좌에서 추방되었음을 의미했으며, 이 과정은 교의적 결정과 아무런 상관이 없는 일이 되어버렸다. 황제가 정치적으로 풀려고 했던 교회의 교의 문제는 신학적 논쟁 속에 길을 잃고 공의회는 황제의 명령으로 폐회되고 말았다.

2. 공의회의 보편성

위와 같은 에페소 공의회의 진행 과정을 살펴보면, 이 공의회가 실질적으로 보편공의회의 요건을 갖추었는지 질문하지 않을 수 없다.[8] 앞에서 살펴보았듯이, 정치적으로도 종교적으로도 혼란스러운 상황 속에서 치러진 회의 자체가 이미 자격 요건을 상실하지는 않았는가? 회의의 시작과 마침, 진행 과정이 정치적 강제로 점철된 공의회는 과연 보편공의회로 인정받을 수 있는가? 후에 개최되었던 제2차 에페소 공의회(449년)를 '도둑 공의회'(*Concilium Latrocinium*)라고 폄하한 교황 레오 I세의 주장처럼 1차 에페소 공의회(431년)도 이에 버금가는 비판에서 자유로울 수 있을까?[9]

이에 대한 비판과 부정적 논의는 안티오키아 학파를 대변한 네스토리우

8 보편공의회가 처음부터 공식적인 이름을 가지고 개최된 적은 없고, 나중에 추인된 사항이었다. 보편공의회의 성격과 요건은 한국가톨릭대사전, 1권, 486쪽을 참고할 수 있다. 1053년, 동방과 서방 교회가 분열하기 전 개최된 보편공의회로 동서방 교회는 함께 7개의 공의회를 인정한다. 이 책에서 다루는 네 개의 공의회, 1) 니케아 공의회(325년; 아리우스[*Arius*]); 2) 1차 콘스탄티노플 공의회(381년, 아폴리나리우스[*Apollinarius*]); 3) 에페소 공의회(431년, 네스토리우스[*Nestorius*]); 칼케돈 공의회(451년, 에우티케스[*Eutyches*]). 그리고 2차 콘스탄티노플(553년), 3차 콘스탄티노플(680년, 단의론), 2차 니케아 공의회(787년, [*Iconoclasm*])를 포함한다.

9 P.-Th. Camelot, 61쪽; 클라우스 샤츠, 보편공의회사, 분도, 2005(1997), 71쪽; 후베르트 예딘, 세계공의회사, 분도, 34쪽.

스와 알렉산드리아 학파를 대변한 키릴루스의 타협 없는 논쟁이 낳은 결과에서 비롯된다. 회의의 소집과 결정이 정상적인 과정을 거치지 못했기 때문에 양쪽이 함께 수긍할 수 있는 결론에 이르지 못했던 것이다. 일방적인 행동을 취한 것으로 보이는 키릴루스에 대한 반감은 여전히 살아 있었고, 공의회의 희생자로 전락하여 쓸쓸하게 죽어간 네스토리우스에 대한 동정이 아직도 살아 있기 때문이었다.[10] 교회 정치의 혼란스런 현실이 고대 교회의 공의회, 특별히 황제의 권력과 지도자들이 관용을 베풀 수 없었던 경쟁심과 뒤엉켜 버린 에페소 공의회에서 여실히 드러났기 때문에 더욱 그러하다.

결과적으로 동방 교회의 다수는 테오토코스 교리를 수용하는 데 별 어려움이 없었고, 네스토리우스도 이에 동의하는 것으로 종지부를 찍었다. 그렇다면 이 과정에서 무엇이 논쟁점이었는가? 겉으로 드러났듯이 개인적인 경쟁심과 갈등, 주역들의 야망이 문제의 핵심이었을까? 신앙의 문제를 해소하려고 했던 에페소 공의회의 참 모습은 어떤 것이었을까? 그리스도교의 교의 발전 과정에서 에페소 공의회가 긍정적인 결과를 가져왔다면, 그것은 구체적으로 무엇이라고 말할 수 있는가? 역사는 공의회의 참석자들이 서로 이해하려고 했다기보다는 반대를 위한 반대를 외친 것처럼 전해주고 있기 때문에 판단은 더욱 애매하다. 참석자들의 상호 파문이 발생했고, 공식적인 자리에서 충분히 논의하지 못한 크리스토토코스를 제안했던 네스토리우스는 추방을 당해 불행한 죽음을 죽었다. 그렇다면, 에페소 공의회가 취했던 결정들은 구체적으로 무엇을 의미하

---

10 L. Duchesne, *Histoire ancienne de l'Eglise*, vol. III, Paris, 1911. 반(反)키릴루스적인 정서가 지배하는 저술이다. J. N. D. Kelly, 고대기독교교리사, 크리스챤 다이제스트, 2004(1958). 조심스럽게 네스토리우스를 평가하면서 교의적 의구심을 표명한다.

는가?

우선 자문하지 않을 수 없는 사실은 공의회 개최의 의미를 되짚어보아야 한다는 것이다. 431년 6월 22일, 알렉산드리아의 키릴루스가 시급하게 취한 행동의 전후 사정을 살펴보는 것이 필요하다. 과연 참석자의 중요한 일부가 부재한 상태에서 공의회를 개최하고, 참석자 다수의 이름으로 보편교리를 결정할 시급한 이유가 있었는가? 이런 조급한 행위의 격렬한 반응으로 안티오키아의 요한 또한 자파 중심의 반대 회의를 소집하지 않았는가? 정의와 진실의 이름으로, 견해가 다른 상대방을 파문하고 적대시한 행동은 교회 지도자들로써 의미가 있었는가? 결국 공의회의 두 주역인 키릴루스나 네스토리우스를 대변한(적어도 공의회의 개최에 관하여) 요한 모두 황제에게 호소하여 보편교리의 진리를 정치권력에 기대어 신앙의 정당성을 확보하려고 하지 않았는가?

키릴루스의 행위는 어느 누구도 쉽게 동의할 수 없었지만, 정당성에 관해 두 가지 고려해야 할 사항이 있었다.[11] 네스토리우스에 대한 공격적인 그의 행위가 비록 심정적으로 수용하기 어려울지라도 키릴루스가 위임받은 공식적인 권위를 인정하지 않을 수 없다. 그렇다고 해서 교회의 지도자로서 키릴루스가 취한 행동이 마땅했는지 여부에 대한 비판을 무시할 수 있다는 것은 아니다. 왜냐하면, 우연찮게 아무리 좋은 결정에 도달하더라도, 과정이 충분히 고려되지 않은 행동이라면 언제든지 처음의 상태로 돌아갈 수밖에 없기 때문이다.

앞에서도 언급했다시피, 키릴루스는 로마의 주교 켈레스티누스 교황의 위임을 받고 공의회를 소집했다. 또한 로마 대표단도 에페소에 도착해

---

11 P.−Th. Camelot, o.p., 62쪽 참조.

서 로마 교황의 편지를 공의회가 아니라 키릴루스에게 제출했다. 말하자면, 논란을 불러일으킨 키릴루스의 행위는 적절하지 못했다고 할지라도, 회의 개최 권한의 위임은 반대편도 충분히 인정해야 했던 사항이다.

두 번째로, 로마 대표단의 참석은 공의회의 보편성을 보장하는 형식이고, 형식적 요소를 존중하는 주체도 교회이다. 교의적으로 로마가 공의회의 보편성을 보장하는 구속력 있는 요소가 되는 것도 결국 교회 구성원들의 협조에서 보장되는 것이다. 안티오키아의 요한을 중심으로 개최된 반대 공의회는 로마 대표단이나 개최권의 위임과 상관없이 단순히 키릴루스의 결정을 뒤집기 위해 행해졌다. 안티오키아의 요한의 반대를 위한 반대 행위처럼 이 사건 이후에 로마의 역할은 더욱 중요하게 여겨졌다. 보편공의회가 개최될 때마다 로마 주교의 동의 여부는 공의회의 결정을 추인하는 핵심적인 요소로 작용했다.

교회사를 통사적으로 고려할 때, 후대에 개최된 공의회들은 앞선 공의회의 결정을 재확인하는 절차를 교회의 전통으로 확립했고, 보편성을 수립해 가는 과정에 정당성을 부여했다. 예를 들면, 정치적으로나 종교적으로 혼란스런 상황에서 공의회는 폐회되었지만, 회의의 진행에 앞서 개최된 공의회들의 결정을 재확인했던 사실을 문헌을 통해 확인했다. 칼케돈 공의회(451년)는 니케아-콘스탄티노플 신경뿐만 아니라, 에페소 공의회에서 결정된 네스토리우스에 관한 결정을 재확인했다.[12] 이렇게 해서 보편교회의 전통이 확립되었으며, 이 전통 안에서 교의 발전의 지속성과 보편성을 재확인함으로써 오류가 개입될 여지를 원천적으로 방지하고자 하였다.

12 DEC, 83~87쪽; DS, #300 참조.

3. 공의회의 의의와 테오토코스

그렇다면 에페소 공의회는 교의 차원에서 잘못된 오류를 방지하고 새로운 결정을 했던가? 에페소 공의회를 개최하고 파국으로 몰고 갈 수밖에 없게 된 원인 제공자는 네스토리우스인가, 키릴루스인가? 키릴루스와 멤논의 주도로 개최된 공의회는 네스토리우스를 면직시키고, 더 나아가 그를 파문하는 것으로 끝나지 않았던가? 교의 논쟁과 별도로 올바른 교의의 이름으로 몰아냈다고 여긴 콘탄티노폴리스의 총대주교 네스토리우스는 사적으로나 공적으로 존경받는 교회의 인물이 아니었던가? 결과적으로 보면, 잘못된 정치적 논리가 교회정치의 모순을 전면에 드러내게 한 사건은 아니었는지 자문하지 않을 수 없다.

이 모든 질문에도 불구하고, 황제 테오도시우스 II세가 소집한 공의회의 교의 논쟁 원인을 제공한 인물은 네스토리우스 개인이라는 사실을 가볍게 볼 수는 없다. 주요 인물들 사이에 발생한 감정적인 대결국면도 냉정하게 생각하면 2차적인 요소일 뿐, 신학적 갈등을 원론적으로 안고 있었던 두 학파의 대결이었다고 봐야 한다. 안티오키아 신학과 알렉산드리아 신학은 교의적 표현과 해석에서 미묘한 차이를 드러내긴 했지만, 그렇다고 양대 학파가 서로에 대해 적대적인 것만은 아니었다. 사건의 결과는 네스토리우스의 파직과 추방으로 수렴되었지만, 신학적으로 공평하고 온전하게 논의되지 않은 것이 확실하다. 그러면 공의회는 신앙 차원에서 어떤 교의를 정의할 수 있었는가?

공의회는 아주 단순하게 네스토리우스가 그리스도 신앙의 근본을 훼손했다고 선언했다.[13] 네스토리우스에 대한 이 부정적 선언의 근원을 더 자세히 살필 수는 없을까? 사실 에페소 공의회는 니케아-콘스탄티노플 신경의 내용 이외에 새롭게 부가한 내용은 아무것도 없다. 비록 테오토코스 문제로 갈등을 빚었지만, 당사자들인 키릴루스나 네스토리우스, 그리고 이차적 역할을 했던 안티오키아의 요한을 포함한 시리아 주교단은 니케아 공의회의 신앙에 불필요한 가감도 삭제도 하도 않았고, 변화를 추구하지도 않았다. 고대 교회가 선포한 신앙을 니케아 공의회(325년)와 콘스탄티노플 공의회(381년)가 정식화했고, 에페소 공의회도 신경의 정식을 재확인했을 뿐이다. 그렇지만 네스토리우스를 통해서 우리는 다시 한 번 의미를 되새기게 된 테오토코스와 관련된 공의회의 그리스도론적 결정을 재고할 필요가 있다.

테오토코스의 그리스도론적 의의

'하느님의 어머니'의 호칭과 관련해서 일차적으로 고려할 중요한 의의는 말씀의 본성(*physis*)과 육체(*sarx*)의 관계이다. 말하자면, 말씀이 인간이 되면, 본성은 훼손되는지, 혹은 그렇지 않은지 해석의 차이가 문제를 발생시킨다. 육체를 취한 말씀의 위격적 결합(신성과 인성)이 신학적으로 정당한 의미를 드러내려면 무엇보다도 양성의 보존을 기반으로 논증해야 한다. 즉 그리스도가 온전한 인성을 보유한 참 인간이요 온전한 신성을 보유한 참 하느님이라고 할 때 구원론의 신학적 의미가 성취된다. 달리 말하면, '하나의 위격'으로 나타난 그리스도는 말씀이요 인간이기 때문에, 육화한 로고스는 신인의 양성을 유지하고 구원을 위한 유의미한 사건이 되는 것이다.

13 DS, #264; DEC, 61~61쪽 참조.

그렇기 때문에 두 본성은 결합으로 각자의 본성을 잃거나 훼손당하지 않는다는 근본적인 해석이 중요하다. 말로 표현할 수 없는 신비가 그리스도 안에서 성취된 신성과 인성의 만남으로 드러나기 때문이다. 말씀은 동정녀에게서 태어나 육체를 취하고 인간이 됨으로써, 인성을 자신의 고유한 본성으로 삼은 것이다. 죽음에 이르러 십자가 위에서 말씀의 신성이 홀로 고통을 받은 것이 아니다. 그렇다면 고대 교회가 경험했던 그리스도 가현설이라는 잘못된 이해에 떨어질 수밖에 없다. 참된 구원론을 이해한다면, 우리 인간을 위해 두 번째 위격이신 그리스도가 고통을 받았다고 해야 한다. 그리스도 신앙은 교의적으로 한 인간과 그리스도를 분리해서 이해할 수 없기 때문이다. 그리스도 신앙은 인성과 신성을 보유하신 오직 한 분의 위격이신 그리스도를 신앙하는 것이다. 다시 말하면, 위격적 결합은 두 아들(하느님의 아들과 인간의 아들)의 위격을 말하지 않고, 양성을 보존한 오직 한 분 그리스도의 위격을 의미한다. 그런 까닭에 그리스도를 낳은 마리아에게 테오토코스의 호칭을 드리는 것은 신학적으로 정당한 것이다. 이것이 고대 교회가 육화 사건을 이해한 길이었으며, 그리스도론을 확립한 길이기도 했다.

특별히 키릴루스가 네스토리우스에게 보낸 세 번째 편지는 열두 조항의 파문 위협을 담고 있다.[14] 이미 알고 있다시피, 공의회에서 네스토리우스의 주장을 판단하기 전에 키릴루스의 요청으로 열두 개의 조항이 공의회 참석자들의 찬부를 묻기 위해 봉독되었다. 그러나 놀랍게도 공의회는 네스토리우스의 파문을 위협하는 정식 결정사항으로 투표에 부치지는 않았다. 말하자면, 공의회는 네스토리우스의 주장이 잘못된 것임을 알고

---

14 우리는 이미 앞에서 간단하게 12조항을 요약한 것을 알고 있다. 12조항의 내용은 DS, #252~262; DEC, 59~61쪽 참조.

있었으나, 키릴루스의 신학이 네스토리우스의 주장을 완전하게 넘어서 전적으로 정당한지, 혹은 옳다고 선언할 수 있는지 확신할 수 없었다는 의미로 해석할 수 있다.

다행스럽게 네스토리우스에게 제시했던 키릴루스의 12조항은 공의회 문헌 속에 삽입되어 기록으로 남게 되었다. 네스토리우스가 키릴루스에게 보낸 두 번째 편지의 일부를 기록으로 남겼듯이,[15] 키릴루스의 주장은 공의회가 결정적으로 거부하지도 않았고, 결정적으로 수용하지도 않았다. 이런 점에서 볼 때, 네스토리우스 사건은 키릴루스의 주장이 신학적으로 더 명확하게 논의되어야 할 사항임을 말해준다. 그만큼 공의회는 안티오키아와 알렉산드리아 학파의 신학이 완성된 것이 아니며, 양대 학파의 논리와 신학언어도 더 갈무리해야 할 사항임을 조심스럽게 암시한 것이다. 다만 에페소 공의회의 분위기와 상황이 네스토리우스에 대한 키릴루스의 파문 위협이 조급했던 사실을 보여주지만, 공의회가 신학적으로 무의미했던 것만은 아님을 알 수 있다.[16]

에페소 공의회는 교의적으로 강조된 마리아의 호칭 '하느님의 어머니'를 어떻게 이해하고 있었는가?[17] 호칭으로써 테오토코스는 아마도 오리게네스 이후 동방 교부들, 특히 알렉산드리아 학파에서 유래한 것으로

15 DS, #251. 이 부분은 네스토리우스가 키릴루스에게 그리스도의 두 본성의 결합을 대답한 부분이다. 430년 6월 30일자의 편지로 에페소 공의회에서 키릴루스의 편지를 읽은 후, 곧이어 봉독된 편지의 한 부분이다.

16 제2차 콘스탄티노플 공의회(5차 보편공의회, 553년)는 칼케돈 공의회가 채록한 에페소 공의회의 내용을 재천명한다. P.−Th. Camelot, 68쪽; DS, #441～443 참조.

17 DECA, 2431쪽. 이와 같이 테오토코스는 429년, 네스토리우스에 의해 문제가 되기 전까지 민중 신앙적 성격을 지녔다. 그리스도의 인성이 지닌 의미를 강조하는 크리스토코스가 제안되었지만, 앞서 보았다시피, 교회는 전통적으로 테오토코스의 호칭을 정통 신앙으로 인정하고, 그 이후 더 이상 문제 삼지 않았다. ODCC, 1607～1608쪽.

보인다. 이 호칭은 오리게네스의 루카복음서 해설과, 알렉산드리아의 알렉산드로스와 아타나시우스에게서 확인된다. 테오토코스는 4세기 이후 많은 교부들과 저술가들이 마리아의 고유한 호칭으로 사용했다. 그러나 네스토리우스 논쟁으로 촉발되었던 에페소 공의회는 기록으로 남겨놓은 텍스트 어디에서도 이 용어에 대한 교의적인 설명을 제시하지 않는다. 이런 상황은 테오토코스가 신앙의 호칭이었다는 것은 확실하지만, 교의의 차원에서 명확하게 설명해야 할 필요가 없었다는 것인지도 모른다. 교회의 역사가 보여주듯이 신앙에서 신학으로 넘어가는 과정에서 다양한 신학적 사유가 발생했고 경쟁했다. 아직도 신앙과 신학은 상호 해석이 필요한 원천으로 남아야 하는 것인지도 모른다.

우리는 동정녀 마리아에게 붙인 이 호칭에서 신앙과 교의의 두 차원에서 의미를 발견한다. 키릴루스가 '동정녀 마리아는 하느님의 어머니이시다.'라고 적극적으로 주장했다면, 네스토리우스는 로마 주교의 지지를 얻으려고 썼던 편지에서 이와 관련된 자신의 의사에서 뉘앙스만 표시했다. 네스토리우스는, 아폴리나리우스나 아리우스가 주장했던 것처럼 두 본성의 혼합을 가리키지 않는다면, '테오토코스'의 용어 사용을 반대하지 않는다고 소극적으로 언급했을 뿐이다.[18] 이런 수동적 의사 표시에도 불구하고 테오토코스의 의미를 밝히기엔 네스토리우스의 그리스도론은 아직 충분치 않았다.

키릴루스가 주장하는 '하느님의 어머니'는 명확하게 정식화되지 않으면, 네스토리우스의 주장처럼 양성의 위격적 결합을 오해할 요인들을 발생시킬 위험이 있었다. 테오토코스 신앙은 위격적 결합에 기초한 신인양성 그리스도론을 전제하고 있기 때문이다. 이 표현은 하느님 육화의

18 P.-Th. Camelot, o.p., 69쪽 참조.

신비를 말해주는 까닭에 당대에 더욱 중요한 교의로 받아들여졌던 것이다. 그러나 실상 에페소 공의회는 테오토코스 때문에 불거진 공의회처럼 인식되었으나, 놀랍게도 용어의 신학적 정식화는 이루어지지 않았다. 그 대신에 테오토코스는 마치 민중 신앙처럼 단순히 신앙고백의 차원에 머물렀고, 공의회는 불행히도 네스토리우스를 파문하는 것으로 끝이 났다.[19]

네스토리우스의 불행은 개인적인 차원에서 극심한 고통과 충격이었을 것이지만, 이 사건으로 공의회에서 승리했던 키릴루스의 신학에 위험이 있다는 것이 분명해졌다. 신학적 불안전성은 안티오키아와 알렉산드리아의 화해와 타협이 필요함을 알리는 계기가 되었다.[20] 안티오키아 학파가 양성에 기초한 그리스도론의 좌파적 성격을 유지했다면, 알렉산드리아 학파는 우파적 성격의 그리스도론을 유지함으로써 그리스도 단성론[21]의

---

19 에페소 공의회(431년 6~9월)가 황제의 명령으로 강제로 폐회되었고, 네스토리우스는 파문당했다면, 안티오키아와 알렉산드리아 두 학파는 테오토코스에 관한 신학적 승리와 패배를 서로 나누어 가졌을까? 네스토리우스는 콘스탄티노플 총대주교직에서 해직되어 약자의 패배자로 생애를 마쳤다. 그렇다면 안티오키아의 요한과 알렉산드리아의 키릴루스는 어떠했을까? 요한은 키릴루스에게 편지를 보내 화해와 일치의 제안을 했다. 그들은 비록 둘 사이의 미묘한 차이를 알고 있었으나, 요한과 동방의 주교들은 일치하여 네스토리우스의 견해를 단죄했다. 키릴루스는 요한의 제안에 손을 잡았고, 당시의 로마의 주교 식스투스 III세 교황(432~440년 재위)도 이 둘의 견해를 인정하는 태도를 보였다. P.-Th. Camelot, o.p., 71~74쪽 참조.

20 433년에 알렉산드리아의 키릴루스와 안티오키아의 요한은 자신들이 속한 각 학파의 반대에도 불구하고 두 사람의 결단으로 일치정식을 추구했다. 433년의 일치정식은 결국 안티오키아는 네스토리우스를 포기하고, 알렉산드리아는 키릴루스의 12파문조항의 포기를 의미했다. DECA, 609쪽 참조.

21 그리스도 단성론(*Monophysitism*): 알렉산드리아 학파의 그리스도론이 극단적 형태로 나타난 이론의 하나로, 해석에 따라 이단(에우티케스) 혹은 정통(키릴루스)으로 인정받았다. 단성론은 칼케돈 공의회(451년)에서 정의한 그리스도 양성론(육화한 그리스도는 하나의 위격,

싹을 피울 위험을 지니고 있다는 것이 확인되었다. 이 위험성은 칼케돈 공의회(451년)가 개최될 즈음에 최고조에 이르러, 양성론에 기초한 그리스도론을 다시 한 번 더 다루게 될 것이다. 어쨌든 에페소 공의회는 강요된 마무리와 명백한 논리적 귀결 없이 승리도 패배도 없는 공의회가 되어 어느 누구도 만족스럽지 않은 상황으로 네 번째 보편공의회를 기다려야 했다.

두 본성임을 주장)을 부인하는 주장을 가리키는 용어였다. 특히 에우티케스의 주장은 알렉산드리아의 키릴루스의 정의(말씀의 육화한 본성은 하나)를 '육화 후에 그리스도는 하나의 본성이다.'를 주장하고, 또 '이 본성은 성부와 동일본질이 아니다.' 라고 단언했다. 이러한 에우티케스의 주장은 당연히 칼케돈 공의회에서 이단으로 처리되었다. 온건주의 단성론자들(육화한 그리스도는 인성과 신성으로 이루어진 하나의 본성을 지님)은 에우티케스의 주장을 반대하면서 동시에 칼케돈 공의회의 주장을 거부했다. 이들은 자신들의 눈에 칼케돈 공의회의 정의가 육화의 신비를 다 드러내지 못하며, 네스토리아니즘에 근접한다는 위험성을 지적했다. 451년의 공의회 이후에도 온건주의 단성론과 가톨릭교회는 화해를 추진했지만, 7세기 이슬람의 침입으로 단성론 교회는 화해의 기회를 놓치고 지리적으로 정치적으로 분리된 교회로 남게 되었다. 20세기 들어, 교황 바울로 VI세, 요한 바울로 II세 등의 노력으로 콥트 정교회, 시리아 정교회와 그리스도론과 관련하여 부분적으로 합의할 수 있는 분위기가 조성되었다. ODCC, 1104~1105쪽.

제4부

그리스도론의 확립: 칼케돈 공의회(*Concilium Chacedonense*, 451년)

다시 한 번 더 말하건대, 네스토리우스와 키릴루스 사이에 벌어진 논쟁은 고대 교회를 발칵 뒤집어놓은 사건이었다. 그 여파는 단지 신학적 논쟁에 머물렀던 것이 아니었으며, 그들이 속한 지역 교회 전반에 걸친 사건이었다. 안티오키아 학파에 속한 네스토리우스와 알렉산드리아 학파에 속한 키릴루스는 상대방의 신학을 서로 잘 알고 있기도 했지만, 동시에 오해도 하고 있었다. 그 위에 이들이 속한 지역 교회 사이의 경쟁적 긴장과 갈등은 공적인 것과 사적인 요소들이 뒤범벅되어 문제를 더욱 복잡하게 만들었다.

잘 알다시피, 네스토리우스의 신학을 논의하기 위해 소집되었던 에페소 공의회는 키릴루스가 급하게 진행시킨 바람에 네스토리우스를 단죄하는 자리가 되었다. 네스토리우스를 지지하는 세력인 안티오키아와 팔레스티나 지역 교회 주교단이 아직 도착하지 않은 상황에서 공의회가 개최되었기 때문에 촉발되었다. 이렇게 해서 지역 교회의 갈등이 상대방을 무너뜨린 상황이 되어버린 에페소 공의회는 두 가지 사실을 알려주었다. 비록 공의회의 결정에 따라 진 자와 이긴 자가 생겨났지만 결과는 이긴 자의 뜻대로 성취되지 못했던 것이다.

첫째는 네스토리우스나 키릴루스 신학이 모두 불완전했던 까닭에 보완이 필요했으며, 네스토리우스가 반 민간 신앙적이었다면, 키릴루스는 전통 신앙의 표현을 강조했다. 둘째는 신학적인 점에서 네스토리우스나 키릴루스를 포함해서 이긴 자도 없었고 진 자도 없었다는 판단이다. 네스토리우스가 안티오키아 신학에서 한 걸음 더 나아간 진보적 위험성을 내보였다면, 키릴루스 신학은 알렉산드리아 신학의 내적 위험성을 후대에 물려줬다. 안티오키아 신학은 그리스도의 양성론을 유지하며 칼케돈 공의회의 수정을 기다려야 했고, 알렉산드리아 신학은 키릴루스의 정식이 사용한 본성 개념을 위격으로 바꾸어야 했다. 결과론적이지만, 키릴루스 신학을 문자적으로 이해하려고 했던 알렉산드리아 교회는 단성론의 길로 가버렸다. 키릴루스의 뒤를 이어 등장한 에우티케스가 단성론의 사조를 대표했다.

키릴루스의 신학이 내포한 위험은 그 효력이 에우티케스의 단성론으로 나타났다. 네스토리우스가 재위했던 콘스탄티노플의 총대주교직을 승계한 플라비아누스는 에우티케스의 발언을 문제 삼지 않을 수 없었다. '육화 후에 단일본성'이라는 에우티케스의 발언은 키릴루스의 신학 정식이기도 하거니와 단성론으로 가는 첩경이기도 했다. 키릴루스 신학에서 보았던 문자적 위험이 실제로 현실화했던 것이다. 여느 경우처럼 교회는 정치와 멀지 않았으며, 플라비아누스는 황제의 지지를 얻은 에우티케스에 의해 총대주교직에서 쫓겨나는 수모를 받았다. 비록 레오 교황의 개입으로 콘스탄티노플 주교의 명예는 되찾았으나, 그는 이미 세상을 뜬 뒤였다.

에우티케스가 주도했던 에페소 공의회(449년)는 플라비아누스를 내쫓았고, 레오 교황은 에페소 공의회를 도둑 공의회라고 비판했다. 그뿐만 아니라, 이 문제를 해결하기 위한 네 번째 공의회, 곧 칼케돈 공의회의 소집이 대두되었다. 이 시기를 역사적으로 보면, 교회의 구성원들이 새로운 세대의 인물들로 교체되고 있었다. 다행스럽게도 정치권에 레오 교황을 지지하는 마르키아누스 황제가 등장했다. 황제의 도움을 적극적으로 이끌어낼 수 있게 된 로마 교황의 입장에서 보면 문제를 해결하기 위해 아주 좋은 시기가 노래한 것이었다.

이로써 칼케돈 공의회는 네스토리우스와 키릴루스의 논쟁에서 비롯된 에페소 공의회가 성취하지 못한 그리스도론의 문제를 마무리하는 고대 교회와 그 이후의 교회를 가름하는 분수령이 되었다.

제11장
에페소의 후유증과 레오 교황의 서간

에페소 공의회(431년)가 마무리된 후, 네스토리우스의 파직으로 문제가 해결된 듯이 보였지만, 공의회의 진행 과정을 보면 결코 해소된 것은 아니었다. 황제의 권한과 결정이 네스토리우스를 추방하였지, 신학적으로 논쟁이 해결된 것은 아니었다. 이리하여 콘스탄티노플 교회의 위상이 알렉산드리아의 키릴루스에 의해 추락된 것만은 확실하지만, 교의 차원의 논쟁이 일단락된 것은 아니었다. 이번엔 네스토리우스를 인간적 차원에서 지지했던 안티오키아의 요한과 네스토리우스를 결정적으로 곤경에 빠뜨린 알렉산드리아의 키릴루스 사이에 개인적이고 인간적인 차원을 넘어서 신앙 교의의 공통 이해가 필요해졌다.

433년 4월에 안티오키아의 요한과 알렉산드리아의 키릴루스 사이에 오고 간 편지들은 에페소 공의회가 몰고 온 갈등을 씻고 교회의 일치를 위한 목자의 자세가 어떠해야 하는지 모범을 보여준다.[1] 개인적 차원의

1 DS, #271~273. 두 지역 교회의 그리스도의 양성에 관한 일치정식(*De duabus naturis in Christo: Formula unionis inter S. Cyrillum et Epicopos Eccl. Antiochenae*); P.-Th. Camelot, 209~215쪽 참조. 433년 초에 안티오키아의 요한 주교는 알렉산드리아의 키릴루스에게

갈등이라는 어려운 고비를 넘어서 두 지역 교회의 화해 가능성을 탐색했다. 그러나 교회의 평화를 위한 두 인물의 화해가 오히려 많은 반대자를 생산하기도 했다. 그렇지만, 두 인물의 화해는 그리스도의 양성론에 기초한 육화 사건을 불완전하지만 신학적으로 깔끔하게 정리할 수 있었다. 네스토리우스에 반대하여 그리스도의 위격적 단일성이 확인되었고, 아폴리나리우스에 반대하여 양성의 실재를 신학적으로 정리했던 것이다.

두 본성, 즉 인성과 신성의 결합으로 육화하신 로고스, 곧 삼위일체의 두 번째 위격인 그리스도는 인성을 구유하신 존재이다. 그리스도 신앙에는 오직 한 분 그리스도, 한 분 아드님, 한 분 주님이 계실 뿐이다. 그분은 신성에 있어서 성부와 동일본질이신 분, 인성에 따라서 우리와 동일본질이신 분이다. 그리스도의 단일성(한 위격)을 키릴루스의 신학적 성과로 돌릴 수 있다면, 안티오키아 학파는 그리스도의 양성을 분명하게 구분하는 신학적 기여를 할 수 있었다.

그러나 모든 게 완벽하게 마무리된 것이 아니었다. 키릴루스의 신학이 말하는 오직 '하나의 본성'(*mia physis*)은 위격적 단일성을 가리키지만, 용어의 애매함 때문에 심각한 오해를 불러일으킬 수 있었다. 본성은 위격이 아니라 인성과 신성을 나타내기 위해 사용할 때 그 의미를 충분히 드러내는 어휘였기 때문이다. 안티오키아 학파는 이 점에 있어 편안하지 못했고, 심지어 일부에서는 키릴루스를 이단이라고 비판하기도 했다. 그렇기 때문에 안티오키아의 요한은 고귀한 의도의 화해가 불의한 타협으로 오해를 받아 많은 사람들의 반대에 직면했었다.

당시의 긴장—테오토코스와 육화한 성자의 본성 문제—을 언급한 편지를 보냈고, 이에 대한 답신으로 키릴루스는 같은 해 봄에 요한에게 제기된 문제에 대해 세심히 숙고한 내용을 기록하여 보냈다.

이런 소요는 무엇보다도, 키릴루스와 안티오키아 학파 사이에 기본적인 신학언어가 동일한 의미로 사용되지 않았다는 사실에서 기인한다. 예를 들면, 앞에서 거론된 '본성' 이외에도, 알렉산드리아 학파의 표현 '육체를 취하신' 하느님 성자는, 안티오키아 학파의 언어로 말하자면, '인간을 취하신' 하느님이셨다.

1. 키릴루스와 위험한 신학

에페소 공의회 이후, 네스토리우스는 파문과 귀양살이의 불행을 겪었고 마침내 개인적으로도 영예스럽지 못한 죽음을 맞았다. 신학 논쟁이 극단적인 상황에서 패배와 승리를 갈랐다면, 종교적 차원에서 승자와 패자의 운명은 명약관화했다. 그러나 결과는 승리자도 패배자도 완벽하게 승복할 수 있을 정도로 정리되었던 것은 아니다. 불명예스런 파문과 불행한 죽음 후에 네스토리우스 논쟁은 신학적으로 마무리가 되었던가? 지나간 역사는 그의 이름과 명성을 잊지 못하고, 오히려 그의 신학을 뒤따르는 이들이 끊이지 않았음을 말해준다.[2] 그만큼 교부들 간의 논쟁은

2 A. Grillmeier, 559~568쪽. 네스토리우스가 남긴 자료와 그를 인용한 교부들 사이의 논쟁 자료에 관한 불완전성이 현대 신학자들이 풀어야 할 몫이 되었다. 그래서 현대에 들어서도 네스토리우스 혹은 네스토리아니즘에 대한 재평가는 계속되고 있다. J. Fameree, *Ephese et Nestorius: un malentendu christologique. L'apport du P. A. de Halleux*, Revue théologique de Louvain, 2008년, v. 39 no. 1, 3~25쪽; R. Gounelle, *Nestorius dans le dialogue de l'Eglise catholique avec les Eglises d'Orient*, Études théologiques et religieuses. 2006, 81 no. 1, 53~64쪽; P. A. Dancy, *Nestorius and the Rejection of Theotokos: His Political and Social Condemnation*, Fides et historia(official publication of the Conference on Faith and History), 2005, v. 37 no. 2 pt. 38, 151~164쪽.

격렬했던 것이 사실이었지만, 본 주제에 대한 신학적인 답변은 분명하지 못했다.

'하느님의 어머니'와 관련된 그리스도의 양성 결합이란 무엇을 의미하는 것일까? 앞서 지적하였듯이, 네스토리우스는 신학적으로 양성의 구분을 통해 마리아가 '크리스토토코스'(그리스도의 어머니, *Christotokos*)라고 불려야 한다고 주장했다. 네스토리우스에게 마리아는 하느님의 어머니가 아니라, '안트로포토코스'(사람의 어머니, *Anthropotokos*)로 불려야 더 분명할 듯했던 것이다. 그리스도가 고통을 받는다면 인성이 고통 속에 있음을 의미하고, 그리스도의 신성은 불변 속에 머무는 것을 가리켰다.

그러나 육화하신 그리스도의 단일성을 주장한 키릴루스라면, 오직 한 분 그리스도가 고통을 받는 것이라고 말할 것이다. 키릴루스는 '오직 한 분 그리스도'를 나타내기 위해 '하나인 본성'(*mia physis*)이라고 말했던 것이다. 위격과 본성의 구별이 확실치 않았던 키릴루스의 용어는 어휘만 보면 곧바로 에우티케스의 주장으로 통해버릴 것이다. 그래서 이런 혼란은 한 분 주님이신 그리스도의 인성과 신성을 구분하려는 안티오키아 학파에겐 알렉산드리아 학파의 주장이 단성론의 이단적 성향으로 보일 수밖에 없었다. 실제로 후대에 키릴루스의 신학의 정신을 좁은 의미로 해석하고 뒤따른 결과는 단성론으로 빠지지 않았던가? 반대로 알렉산드리아 학파에겐 안티오키아 학파의 주장이 그리스도를 인간과 신의 본성을 배타적으로 분리하려는 것으로 이해되었다. 네스토리우스의 주장에 따르면, 인성은 인성대로, 신성은 신성대로 독립적 행위와 의지로 움직이려고 하지 않겠는가? 인성은 인성의 의지로, 신성은 신성의 의지로 움직이려 한다면 그리스도 양의론으로 정리될 법도 했다.

네스토리우스의 주장을 단죄하고 키릴루스의 손을 들어준 에페소 공의회는 사실상 논쟁의 동력을 잃었다. 반면, 키릴루스의 주장은 아직 네스토리우스를 반대하는 것만으로 그 의미는 충분했다. 그러나 키릴루스의 신학을, 문자적 의미에서 극단으로 밀고나가게 되면, 네스토리우스의 대척점에 이르는 위험이 도사리고 있었다.[3] 말하자면, 키릴루스의 설명에 아직 드러나지 않은 하나의 미묘한 위험이 전통 신앙의 이름 속에 숨어 있었다. 인성과 신성의 결합 이후에 한 분 그리스도가 존재한다고 하지만, 이 결합 후에 두 본성의 구분은 사라지고 만 것인가? 이런 의미에서 키릴루스는 성자의 본성(*physis*)은 하나이며, 육화하신 바로 그분이라고 말할 수 있었던 것이 아닌가?[4] 그래서 마리아는 그리스도를 낳았기 때문에 두 본성의 '그리스도의 어머니'가 아니라, 한 본성이 되신 성자의 어머니, 곧 '하느님의 어머니'라고 주장할 수 있었던 것이 아닌가?

키릴루스는 인성과 신성이 결합한 후엔 분리될 수 없다고 주장했다. 그리고 이어서 한 분 성자이시며 한 분 주님을 말하면서, 말씀은 육화하신 하느님의 본성이라고 주장했다. 바로 여기서 신학 용어의 교정이 필요하다는 사실이 드러나고, 이것이 오해와 오류의 원인일 수 있음을 말해준다. 키릴루스가 양성은 분리될 수 없이 구별되며, 뒤섞임 없는 결합이라고 주장할 때, 그의 생각에 이미 (결합한 후에) 성자는 하나의 본성인 것이다.

---

3 이런 의미에서 키릴루스의 그리스도론은 네스토리우스의 주장과 단성론 사이의 경계에 있었다고 말할 수 있다. 후베르트 예딘, 세계공의회사, 분도, 2005, 36쪽.

4 P.−Th. Camelot, o.p., 81쪽 참조. 칼케돈 공의회를 거치면서 용어의 순환이 이루어진다. 키릴루스가 사용한 본성(*physis*)은 그리스도의 본성으로 이해되는 것이 아니라, 그리스도의 위격(*prosopon/persona*)으로 교정된다. 함세웅, 알렉산드리아의 키릴루스(II), 사목, 116(1988. 3); A. N. Lane, *The Theology of St Cyril of Alexandria: A Critical Appreciation*, in The journal of theological studies, Vol. 56, No. 2(2005), 695~697쪽; John A. McGuckin, *St. Cyril of Alexandria: The Christological Controversy: Its History, Theology, and Texts*, St. Vladimir's Seminary Press, N. Y., 2004.

이런 상태에서 그리스도는 때로 하느님으로서, 때로 인간으로서 행동하고 말하는 것으로 키릴루스는 이해했을 것이다. 따라서 키릴루스가 '결합 후에 하나의 본성을 가진다'라고 설명할 때, 진실로 결합 이전에 인성과 신성이 존재할 수 있었는가? 아니면 양성의 결합 후에 존재하게 된 그리스도의 양성을 구분할 가능성이 사라진 것인가? 다음 세대의 에우티케스(*Eutyches*, 378~452년)가 키릴루스의 설명을 좁은 의미로 이해하고 주장하게 되었을 때, 그리스도 양성론은 단성론적 표현과 더불어 더 복잡하게 전개되고 말았다.

이런 위험성은 제국 내의 여러 지역 교회에서 동시다발적으로 발생했다. 각 지역 교회의 주교들은 네스토리아니즘으로 제기된 육화의 문제와 그리스도의 양성과 위격을 전통적인 그리스도 신앙 안에서 이해하고자 했다. 우리의 입장에선 이 상황을 전체적으로 상세히 점검할 수는 없지만, 동방 교회 안에서 신학적 도움을 줄 수 있는 콘스탄티노플 총대주교의 역할과 영향력이 대단히 컸다는 사실은 강조할 필요가 있다.[5] 네스토리우스와 막시민의 뒤를 이은 콘스탄티노플 총대주교 프로클루스(*Proclus*)는 키릴루스의 본성(*physis*) 대신에 그 의미가 구체적이고 단일 주체의 개별성을 더 잘 나타내는 위격(*hypostasis*)[6]이라는 용어를 사용했다. 말씀의 본성이

5 네스토리아니즘의 발생과 파급효과는 콘스탄티노플을 중심으로 제국의 여러 곳으로 번져나갔다. 이런 까닭에 알렉산드리아와 안티오키아에 속하지 않은 지역의 주교들은 이 문제에 대해 콘스탄티노플 총대주교에게 문의했다. *Atticus*(406~425년 재위) 때 사제였고, 시신니우스(Sinnius, 426년 총대주교 선임), 네스토리우스(428년 총대주교 선임), 막시민(431년 총대주교 선임) 다음으로 총대주교직에 오른(434년) 프로클루스(*Proclus*, 대략 446년 서거)는 아르메니아 주교들의 질문에 대답한 그의 서한집(*Tome of Proclus*)으로 유명하다. 이 서한집은 몹수에스티아의 테오도루스를 반대하여 '두 본성의 한분 그리스도'를 언급한 사실로 신학적으로 451년에 칼케돈 공의회를 준비하는 길목에 있었음을 알 수 있다. P.-Th. Camelot, o.p., 83~87쪽; ODCC, 1333쪽; DECA, 2111~2112쪽; A. Grillmeier, 520~523쪽 참조.

6 P.-Th. Camelot, o.p., 84쪽 참조. *hypostasis(=una persona substantiae)*는 '위격'(*persona*)의

고통을 받은 것도 아니고, 변화의 훼손을 당하는 것이 아니라면, 위격이 고통을 받았다고 말하는 것이 더 잘 이해할 수 있기 때문이다. 이런 관점에서 에페소 공의회에서 칼케돈 공의회로 가는 길목에 프로클루스가 서 있었던 것처럼 보인다. 과연 말씀의 위격(*hypostasis*)은 알렉산드리아의 키릴루스나 안티오키아의 요한도 동의하지 않을 수 없는 용어였다.

그러나 이러한 복잡한 사정이 그리스도론 이해를 올바르게 교정해줄 것처럼 진행된 것은 아니었다. 네스토리우스 사건과 연관되었던 안티오키아의 요한은 442년, 알렉산드리아의 키릴루스는 444년, 콘스탄티노플의 프로클루스는 446년에 모두 생애를 마쳤다. 네스토리우스는 아직 살아 있었지만(451년 이후 서거), 논쟁의 첫 세대 주역들이 사라지고 만 것이다.

이후 신학적으로 의미 있는 인물은 키르스의 테오도레투스(*Theodoretus Cyrensis*, 393?~460?)가 남아 있을 뿐이었다.[7] 존경받는 수도승이었던 그도 신학적으로 안티오키아 학파의 전통을 이어 두 본성의 구별은 분명히

의미를 나타내기 위해 후대 공의회가 채택한 *prosopon*보다 더 적당한 용어일 수 있다. 그러나 라틴 교회에서 이 단어는 *hypo(under) +stasis(being) =substance/subsistance*로 오해했던 까닭에 경원시되었다. 헬라스어를 잘 이해하지 못하는 라틴 교회에서 이 용어는 삼신론을 의미하는 것처럼 들렸기 때문이다.

7 P.-Th. Camelot, o.p., 87~88쪽; ODCC, 1600~1601쪽; 가톨릭대사전, vol. 12, 8657~8659쪽 참조. 테오도레투스는 네스토리우스와 키릴루스 사이의 그리스도론 논쟁에 휘말렸고, 키릴루스의 주장에서 새로운 형태의 아폴리나리아니즘을 발견했다고 생각했다. 네스토리우스의 친구로서 그리스도의 양성론을 지지하며 은유적 의미에서 '하느님의 어머니'(테오토코스)를 인정하였다. 테오도루스는 에페소 공의회(431년) 이후에도 키릴루스를 반대하였다가, 키릴루스의 승계자인 알렉산드리아의 디오스코루스에 의해 448년에 단죄를 받고 말았다. 도둑 공의회(448년)에서 면직을 당한 뒤 추방당했으나, 451년에 칼케돈 공의회에 초대받고 네스토리아니즘을 거부한 뒤 복권되었으나, 사후에 '삼장론'(*Ta tria kephalia*)으로 인해 553년에 콘스탄티노플 제2차 공의회에서 단죄되었다. 좀 더 자세한 내용은 ODCC, 1619~1620쪽; DECA, 2414~2416쪽 참조.

말할 수 있었으나, 위격 개념을 명확히 드러내진 못했다. 키릴루스와 마찬가지로 그리스도의 존재를 핵심적으로 요약해주는 말씀의 위격(*hypostasis*)을 미처 생각하지 못했던 것이다. 게다가 테오도레투스는 성자의 위격을 이해하기 위한 논리적 토대로써 '속성의 교환'(*communicatio idiomatum*) 개념도 수용하지 않았다. 비록 안티오키아 학파의 신학에 의존하지만, 테오도레투스에게 확실한 것은 그리스도의 위격적 단일성과 이에 근거해서 마리아는 '사람의 어머니'(*anthopotokos*)가 아니라, 하느님의 어머니(*theotokos*)라는 사실이었다. 역설적으로, 양성의 결합으로 마리아를 하느님의 어머니라고 부를 수 있게 되었지만, 그것은 '육화한 말씀' 때문이 아니라 '인간을 취한 말씀' 때문이었다. 이런 이유로 네스토리아니즘을 거부할 수 있었던 테오도레투스는 역설적으로 네스토리우스를 위협했던 키릴루스의 열두 파문조항을 비판했다. 여기서 에우티케스(*Eutyches*, 378~454년경) 사건이 터지고 말았다.

2. 에우티케스 논쟁

그렇다면 테오도레투스가 제기했던 문제의 상황은 어떠하였던가? 고대 교회에서 다작의 저술가이기도 했던 그는 네스토리우스와 키릴루스 사이에 벌어졌던 그리스도론 논쟁에 어쩔 수 없이 끼어들게 되었다. 앞서 언급한 대로, 그는 처음부터 친구였던 네스토리우스를 비판한 키릴루스의 12 파문조항을 거부했다. 테오도레투스는 키릴루스의 파문조항에서 새로운 형태의 아폴리나리아니즘(*Apolinarianism*)을 발견했다고 주장했다. 아폴리나리아니즘에서 단성론의 기원을 찾을 수 있었다면, 테오도레투스는 안티오키아 학파의 그리스도 양성론자로서 키릴루스의 논증에 남아 있는 불분명한 표현을 문제 삼았던 것이다.

테오도레투스의 신학은 앞에서 언급한 대로 안티오키아 학파를 계승했다. 그가 직접적으로 문제가 된 상황은 알렉산드리아의 총대주교 디오스코루스(*Dioscorus*, 444~451년 재위)가 주도한 449년의 '도둑 공의회'(*Concilium Latrocinium*)의 결정 때문이었다. 키릴루스의 후계자인 디오스코루스는 에페소 회의(449년)에서 테오도레투스를 키르스의 주교직에서 해임하였고, 테오도레투스는 교황 레오 1세(440~461년 재위)에게 자신의 신학적 주장을 설명한 편지를 보냈다. 그는 후에 칼케돈 공의회에서 네스토리우스를 단죄하는 조건으로 일시 복권되었다. 그러나 사후에 소집되었던 제2차 콘스탄티노플 공의회(553년)에서 '삼장론'(*Ta Tria Kephalia*) 때문에 그는 유스티누스 황제의 명령에 따라 단죄 받았다.[8]

에우티케스와 디오스코루스, 플라비아누스와 레오 교황

앞에서 언급했듯이, 안티오키아 학파와 알렉산드리아 학파 사이에 그리스도론 논쟁이 다시 불거지는 과정에서 에우티케스(*Eutyches*, c.378~454년) 문제가 발생했다.[9] 콘스탄티노플 근교의 한 수도원에 속한 수도승이

---

8 '삼장론'(*Ta tria kephalia*)은 1) 몹수에스티아의 테오도루스의 작품, 2) 알렉산드리아의 키릴루스에 대한 키르스의 테오도루스가 저술한 작품들, 3) 에데사의 이바스가 마리에게 보낸 편지를 가리킨 세 편의 작품을 금지한 황제의 칙서에 근거한다. 이 세 작품은 모두 친(親)네스토리아니즘의 성향을 가지고 있기 때문에, 유스티아누스(*Justianus I*, 527~565년 재위) 황제는 단성론자들과 네스토리아니즘을 반대하는 편을 화해시킬 생각으로 세 저술들을 단죄하는 칙서를 발표했다. 그러나 서방 교회는 황제의 개입을 꺼렸고, 내용적으로 칼케돈 공의회의 결정에 어긋났기 때문에 당시 교황 비질리우스(*Vigilius*, 537~555년 재위)는 황제의 칙서를 반대했다. 콘스탄티노플 제2차 공의회(553년)가 칼케돈 공의회의 정의에 어긋나는 '삼장론'(*Ta tria kephalia*)을 단죄했음은 물론이다. ODCC, 1697~1698쪽; 교황사전 31쪽 참조.

9 에우티케스의 주장은 네스토리아니즘에 대한 반대가 극단화된 경우로, 단성론에 빠지는

었던 에우티케스는 오랫동안 알렉산드리아의 키릴루스의 친구였으며, 그 후계자인 디오스코루스와도 친분을 유지하고 있었다. 키릴루스가 에페소 공의회(431년)를 주도하고 있을 때, 에우티케스는 키릴루스에게서 자신을 지지해달라는 개인적인 요청도 받았을 정도였다. 그는 황제 테오도시우스 II세의 최측근인 환관이자 궁정출납관인 크리사피우스(*Chrysapius*)와 자신의 친분관계를 이용하여 정치적 영향력을 행사할 수 있는 위치에 있었다. 에우티케스는 교회의 신앙 차원에서 볼 때, 콘스탄티노플에 있으면서 반(反)네스토리아니즘에 철저할 수 있었다. 그는, 키릴루스와 그의 후임자 디오스코루스와 유지해온 친분관계에서 비롯되었을 것이라고 짐작할 수 있다시피, 알렉산드리아의 신학적 견해에 가까웠다. 에우티케스는 오히려 건전하지 못한 그의 정치적 입지와 완고함 때문에 레오 교황뿐만 아니라, 네스토리우스의 비판을 받고 있었다.10

그런데 448년 여름, 에우티케스가 행한 설교가 '육화 후 한 본성'이라는 양성론에 어긋나는 주장이었기 때문에 콘스탄티노플 총대주교 플라비아누스(*Flavianus*, 446~449년)가 단죄하게 된 일이 발생했다. 이 주장은 그리스도의 '두 본성과 한 위격'을 가르치는 정통 신앙의 해석에 위배되었다고

위험을 낳았다. 콘스탄티노플의 총대주교 플라비아누스에 의해 정죄를 받자, 에우티케스는 교황 레오에게 호소하여 지지를 요청하였고, 궁정의 힘을 빌려 도둑 공의회(449년)에서 일시 복권되었다. 450년에 테오도시우스 II세가 죽고 새 황제 마르키아누스가 뒤를 이어 등극하자, 교회의 정치적 상황은 니케아 신앙의 양성론적 해석을 지지하는 쪽으로 바뀌었다. 451년에 칼케돈 공의회는 교황 레오 서한(*Tomus Leonis*)에 근거하여 에우티케스를 해직한 뒤 교회에서 추방하였다. ODCC, 577쪽; P.-Th. Camelot, o.p., 88~90쪽.

10 에우티케스에 대한 비판은 상당히 혹독해서 교황 레오는 무식하고 완고한 인물로 묘사했다. 교황은 에우티케스를 직접적으로 '대단히 지각없고 아주 무식하고도 무식한 늙은이, 지극히 지각없는 늙은이'(*multum imprudens et nimis imperitus*, *imperitus senex*, *imprudentissimus senex*)라는 경멸적 기록을 남길 정도였다. P.-Th. Camelot, o.p., 89쪽에서 재인용; ENCA, 929쪽.

판단되었기 때문이다. 사실 에우티케스의 주장은 단순하게 네스토리우스를 반대하고, 오해받을 만한 키릴루스의 신앙정식[11]을 완고하게 따르는 것이었다. 에우티케스가 제기한 신앙정식은 내용적으로 키릴루스의 불편한 신학적 의도를 넘어서지 못했고 단순하게 문자적 동일성만 추구했다는 것이 일반적인 판단이다.

불행하게도 알렉산드리아의 디오스코루스는 안티오키아 학파를 견제하기 위한 방편으로, 에우티케스를 자기편에 끌어들였다. 에우티케스의 주장이 신학적으로 오류가 있음에도 불구하고, 디오스코루스에게는 에우티케스가 콘스탄티노플 황궁의 정치권력을 등에 업었다는 사실이 중요했다. 게다가 에우티케스는 당시의 교황 레오에게도 자신의 입지를 강화하기 위해 네스토리아니즘을 비판하는 서한을 보냈고, 키르스의 주교 테오도레투스의 견해를 고발하기도 했다. 디오스코루스나 에우티케스는 네스토리우스의 추종자들을 견제하는 과정에서 친(親)네스토리아니즘 성향의 테오도레투스도 비판했던 것이다.

이렇게 발생한 에우티케스 사건을 빌미삼아, 알렉산드리아의 디오스코루스는 테오도시우스 황제의 명령을 등에 업고 훗날 일명 '도둑 공의회'로 불리는 에페소 회의(449년)를 소집하였던 것이다. 교황 레오는 '플라비아누스에게 보낸 서간'(*Tomus ad Flavianum*)[12]을 보내어 콘스탄티노플의

11 '육화한 말씀은 하나의 본성을 지닌다.'는 키릴루스의 정식. 이 정식의 의미를 제대로 이해하기 위해 키릴루스가 언급하고 있는 '속성의 교환'(*communicatio idiomatum*) 개념을 잊어서는 안 된다. '속성의 교환'은 '신성과 인성이 하나가 된 후에도 서로 훼손함이 없다.'는 의미를 가리킨다. ENCA, 612쪽 참조.

12 DEC, 77~82쪽 참조. 레오 교황이 '플라비아누스에게 보낸 편지'(*Tomus ad Flavianum*)는 교황 레오의 이름을 따서 '레오의 교의서한'(*Tomus leonis*)이라고도 부른다. 이 편지는 플라비아누스가 콘스탄티노플에서 에우티케스 문제를 해결하는 데 아무런 도움이 되지 않았으나, 후에 칼케돈 공의회(451년)에서 그리스도론을 정식화하는 기본 자료로 사용되었

주교에게 지지를 선언했다. 그렇지만, 테오도레투스는 디오스코루스에 의해 강제로 주교직에서 면직되어 추방되었고, 추방 길에서 불행히도 3일 만에 죽고 말았다. 한편, 도둑 공의회를 통해 일시적으로 에우티케스는 플라비아누스의 단죄에서 벗어나 복권되지만, 그 역시 황궁의 정치적 후견인들이 사라지자 칼케돈 공의회(451년)에서 다시 단죄를 받고 말았다.

네스토리우스와 키릴루스 사이에 벌어진 신학 논쟁은 실질적으로 차세대인 테오도레투스와 에우티케스 사이의 논쟁으로 일단 정리할 수 있다. 테오도레투스가 양성론을 주장했던 네스토리우스의 뒤를 이었다면, 에우티케스는 키릴루스의 의도를 읽지 못한 채, 문자적으로 충실하게 단성론적 그리스도론의 경향만 드러냈다. 에우티케스는 아주 단순하게 인성과 신성이 결합한 이후에는 신성이 인성을 흡수해버린다고 생각했던 것이다. 이런 의미에서 테오도레투스는, 네스토리우스가 키릴루스에게서 발견했던 것처럼, 에우티케스의 주장에서 새로운 형태의 아폴리나리아니즘을 읽어낸 것이었다. 에우티케스에게 그리스도의 육체는 로고스의 육화 뒤에 보통 인간의 육체와 다를 수밖에 없다는 주장이 되고 말았다. 그러나 네스토리아니즘에 호의를 보인 테오도레투스는 안티오키아 신학 전통에 따라서 그리스도의 인성과 신성은 한 위격 안에서 구분된다고 주장했던 것이다.

교회의 내적 상황을 고려하면, 콘스탄티노플의 총대주교 플라비아누스는 에우티케스의 주장을 쉽게 비판하거나 관여할 수 없었다. 총대주교는 에우티케스의 정치적 영향력을 알고 있었기 때문이다. 그러나 총대주교는 마침내 448년에 몇몇 주교들의 협조를 얻어 교구 시노드(*Synodos*)를

다.

개최했고, 이 자리에서 에우티케스를 단죄하는 결정을 발표했다. 모든 참석자들은 에우티케스를 반대하여, 그리스도가 육화한 후에도 두 본성을 유지하며(그리스도 양성론), 하나의 휘포스타시스(*Hypostasis*)와 하나의 위격(*prosopon*)으로 존재하는 그리스도 신앙을 고백했다. 플라비아누스는 알렉산드리아 신학이 사용한 '휘포스타시스'와 안티오키아 신학이 선호하는 '프로소폰'을 동일시하였을 뿐만 아니라, 비로소 본성(*physis*)과 휘포스타시스를 구분하기 시작했던 것이다. 갈등과 긴장으로 점철된 두 학파 간에 신학적으로 보면 아주 중요한 단계로 넘어가는 시간이 도래한 순간이기도 했다. 프로소폰과 휘포스타시스의 동일시는 "외적 현현 양식으로 연상되는 개념 프로소폰에 존재론적 의의를 부여함"[13]을 의미하는 것이다.

에우티케스의 주장에 따르면, 육화한 말씀은 육화 후에 인간으로 남았는가? 그에게 동정녀 마리아에게서 태어난 말씀은 참 하느님이며 참 인간이지만, 우리 인간과 동일본질이 될 수 없다. 동정녀 마리아는 인간이라는 측면에서 우리와 동일본질이지만, 그리스도의 육체는 우리의 육체와 동일본질이 아니다. 에우티케스는 육화 후의 그리스도의 몸이 우리들의 몸과 동일한 몸이 아니라고 여긴 것이다. 말하자면, 에우티케스는 "결합 이전에 그리스도는 두 본성을 지니셨으나, 결합 후에는 하나의 본성만 지녔다"(*ex duabus naturis fuisse dominum nostrum ante adunationem, post vero adunationem unam naturam*)[14]고 고백했다. 그의 주장은 키릴루스의 말을 문자적으로 따르나, 그 의미는 이해하기 어려운 이상한 논리로 나아갔다. 로고스의 신성과 인성이 결합하기 이전에 그리스도가 인성을

---

13 카를 수소 프랑크, 고대 교회사개론, 582~583쪽; A. Grillmeier, 523~526쪽 참조.
14 DEC, 81쪽. 레오 서간에서 에우티케스의 주장이라고 인용된 부분이다.

지니셨다고 생각할 수 있는가? 사실 이런 주장은 당시 그리스도론 논쟁자들에게 상식적으로 수용될 수 없었으니, 에우티케스의 그리스도론은 신학적으로 새로운 의미를 말했던 것도 아니었다. 오히려 에우티케스가 언급한 '결합 이전의 두 본성'은 정통 교리인 그리스도의 단일성을 거부하는 꼴이 되었다.

3. 플라비아누스와 레오 교황의 등장

교황 식스투스 III세(*Sixtus III*, 432~440)의 서거로 로마의 수석 부제로 있던 레오(*Leo I Magnus*, 440~461년)는 440년 9월 27일에 뒤를 이어 로마의 주교직을 승계했다. 고대 교회에서 레오 교황만큼 사도좌의 권한 강화와 의미 있는 치적을 높인 인물은 거의 없다. 그는 교황이 보편교회에 속한 모든 주교들과 동등한 권한을 가지지만, 베드로의 후계자이자 로마의 주교로서 적어도 보편교회의 대표성을 나타내는 수위권(*Primatus*)에서 차별성을 강화했던 교황이었다.

레오 교황은 주교가 되기 이전부터 이미 네스토리우스 사건의 중요성을 인지하고 있었으며, 단성론 문제를 의식하고 있었다. 에우티케스 사건은 사실 아주 단순한 콘스탄티노플 교구에 한정될 수 있었던 사건이었다. 에우티케스가 행사한 정치적 영향력과, 알렉산드리아의 총대주교 디오스코루스의 행동 때문에 사건이 확대되었다고 말할 수 있다. 디오스코루스는 키릴루스의 후계자였으면서도 교구장이 된 뒤에 키릴루스의 측근들을 몰아냈다. 또한 그는 신학적 경향 때문이기도 하거니와 지역 교회 간의 경쟁심 때문에 콘스탄티노플에 대해 좋은 감정을 가지고 있지 않았다.

그는 마침 테오도시우스 II세 황제의 초대로 449년 8월 1일에 도둑 공의회(*latrocinium Ephesinum*)를 주도하면서 플라비아누스를 총대주교직에서 쫓아낼 수 있는 기회를 잡았다.[15] 플라비아누스를 쫓아낼 수는 있었지만 이런 결과도 잠시였을 뿐이다. 테오도시우스 황제의 서거와 로마 주교에 호의적인 마르키아누스 황제의 승계로 교회의 정치적 상황이 돌변했다. 그뿐만 아니라 로마의 주교 레오 교황이 이 사태에 개입하면서 사태의 흐름은 역전되고 말았다.

사태를 주시해오던 레오 교황이 에우티케스 사건의 전말을 놓칠 까닭이 없었다. 교황은 네스토리우스에게서 발생된 교의의 논쟁점을 교황이 되기 전부터 잘 파악하고 있었다. 에우티케스가 주장하는 신앙 교리는 알렉산드리아의 키릴루스가 제시했던 단성론적 신앙정식에 단순히 문자적으로만 충실했다는 것을 알고 있었던 것이다.[16] 에우티케스는 키릴루스의 신앙정식을 고집하고 문자에 집착하면서 그리스도의 단성론을 주장하였던 것이다. 그래서 콘스탄티노플의 총대주교 플라비아누스(446~449년)는 에우티케스의 주장이 정통 신앙에 위배된다는 사실을 알고 시노드(448년 11월)를 개최하였다. 시노드를 통해서 그는 에우티케스의 주장을 일축하고, '두 본성(*ek due physeon*), 한 위격(*prosopon*)'의 그리스도 신앙을 천명했다. 이에 반해서, 에우티케스는 그리스도의 결합 이전의 두 본성은 인정하지만, 결합 이후에는 하나의 본성이라고 주장했다. 그는 육화한 그리스도

15 처음 테오도시우스 II세는 에우티케스에게 적대적이었지만, 디오스코루스이 대표하는 단성론자들의 강력한 주장으로 견해를 바꾸었고, 단성론이 지배하는 회의에서 에우티케스의 복권과 플라비아누스의 파직이 결정되었다. DECA, 823쪽 참조.

16 DEC, 5961쪽; P.–Th. Camelot, o.p., 103~104쪽. 12조항은 네스토리우스에게 수용할 것을 강조하는 신앙고백 형식을 띠고 있지만, 네스토리우스와 논의된 것은 아니다. 이 조항의 문제는 용어의 불확실성에 있다. 예를 들면, 키릴루스가 사용한 용어 *hypostatsis*가 때로는 본성(*physis*)의 의미로, 때로는 위격(*prosopon*)의 의미로 혼동될 수 있다는 점이다.

가 우리와 동일한 인성(*homo-ousios*)을 지니지 않았다고 주장한 것이다. 말하자면, 그리스도는 육화한 후에 신성이 인성을 흡수하여 하나의 본성을 지닌다는 것이다. 에우티케스의 주장은 아폴리나리아니즘에서 확인했듯이 그리스도의 신성을 극단적으로 강조할 때 도달한 결과였다.

레오 교황

누누이 말했듯이 어찌 보면, 키릴루스의 주장은 본성(*physis*)과 위격(*hypostasis*=*persona*)의 신학적 구분이 모호했다고 비판받을 수 있다.[17] 그러나 그가 육화한 말씀의 단일 본성(위격[*hypostasis*]의 의미)을 주장했던 이유는, 말씀이 그리스도의 '수난의 주체'라는 사실을 강조하는 데 있었다. 그래서 위격을 내세울 수 없었던 키릴루스는 신성과 인성에 속한 것을 분명하게 구분할 수 없었던 것이다. 그런데 에우티케스는 키릴루스의 신학적 의도를 제대로 이해할 수 없었기 때문에 그저 문자적으로만 충실했던 것이다.

이런 관점에서 용어의 선택과 사용을 고려해보면 키릴루스와 레오의 신학적 차이를 발견할 수 있다. 그리스도 존재의 양성을 나타내기 위해 키릴루스가 '말씀'(*hypostasis*-*physis*)과 '육체'(*carne*)의 두 단어를 사용했다면, 레오 교황은 말씀의 '위격'(*persona divina*), '본성'(*physis*), '인성과 신성'의 세 어휘를 구분하여 사용했다. 또 키릴루스의 신학이 그리스도의 단일한 위격에서 출발한다면, 레오 교황의 신학은 두 본성에서 출발했다. 이렇게 키릴루스의 약점은 레오 교황에게 와서 명확하게 교정을 받고 '두 본성과 한 위격'이라는 표현으로 해소된 것이다.

역사의 진행 과정을 돌아보면, 테오도시우스 황제가 에페소 공의회를 소집하는 편지를 보내자(449년 3월 30일), 로마의 주교 레오 교황은 이에 응답하여 대표단을 파견했다. 교황은 대표단과 함께 콘스탄티노플의

17 레오 교황은 자신의 권위를 행사하여 네스토리우스 때부터 시작된 논쟁의 근거들을 로마의 부제로 있으면서 문헌으로 섭렵하고 있었기 때문에, 에우티케스 논쟁이 발생하자, 시의 적절한 대응을 할 수 있었다. P.-Th. Camelot, o.p., 96~97쪽 참조.

주교 플라비아누스에게 에우티케스의 주장을 단죄하는 서간(*Tomus Leonis*)을 함께 보냈다. 불행하게도 키릴루스의 조카로서 주교직을 승계한 알렉산드리아의 총대주교 디오스코루스와 황제 테오도시우스 II세는 플라비아누스에게 보낸 레오 교황의 서간(*Tomus Leonis*)을 거부하고, 에우티케스를 지지하고 복권하는 조치를 취했다. 그 결과, 복권된 에우티케스의 이단성을 지적했던 플라비아누스와 키르스의 테오도레투스 등은 앞에서 언급한 대로 면직되고 말았다. 플라비아누스는 이 자리에서 군중들에게 심하게 얻어맞고 3일 후에 죽고 말았다.

이런 사실을 알게 된 교황 레오는 즉각적으로 449년의 에페소 회의를 '도둑 공의회'(*Concilium Latrocinium*)라고 규정했고, 회의 자체를 무효라고 선언했다 이와 함께 교황은 같은 해 로마에서 소집한 시노드에서 알렉산드리아의 디오스코루스를 파문하고 말았다. 역사적으로 보면, 교회 내의 상호 파문과 갈등은 교회의 신뢰를 떨어뜨리는 첫 번째 원인을 제공한 행위였다. 서방과 동방의 교회 갈등은 더욱 심화되었을 뿐만 아니라, 정치와 종교 사이에 심각한 긴장이 조성되었다. 게다가 지역 교회 간의 피할 수 없는 역학적 구도가 형성되면서 교회의 정체성 확립에 필요한 신뢰는 땅에 떨어지고 말았다.

4. 교황 레오의 서간(*Tomus Leonis*)

이 시기에 가장 효과적이고 결정적으로 정통 신앙을 신학적으로 정리한 문헌은 교황 레오가 플라비아누스에게 보낸 서간이었다. 레오 교황의 편지(*Tomus Leonis*)[18]는 칼케돈 공의회에서 정통 그리스도론을 정립하는 데 결정적 기초를 제공한 아주 중요한 문헌이 되었다. 이 문서는 크게 네 주제로 구성되어 있으며, 그리스도의 육화사건을 이중 본성의 입장에서 서술하고 있다.[19] 간단하게나마 내용을 소개하는 게 필요하기 때문에 이 문헌의 이해를 위해 간략히 살펴보도록 한다.

첫째, 레오 문서는 에우티케스의 주장을 간명하게 요약하면서 그의 신학적 오류 내지는 결점이 무엇인지 지적한다. 니케아-콘스탄티노플 신경은 시작이 없는 성부처럼 영원한 존재인 성자가 "성령으로 인하여 동정녀 마리아에게서 태어났다"(*incarnatus est de Spiritu Sancto [et] ex Maria Vergine*)고 고백한다. 에우티케스가 오류를 범했다면, 그것은 말씀이 세상에 오시어 우리와 동일한 존재가 되었다는 신앙고백을 부인한 점이다. "사람이 되셨다"(*homo factus[inhumanatus]*)는 고백은 일차적으로 영원한 존재인 성자가 시간적 존재로 세상에 오셨다는 것을 의미한다. 그러나 에우티케스에겐 이 고백이 아폴리나리우스가 우려한 것처럼 성자의 신성을 보존하는 것이 어렵고 위험하게 보였다. 그에겐 신성의 보존이 다른 무엇보다도 중요했기 때문에 그리스도의 시간성을 고백하길 거부한 것이다. 그리스도가 자신의 어머니인 마리아와 동일한 인성을 지니고 있다는 고백이, 다시 말하면, 성령으로 발생한 동정 탄생으로 그리스도의 인성이 육화한 로고스를 훼손한다고 에우티케스는 생각했던 것이다.

---

18 DS, #290~295; DEC, 77~82쪽.

19 A. Grillmeier, 526~539쪽; P.-Th. Camelot, o.p., 216~223쪽; J. N. D. Kelly, 고대기독교교리사, 361~362쪽 참조. 전체 205절로 구성된 서간문인 '플라비아누스에게 보낸 서간'(*Tomus ad Flavianum*, 449년)은 내용이 다섯 부분으로 구성된다. 1) 상황 설명과 에우티케스의 주장 평가(#1~11); 2) 육화신학의 발전 과정(에우티케스 포함)(#12~53); 3) 두 본성론의 개요(#54~157); 4) 육화신학의 발전 과정(II부의 계속)(#158~187); 5) 결론(#188~205). H. R. 드롭너, 교부학, 608쪽 참조.

레오는 간결하게 니케아-콘스탄티노플 신앙에 따라 인간에게 오신 그리스도가 온전한 인성을 지닌 인간으로 해석해야 한다는 것이다.

둘째, 레오 교황은 다시 한 번 더, 두 본성—인성과 신성—은 각각의 속성을 온전하게 유지한 채 하나의 위격 안에서 결합한 것임(*salva igitur proprietate utriusque naturae et in unam coeunte personam*)을 확인한다. 니케아-콘스탄티노플 신경은 성자를 참 하느님, 참 인간으로 고백하며 본성에 있어서 우리와 똑같다(*totus in suis, totus in nostris*)고 선언한다. 말하자면, 이 선언을 이해하기 위해서 하느님이신 성자의 신성이 인간으로서 지닌 인성을 훼손하지 않으며, 하느님의 형상이 종의 형상을 취했다는 필립비 찬가(2,6-7 참조)를 떠올려야 한다. 이러한 성경의 증거는 인간 구원론에 의거할 때, 비로소 그리스도 양성론이 지향하는 로고스의 신비(*sacramentum*)를 깨달을 수 있다. 교회의 전통은, 우리의 구원이 참으로 "하느님과 인간 사이의 유일한 중재자"(*mesitēs*, 1티모 2,5)인 예수 그리스도를 통해서 성취된다고 알려준다. 우리에게 오신 성자는 인간이기에 죽을 수밖에 없고, 하느님이시기에 죽을 수 없는 존재로 우리에겐 이해할 수 없는 신비인 것이다.

셋째, 레오 서간은 앞에서 주장한 두 가지 해석을 토대로 하여, 성자의 탄생이 새로운 탄생임을 강조한다. 동정녀 마리아에게서 태어난 존재가 바로 하느님의 아들이며 말씀과 동일한 존재이다. 고통을 받을 수도 없는 영원불변하신 하느님이 죽음의 법에 순응하는 육체적 존재가 되었음을 고백한다. 그리스도 신앙은 그리스도가 참 하느님이며 참 인간이라는 양성의 존재임을 믿는 것이다. 각 본성은 다른 본성에 장애됨이 없이 자신의 고유한 속성을 유지하며 다른 본성과 완벽한 친교를 이룬다(*agit utraque forma cum alteris communione quod proprium est*).[20] 예수 그리스도의 존재 안에서 말씀은 말씀의 속성으로, 몸은 몸의 속성으로 존재하고 작용한다. 그 어떤 경우에도 성자이시며 인간이신 그리스도는 하느님의 아들이며 인간의 아들로, 완전한 양성의 결합으로 위격적으로 한 분이신 동일한 존재이다. 말씀은 한 위격이지만, 각각의 속성에 따라 행동의 원칙은 다를 수밖에 없으나, 속성에 따른 행위는 양성에 공통인 것이다.

넷째, 그리스도의 신성과 인성이 위격의 단일성 안에서 완벽한 결합을 했기 때문에, 사람의 아들은 로고스가 육화한 존재이며,[21] 신경이 고백하듯이 성자는 십자가에 처형당하시고 죽고 묻히신 분이라고 고백할 수 있다. 복음서에서 베드로의 입을 통하여 고백하듯이(마태 16,16: **당신은 살아계신 하느님의 아들 그리스도입니다**[*su ei ho christos ho hyos tou theo tou zōntos*]), 성자와 그리스도는 동일하신 분이다. 성자의 신성과 인성은 불가분리의 방식으로 결합되었으며, 신성과 인성을 가른다는 것은 곧 그리스도를 둘로 가르는 행위이다. 신성을 긍정하지 않고 그리스도의 인성을 고백할 수 없으며, 인성을 긍정하지 않고 그리스도의 신성을 고백할 수 없다.

이와 같은 설명과 더불어 레오 교황은 에우티케스의 주장이 드러낸

20 신학적으로 인성과 신성의 교류는 '속성의 교환'(*idomatum communicationem; the exchange of attributes*)으로 표현된다. 오리게네스, 아타나시우스, 알렉산드리아의 키릴루스, 레오 교황 등이 예수 그리스도의 존재론적 특징을 설명할 때 일관되게 주장한 내용이다. 마침내 칼케돈 공의회(451년)는 이 주장을 교의적 차원에서 이해하고 받아들였다.

21 예수 그리스도의 존재를 해석함에 있어서, 알렉산드리아 학파는 로고스-몸(*Logos -Sarx*) 그리스도론의 구도에 의거하여 예수 그리스도의 신성에 초점을 맞추었고, 안티오키아 학파는 로고스-인간(*Logos -Anthropos*) 그리스도론의 구도에 의거하여 인성을 강조하는 데 초점을 맞추었다.

결점들을 지적하고 비판했다. 육화 이전에 성자가 양성이었다거나, 말씀이 육화한 후에 단일 본성이라고 이해한 에우티케스의 해석은 잘못된 주장이었다고 판단한 것이다. 에우티케스의 주장을 판별하기 위해 제시된 레오 교황의 서간은 안티오키아 학파와 알렉산드리아 학파 중에서 한 학파의 신학을 선호한 것이 아니다. 게다가 두 학파의 화해나 타협을 시도한 것도 아니며, 오직 성경과 신경에 근거하여 교부들의 신학적 논증을 펼쳤을 뿐이다.[22] 레오의 신학은 지난 세월 교부들이 발전시켜온 교회의 신학, 특별히 삼위일체론적 신관과 양성론에 기초한 그리스도론을 한층 명확하게 정리했다고 보는 게 옳다.

마지막으로, 에우티케스의 주장을 비판하는 견지에서 보면, 레오 교황에게 육화 이전에 두 본성이 육화 후에 단일본성이라는 에우티케스의 주장이 일종의 그리스도 가현설로 보였던 것은 아닐까?[23] 육화 이후에 그리스도의 육체는 보통 인간인 우리의 육체와 다르다는 에우티케스의 주장이 이런 추측을 가능하게 한다. 레오 교황의 주장은 아리아니즘, 아폴리나리아니즘, 그리고 네스토리아니즘이 야기할 수 있는 문제점을 지적하고 있기 때문이다.

인간의 구원은 어째서 그리스도가 신성에 있어서 성부와 동등한지, 즉 성자가 성부와 신적 동일본질(*homoousios*)이고, 동시에 인성에 있어서

22 로마 주교이며 서방 라틴 교회를 대표한 레오 교황은 자신의 주장을 주로 복음서와 교부들에 근거해 논리를 전개했다. 레오 교황의 서간은 육화에 대한 정통 가톨릭 신앙을 기록하고 있지만, 에페소 공의회(449년)에서 아직 교의적 차원에서 받아들여진 것은 아니었다. 칼케돈 공의회(451년)가 비로소 교의적 정의를 통해 레오 교황의 표현을 교회의 이름으로 그리고 공식적으로 선언하게 될 것이다.

23 P.－Th. Camelot, o.p., 101쪽.

우리 인간과 동일본질(*homoousios*)이어야 하는지, 근원적인 질문에 답변을 제공한다. 성자의 죽음이 우리 인간을 구원하기 위해 필요한 죽음이라면, 그 죽음은 참 인간의 죽음이어야 한다. 또한 참 인간을 죽음과 죄에서 해방시킬 수 있고 구원할 수 있는 존재는 참 하느님뿐이다. 성자의 육화와 죽음은 구원의 신비를 전제할 때에 비로소 우리들에게 이해의 가능성이 생긴다. 레오 문서는 그리스도 양성의 진실을 유지할 때, 곧 육체의 진실(*veritas carnis*)을 인정할 때, 에우티케스의 오류를 벗어날 수 있음을 성찰케 한다.

제12장
칼케돈 공의회의 신학

에페소 공의회는 교회의 신앙을 정리했다기보다 문제를 발생시킬 위험성을 넓으려고 했기 때문에 후유증이 더 컸다고 보는 게 옳을 듯싶다. 알렉산드리아 신학의 초점이 그리스도의 신성을 보존하려는 강력한 의지에 있었다면, 키릴루스는 논쟁의 대표적인 인물이었다. 결과적으로 네스토리우스의 잘못을 지적하고 파문의 위협을 가함으로써 승리자의 위치를 점한 것도 키릴루스였다. 그렇다면 네스토리우스 신학은 잘못되었고, 키릴루스 신학은 결점이 없었던가? 그렇지 않았다는 사실은 후대에 소집된 공의회들에서 점검을 받았다.

앞에서 지적하였듯이, 공의회는 키릴루스 신학의 교의 언어를 공식적으로 수용하기에는 여러 가지 어려움이 있음을 알고 있었던 것이다. 키릴루스 자신도 안티오키아 학파와 대화하는 동안에 그리스도의 신성을 드러내려던 의도가 곡해 받을 수 있다는 것을 알았고, 나중에 자신의 용어를 뒤로 물리고 안티오키아 학파의 주장을 타협안으로 받아들인 경우가 그렇다.

키릴루스의 신학 언어에서 빚어진 에우티케스 논쟁이 벌어졌을 때,

레오 교황이 비판한 에우티케스의 완고한 신학적 성격도 사실 키릴루스의 언어가 신학적으로 불완전했음을 보여준다. 에우티케스에 대한 콘스탄티노플 총대주교 플라비아누스의 비판은 레오 교황의 신학적 판단을 통해서 해소될 수 있었지만, 정치적 개입은 오히려 플라비아누스가 총대주교직에서 쫓겨나는 것으로 대가를 치르고 말았다. 이후 사태는 다시 반전되었지만, 교회의 역사는 정치와 종교의 시비가 끊임없는 역전의 반복으로 추방 혹은 순교의 결과를 가져오곤 했다.

알렉산드리아의 디오스코루스의 주도로 에우티케스의 복권이 도둑 공의회(449년)에서 일시적으로 성취되었지만, 이 공의회의 결정 사항은 2년 뒤 되돌려졌다. 칼케돈 공의회(451년)의 소집으로 교회는 네스토리우스에게서 시작된 그리스도론 논쟁의 뒷마무리를 할 수 있었다. 정치적 주도권의 행사로 발생한 신학 논쟁의 결과를 두고 다른 가능성마저 덮을 수는 없었던 것이다. 칼케돈 공의회는 니케아 공의회에서 시작된 신앙의 교의 논쟁을 일차적으로 마무리할 수 있었을 뿐만 아니라, 연속된 공의회들의 역사를 통해 정통 신앙의 전통을 만들어냈다.

우리는 마지막으로 칼케돈 공의회의 의의를 살펴보고, 교회 안에 발생했던 신학 논의가 신앙의 신비를 더욱 잘 이해하는 사건이었음을 확인한다. 우리는 이들을 신앙 사건의 차원에서 인식하지 않을 수 없고, 새로운 시대에 새로운 신앙언어와 신학언어를 두려워하지 말아야 한다는 교훈을 얻는다. 역사와 신학은 교회의 삶에 희망을 주는 것이어야 하며, 교회는 외부에서 밀려오는 도전을 피할 필요도 없고 피해서도 안 된다는 것이 확실하다.

Η ΑΓΙΑ Δ' ΟΙΚΟΥ-
Η ΕΝ ΧΑΛΚΗΔΟΝΙ ΕΠΙ
ΥΠΟ ΧΧ ΘΕΟΦΟΡΩΝ ΠΑΤΕΡΩΝ
ΤΩΝ ΜΟΝΟ-
ΜΕΝΙΚΗ ΣΥΝΟΔΟΣ
ΜΑΡΚΙΑΝΟΥ ΒΑΣ ΕΝ ΕΤΕΙ ΥΝΑ
ΚΑΤΑ ΕΥΤΥΧΟΥΣ Κ ΔΙΟΣΚΟΡΟΥ
ΦΥΣΙΤΩΝ
ΕΥΤΥΧΗΣ Κ ΔΙΟΣΚΟΡΟΣ

칼케돈 공의회(451년)

1. 에우티케스와 도둑 공의회(*Concilium latrocinium*)

우리는 앞에서 테오도시우스 II세의 명령으로 알렉산드리아의 주교 디오스코루스(444~451년)가 주도한 에페소 회의(449년)의 진행 과정을 어느 정도 알고 있다. 레오 교황에게서 도둑 공의회라고 경멸적으로 비판받았던 에페소 회의에서도 니케아 공의회(325년)와 콘스탄티노플 공의회(381년)가 정의했던 신앙 내용들은 어느 하나 변경되거나 추가되지 않았다. 플라비아누스를 콘스탄티노플 총대주교좌에서 쫓아냈던 엄청난 교회 사건을 다룬 에페소 회의조차 니케아-콘스탄티노플 공의회가 정의한 그리스도 신앙에 대해서 근본적인 신뢰와 변함없는 지지를 보였던 것이다.

그렇지만, 에우티케스의 단죄에 참여했던 교부들 중의 일부는 도둑 공의회에 참석은 했으나 디오스코루스에 의해 투표권을 행사하지 못했다. 이 회의는 오직 플라비아누스가 콘스탄티노플 시노드(448년)에서 단죄받고 쫓겨났던 에우티케스의 복권에 초점을 맞추고 진행되었기 때문이다. 이런 분위기는 에우티케스를 단죄했던 콘스탄티노플의 총대주교 플라비아누스를 피고의 위치에 세웠다. 사실 에페소 회의는 오직 에우티케스가 잃었던 지위를 회복시키기 위한 회의로 전락되었다는 것을 의미했다.

따라서 니케아 콘스탄티노플 신경을 언급하고 있는 레오 교황의 서간(*Tomus Leonis*)은 전체 앞에서 낭독되어야 한다고 강력히 요구했지만 회의 과정에서 들을 수 없었다. 모든 회의 절차는 에우티케스의 복권이 신속하게 진행되는 방향으로 결정되었던 것이다. 회의는 플라비아누스와 함께 에우티케스를 반대했던 콘스탄티노플 총대주교의 추종자들도 파문당했고, 파문된 참석자들은 모두 추방되는 운명에 처해졌다.[1] 마침내 에우티케스는 교회 안에서 누렸던 자신의 옛 지위를 회복했고, 회의는 계속해서 네스토리아니즘의 파문을 재확인했다. 알렉산드리아의 디오스코루스가 주재한 회의에서 키릴루스의 열두 조항의 파문을 낭독시킨 뒤 모든 문제가 해결된 듯이 회의는 끝났다.

이 불행한 사건의 의미는, 앞에서 말했다시피, 플라비아누스와 레오 교황의 주장을 거부했고, 네스토리아니즘을 단죄했으며 그리스도의 단성론을 주장한 에우티케스를 정통으로 인정한다는 것이었다. 이와 같은 결정에 반대하는 로마 대표단은 모든 회유와 방해에도 불구하고 서명을 거부했고, 우여곡절 끝에 콘스탄티노플을 벗어나 로마로 귀환하였다. 그리고 대표단은 공의회의 불법성을 고발하는 한편, 플라비아누스의 호소를 레오 교황에게 전달했다.[2] 레오 교황은 대표단의 보고를 듣고 449년의 에페소 회의를 도둑 공의회(*Concilium latrocinium*, 혹은 강도 공의회)라고 선언했던 것이다.

상황의 결정적 반전: 테오도시우스 황제의 죽음

당시의 상황은 정치와 교회의 정책이 복합적으로 뒤얽혀 있었기 때문에, 어느 한쪽의 일방적 결정으로 마무리될 수 없었다. 교회 안에서 발생한 문제를 해결하기 위해 어느 지역 교회라도 일방적인 논의나

1 고대 교회에서 벌어진 이 불행은 신앙교리를 지키기 위해 발생했던 사건으로 정치와 종교가 공모의 과정을 거칠 때 어떤 과정으로 진행되는지 보여주는 전형적인 예가 될 것이었다. 수치스러운 이 사건의 과정에 대한 간단한 묘사는 P.−Th. Camelot, o.p., 108∼110쪽 참조.

2 디오스코루스의 반대자들—플라비아누스, 테오도레투스, 에우세비우스 등—은 에페소에서 도망치거나 자기 교구로 돌아가 이 문제를 해결할 권한을 지닌 사도좌의 권한을 담지한 레오 교황에게 호소문을 보냈다. 문제의 심각성을 깨달은 레오 교황은 같은 해인 449년 9월에 로마 시노드를 즉시 개최하여 디오스코루스를 포함한 에우티케스의 복권을 지지한 주교들을 파문에 처했다.

결정, 그리고 사도좌인 로마 주교의 동의 없이는 성취될 수 없었다. 더구나 모든 지역 교회와 교회의 수위권을 대변하는 로마의 참여가 없이는 회의의 공정성과 보편성을 획득할 수도 없었고 보장할 수도 없었다.

이런 사정을 염두에 두고 레오 교황은 교회의 주도적 권리를 행사하기 위해 황제에게 공의회의 소집을 요청하였다. 교황은 먼저 동로마의 테오도시우스 황제에게 서간을 보내어 모든 주교들이 참여할 공의회를 이탈리아에서 소집할 것을 재촉하였다. 마침 베드로의 사도좌를 기념하는 축제(2월 22일)에 참석하고자 라벤나에서 로마에 온 서로마의 발레티니아누스 III세(*Valentinianus* III, 425~455년)가 교황의 요청으로 동로마의 황제 테오도시우스에게 공의회의 소집 필요성을 알렸다. 그러나 테오도시우스는 답변에서 449년의 에페소 회의에서 결정된 사항, 곧 플라비아누스를 단죄한 사실과 회의의 진행 절차는 합법적이었다고 강변했다. 그리고 황제는 동방 교회의 일에 로마의 주교가 개입하는 일은 있을 수 없다고 못을 박았다. 말하자면, 449년의 에페소 회의는 보편교회 차원의 사건이 아니라, 동방 지역 교회에 한정된 일로 황제는 이해하고 있었다. 그러나 로마 교황 레오의 요청을 살펴보면, 교의와 교리에 관한 사항이 걸린 문제는 언제나 보편교회의 신앙과 연관된다는 의식이 확실하다. 황제와 교황의 관심사는 정치와 종교의 이해를 대변한다고 볼 수 있으며, 이 사건의 처리 방식에서 그 관계가 분명히 드러났음을 알 수 있다.

그 후 에페소 도둑 공의회 사건의 결말은 어떻게 진행되었을까? 다행스럽게도 450년에 플라비아누스를 승계한 콘스탄티노플 총대주교는 그해 7월 16일에 로마 주교가 황제 테오도시우스 II세에게 보낸 정통 신앙교리에 대한 편지를 공인하였다. 그런데 레오 교황의 편지가 도착하기 며칠 전인 450년 7월 28일에 황제 테오도시우스 II세는 불행하게도 낙마가 원인이 되어 죽고 말았다. 이 죽음은 449년의 도둑 공의회 이후 진행된 교회의 상황을 반전시킬 계기가 되었고, 레오 교황이 끊임없이 요구하던 새로운 공의회의 소집을 준비시킬 수 있게 되었다.

2. 칼케돈 공의회의 소집과 플라비아누스의 복권

테오도시우스 황제의 갑작스런 죽음은 제국의 정치적 향방을 반대로 흘러가게 만든 계기가 되었다. 황제의 친누이인 풀케리아(*Pulcheria*)는 전권을 쥐고, 장군 마르키아누스(*Marcianus*, 450~457년)를 배우자로 선택하여 450년 8월 24일에 그에게 황제의 지위를 넘겼다. 제국의 정권 이양은 다시 교회 정책의 향방을 결정하게 되었으니, 이런 상황은 디오스코루스와 에우티케스를 지지하던 세력의 몰락으로 이어졌다.

공의회의 소집

로마 주교를 지지하는 황제의 등극은 새로운 공의회가 어떻게 진행될지 가늠하는 징표이기도 했다. 자연스럽게 로마의 레오 교황이 교회 정책의 주도권을 행사할 계기가 마련되었기 때문이다. 테오도시우스 황제의 급작스런 서거로 동로마제국의 황제가 된 마르키아누스는 제위에 오른 첫 순간부터 로마 주교의 요청을 잊지 않았다. 로마 주교는 자신의 주도 아래 공의회를 소집하고 진행시키고자 했지만, 황제는 교회의 보호자로 행동하는 것을 포기할 수 없었다. 황제는 정치적 보호를 이유로 공의회를 동방에서 개최하고자 했고, 레오 교황은 자신의 역할과 영향력을 최대한 발휘하고자 이탈리아에서 소집하기를 원했다. 양편의 주도권 다툼에서 황제와 교황 사이의 긴장이 생겼고, 황제는 기어이 로마 주교의 견해를 물리치고 동방에서 공의회를 개최하도록 명령했다.

황제는 자신의 의도대로 공의회의 소집을 천명하면서, 다시 한 번 더 황궁에서 가까운 니케아에서 공의회를 개최하도록 칙서(451년 5월 17일)를 공포했다. 교회의 평화는 제국의 평화임을 자임한 황제는 공의회의 개최 날짜와 장소를 결정하고(동년 9월 1일), 주교들을 소집하기에 이른 것이다. 물론 이 경우에도 교황 레오는 그 불만을 숨길 수 없었지만, 황제의 결정에 명시적 반대를 표시할 수 없었고, 로마의 사도좌를 대신하는 대표단을 공의회에 파견해야 했다. 황제는 적극적으로 로마의 주교를 초대했으나, 레오 교황은 여러 이유로 로마를 떠날 수 없었다. 다만, 로마 주교는 대표단이 교황의 권위로 공의회를 주재하도록 권한을 위임했다.

황제의 소집에 응한 주교들은 이미 니케아에 도착했고, 그 수(520명에서 630명으로 명단은 불확실하다)는 126년 전 같은 장소에서 개최되었던 1차 니케아 공의회(325년) 때보다 훨씬 많았다. 공의회의 기록에 따르면, 고대 교회에서 이보다 더 많은 숫자의 주교단이 참석했던 예를 찾아볼 수 없다. 그러나 당시에도 서방 교회를 대표할 참석자는 극히 제한되어 있었기 때문에, 이 시절 헬라스어를 사용하는 동방 교회 주축의 공의회였던 것만은 확실하다. 그러다가 황제는 정치적인 이유로 니케아보다 황궁에 더 가깝고, 만일의 경우 공의회에 쉽게 개입할 수 있는 보스포로스 해협 건너편, 곧 콘스탄티노플의 맞은편에 있는 칼케돈으로 공의회 개최지를 옮겼다.

플라비아누스의 복권

451년 10월 8일, 칼케돈에 위치한 순교자 에우페미아 바실리카(*Basilica Martyrium Euphemia*)에 모인 주교들은 상당히 긴장된 모습으로 회의를 시작했다. 회의 벽두부터 고조된 긴장과 갈등은 에우티케스 사건과 449년의 에페소 회의에 대한 반감으로 야기된 교회의 상황을 적나라하게 보여주었다.[3]

황제는 자신이 소집한 칼케돈 공의회에서 일차적으로 에우티케스 사건과 관련된 교의 문제에 관심을 집중했다. 공의회가 본격적으로 진행되기도 전에 벽두부터 디오스코루스는 자리에서 쫓겨나야만 했다. 그 이유는 사도좌의 허락이 없이 에페소 회의(499년)를 소집하고 진행했던 디오스코루스의 월권 행위가 지적되었던 것이다. 처음부터 칼케돈 공의회는 알렉산드리아의 디오스코루스를 심리하기 위한 회의가 되어버렸다. 공의회는 디오스코루스가 엄중히 자기변호를 할 수 있도록 발언권을 허용했지만, 이미 그는 자리를 떠난 상태였다. 더구나 그의 주장은 교황 레오가 플라비아누스에게 보낸 서간(*Tomus ad Flavianum*)의 내용과 어긋났다고 하지 않았던가?

공의회는 도둑 공의회(*Concilium Latronicium*, 449년)에서 파문으로 잃었던 플라아누스의 권위를 즉각 회복시켰고, 플라비아누스를 파문시켰던 반대파에게서 교회 내에서 누리던 일체의 권리를 빼앗고 말았다. 도둑 공의회에서 주역을 담당했던 디오스코루스와 그의 동료들은 일괄적으로 파문을 당했고, 그들이 가지고 있던 교회의 모든 직위에서 물러나야

3 공의회엔 황제가 보낸 대표가 전면에 자리를 잡았다고 전한다. 말하자면, 종교회의에 정치가 개입하고 있었음을 알려주는 상징적인 장면이다. 갈등의 불행한 광경에 대한 상세한 묘사는, P.-Th. Camelot, o.p., 121~137쪽; 필립 샤프, 니케아 시대와 이후의 기독교, 644~647쪽 참조.

했다.[4] 그렇다고 공의회의 정치적 · 물리적 투쟁이 신학적 정당성이나 안정성을 제공할 수 있었던 것은 아니다.

문제를 처리하는 과정에서 공의회에 참석한 이들은 다시 한 번 니케아–콘스탄티노플 신경을 확인했다. 그러나 한 가지 아쉬운 일이 발생했으니, 그것은 누누이 지적되었던 알렉산드리아의 키릴루스 신학의 위험성에 대한 경고가 상기되지 않았다. 또한 레오 교황의 주장이 키릴루스 신학과 미묘한 차이가 있다는 사실도 무시되었고 동일시되었다. 우리는 칼케돈 공의회가 이룬 업적에도 불구하고 이런 사실은 분명히 과오는 아닐지라도 지적되어야 할 사항이라고 생각한다. 칼케돈 공의회의 이런 지적은 아마도 당시 상황에서 교부들이 신학적 엄정성이 문제되고 있던 기존의 전통 신학을 살펴볼 여유가 없었기 때문이라고 말해야 하리라.

새로운 신앙정식?

다시 한 번 더 확인하고 강조해야 할 사실은 니케아 공의회와 콘스탄티노플 공의회에서 결정된 신조들이 동일하게 칼케돈 공의회에서도 재확인 과정을 거쳤고 존중되었다는 점이다. 제4차 보편공의회는 알렉산드리아의 키릴루스가 선언한 내용과 네스토리우스와 에우티케스를 단죄한 레오 교황의 서한(*Tomus ad Flavianum*)에 근거하여 정통 신앙의 교리를 확립했다. 한편, 교회의 보호자로 자처한 마르키아누스 황제는 새로운 교의의 신앙정식을 만들도록 촉구했지만, 칼케돈 공의회에 참석한 교부들은 앞선 세대에서 결정한 신앙정식을 수용하는 것에 만족했다.

4 디오스코루스와 함께했던 이들 중에서 예루살렘의 유베날리스 주교를 포함한 일부는 견해를 달리하여 잘못을 인정하고 돌아섰다. 칼케돈 공의회는 잘못을 인정하고 돌아선 이들에게 황제와 뜻을 같이하여 교회 안에 머물 수 있도록 허락했다.

그렇다고 앞에서 지적했다시피, 교의 해석에서 발생하는 미묘한 차이를 덮어두고 지나는 것만이 최선이었던가? 공의회의 다섯 번째 회기(10월 22일)에서 그리스도의 양성론에 관한 논의가 격렬하게 진행되었다. 키릴루스가 주장했던 그리스도의 본성에 관한 표현과 레오 교황이 표현했던 양성론이 지닌 차이에 대한 잠재적 위험이 상존했던 것이다. 논의는 격렬했지만, 두 신학의 차이나 위험성은 결국 명확하게 처리되지 않고 넘어갔다.

에우티케스의 주장은 잘 알다시피, 그리스도가 육화한 후, 곧 인성과 신성이 '결합 후에는 한 본성'을 지닌다는 것이다. 이를 단죄한 레오 교황은 '두 본성' 이론을 주장했지만, 이 표현을 새로운 신조에 담을 필요가 있었는가? 참석자들이 모두 정통 신앙으로 인정한 레오 교황의 표현이지만, 쉽게 응답할 수 없었다. 레오 교황의 정리를 신경에 새롭게 삽입해야 할 경우, 이 문제는 새로운 신경을 작성해야 한다는 부담으로 작용한다는 것을 의미했다.

새로운 시대에 새로운 이해의 요청에 따라 새로운 신경을 작성해야 하는가? 사실 마르키아누스 황제는 공의회가 새로운 신경을 작성해주기를 강력히 요구하기도 했다. 지속적으로 제기되는 교회의 갈등과 문제는 신경의 내용에 있다는 것을 의식했다는 의미이다. 교부들도 신경의 내용을 어떻게 해석하는가에 따라 오류에 빠질 수 있다는 것을 알고 있었다. 그렇다고 기존의 신경에 새로운 해석을 담은 조항을 삽입하는 것으로 문제가 해소될 것이라는 확신을 가질 수 없었다. 새로운 신경은 기존의 신경을 완벽하게 만든다는 것을 가리키지 않고, 해석상의 오류를 수정한다는 제한적 의미만 가지기 때문이었다.

어쨌든 이런 문제를 세밀히 살펴야 할 필요성을 덮어둔 채, 마침내 451년 10월 25일에 공의회의 마지막 회기에 황제는 일방적으로 신앙의 일치를 선포하고, 교회의 일치와 평화를 축하했다. 황제가 의미하는 교회의 일치와 평화는 종교적일 뿐만 아니라, 정치적으로 그 의미가 더욱 중요한 제국의 정신적 통일이기도 했다.

3. 칼케돈 공의회의 의미

칼케돈 공의회의 신앙정식[5]은 일차적으로 교회의 분열 내지는 갈등을 막았고, 신학적 일치의 심화 가능성을 제공했다. 공의회 교부들은 니케아 공의회와 콘스탄티노플 공의회의 신앙을 변함없이 수용하며, 이제까지 발생했던 정통 그리스도 신앙에 관한 오류들에서 자유로울 수 있었다.

해석학적 오류들의 제한적 극복

공의회는 먼저 안티오키아 학파에서 야기될 수 있는 신학적 위험성을 지적했고 이를 극복하고자 했다. 그리스도를 존재론적으로 양분하며 '하느님의 어머니'(*Theotokos*) 호칭을 부인하는 네스토리아니즘을 거부할 수 있었다. 다음으로 아타나시우스 신학이 예고한 알렉산드리아 신학의 치명적 결함이 거론되지 않을 수 없었다. 양성을 뒤섞고 그리스도의 신성을 일방적으로 주장하는 에우티케스의 논리는 알렉산드리아 신학의 잠재적 위험성을 알려주었다. 에우티케스 자신은 키릴루스의 신앙정식에

5 DS, #300~302; DEC, 83~87쪽. 칼케돈 공의회의 신앙정식과 안티오키아의 요한이 알렉산드리아의 키릴루스에게 보낸 편지, 키릴루스가 네스토리우스에게 보낸 편지, 플라비아누스가 교황 레오에게 보낸 편지, 테오도레투스의 편지 등을 간단히 비교한 대조표, P.-Th. Camelot, o.p., 140~141쪽 참조.

문자적으로 충실했으나 신학적 의도를 간파하지 못하고 니케아 신앙의 해석에서 치명적인 오류를 범했다. 에우티케스가 범한 신학적 오해의 잠재적 위험성은 곧 단성론의 길이 되고 말았다.

공의회는 이런 상황을 성찰한 뒤 네스토리아니즘을 거슬러 키릴루스의 주장을 수용했고, 에우티케스를 거슬러 교황 레오의 서간(*Tomus Leonis*)을 정통 신앙의 문서로 인정했다.[6] 그리하여 공의회는 한 분 성자 예수 그리스도의 '두 본성과 한 위격'을 정통 신앙으로 인정하며, 참 하느님이요 동시에 참 인간인 그리스도 신앙을 선포했다. 인성과 신성을 지닌 한 분 위격의 존재가 공의회가 요약한 그리스도였던 것이다.

이어서 공의회는 무엇보다도 그리스도의 양성론을 문자적으로 분명하게 드러내기 위해 네 개의 부사로 양성의 결합 관계를 규정했다.[7] 키릴루스와 테오도레투스에게서 유래하는 이 표현들은 언어로 표현하기 어려운 그리스도의 인성과 신성의 결합 관계를 교묘하게 규정했다. 그리스도는 신성으로 말하면, 성부와 동일본질이며(*homo¯ousios tō patri*), 인성으로 말하면, 우리와 동일본질(*homo¯ousios hemin*)이다. 이 정식을 위해 다양한 교의 문헌이 동원되었고, 이들을 토대로 공의회는 그리스도 신앙을 정의했다. 에페소 공의회(431년)가 긴장과 갈등을 겪었듯이, 칼케돈 공의회도 여러 신학 전통의 창조적 논쟁을 거치면서 비로소 정통 신앙을 이해할 수 있는 교의적 표현들을 생산할 수 있었다.

---

6 앞에서도 언급했던 이 서간의 핵심적 내용은 DS, #290~295 참조. 공의회가 인정한 학설 혹은 해석이라고 할지라도 교의적으로 결정하지 않았다는 사실을 기억해야 한다.

7 DEC, 86쪽; DS, #302: *ας υ γ χύτ ως, α τ ρέπ τ ως, α δ ι α ι ρέτ ως, α χ ω ρίςτ ως.*

두 그리스도론의 화해

앞에서 말했다시피, 알렉산드리아 학파의 전통을 계승한 키릴루스의 '육화한 말씀의 본성'의 단일성은 해석에 따라 다른 의미로 이해되곤 하였다. 해석학적 오류에 떨어진 경우로 우리는 에우티케스와 디오스코루스 사건을 알고 있다. 사실 이들이 커다란 원인이 되어 칼케돈 공의회가 소집되었던 것은 부인할 수 없는 역사의 증언이다. 에우티케스나 키릴루스의 후계자 디오스코루스 등은 키릴루스의 신학적 의도를 충분히 감지하지 못했고, 유일 본성이라는 언어에 매이고 말았다.

동방 교부들은 구원론의 관점에서 그리스도의 인성을 강조하기 위해 육체를 취했다는 주장을 하지 않을 수 없었다. '인간을 취했다'(*homo assumptus*)를 완고할 정도로 고집했고(로고스-안트로포스 그리스도론), '말씀이 육화하셨다'(*ensarkos*, 로고스-사르크스 그리스도론, 요한 1,14 참조)는 표현을 극히 꺼렸다. 여기서도 구원의 실재론이 작용했다는 것을 알 수 있는데, 말씀이 취하신 것만 구원을 가능하게 한다는 생각이 지배한 것이다. 말씀이 우리와 동일한 인간의 본성을 온전하게 취하지 않았다면, 어떻게 우리를 구원으로 이끌 수 있겠는가? 바로 이 점에서 키릴루스의 신학을 수용한다는 사실이 어려워진 안티오키아 학파의 사유 형태를 이해할 수 있다. 안티오키아 학파는 키릴루스의 표현이 그리스도 신앙을 잘못 아폴리나리아니즘에 빠뜨리지 않을까 우려했던 것이다. 그러므로 에페소 공의회가 교의로 결정하긴 했어도, 동방 교부들의 저항은 당연한 과정이었다고 볼 수 있다. 그것은 궁극적으로 '말씀'에 생길 수 있는 변화나 양성의 혼합 가능성을 배제하기 위한 태도였다.

칼케돈 공의회의 논쟁에서 소홀히 다룰 수 없는 것이 '플라비아누스에게 보낸 레오의 문헌'이다. 플라비아누스 사건과 칼케돈 공의회를 통해서 5세기 중반의 서방 교회의 신학을 대표하는 문헌이 되었던 것이다. 비록 레오 교황의 서간(*Tomus Leonis*)은 창조적이라고 말할 수는 없어도 정통 신앙을 충실히 해석한 신학으로, 동방 신학에 근접한 정통 신학으로 자리 잡았다. 참 하느님이시며 참 인간이신 그리스도 위격의 단일성은 그리스도의 단일 본성론(단성론)을 의미하는 게 아니다. 위격의 단일성은 인성과 신성이 한 위격을 이루되, 각자의 속성을 잃지 않고 활동의 고유성을 유지함을 뜻한다(*communicatio idiomatum*). 말하자면, 서방 신학은 그리스도를 이해함에 있어서 로고스에 고유한 것과 인성에 고유한 것을 분명하게 구별함을 철칙으로 삼았다. 이와 같은 미묘한 차이를 드러낸 동방과 서방의 신학 전통이 칼케돈 공의회 신학을 합리적으로 이루어냈고, 외면상으로는 동서방의 갈등을 넘어 화해의 가능성을 열어놓았다.

안티오키아의 요한은 에페소 공의회에서 키릴루스가 그에게 행했던 쓰라린 기억을 가지고 있었지만, 키릴루스와 신학적으로 공통된 부분을 서로 합의하고 인정했다.[8] 그렇지만, 불행하게도 키릴루스의 후계자와 추종자들은 키릴루스만큼 신학적 준비가 덜 되어 있었던 것 같다. 키릴루스는 자신이 분명하게 사용했던 정식이었지만, 그래서 안티오키아 학파의 의심을 불러일으켰던 자신의 정식을 합의 과정에서 부인할 수 있었다. 그렇지만, 후계자였던 디오스코루스와 추종자들은 키릴루스가 선언했던 열두 파문조항에 들어 있는 문자—육화한 말씀의 유일 본성—에 고집스럽게 매달렸던 것이다. 키릴루스의 신학적 의도를 좀 더 분명하게 정의해야 한다면, 육화한 말씀은 한 분이지만, 인성과 신성 모두를 지니고 있다고 말해야 했던 것이다. 참 하느님이고 참 인간이신 그리스도는 양성을

8 DEC, 69~70쪽. 일치정식(*Formula Unionis; Grammata peri tēs eirēnēs*)은 안티오키아와 알렉산드리아를 대표하는 키릴루스와 요한이 신학적으로 인정한 문서이다. 교회의 일치를 이루기 위해 그들이 자신들을 반대하는 이들의 비판을 감수해야만 했다는 것은 이미 지적한 사항이다.

지니신 분이지만, 위격적 단일성, 즉 단일 위격의 존재라고 선언했어야 한다. 다행스럽게도 '플라비아누스에게 보낸 레오 교황의 서간'으로 대표되는 서방 신학은 키릴루스의 의도를 잘 드러냈을 뿐만 아니라, 아폴리나리아니즘과 아주 멀었다. 말하자면, 두 본성의 속성을 하나도 해치지 않고, 그리스도는 한 위격의 존재로 참 하느님과 참 인간의 존재임을 표현할 수 있었다. 비록 새로운 신앙정식을 만들어내지도 않았지만, 칼케돈 공의회는 정통의 신학적 해석이 담긴 이 정식으로 공의회가 거둘 수 있는 최대의 신학적 공헌을 거둘 수 있었다.

정통 그리스도론과 네 개의 부사

공의회 전 과정에서 알 수 있었듯이, 정치적으로도 마르키아누스 황제는 로마 주교의 편에 서 있었고, 에우티케스와 디오스코루스를 반대하여 공의회의 결정을 속히 이끌어내고자 했다. 로마의 대표단도 자신들이 가져온 로마의 주교 레오의 주장을 공의회의 결정에 명시적으로 삽입하지 않으면 공의회의 참석을 철회하겠다고 위협했다. 사실 칼케돈 공의회의 경우, 로마의 주교와 황제의 협조는 기대 이상이었으며, 결정적이었다고 말할 수 있다.

그렇다면 공의회가 결정적으로 내놓은 교의적 결정은 어떤 것일까? 앞에서 약술한 것처럼, 공의회는 그리스도의 신비를 교의적으로 정식화하기 위해 복수의 신학적 흐름들을 일치의 단계로 수렴시킬 수 있었다. 사실적 의미에서 칼케돈 공의회는 새로운 교의를 생산하거나 결정한 것은 없다고 말하는 것이 정당하다. 네 번째 보편공의회는 앞선 세 개의 보편공의회가 결정하고 선포한 신앙정식들을 정리하고 전통에 충실하려고 했기 때문이다. 칼케돈 공의회 교부들은 마르키아누스 황제의 새로운 신경 작성도 물리치지 않았던가?

니케아 공의회는 콘스탄티노플 공의회와 더불어 당시 그리스도교 전통을 낳은 최초의 보편공의회로써 지위를 존중받고 있었다. 그렇다면, 이렇게 형성되기 시작한 그리스도교 신앙 전통은 무엇을 내용으로 하였던가? 무엇보다도 하느님의 아들이시며 주님이신 예수 그리스도에 대한 신앙고백이 신학 전통으로 확립되었다. 니케아-콘스탄티노플 신경은, 시간 이전에 성부에게서 태어나셨고 역사 안에서 마리아에게서 태어난 한 분 예수 그리스도의 신성과 인성을 고백한다. 공의회는 이 고백으로 구원론을 염두에 두고 위격의 단일성에 대한 교회의 전통적인 신앙을 확인하고 수립했다. 말하자면, 하느님의 아들이며 마리아의 아드님이신 그분은 위격적으로 유일한 그리스도요, 인성과 신성으로 둘로 분리시킬 수 없는 존재이시며, 마리아는 하느님의 어머니(*Theotokos*)임이 그리스도 신앙의 기초로 정립된 것이다.

좀 더 구체적으로 말하면, 칼케돈 공의회는 네스토리우스와 에우티케스의 주장을 넘어서기 위해 그리스도의 인성과 신성의 관계를 결정적으로 정의하는 네 개의 부사를 선택했다. 반복하자면, '뒤섞이지 않고'(*unconfusedly*, *ας υγ χύτ ως*), '변하지 않고'(*unchangeably*, *α τ ρέπ τ ως*), '나뉘지 않고'(*indivisibly*, *α δ ι α ι ρέ τ ως*), '떼어놓을 수 없다'(*inseparably*, *α χ ω ρίς τ ως*)는 네 개의 부사이다.[9] 네 부사 중에서 앞의 두 부사—'뒤섞이지 않고', '변하지 않고'는 아폴리나리우스에게서 시작해서 에우티케스에게서 극단화한 알렉산드리아 신학의 약점을 방지한다. 반면 뒤의 두 부사들, 즉 '나뉘지 않고', '떼어놓을 수 없다'—는 테오토코스를 거부한 네스토리우스를 겨냥해서 사용한 표현임에 틀림없다. 보편교회의 차원에서 볼 때, 칼케돈

9 DS, #302; DEC, 86쪽. P.-Th. Camelot, o.p., 141쪽 참조. "*in duabis naturis inconfuse, immutabiliter, indivise, inseparabiliter...*"

공의회의 지혜는 고대 교회의 두 기둥으로 경쟁과 협조를 아끼지 않았던 안티오키아 학파와 알렉산드리아 학파의 장점과 단점을 모두 고려한 훌륭한 해석학적 행위였다. 니케아 공의회에서 시작된 교회의 정통 신학 전통을 잃지 않으며, 새로운 상황에서 맞이한 다양한 신학적 도전을 현명하게 극복한 예지를 가감 없이 보여주었다.

에페소 공의회 이후 에우티케스의 완고한 주장은 키릴루스의 신앙정식에 무시할 수 없는 미묘한 위험이 도사리고 있음을 확인하는 계기였다. 미묘한 위험이란, 에우티케스와 네스토리우스의 경우만 보더라도 신학언어에 대한 해석상의 오류를 불러일으킬 위험을 의미한다. 그렇기 때문에 칼케돈 공의회는 위격의 단일성을 확인한 뒤에 바로 그리스도 본성의 이중성을 강조했던 것이 아니었을까? 바로 이런 사실에서 칼케돈 공의회는 교의 발전의 새로운 전환점을 성취했다고 말할 수 있다. 그리스도는 참 하느님, 참 인간이기에 그분은 완전한 두 개의 본성을 지니며, 두 본성은 '뒤섞이지 않고'(*ἀσυγχύτως*), '변하지 않은'(*ἀτρέπτως*) 상태를 유지한다고 강조해야 했던 것이다. 그리스도 본성의 이중성을 정의하는 네 개의 부사 중 처음 두 개의 부사들은 에우티케스의 주장을 일축하기 위한 것임은 앞에서 언급했다.

이로써 공의회 선언은 인간 구원의 형이상학적 성취를 위해 그리스도의 인성을 축소시키거나 신성에 의해 인성이 무화된다는 주장을 거부하지 않을 수 없었다. 두 본성은 결합하지만, 각 속성을 온전하게 유지한 채 구별된다는 점을 강조했던 것이다. '위격의 단일성'과 '본성의 이중성' 선언은 마침내 네스토리아니즘과 에우티케스의 주장에서 야기되었던 교의적 혼란을 물리친 최후의 일격이 되었다.

두 본성의 긍정은 전통 신앙을 확립하는 길이었을 뿐만 아니라, 구원의 신비를 확인해준다. 성부와 동일본질인 성자 그리스도는 죄 이외에는 모든 점에서 우리와 동일본질인 존재이다. 그리스도가 참 하느님이 아니시라면 우리의 구원을 가능하게 하지 못할 것이며, 그리스도가 참 인간이 아니라면, 우리에게 구원의 모범이 될 수가 없다. 그리스도는 우리가 그분의 신성에 참여할 수 있게 하기 위해 우리와 같은 인간이 되었던 것이다. 이리하여 한순간도 참 하느님으로 존재하지 않을 수 없는 그분은 인간으로 태어나서 새로운 창조의 시작을 구현하신 신비였다.

신학의 다양성?

고대 교회를 끊임없이 괴롭혔던 어려움은 두 학파로 대변되는 안티오키아 학파와 알렉산드리아 학파의 독특한 신학적 사유와 전통이 자주 충돌하고 배타적으로 작용했던 사실이다. 이런 상황은 우리에게 숱한 질문을 불러일으키겠지만, 무엇보다도 하나의 신학이 하나의 관점을 내포한다고 해서, 교회의 일치에 복수의 신학은 불가능할 것인가? 긴 논의가 필요한 이런 질문은 대답에 도달하기 위한 과정 자체가 엄청난 힘을 소진시킬 것이다. 아마도 칼케돈 공의회는 일시적이라도 이 같은 부담스런 질문에서 벗어나야만 했을 것이다. 지난 세기 동안 쉼 없이 지금까지 달려온 고대 교회는 긴 신학 논쟁으로 피곤이 누적되어 있었기 때문이다.

갈등과 긴장에서 해방이 필요했던 칼케돈 공의회는 에우티케스나 디오스코루스의 주장이 키릴루스의 신학을 넘어서지 못한 해석의 오류였음을 드러냈다. 해석의 다양성이 가져오는 유익과 여기서 파생될 해악을 두고 공의회는 신앙의 위험 부담을 덜고자 했다. 그래서 칼케돈 공의회는 처음부터 이런 위험 부담을 감내하지 않기 위해서 키릴루스의 '본성적 결합'(*henōsis physikēn*)[10]이라는 표현을 공의회 문헌에서 제외시키고 말았다.

니케아-콘스탄티노플 공의회가 삼위일체의 하느님을 표현하기 위해 사용했던 언어의 의미를 고정시켰던 것처럼, 칼케돈 공의회는 그리스도론의 용어를 고정시킬 수 있게 되었다. 위격(*persona*)과 본성(*physis*)은 구별되었고, 위격(*persona*)을 가리키는 헬라스어 *prosōpon*은 *hypostasis*와 동등하게 이해할 수 있게 되었다. 더 이상 교회는 *persona*(=*prosōpon*)를 심리적 혹은 도덕적 의미에서 이해하지 않아도 되는 신학 어휘로 고정했다.[11] 알렉산드리아 신학에서 사용한 *hypostasis*는 *physis*로 오해될 수 있었고, 안티오키아 신학의 전통을 따르는 네스토리우스의 두 본성은 두 위격으로 오해될 수 있었던 것이다. 어휘들의 개념적 혼란 가능성이 해소되자, 고대 교회는 정통 신앙을 고백하기 위해 본래의 니케아-콘스탄티노플 신경에 대해 더욱 확고한 신뢰를 가질 수 있게 되었다.

신앙을 신학의 언어로 이성적 차원으로 끌어올린 공의회는 칼케돈 공의회에 와서 더욱 세련된 고대 교회의 업적을 이루어낸 것이다. 칼케돈 공의회는 두 전통의 신학을 수용하면서 두 신학의 경계를 넘어선 공적을 이루어낸 것이다. 상식적 의미의 애매한 용어를 신학적 개념의 언어로 대체하면서, '두 본성(*physis/natura*) 한 위격(*persona/prosōpon*)'이라는 그리스도론 정식을 만들어냈다. 그렇지만, 그리스도론 정식의 완전성이 기존의 해석학적 결함을 지적하는 데서 시작되었던 것처럼, 이 정식은 다음 세대에 새로운 질문으로 소란을 겪게 될 것이다.[12] 하여튼, 하느님의

---

10 '...*kath' henōsin physiken*...' 알렉산드리아의 키릴루스가 네스토리우스에게 보낸 세 번째 편지(430년 11월)에서 선언한 12개의 파문조항 중에서 세 번째에 들어 있다. P.-Th. Camelot, o.p., 206쪽; DS, #254; DEC, 59쪽.

11 교회는 고대 교회를 벗어나 근대로 이행하는 과정에서, 역설적으로 인간 중심적 세계관을 확립하면서 인격(*person/personhood*) 개념이 삼위일체의 하느님 이해에 혼란을 가져온다. C. M. Lacugna, *God for Us-The Trinity and Christian Life*, Harpercollins, 1991, 243~305쪽, 특히 250~255쪽 참조.

아들이 마리아의 아들이며, 육화한 말씀은 하느님이시며 동시에 인간이라는 정식의 내용을 고정시키게 되었다.

칼케돈 공의회의 정통 신앙 고백의 이면에 키릴루스와 네스토리우스의 갈등이 있었고, 갈등을 극복한 이 사례는, 공의회가 네스토리우스에 대한 키릴루스의 신학적 승리 내지는 성공을 승인했다고 말할 수 있다. 신학적 논의에서 출발한 그리스도론이 오류에 대한 반응에서 성숙하게 되었다는 역사적 사실을 부인할 수 없다. 그렇지만, 네스토리우스와 키릴루스의 사례에서 보았듯이 키릴루스의 신학이 온전하기 때문에 이룬 성공이 아니라는 점을 겸손하게 받아들여야 한다.

이와 같은 그리스도론의 교의 정식을 수립하는 과정에서 우리는 최소한 두 가지 사실을 확인할 수 있다. 하나는, 에페소 공의회에서 칼케돈 공의회에 이르기까지 그리스도론의 확립이 얼마나 어려웠는지 알게 되었다는 점이다. 달리 말하면, 이 어려움을 극복하기 위해 공의회는 신학 언어의 취사선택과 긴 논쟁의 과정을 거쳤다는 사실을 인지해야 한다. 두 번째 사실은, 니케아 공의회(325년) 이후 칼케돈 공의회(451년)에 이르는 몇 세대에 걸친 기간에도 교회의 신앙과 전통의 연속성은 유지되고

12 '어떻게' 한 위격(*hypostasis*)이 두 본성으로 실존할 수 있는가, 라는 문제는 6세기에 전개될 단성론(*Monophysitism*) 논쟁의 발화점이 될 것이다. 다행스럽게도 451년 칼케돈 공의회는 그리스도론의 본질을 결정적으로 확립할 수 있었다. 부분적으로 말한다면, 알렉산드리아(키릴루스)에 대한 안티오키아 학파와 레오 교황의 승리라고 말할 수 있을지 모르겠다. 그렇지만, 키릴루스와 레오 교황의 타협은 순전히 언어적 타협일 뿐, 로마와 알렉산드리아의 잠재적 갈등은 점화될 것을 예고하고 있었다. 두 교회 사이에서 발생할 갈등의 잠재적 위험은 나중에 단성론으로 불거지고, 마침내 교회의 분열로 치닫고 만다. 신학적 관점의 차이가 해소되지 않고, 관점의 다양성이 허용되지 않는 상황 때문에 이미 교회의 분열이 예고되고 있었다는 점은 현대에도 깊이 숙고해야 할 사실이다. P.−Th. Camelot, o.p., 149～150쪽 참조.

심화되었으며, 다양한 신학의 발생에도 불구하고 일정한 신학적 연속성을 확인할 수 있다는 점이다. 새로운 역사적 상황에서 새로운 신학이 발생했고, 가시적으로 혼란스럽게 보이는 과정은 오히려 창조적 질서를 세워가는 교회 전통의 지혜를 반영했다.

4. 마지막 회기, 교권의 시작

칼케돈 공의회가 끝나가는 마지막 시기에 마르키아누스 황제는 교회의 모든 문제를 정리하고 귀환할 것을 교부들에게 명령했다. 이런 기회에 예루살렘 주교 유베날리스(*Juvenalis*, 422~453년 재위)는 지역 교회의 권한을 최대한 확보하기 위해 안티오키아 교회와 타협을 하고 공의회는 이를 인준했다. 안티오키아 교회가 페니키아와 아라비아 지역을 자신의 권한 안에 편입시키고, 예루살렘 교회는 팔레스타인 지역을 예루살렘 총대주교의 권한에 편입시켰다.[13] 이러한 일은 지역교회들의 관심이 신앙과 교리에서 현실적 권한으로 전환되고 있었던 제도교회의 역사적 모습을 반영한다.

또한 개인의 복권 문제의 경우, 테오도레투스의 예는 고대 교회가 참으로 부담스러워했던 부분이다. 테오도레투스는 네스토리우스의 친구이자 키릴루스의 적으로 449년의 에페소 회의에서 알렉산드리아의 주교 디오스코루스에게서 파문을 당했다.[14] 그러나 로마 시노드와 레오 교황은

13 아마도 이 시대에 사도좌 · 총대주교좌 · 주교좌 등의 전통적으로 이어온 지리적 범위와 수직관계에 대한 정리가 필요했던 것으로 보인다.

14 테오도레투스와 네스토리우스는 안티오키아 출신으로 동문수학했다고 전한다. 따라서

테오도레투스에 대해서 디오스코루스가 주도했던 에페소 회의의 결정을 거부했다. 로마 시노드는 테오도레투스를 지지했고, 그는 칼케돈 공의회에서 복권되어 회의에 참석할 수 있었다. 이런 상반된 결정으로 교회는 지역 교회들 사이에 발생된 긴장과 갈등을 앓았고, 이 때문에 교의를 결정하는 신학 논쟁에도 영향을 주었다.

결과적으로 칼케돈 공의회가 개최된 원인을 제공했던 449년의 에페소 회의의 결정은 많은 부분 무효화되었다. 이 과정에서 파면되거나 파문당한 이들의 복권 조치는 남은 회기 동안의 일이기도 했다. 테오도레투스는 회의 참석자 전원 앞에서 공개적으로 네스토리우스와 에우티케스를 단죄함으로써 위상을 되찾았고, 자신의 교구로 돌아갈 수 있었다. 에데사의 이바스(*Ibas*, *Edessa*의 주교 435~449년. 451~457년 재직) 또한 네스토리우스와 에우티케스를 공개적으로 단죄함으로써 복권되는 동일한 과정을 거쳤다.[15]

공의회는 황제가 요구했던 교회 내의 여러 문제들이 제기했던 상황들을 정리하고, 결정함으로써 회기를 마쳐갔다. 이 결정들(*canons*)은 실상 우리가 다루고자 하는 삼위일체론과 그리스도론의 형성 과정과 직접적 관련이 없는 주제들이다.[16] 대체로 교회의 실천적 삶에서 부딪치는 문제들이 현실 차원에서 다루어졌다. 이런 과정은 교회가 점점 사회적으로 정치적으로 교계제도를 구조화하는 과정에 있었음을 여실히 보여준다.[17]

인간적으로도 신학적으로도 친근성을 부인할 수 없었고, 키릴루스와는 문화적 배경이나 신학적 경향에서 차이가 나지 않을 수 없었다. 따라서 키릴루스의 후계자로 자처했던 디오스코루스와 테오도레투스의 적대적 관계는 부인할 수 없었던 상황이었다.

15 에데사의 이바스(Ibas de Edessa)의 경우는 역사적으로 조금 더 복잡하다. 553년, 제2차 콘스탄티노플 공의회에서 정통성을 의심받으며 단죄를 받았다. DS, #227.

16 DEC, 87~103쪽.

17 칼케돈 공의회는 사도들의 권위를 전통으로 이어 받고 있던 두 지역 교회—안티오키아,

강화된 주교의 권한과 사제들의 임무, 수도생활과 교회 재산 문제 등을 명시하고 있는 조항들(*canons*)은 공의회를 통해서 교회의 제도적 일치와 평화를 추구한 제국의 이해관계를 간접적으로 설명해준다. 또 다른 측면에서 이런 결정들은 교회가 법적으로 교회 내의 여러 문제들을 다루기 시작했음도 보여준다. 권한은 주교에게 집중하고, 사제들은 주교에게 복종하는 법적 · 제도적 통제가 강화되기 시작한 것이다. 제도적 강화는 수도원의 생활에도 그 영향력을 행사하기 시작했다. 사막으로 떠났던 은수자들이 도시에 인접한 곳이나 도시 안에 들어와 수도원을 세우기 시작했다. 그래서 주교와 수도자들은 전례 혹은 사목적 요구에 의해 서로 권한을 침해하지 않도록, 그리고 서로 도울 수 있는 관계를 정립할 수 있는 제도적 장치를 세웠다. 공의회는 이런 조항들을 통해 주교와 수도자들 사이에 일정한 경계와 법적 의무를 부과하는 내용들을 제시했다. 오늘날 우리가 알고 있는 수도원과 수도생활을 설명해주는 외적 내적 요소들은 공의회를 통해서 이 시기에 처음 확립되었다.

마지막으로 덧붙일 사실은 교회와 황제의 정치적 관계를 극명하게 보여주는 사건이다. 콘스탄티노플이 황제의 도시로써 교회 안에서 새로

알렉산드리아—에 앞서는 특권을 콘스탄티노플 총대주교에 주려는 의도에서 황제의 대표단과 로마의 대표단이 참석하지 않은 채, 콘스탄티노플을 '새로운 로마'로 결정하고 말았다. 투표(콘스탄티노플 총대주교, 에페소의 주교, 예루살렘의 주교와 182명의 주교들의 명의)는 비록 황제의 도시를 옛 황제의 도시 로마에 버금가는 지위 격상과 로마 교회와 동일한 교회법적 권한을 부여하는 결정이었지만, 교회 안에 문제의 불씨를 지핀 결과가 되고 말았다. 381년에 콘스탄티노플 공의회는 콘스탄티노플을 새로운 로마로 부르며 정치적 이유로 로마에 버금가는 명예의 특권을 부여했으나, 그것도 트라키아의 헤라클레스 총대주교에 종속된 지위였다. 어쨌든 칼케돈 공의회의 정치적 결정을 로마가 인정하지 않았기 때문에 본래 공의회 문헌은 27개의 카논만을 담고 있다.

운 로마로 부상하려고 했던 사건이다. 제국의 옛 수도인 로마 대표단이 강력히 반대했지만, 칼케돈 공의회는 황제의 도시 콘스탄티노플에게 로마와 동등한 법적 사도적 권한을 부여하고 말았다. 정치적 요소가 교회의 통치와 관련된 결정에 직접적으로 영향력을 행사한 경우가 되고 말았다. 마침내 3주간에 걸친 공의회는 폐회 선언을 했고, 참석자들은 자신의 지역 교회로 귀환하기 전에 로마의 주교 레오에게 폐회를 알렸다. 또한 공의회의 폐회 후에는 황제 마르키아누스와 콘스탄티노플의 총대주교도 로마의 주교 레오에게 편지를 써 공의회의 진행 과정과 결정사항들을 통지했다. 특별히 콘스탄티노플의 총대주교는 자기의 예외적 특권을 로마가 승인할 것이라고 믿었다.

그러나 레오 교황은 약 6개월 후에 보낸 답변에서 콘스탄티노플 총대주교의 야망을 꾸짖었다. 그 위에 니케아 공의회의 결정을 위반하면서 전통적으로 사도좌에 해당하는 안티오키아의 주교를 서품한 사건을 상기시켰다. 콘스탄티노플 총대주교는 도둑 공의회(448년) 때 돔누스(*Domnus*)를 안티오키아의 주교로 서임하면서 콘스탄티노플의 위엄을 드러내려고 했던 것이다. 전통적으로 로마, 안티오키아, 알렉산드리아는 사도들 혹은 사도들의 제자들이 사도전승을 계승시킨 교회였고, 니케아 공의회가 인정한 지역 교회였다. 레오 교황의 지적은 로마 다음으로 두 번째, 세 번째 사도좌로 전통적 특권을 누려온 보편교회의 권한을 정치적 강압으로 콘스탄티노플이 빼앗을 수 없다는 것이었다. 이런 주장의 근거는 레오교황이 마르키아누스 황제에게 보낸 편지에서 드러난다: 세상 것과 하느님의 일은 다르다(*alia ratio est rerum saecularium, alia divinarum*).[18]

18 교황 레오는 452년 5월 22자로 마르키아누스 황제와 황비인 풀케리아(Pucheria), 콘스탄티노플의 총대주교에게 각각 편지를 보냈다. 황제에게 보낸 편지의 이 문구는 P.-Th. Camelot,

레오 교황이 공의회에 참석한 주교들의 편지에 사도적 권위를 가지고 답장을 보낸 것은 453년 5월이었다. 교황은 "오직 신앙과 관련된 부분에서만"(*in sola fidei causa*) 칼케돈 공의회의 결정들을 인정한다고 선언했다. 우여곡절 끝에 콘스탄티노플 총대주교는 교황의 요구에 응답하면서, "공의회의 결정사항들의 승인은 오직 로마의 주교에게만 유보된 보편교회의 사도적 권위"(*gestorum vis omnis et confirmatio auctoritati Vestrae Beatitudinis fuerit reservata*)[19]라는 인정을 했다. 보편교회의 평화와 일치를 위한 공의회의 결정이 오히려 분열과 불화로 진행될 위험한 순간은 지나갔다.

그러나 로마와 콘스탄티노플 사이에 이 평화와 일치가 얼마나 유지될 것인가? 논쟁의 당사자인 교회도, 지도자들도 몰랐다.

---

o.p., 171쪽에서 재인용. 교황은 사도들의 신앙과 보편 교회의 전통을 수호하기 위해 니케아 공의회의 결정을 위반하면 안 된다고 지적했다.

19 P.-Th. Camelot, o.p., 173쪽에서 재인용.

맺음말:
교의와 교회생활

니케아 공의회(325년)에서 칼케돈 공의회(451년)까지 우리가 돌아본 교의 정립의 역사적 과정은 단순히 교회의 모습만을 위한 것이 될 수 없다. 무엇보다도 우리는 황제들의 개입과 영향력이 고대 교회에서 네 개의 공의회를 소집하는 과정에서 결정적 요인이었음을 확인했다. 황제는 정치적 의미에서 제국의 일치를 염려했으며, 교회의 일치를 보호한다는 명목에서도 교회의 보호자 역할을 자임했다. 그러므로 황제의 관심사는 지극히 정치적이지 않을 수 없었음도 확인했다. 정치권력과 교회가 서로 배제할 수 없었을 뿐만 아니라, 그렇다고 완벽하게 일체가 될 수도 없었던 고대 세계의 종교 상황을 보았다. 정치권력은 늘 교회의 지도자들에게 위험한 유혹이었음도 알게 되었다.

제4차 보편공의회였던 칼케돈 공의회(431년)는 에페소 공의회(451년)에서 겨우 20년, 첫 번째 보편공의회인 니케아 공의회에서 126년의 시간이 흘렀을 뿐이다. 어찌 보면 고대 교회의 시대를 일차적으로 마무리하는 시간대였고, 그래서 공동체로써는 처음 경험하는 사건들이 숱하게 일어났던 시기이기도 했다. 교회가 경험한 분열의 위기들은 정통 교리 논쟁과 교의 해석을 통해서 합리적으로 극복할 수 있었고, 또 논쟁은 어렵지만 모두가 수용할 수 있는 결론에 도달하곤 했다.

니케아 공의회는 아리우스 논쟁에서 비롯된 공의회였고, 최초라는 수식어를 붙인 공의회이다. 아리우스 논쟁에서 소집된 니케아 공의회는 해법을 제공하는 동시에 동시대인들에게 새로운 문제를 제기했다. 새로운 문제는 신학을 불러왔고, 일거에 해소될 성질이 아님을 알렸다.

콘스탄티노플 공의회는 아리우스 논쟁에서 풀리지 않은 문제들과, 니케아 신경 지지자들과 성령을 부인하는 이들과 벌인 교리 논쟁 때문에 개최되었다. 아리우스의 주장에서 논리적으로 귀결될 성령의 신성 문제는 자연스런 흐름이기도 했다. 성자의 신성을 부인하기 위해 아리우스는 성부 이외의 존재를 피조물로 규정했기 때문이다. 비록 콘스탄티노플 공의회는 참석한 교부들조차 보편공의회로써 의식하지 못한 회의체였지만, 중요한 그리스도 신앙의 교의를 신경으로 확립시킨 공의회가 되었다.

다음 단계에서 삼위일체적 신관은 본질적으로 그리스도론을 내포하기 때문에 그리스도 존재에 대한 형이상학적 사유가 전개되지 않을 수 없었다. 삼위일체적 신관은 성립되었지만, 로고스의 성격이 아직 규정되기 전이었다. 로고스의 육화 문제가 제기된 시점에서 개최된 에페소 공의회(431년)는 네스토리우스 논쟁에서 정점에 도달하였다. 에페소 공의회는 이 논쟁을 잠재우려고 애썼지만, 키릴루스의 조급한 행동으로 칼케돈 공의회까지 가야 했다. '하느님의 어머니' 논쟁은 에페소 공의회가 결정적으로 마감하려고 했던 그리스도론 논쟁이었지만, 그리스도론 논쟁의 마침표를 찍었던 공의회는 칼케돈 공의회였다.

4세기 초반에 시작된 신학 논쟁이, 시간적으로 보면, 5세기 중반에 이르러서 비로소 그리스도론적 성찰이 성숙해졌다고나 할까? 그리스도교 신앙의 핵심을 고백하고 이해하기 위해 벌였던 논쟁은 신학 용어들의 개념적 이해와 해석이 필요했던 시간이기도 했다. 이 과정을 요약하면, 325년의 위기는 381년에 마무리되었고, 429~431년의 위기는 한 세대를 지나 449~451년의 사건을 준비했다고 말할 수 있겠다.

네 차례의 보편공의회를 거치면서 알게 된 사실은 어느 학파도 정통 신앙을 온전하게 제시할 수 없었다는 점이다. 그래서 공의회가 결정한 교의는 최대한 학파들의 해석을 종합하면서 난섬은 제거하고, 장점은 수용하는 작업을 거쳤다. 451년의 공의회 결정으로 신앙교리의 본질은 확고해졌지만, 일거에 교의적 문제가 해소되었는가? 니케아-콘스탄티노플 신경 이후 신경의 오해에서 비롯된 신학적 오류들은 결국 '신경의 해석'에서 비롯된다는 것을 알게 되었다.

그리스도론과 관련해서, 우리에게 현실적 의미를 주는 그리스도 신앙의 신비는 구체적으로 '육화의 신비'라고 말할 수 있다. '육화의 신비'를 거부했던 것이 아리우스 논쟁의 시발점이 되었고, 성령의 신성을 거부하는 길이 되었으며, 이후 알렉산드리아 신학에서 단성론으로 오도되었다는 사실을 확인했다. 아리우스는 삼위일체 하느님의 두 번째 위격이신 로고스가 사람이 되신 사건을 받아들일 수 없었다. 알렉산드리아 신학은 육화의 신비를 수용하기는 했어도, 그리스도 신앙이 최대의 주제로 삼는 구원론 안에서 인간의 위치를 망각했다. 네스토리우스와 키릴루스의 논쟁을 낳기도 했으나, 알렉산드리아 신학 전통에서 비롯된 에우티케스 사건이 그 한 예였다. 알렉산드리아 신학의 잠재적 위험은 결국 그리스도 신앙을 단성론으로 빠지는 결과를 가져왔다. 단성론 논쟁은 (우리가 논의할 범주를 넘어서지만) 이후 7세기말까지 진행될 논쟁에 참여한 모든 교회 구성원들에게 뼈아픈 기억이 되고 말았다.

우리는 교의 논쟁을 마무리하는 시점에서 로마 주교의 권위가 점차적으로 강화되었으며, 로마 교회가 보편교회 안에서 누리는 수위권의 의미를 일부 확인할 수 있었다. 로마 주교의 주된 역할은 논쟁이 벌어질 때마다 공의회의 결정을 추인하는 것이었지만, 레오 교황의 경우처럼 정제된 신학을 제시하기도 했다. 로마 주교는 공의회에 참석해서 논쟁하는 것이 주요 기능이 아니라, 결정사항에 대한 판단과 추인을 통해 보편교회가 정통 신앙을 지킬 수 있도록 확인하고 보증하는 것이다. 이런 측면에서 에우티케스와 플라비아누스가 서로 반대의 주장을 하고 있을 때도 레오 교황에게 지지를 청했던 경우를 이해할 수 있다. 또한 칼케돈 공의회의 결정사항으로 스물여덟 번째 카논을 첨부하고자 했을 때, 로마의 주교 레오는 사도좌의 권한으로 '새 로마' 콘스탄티노플 총대주교좌의 월권적 권한[1]을 거부하고 각하시킬 수 있었다.

이외에도 켈레스티누스 교황과 레오 교황은 에페소(431년) 공의회와 칼케돈 공의회(451년)에 대표단을 파견하여 간접적이지만 로마의 존재를 인식시켰다. 또한 공의회의 결정 과정에서 대표단을 통해 수위권적 발언을 강화할 수 있었다. 마르키아누스 황제도 교의 논쟁 과정에서 레오 교황의 수위권적 로마 주교의 권위를 인정하지 않을 수 없었으며, 로마의 수위권(*principatum primatus*)과 역할을 인정했다. 이러한 사실은 특별히 에페소 공의회와 칼케돈 공의회에서 로마 주교의 수위권적 권위와 역할이 확실하게 드러났던 데서 알 수 있다.

교의 논쟁 과정을 바라보면서, 우리는 교회가 점차 보편교회라는 의식을 가지게 되었고, 전통을 확립했다는 사실을 확인한다. 또한 전래하는

1 DEC, 99~100쪽.

전통을 창조적으로 인식하는 태도를 누리게 되었다는 사실도 직시해야 한다. 적어도 신앙에 근거한 교의를 확립한 네 차례의 공의회는, 첫 보편공의회인 니케아 공의회의 결정을 따르는 교부들의 현명한 태도를 보여주었다. 교회가 공동체적으로 전통을 따른다는 것은 신약성경의 전통과 사도들의 전통, 공의회가 정의한 신앙정식 등을 존중하며, 동시에 공동체적 일체감을 경험했다는 것을 의미한다. 이러한 전통과 경험 의식 위에 '교부들이 성령 안에서 결정한 사항들은 바꾸지 않는다.'는 전통이 수립되었던 것이다.

그러나 네 차례의 공의회에서 삼위일체론적 신관과 그리스도론의 확립을 성취했다고 해서, 네 번째 공의회인 칼케돈 공의회가 모든 것을 이룬 신학적 논의의 끝은 아니다. 오히려 우리는 두 핵심 교의가 그 이후 벌어진 모든 신학적 논의의 시작이 되었다는 역사적 사실을 알고 있으며, 새로운 시대에는 우리의 고착된 의식과 인식의 지평을 깨뜨리는 새로운 역사적 요청이 있음을 철저히 의식해야 할 것이다.[2]

---

2 451년 이후 개최된 공의회들의 논쟁적 상황을 돌아본다는 의미에서 P.-Th. Camelot, o.p., 176쪽 참조; 1500년의 세월이 지난 뒤 현대적 신학적 의미에서 A. Grillmeier, *Christ in Christian Tradition*, 555~557쪽; B. Sésboüé, *Le Procés contemporain de Chalcédoine. Bilan et Perspectives*, in Recherche de Sciences Religieuses, 1977, 45~80쪽 참조.

부록 1: 고대 교회 약사[1]

268년 안티오키아(*Antiochia*)의 두 번째 공의회: 사모사타의 바울로(*Paul of Samosata*, 261~268) 단죄.

300년 크리스마스를 경축하기 시작함.

303년 디오클레티아누스 황제의 대박해 시작. 311년까지 간헐적으로 중지되었다가 지속됨.

305년 콘스탄티우스 I세(Constantius I, 293~305) 서로마에서 박해 중지.

305~308년 로마 주교 부재. 북아프리카 교회에 도나티즘(*Donatism*) 발생.

310년 콘스탄티우스 I세의 아들 콘스탄티누스(*Contantinus*)의 승계. 라오디케이아의 아폴리나리우스 출생.

311년 갈레리우스의 대박해 중지 선언과 서거. 북아프리카에서 배교자였던 카이리아누스(*Caecilianus*)를 주교로 받아들이기를 거부하는 도나투스(*Donatus Magnus*)파의 반대. 도나투스파는 콘스탄티누스 황제가 소집한 아를르(*Arles*) 회의(314년)의 결정을 반대하였고, 700년

---

1 I. Ortiz de Urbina, S. J., *Nicée et Constantinople*, 290~294쪽; P.-Th. Camelot, o.p., *Éphèse et Chalcédoine*, 236~239쪽; John Bowden, *A Chronology of World Christianity*, Continuum, 2007, 35~68쪽 참조.

에 무슬림이 북아프리카를 점령할 때까지 존재함.

312년 콘스탄티누스 황제의 밀비우스 전투 승리.

313년 알렉산드리아의 주교 알렉산드로스 착좌. 콘스탄티누스 황제가 서명한 리키니우스 황제의 밀라노 칙령: 모든 종교의 자유 선포. 로마 시노드(*Synodos*): 도나티즘(*Donatism*) 단죄.

314년 도나투스 문제를 다룰 서방 교회 최초의 공의회가 황제의 보호하에 개최됨.

318년 아리우스 등장과 아리아니즘 발생.

320년 리키니우스 황제가 제국의 동방에서 그리스도교 금지.

320~321년 알렉산드리아 시노드: 아리우스 단죄. * 탈레이아(*Thaleia*).

324년 콘스탄티누스가 리키니우스를 물리치고 제국의 유일 황제가 됨.

325년 콘스탄티누스 황제의 공의회 소집(*Nicaea*). 아리우스 단죄. 카이사레아 신조를 기반으로 니케아 신경 작성. 아리우스를 포함하여 니케아 신조에 동의 서명을 거부한 주교들 추방(니코메디아의 에우세비우스, 니케아의 테오그니스, 칼케돈의 마리스 등).

328년 알렉산드리아의 주교 알렉산드로스의 서거와 아타나시우스의 승계.

330년 추방당했던 주교들의 귀환. 카이사레아의 바실리우스 출생. 나지안주스의 그레고리우스 출생.

335년 아리우스의 귀환. 이집트의 주교들이 배제된 상황에서 티로의 시노드는 니케아 신조에 동조했던 주교들을 단죄하고 추방. 이때 아타나시우스도 주교좌에서 쫓겨나고 갈리아 지방의 트리어로 추방당함. 니싸의 그레고리우스 출생.

336년 아리우스의 죽음.

337년 콘스탄티누스 황제, 임종의 자리에서 세례를 받고 서거(콘스탄티누스 2세는 서로마, 아타나시우스의 지지자인 콘스탄스는 동로마 통치). 알렉산드리아로 아타나시우스의 귀환. 안키라의 마르켈루스 복권.

338년 알렉산드리아 시노드는 아타나시우스의 주장을 받아들임.

339년 카이사레아의 에우세비우스 서거. 아리아니즘의 지지자인 니코메디아의 에우세비우스는 콘스탄티노플 총대주교로 착좌. 아타나시우스, 알렉산드리아에서 로마로 도피. 안키라의 마르켈루스도 면직되어 로마에 옴.

340년 콘스타틴누스 2세, 북이탈리아 전투에서 콘스탄스에 의해 살해당함. 암브로시우스 출생.

342년 로마의 시노드는 아타나시우스를 알렉산드리아의 적법한 주교로 인정하나 두 번째 추방당함.

345년 히에로니무스의 출생(라틴어 성서 번역[*Vulgata*], 383년).

346년 아타나시우스의 복권과 알렉산드리아 귀환.

347년 요한 크리스토무스의 출생. 후에 콘스탄티노플 총대주교가 됨.

348년 카르타고 시노드에서 재세례 금지. 도나티즘의 거부.

351년 시르미움(*Sirmium*) 시노드에서 아리아니즘의 부활.

352년 크리스마스를 12월 25일로 정하고 처음으로 경축하기 시작함.

353년 콘스탄티우스 II세의 압력으로 아를르 시노드는 아타나시우스 단죄.

354년 아우구스티누스 출생(+430년).

355년 아리아니즘의 부활에 반대하는 주교들 추방. 아타나시우스를 지지한 교황과 트리어의 바울리누스, 코르도바의 오시우스(*Osius of Cordoba*), 뿌아티에의 힐라리우스(*Hilarius of Poitier*) 등이 추방당함.

356년 콘스탄티우스 II세에 의해 아타나시우스의 세 번째 추방. 아타나시우스를 지지한 리베리우스 교황도 트라키아로 귀양을 떠남.

357년 아리아니즘의 시르미움 시노드는 호모우시오스(*homoousios*)와 호모이우시오스(*homoiousios*)를 거부.

358년 안키라의 시노드. 아노메이즘(*anomeism*)을 거부하고 호모이우시오스를 채택.

360년 펠라기우스 출생(+410년).

362년 아타나시우스의 귀환 후 같은 해 네 번째 추방.

363년 아타나시우스의 귀환.

363~365년 에우노미우스(Eunomius)에 반대하는 글 작성.

365년 아타나시우스의 다섯 번째 추방.

370년 바실리우스, 카파도키아의 카이사레아 주교 착좌.

373년 아타나시우스 서거.

373~374년 암브로시우스 밀라노 주교 착좌.

375년 바실리우스, '성령론' 저술.

379년 바실리우스의 서거. 나지안주스의 그레고리우스, 콘스탄티노플 주교 착좌.

380년 테오도시우스, 그라티아누스, 발렌티니아누스 II 그리스도교 신앙고백. *Cunctos populos*. 삼위일체의 하느님.

381년 테오도시우스 I세 황제가 콘스탄티노플 공의회(I) 소집. 니케아 신조를 거부하는 자들을 추방. 30여 명의 성령배척론자들 참석 거부. 150여 명의 주교단만 참석.

382년 로마 시노드. 아폴리나리아니즘(*Apollinarianism*) 단죄. 콘스탄티노플 시노드에서 381년 공의회의 보편성(Ecumenic) 선언. 테오도시우스 황제에 의해 비정통 신앙고백문들을 없애고, 이단자들의 회의를 금지시킴. 그라티아누스 황제는 아우구스투스 이래로 로마 황제들이 유지하던 *Pontifex Maximus* 호칭을 포기함. 384년부터 시리키우스(*Siricius*) 교황 이래 교황의 칭호로 취함.

390년 아폴리나리우스 서거. 나지안주스의 그레고리우스 서거.

392년 네스토리우스의 지지자였던 키루스의 테오도레투스 출생.

395년 아우구스티누스, 히포의 주교로 착좌. 니싸의 그레고리우스 서거.

397년 암브로시우스 서거. 카르타고 시노드에서 성경의 공식적인 목록 선포.

398년 넥타리우스 후임으로 요한 크리소스토무스 콘스탄티노플의 총대주교 착좌.

403년 요한 크리소스토무스의 귀양.

407년 요한 크리스스토무스의 서거.

408년 동로마의 황제 테오도시우스 II세 등극.

410년 고트족이 로마를 점령함.

411년 가톨릭 주교 286명, 도나투스 파 주교 279명이 참석한 카르타고 회의에서 도나티즘은 결정적으로 이단으로 선언됨.

412년 키릴루스, 알렉산드리아의 총대주교 착좌.

422년 켈레스티누스교황 선출. 아우구스티누스의 신국론 완성.

423년 서로마 황제 호노리우스 서거.

425년 발렌티누스 III세 등극.

428년 몹수에스티아의 테오도루스 서거.

4월 네스토리우스, 콘스탄티노플 총대주교 착좌. *Theotokos*를 반대하는 강론.

429년 네스토리우스에게 보낸 키릴루스의 편지와 네스토리우스의 답변. 반달족의 아프리카 침입.

430년 1~2월 네스토리우스에게 보낸 키릴루스의 두 번째 편지.

6월 네스토리우스의 답변.

8월 로마 시노드는 네스토리우스의 주장 철회를 요구.

8월 28일 아우구스티누스의 죽음.

11월 알렉산드리아의 시노드. 12파문조항을 담은 키릴루스의 편지를 콘스탄티노플에 전달.

11월 19일 테오도시우스 II세 에페소 공의회 소집(431년 6월 7일).

431년 6월 22일 알렉산드리아의 키릴루스, 동방 교부들의 항의에도 불구하고, 6월 22일에 에페소 공의회를 개최하고 첫 회기에서 네스토리우스를 단죄.

6월 26일 동방 교부들은 따로 회의를 소집하고 키릴루스를 포함하여 반대파를 단죄하고 파직을 결정.

7월 10일 로마대표단 도착. 켈레스티누스교황의 편지 교의문헌으로 수용.

8월초~9월 3일 테오도시우스 II세 공의회를 해산하고 네스토리우스는 안티오키아의 한 수도원에 머물게 함.

432년 켈레스티누스교황 서거. 식스투스 III세 교황 승계.

433년 안티오키아의 요한에게 키릴루스의 편지를 보냄. 알렉산드리아의 키릴루스와 안티오키아의 요한은 그리스도론에 대한 견해를 서로 인정하는 서한 교환.

436년 네스토리우스 아라비아(페트라), 이집트로 귀양.

439년 반달족 카르타고 함락.

440년 식스투스 III세 서거. 레오 교황 즉위.

444년 알렉산드리아의 키릴루스 서거. 디오스코루스 알렉산드리아 총대주교좌 승계.

446년 프로클루스의 서거로 플라비아누스 콘스탄티노플의 총대주교 승계.

447년 에우티케스의 설교가 콘스탄티노플 교회에 확산.

448년 에우티케스, 네스토리우스 추종자들의 활동을 교황 레오에게 보고. 에우티케스 콘스탄티노플 교구장에서 해직.

449년 콘스탄티노플의 플라비아누스, 레오 교황에게 편지.

3월 30일 테오도시우스 II세 에페소 공의회 소집(449년 8월 1일).

6월 13일 Tomus leonis 레오 교황의 편지(=플라비아누스에게 보낸 편지).

8월 8~22일 알렉산드리아의 디오스코루스, 회의 주재. 에페소 공의회는 그리스도 양성론을 폐기하고 에우티케스를 복권시킴. 플라비아누스는 해직당하고 추방됨.

9월 29일~10월 13일 로마 시노드는 에페소 (도둑) 공의회의 모든 결정을 무효화하고 이탈리아에서 공의회 개최 요구.

450년 7월 28일 테오도시우스 II세 서거. 에우티케스 감금.

8월 24~25일 풀케리아는 마르키아누스와 결혼하고 황제 직을 그에게 넘김. 교회의 첫 번째 대관식.

451년 9월 1일 마르키아누스 황제는 새로이 니케아에서 열릴 공의회를 소집.

9월 22일 니케아에서 칼케돈으로 장소 변경.

10월 8일 첫 회기 개회. 플라비아누스 복권.

10월 10일 니케아-콘스탄티노플 신경, 키릴루스의 편지, 레오 교황의 서간 수용.

10월 13일 3회기-디오스코루스의 해직.

10월 17일 4회기-디오스코루스가 파직시켰던 주교들의 복권.

10월 22~31일 17회기에 이르도록 28개의 카논을 결정. 로마 대표단

스물여덟 번째 카논 반대.

12월 18일 공의회가 결정한 사항들 교황에게 전달.

453년 레오 교황은 스물여덟 번째 카논을 제외한 모든 결정의 유효성을 인정.

455년 반달 족에 의해 로마 함락.

461년 11월 10일 레오 교황 서거.

부록 2: 공의회 관련 로마 교황 목록[2]

밀키아데스(밀티아데스) 311~314년 *313년 밀라노 칙령.

실베르테르 314~335년 *니케아 공의회(325년).

마르쿠스 336년

율리우스 1세 337~352년

리베리우스 352~366년 *아리아니즘 문제로 콘스탄티우스 2세 황제에 의해 추방, 358년 귀환.

(펠릭스 2세 355~358년) *전임 교황의 추방 후 임명되었다가 358년 추방.

다마수스 1세 366~384년 *콘스탄티노플 공의회(381년).

(우르시누스 366~367년) *대립교황(아리우스주의자).

시리키우스 384~399년

아나스타시우스 1세 399~402년

인노켄티우스 1세 402~417년

조시무스 417~418년

2 루돌프 피셔-볼페르트 지음, 안명옥 옮김, 교황사전, 가톨릭대학교출판부, 2001(1985) 참조. 라틴어 이름의 호격(*vocativus*) 대신에 주격(*nominativus*)을 취했다. 황제의 이름도 마찬가지로 주격을 사용하였다.

보니파티우스 1세 418~422년

(에울랄리우스 418~419년)

켈레스티누스 1세 422~432년 *에페소 공의회(431년).

식스투스 3세 432~440년

레오 1세 440~461년 *칼케돈 공의회(451년).

부록 3: 공의회 관련 로마-비잔틴 황제 목록[3]

콘스탄티누스 306~337년 *밀라노 칙령(313년), *니케아 공의회(325년).

막시미누스 다이아 307~313년

리키니우스 308~323년 *밀라노 칙령(313년)

콘스탄티우스 2세 337~361년

콘스탄티누스 2세 337~340년

콘스탄스 337~350년

율리아누스(배교자) 361~363년

요비아누스 363~364년

발렌티니아누스 1세 364~375년

발렌스 364~378년

그라티아누스 375~383년 *콘스탄티노플 공의회(381년).

발렌티니아누스 2세 383~392년

테오도시우스 1세 379~395년 *콘스탄티노플 공의회(381년).

호노리우스 395~423년

테오도시우스 2세 408~450년 *에페소 공의회(431년).

마르키아누스 450~457년 *칼케돈 공의회(451년).

---

3 크리스 스카레, 로마제국 이야기(BC 31~AD 476), 2004 참조.

요한 티란누스 423~425년

발렌티니아누스 3세 425~455년

부록 4: 4세기 총대주교좌의 총대주교들(*Patriarch*)[4]

—로마, 알렉산드리아, 안티오키아, 콘스탄티노플

1. 로마

니케아 공의회파	아리우스파
실베스터(314~335년)	
마르코(336년)	
율리우스(337~352년)	
리베리우스(352~366년, 355~358년 추방)	펠릭스 2세(355~358년, 365년 사망)
다마수스(366~384년)	

2. 콘스탄티노플

니케아 공의회파	아리우스파
알렉산드로스(330~337년)	
바울로(337~339년, 면직)	
	니코메디아의 에우세비우스(339~341년)
바울로(341~342년, 면직)	
	마케도니우스(342~346년, 면직)
바울로(346~352년, 면직)	
	마케도니우스(351~360년)
	안티오키아의 에우독시우스(360~370년)
에바그리우스(370년)	데모필루스(370~380년, 면직)
나지안주스의 그레고리우스 (379~381년, 면직)	
넥타리우스(381~397년)	
요한 크리소스토무스(398~404년)	

4 H. R. 들롭너, 교부학, 30~307쪽; 루돌프 피셔-볼페르트, 교황사전 참조.

3. 알렉산드리아

니케아 공의회파	아리우스파
베드로(300~311년)	
알렉산드로스(~328년)	
아타나시우스(328~373년)	피스토스(336년 또는 338년)
(335~337, 339~346 추방)	그레고리우스(339~344년 또는 348년)
(356~362, 362~363 추방)	그레고리우스(357~358년, 361년 피살)
(365~366년 추방)	루키우스(365년)

4. 안티오키아

니케아 공의회파	에우세비우스파(유사본질파, *homoiousios*)
에우스타티우스 (324/325년~328/329년, 면직)	
	스테파누스(~344년)
	레온티우스(344~358년)
	에우독시우스 (358~360년, 그리고 콘스탄티노플로 전임됨)
	*멜리티우스(360~381년)

* 멜리티우스 분열

<table>
<tr><th colspan="2">니케아 공의회파</th><th>유사본질파</th></tr>
<tr><td>바울리누스
(362~383년)</td><td rowspan="2">멜리티우스(360~381년, 360~361년, 면직. 363년부터 동일본질파)</td><td>에우조이우스
(360/361~375년)</td></tr>
<tr><td></td><td>도로테우스
(375~381년, 면직)</td></tr>
<tr><td>에바그리우스
(383~394년)</td><td>플라비아누스(381~404년)</td><td></td></tr>
</table>

참고문헌

* 주로 사용한 참고서 중에서 특별히 다음의 저서들은 한국에서 구할 수 없는 자료들을 풍부하게 제공하고 있을 뿐만 아니라, 니케아 공의회에서 칼케돈 공의회에 이르는 126년 동안의 신학을 이해하는 데 필요한 기본적인 토대를 제공한다.

1) Johannes Quasten, Patrology 4 vols는 본래 홀랜드(Spectrum of Utrecht, Holland)에서 영문으로 출간되었다. 특별히 vol. 3이 우리에게 풍부하고도 유용한 문헌 정보를 대부분 제공한다.
2) B. Sesboüé, Histoire des Dogmes, 4 vols. 우리와 관련된 제2권은 교의의 성립 과정에서 발생한 신학적 사유를 성찰하고 이해하려는 우리에게 유용하다.
3) I. Ortiz de Urbina, s.j., Nicée et Constantinople과 P.-Th. Camelot, o.p., Éphèse et Chalcédoine은 coll. Histoire des Conciles Oecuméniques의 첫 두 권이다. 공의회의 흐름을 역사적으로 살펴보는 데 많은 도움을 준다.
4) A. Grillmeier, Christ in the Christian Tradition. vol. I, From the apostolic age to Chalcedon(451). 대단히 상세한 문헌 정보와 신학적 의미를 성찰하고 있어서 교부들의 신학적 사유 패턴을 이해하는 데 유용하다.

* 다음 쪽의 서지 목록은 이 책을 저술하기에 필요했던 자료들이지만, 지극히 한정된 목록일 뿐이다. 그래도 아쉽게나마 구할 수 있는 자료들이라 국내에서 찾아보면 접근이 가능한 문헌들이다.

성경

Novum Testamentum Greaece(27th revised Edition), 1993.

성경, 한국천주교주교협의회, 2005.

NRSV, New Revised Standard Version, 1991.

TOB, Traduction Oecuménique de la Bible, 1972.

Die Bibel－Einheitsübersetzung, Herder, 1980.

사전류

Denzinger－Schonmetzer(＝DS), Enchiridion Symbolorum Definitionem et Declarationem de Rebus fidei et morum, Herder, 1976(36th ed.).

The Decrees of the Ecumenical Councils(＝DEC), edited by Norman P. Tanner, s.j., Sheed & Ward and Georgetown Univ. Press, 1990.

Dictionnaire Encyclopédique du Christianisme Ancien(＝DECA), Cerf, 2vols.

Encyclopedia of Catholicism(EnC), HarperCollins, 1995.

The Oxford Dictionary of the Christian Church(＝ODCC), Oxford University Press, 1997.

The Oxford Dictionary of Popes(＝ODP), Oxford University Press, 1986.

한국 가톨릭 대사전, 12 vols., 한국교회사 연구소.

연구서 및 논문

공성철, 「니케아 신조와 니케아－콘스탄티노플 신조의 *homoousios* 연구」, 『신학과 문화』 9(2000), 168～189쪽.

곽진상, 「초세기 교부들의 저서에 나타난 '인격'의 신학적 의미: 페르소나, 프로소폰, 히포스타시스의 용어를 중심으로」, 『신앙과 이성』 제50호(2012 봄), 41～83쪽.

김창선, 『유대교와 헬레니즘: 신약성서의 배경』, 한국성서연구소, 2011.

드롭너, H. R., 하성수 옮김, 『교부학』, 분도출판사, 2001(1994).
루돌프 피셔-볼페르트, 안명옥 옮김, 『교황사전』, 가톨릭대학교 신학부, 2001(1985).
마르틴 헹엘, 『유대교와 헬레니즘』 3권, 나남, 2012.
맥스웰-스튜어트, P. G., 박기영 옮김, 『교황의 역사』, 갑인공방, 2005(1997).
박종현, 『헬라스 사상의 심층』, 서광사, 2001.
보만, 토를라이프, 허혁 옮김, 『히브리적 사유와 그리스적 사유의 비교』, 분도, 2003(1975).
벵트 헤그문트, 박희석 옮김, 『신학사』, 성광문화사, 1989.
역사연구회 지음, 『삼위일체론의 역사』, 대한기독교서회, 2008.
서공석, 『신앙언어』, 서강대학교 출판부, 2011.
서원모, 「4세기 삼위일체 논쟁의 전개」, 『삼위일체론의 역사』, 대한기독교서회, 2008, 67～121쪽.
———, 「동방 교부들의 삼위일체론」, 『삼위일체론의 역사』, 대한기독교서회, 2008, 123～168쪽.
———, 「서방 교부들의 삼위일체론」, 『삼위일체론의 역사』, 대한기독교서회, 2008, 169～198쪽.
에우세비우스 팜필루스, 엄성옥 역, 『교회사』, 은성, 1990.
이냐시오스, 박미경 역주, 일곱 편지, 분도, 2000.
조병하, 『교부들의 신학사상』, 그리심, 2005.
전수홍, 『세계교회사산책(상)』, 성바울로, 2002.
조인형, 『초기기독교사연구: 유세비우스와 콘스탄티누스대제를 중심으로』, 한국학술정보, 2002.
주재용, 「네스토리우스의 기독론」, 『신학사상』 vol. X(1975. 9).
켈리, J. N. D., 박희석 역, 『고대기독교교리사』, 크리스챤다이제스트, 2004(Early Christian Doctrines, A & C Black, 1977)(5th edition).
크리스 스카레, 윤미경 옮김, 『로마황제』, 갑인공방, 2004(1995).

필립 샤프, 이길상 옮김, 『니케아 시대와 이후의 기독교』, 교회사전집 3권, 크리스챤다이제스트, 2004.

카를 수소 프랑크, 하성수 옮김, 『고대 교회사 개론』, 가톨릭문화총서 026, 가톨릭출판사, 2008(2002).

클라우스 샤츠, 이종한 옮김, 『보편공의회사』, 분도, 2005(1997).

함세웅, 알렉산드리아의 키릴루스(II), 사목 116호, 1988.

해롤드 브라운(Harold Brown), 라은성 역, 『이단과 정통』, 그리심, 2001(1993).

후베르트 예딘, 최석우 옮김, 『세계공의회사』, 2005(1978).

Abramowski, Luise. *Untersuchungen zum Liber heraclidis*, Secretäriat du CorpusSCO, 1963.

Anatolios, Khaled, Athanasius. The Coherence of His Thought, Routledge, 1998.

Athanasius, *On the Incarnation. De Incarnatione Verbi Dei*, Mcmillan, 1981(1946).

———, tr. by R.W. Thomson, *Contra Gentes and De Incarnatione*, Clarendon Press, 1971.

Athanasius d'Alexandrie, *Lettres à Sérapion sur la Divinité du Saint-Esprit*, Cerf, 1947.

Aux Origines du Christianisme, Gallimard, 2000.

Ayres, Lewis, *Nicaea and its Legacy: an Approach to fourth-century Trinitarian Theology*, Oxford Univ. Press, 2004.

Basile de Césarée, *Sur le Saint-Esprit*, SC #17bis, Cerf, 1968(2e ed.).

———, *Contre Eunome*, SC #299. Cerf, 1982.

Bellitto, Christopher M, *The General Councils: A History of the Twenty-One General Councils from Nicaea to Vatican II*, Paulist Press, 2002.

Bowden, John, *A Chronology of World Christianity*, Continuum, 2007.

Camelot, P.-Th, *Ephése et Chalcedoine*, *Histoire des Conciles Oecuméniques*, vol. II, L'Édition de l'Orante, Paris, 1962.

Crisp, Oliver D., *Divinity and Humanity. The Incarnation Reconsidered*, Cambridge Univ. Press, 2007.

Danielou, Jean, *Les Origines du Christianisme Latin*, Desclee/Cerf, 1991(1978).

Danielou, Jean, *Theologie du Judeo-Christianisme*, Desclee/Cerf, 1991(1958).

Danielou, Jean, *Message Eangélique et Culture Hellenistique*, Desclee/Cerf, 1961.

Davis, Leo Donald, The first seven ecumenical councils(325~787): their history and theology, Liturgical: Michael Glazier Press, 1987.

Edwards, Mark, *The First Council of Nicaea*, in The Cambridge History of Christianity. Origins to Constantine, Cambridge Univ. Press, 2006.

Eusebius Pamphilus, *Ecclesiastical History*, Bake Book House, 1994(Reprinted).

Gonzalez, Justo L. *The Story of Christianity*, vol. I, HarperSanfrancisco, 1984.

Grillmeier, Aloys, *Christ in Christian Tradition. From the Apostolic Age to Chalcedon*, vol. I, John Knox Press, 1975(1st edtion, 1965).

Harnack, Adolf von, *Lehrbuch der Dognengeschichite*, J. C. B. Mohr, 1990(*History of Dogma*, 3 vols, Dover, 1961).

Kelly, J. N. D., *Early Christian Creeds*, London, 1950.

Kelly, J. N. D., *Early Christian Doctrines*, A & C Black, 1977(5th edition).

———, *The Oxford Dictionary of Popes*, Oxford University Press, 1986.

Lacarrière, Jacques, *Les Gnostiques*, Métailié, 1991.

Lafont, Ghislain, *Histoire théologique de l'Église catholique*. coll. Cogitatio Fidei, #179, Cerf, 1994.

Newman, John Henry Cardinal, *The Arians of the Fourth Century*, Longmans, 1895.

Ortiz de Urbina, I., *Nicée et Constantinople, Histoire des Conciles Oecuméniques*, vol. I, L'Édition de l'Orante, Paris, 1963.

Pelikan, Jaroslav, *The Emergence of the Catholic Tradition (100~600)*, The Christian Tradition, vol. I, University of Chicago Press, 1971.

Philip, Hughes, *The Church in Crisis: a History of the General Councils, 325~1870,*

Hanover House, 1961.

Pollard, T. E., *The Origins of Arianism*, in *JTS NS* 9, 1958, pp. 103～111.

Prestige, G. L., *God in Patrisitic Thought*, S. P. C. K., 1959.

Quasten, Johannes, *Patrology*, 4 vols, Christian Classics, 1949.

Sésboué, Bernard et Wolinski, Joseph, *Le Dieu du Salut*, coll. Histoire du Dogmes, vol. I, Desclee, 1994.

Sésboué, Bernard, *Jesus－Christ dans la Tradition de l'Eglise*, coll. Jesus et Jesus－Christ, #17, Desclée, 1982.

Stead, G. C., *The Platonism of Arius*, in *JTS NS* 15, 1964, pp. 16～31.

Steenberg, M. C., Of God and Man. Theology as Anthropology from Irenaeus to Athanasius, T&T Clark, 2009.

Yamauchi, Edwin M., *Pre－christian Gnosticism: A Survey of the Proposed Evidences*, Eerdmans, 1973.

Young, Frances M., *From Nicaea To Chalcedon. A Guide to the Literature and Its Background*, Fortress, 1983.

Williams, Rowan, *Arius: Heresy and Tradition*, Eerdmans, 2002(1987).

찾아보기

ㄷ

ㄹ

ㅅ